Égypte
Vallée du Nil

évasion

D0480012

HACHETTE

Ce guide a été établi par **Serge Bathendier**.

Historien de formation, **Serge Bathendier** est diplômé des Langues orientales. Spécialiste de l'Orient, de la Méditerranée à l'Asie, il a rédigé pour les éditions Hachette des guides de voyage sur la Syrie, la Jordanie, la Grèce, Chypre, Israël, l'Inde du Nord et l'Espagne.

Direction : Nathalie Pujo. **Direction littéraire** : Armelle de Moucheron. **Responsable de collection** : Élisabeth Sheva. **Édition** : Sophia Mejdoub. **Lecture-correction** : Véronique Duthille, Isabelle Sauvage. **Informatique éditoriale** : Lionel Barth. **Maquette intérieure et mise en pages PAO** : Catherine Riand. **Cartographie** : Frédéric Clémençon, Aurélie Huot. **Documentation** : Sylvie Gabriel. **Fabrication** : Caroline Artémon, Nathalie Lautout, Maud Dall'Agnola. **Couverture** conçue et réalisée par François Supiot. *Avec la collaboration de Caroline Bon, Rémi Fregnac.*

Pour nous écrire :
Hachette Tourisme, Guides Évasion,
43, quai de Grenelle,
75905 Paris Cedex 15
< evasion@hachette-livre.fr >

Évasion

Égypte
Vallée du Nil

HACHETTE

sommaire

itinéraires

sommaire

en savoir plus

cartes

Toutes les informations nécessaires à la préparation et à l'organisation de votre séjour.

Les rivages d'Assouan s'égayent des voiles blanches des felouques.

E M B A R Q U E R

MER MÉDITERRANÉE ISRAËL
JORD.
Alexandrie
Giza Le Caire
ARABIE
SAOUDITE
LIBYE
NIL
MER ROUGE
Louxor
Assouan
SOUDAN

QUE VOIR ?

Région par région

Le Caire

Insupportable pour les uns, envoûtant pour les autres, Le Caire ne laisse jamais indifférent. C'est en tout cas une étape majeure lors d'un voyage en Égypte, que l'on soit passionné d'histoire ancienne ou amoureux des villes d'Orient.

*** Le Musée archéologique. Le complément indispensable d'une découverte de l'Égypte pharaonique. Vous retrouverez là quelques-unes des plus sublimes réalisations de l'art égyptien et l'extraordinaire trésor de Toutankhamon *(p. 105)*.

** Le Caire islamique ♥. Une plongée dans la ville médiévale des Fatimides : ses ruelles tortueuses et animées, mais aussi ses vieilles mosquées, dont les jardins sont de véritables oasis de calme et de verdure. Au centre du quartier, le **Khan el-Khalili** est un must pour les touristes du monde entier *(p. 115)*.

** Le Vieux Caire. Au sud de l'agglomération, un quartier oublié par le tourbillon urbain : derrière de hauts murs, un réseau de calmes ruelles dessert les plus anciennes églises de la ville. C'est le quartier copte, en même temps que la première capitale de l'Égypte musulmane *(p. 128)*.

* La citadelle. Fondée par Saladin, ses terrasses offrent un magnifique panorama sur la ville, avec, en toile de fond, la masse des Pyramides *(p. 126)*.

Giza et Saqqara

Tout proches du Caire, deux sites inoubliables que l'on peut visiter en une journée d'excursion : les **pyramides de Giza***** *(p. 144)*, qui suscitent l'étonnement des voyageurs depuis l'époque gréco-romaine, et ♥ **Saqqara***** *(p. 150)*, avec la célèbre pyramide à degrés du roi Djoser. Tout autour, les tombeaux des Nobles de l'Ancien Empire ressuscitent, dans la fraîcheur de leurs reliefs et leurs peintures admirables, une jeunesse vieille de 4 000 ans.

Louxor

La ville et ses environs proches offrent un catalogue de merveilles qu'une semaine suffit à peine à parcourir. Une bonne raison de choisir la capitale de Haute Égypte pour lieu de séjour.

*** Le temple de Karnak. Le sanctuaire d'Amon fut pendant quinze siècles le centre de la vie religieuse égyptienne. Chaque dynastie contribua à embellir le domaine du dieu national, pour en faire une véritable

cité religieuse, labyrinthe de couloirs et de cours encombrés d'un amoncellement de statues, d'obélisques et d'ex-voto *(p. 166)*.

*** Le temple de Louxor ♥. À un jet de pierre du Nil, voici la demeure de l'épouse d'Amon, l'un des plus élégants des temples égyptiens. Pour découvrir le second obélisque qui en ornait l'entrée, rendez-vous place de la Concorde à Paris *(p. 172)*.

*** Le Musée archéologique. Petit par la taille, mais riche de véritables merveilles *(p. 178)*.

La nécropole thébaine

Sur la rive occidentale du Nil, face à la ville de Louxor, les montagnes thébaines abritent, depuis le Nouvel Empire, les **sépultures des rois***** *(p. 193)*, **des reines**** *(p. 201)* et des dignitaires de la cour. À ne pas manquer, les ♥ **tombeaux des artistes***** de Deir el-Médineh *(p. 208)*, ceux-là mêmes qui ornèrent les parois des tombes royales, et qui utilisèrent leurs talents dans un mode plus personnel pour décorer leurs propres sépultures.

La vallée du Nil

Tout au long du Nil s'élèvent quelques-uns des temples les plus remarquables de l'ancienne Égypte. Un voyage qui permet aussi d'approcher la réalité des campagnes égyptiennes où vit plus de 55 % de la population du pays.

*** Abydos ♥. Sans doute le plus ancien lieu de pèlerinage de l'Égypte ancienne : c'est là en effet que se trouvait la tête d'Osiris, le dieu de l'immortalité *(p. 232)*.

*** Dendera. C'est le domaine d'Hathor, la gracieuse déesse aux oreilles de vache, divinité de la danse et de l'amour. Le temple actuel, d'époque ptolémaïque, conserve le mystère de ses couloirs obscurs et de ses salles secrètes *(p. 229)*.

*** Edfou. Le temple le mieux conservé d'Égypte : il n'y manque que quelques pierres dans les parties les plus hautes. Le meilleur endroit pour faire revivre par l'imagination le rituel quotidien des prêtres *(p. 223)*.

** Kom Ombo. Perché sur une butte au-dessus d'une boucle du fleuve, ce temple ptolémaïque était dédié à Sobek le dieu crocodile *(p. 227)*.

* Esna. Une salle hypostyle au beau milieu d'une petite ville de province : c'est tout ce qui reste du temple dédié à Khnoum, le dieu potier qui façonnait les âmes sur son tour *(p. 222)*.

Assouan

La ville blanche et bleue au débouché de la Première Cataracte. Là où les dernières fureurs africaines du fleuve se brisaient sur les rochers en entrant dans l'Égypte : le passage de la nature à la civilisation. Le ballet incessant des felouques sur le Nil, cerné de montagnes couleur de soleil, compose sans doute le plus beau paysage d'Égypte.

*** Abou Simbel ♥. Le temple rupestre de Ramsès II se dresse non loin de la frontière soudanaise. Le sauvetage du temple, promis à l'engloutissement sous les eaux du lac Nasser, reste encore dans toutes les mémoires *(p. 256)*.

*** Le musée de la Nubie. Ce vaste musée offre une large perspective sur l'histoire de la Nubie et des relations privilégiées qu'elle entretint avec l'Égypte, depuis l'époque préhistorique jusqu'au royaume de Méroé. Une section est consacrée à la vie quotidienne des Nubiens d'avant la mise en eau du Haut Barrage d'Assouan. Un monde aujourd'hui disparu *(p. 246)*.

*** Le temple de Philae ♥. La dernière merveille arrachée aux eaux du Nil grâce aux efforts conjugués de la communauté internationale. Ce fut la demeure d'Isis, la Grande Magicienne, et le dernier temple païen en Égypte, dont l'activité se poursuivit jusqu'au VIe s., en pleine période byzantine *(p. 240)*. ●

Si vous aimez...

● **Les collections archéologiques**. Le **musée national du Caire** est le plus important conservatoire des antiquités pharaoniques : une présentation un peu rébarbative due à l'amoncellement des objets, mais une visite fascinante et indispensable à travers ces milliers de chefs-d'œuvre patiemment mis au jour par des générations d'archéologues. Tout autre est le **musée de Louxor** : quelques pièces savamment choisies, merveilleusement mises en valeur par un savant éclairage.

● **Les ambiances orientales**. À ne pas manquer : flâner dans la **rue Muizz li-din Allah** dans la partie médiévale du Caire, à la rencontre du quotidien des habitants de la capitale ; couleurs et senteurs sont au rendez-vous, tout comme dans le **souk d'Assouan** qui annonce déjà les vastes étendues d'Afrique.

● **L'architecture islamique**. Pour l'amateur de monuments islamiques, **Le Caire médiéval** est un paradis : le long de ses ruelles s'égrènent des dizaines de mausolées, mosquées ou madrassas, dont les plus belles furent laissées par les Mamelouks entre le XIIIe et le XVe s.

● **Le chatoiement des peintures**. Une des merveilles que nous ont léguées les anciens Égyptiens sont leurs innombrables peintures aux coloris miraculeusement préservés : celles des **tombes** de leurs rois,

dont les sujets sont uniquement religieux, comme il convient à ceux que la mort hissait au rang de dieux ; mais aussi celles des tombes des dignitaires ou des humbles artisans, dans leurs vallées respectives, non loin de celle de leur maître. Ne pas oublier les **collections de papyrus** du musée du Caire, minutieuses enluminures qui ornaient les textes patiemment recopiés par les scribes dans leurs Maisons de Vie.

● **Le gigantisme**. Les anciens Égyptiens ne se contentaient pas de faire beau, ils faisaient grand. Quelques millénaires plus tard, on reste étourdi devant les proportions de leurs édifices construits en l'honneur des dieux ou de leurs rois : **pyramides du Caire**, **salle hypostyle de Karnak**, **colosses d'Abou Simbel** peuvent prétendre au titre de plus spectaculaires réalisations de l'histoire de l'humanité.

● **La statuaire**. Taillées dans la précieuse diorite, réservée à l'usage royal, dans le bois ou le simple calcaire, les statues étaient bien autre chose que de beaux objets à admirer : elles servaient de support à la vie même, de réceptacle de l'âme. Ce sont ainsi des milliers de statues que nous a léguées l'Égypte ancienne, du simple brasseur de bière au grand dieu Amon. À découvrir dans les **musées du Caire** et de **Louxor**. ●

Programme

La géographie et les capacités hôtelières limitent les possibilités d'itinéraires dans la vallée du Nil. Le Caire, Louxor et Assouan en constituent les trois seules étapes. À partir de cette trame imposée, chacun choisira son séjour selon ses intérêts et le temps dont il dispose. Nous vous suggérons ici deux itinéraires : une « Égypte express » pour un survol rapide du pays, et un circuit plus complet qui permet déjà une bonne approche de la région.

L'Égypte express en 9 jours

Jour 1. Arrivée au Caire (nuit dans un hôtel proche de l'aéroport). **Jour 2**. Vol tôt le matin pour Louxor. Visite des temples de Louxor (le matin) puis de Karnak. **Jour 3**. Visite de la nécropole thébaine : vallée des Rois, vallée des Reines, Deir el-Médineh, Deir el-Bahari (temple d'Hatchepsout), temple de Médinet-Habou. **Jour 4**. Route pour Assouan ; en chemin, visite des temples d'Esna, d'Edfou et de Kom Ombo. Arrivée dans l'après-midi à Assouan ; en fin de journée, promenade le long de la Corniche, ou farniente à la piscine de l'hôtel. **Jour 5**. Le matin, visite de Philae ; l'après-midi, promenade en felouque, et visite du musée de la Nubie en fin de journée. **Jour 6**. Envol pour Abou Simbel, visite des temples, puis vol direct vers Le Caire. **Jour 7**. Le Caire : matin, visite du Musée archéologique, après-midi, promenade dans les souks autour du Khan el-Khalili. **Jour 8**. Excursion à Giza et Saqqara. **Jour 9**. Vol de retour.

La découverte de l'Égypte en 12 jours

Jour 1. Arrivée au Caire. **Jour 2**. Visite du Caire : le matin, le Musée archéologique, l'après-midi, Le Caire islamique, ses mosquées et ses souks. **Jour 3**. Journée d'excursion à Giza et Saqqara. **Jour 4**. Envol pour Louxor. Visite du temple de Karnak, puis promenade dans les souks ou après-midi de détente au bord de la piscine de votre hôtel. **Jour 5**. Première partie de la visite de la nécropole thébaine. Au retour, visite du temple de Louxor. **Jour 6**. Seconde partie de la visite de la nécropole thébaine ; au retour, visite du Musée archéologique. **Jour 7**. Journée d'excursion à Dendera et Abydos. **Jour 8**. Route pour Assouan ; en chemin, visite des temples d'Esna, d'Edfou et de Kom Ombo. Arrivée à Assouan en début d'après-midi. **Jour 9**. Visite de Philae et de l'obélisque inachevé le matin ; l'après-midi, promenade en felouque. **Jour 10**. Excursion en avion à Abou Simbel. Retour à Assouan pour une promenade dans les souks. **Jour 11**. Vol matinal pour Le Caire : derniers achats dans les souks, visite du quartier copte, ou découverte plus approfondie des monuments médiévaux du Caire islamique. **Jour 12**. Vol de retour. ●

idées

L'Égypte autrement

● **Prendre le métro du Caire**. Une des surprises que réserve la capitale égyptienne : au-dessus, le chaos d'une circulation inextricable, au-dessous, le calme et la propreté ; le meilleur moyen pour se rendre du centre-ville au quartier copte.

● **Suçoter l'embout de son narguilé**. Fumer la pipe à eau (la chicha) participe de l'art de vivre à l'orientale. Les yeux dans le vague, indifférent à la vie qui passe, ou lancé dans une conversation passionnée avec votre voisin de table, vous oublierez les soucis quotidiens au glou-glou de l'eau qui s'agite sous les volutes de fumée. Si vous avez des prétentions littéraires, vous vous installerez au café Fichaoui, cher à Naguib Mahfouz. Sinon, n'importe quel café du Khan el-Khalili fera l'affaire.

● **Poussé par la brise**. À Assouan, ne manquez pas d'emprunter l'une des nombreuses felouques qui font claquer leur voile au-dessus des eaux du Nil. Pour se rendre dans les îles ou sur la rive gauche, ou tout simplement pour le plaisir de glisser sur l'eau, mené de main de maître par un batelier nubien.

● **Une nuit dans le harem d'Amou**. Le temple de Louxor reste ouvert à la visite après la tombée de la nuit. Même si vous l'avez visité de jour, vous vous laisserez prendre par la magie des éclairages, qui révèlent des détails ignorés sous le soleil, ou nimbent de mystère d'autres parties laissées dans l'obscurité.

● **Bercé dans une calèche**, le moyen de transport traditionnel de Louxor. Vous en trouverez des centaines qui se disputent la clientèle étrangère, plus généreuse que les passagers locaux. Il serait dommage que cet agréable moyen de transport disparaisse et avec lui le claquement des sabots des chevaux sur l'asphalte, qui appartient au paysage sonore de la ville. Alors n'hésitez pas, et fouette cocher !

● **Rouler sa bosse**. Peut-on concevoir un voyage en Égypte sans une promenade à dos de chameau ? Si la balade à Giza est assez décevante, on peut agréablement emprunter ce moyen de transport à Assouan, pour se rendre au monastère de Saint-Siméon à partir du mausolée de l'Aga Khan.

● **Tarbouches et galabiyas**. Dans les souks de Louxor, vous trouverez des tailleurs prêts à confectionner en 24 h à vos mesures galabiyas ou caftans, et de très agréables vêtements d'intérieur.

● **Ambiances**. L'Égypte, dans notre imaginaire, c'est aussi le luxe des palaces du début du XXe s., où défilèrent toutes les têtes couronnées d'Europe et encore plus de roturiers fortunés. Mena House à Giza, Winter Palace à Louxor, Cataract à Assouan, ces palais du tourisme d'antan ont conservé leur charme et leurs dorures. ●

P A R T I R

Quand partir ?

L'**hiver**, de novembre à mars, est la saison la plus propice au tourisme : les journées sont douces, les nuits plutôt fraîches (en partant en excursion le matin, mieux vaut s'équiper d'un bon pull ; de même pour les spectacles son et lumière en soirée). Cette période de l'année connaît la plus grande affluence et les sites sont par conséquent envahis par la foule.

Pour les **photographes**, l'hiver est la meilleure saison : ciel dégagé garanti en Haute Égypte (quelques nuages peuvent parfois assombrir le ciel du Caire), et soleil rasant dont les rayons caressent la pierre. L'**été**, de juin à fin septembre, est torride : il faut alors partir en excursion dès 6 h du matin et rentrer à l'hôtel en tout début d'après-midi pour une sieste réparatrice ; à l'hôtel, la climatisation s'impose !

Les **intersaisons** (avril-mai, octobre-novembre) sont les époques les plus agréables : les soirées sont douces, permettant de dîner en plein air, et dans la journée la chaleur est supportable. De la mi-février à la mi-avril, le *khamsin*, vent de sable, peut souffler, provoquant parfois des perturbations du trafic aérien. Rens. : < fr.weather.yahoo.com >.

Tableau des températures en °C (minima et maxima)

	Le Caire		Louxor		Assouan	
Janv.	9,9	20,4	5,1	24,6	9,2	22,4
Fév.	11,9	22,3	9,1	27,6	13	25,4
Mars	10,7	20,7	11,3	29,1	15	27,8
Avr.	14,2	25,9	14,5	33	17,7	31,4
Mai	18,2	32,5	20,6	40,2	24,4	39
Juin	20,6	34,2	22,7	41,2	26	40
Juil.	23,7	35,7	23,8	42	27,6	41,5
Août	23,6	34,6	24	41,1	27,5	40,3
Sept.	22	32,8	21,1	39	24,4	37,6
Oct.	18,4	28,2	17,5	33,9	20,8	32,5
Nov.	14,3	24,6	10,8	29,5	15,2	28,2
Déc.	12,1	20	8,5	24,3	12,1	22,6

Comment partir ?

Vols réguliers

Depuis la France

Il faut compter 540 à 800 € A/R (basse et haute saison) en vol régulier pour un vol Paris/Le Caire. Louxor et Assouan ne sont desservis que par des vols charters qui sont accompagnés en principe de prestations sur place. Se renseigner dans les agences de voyages. Sur Egyptair, les vols en continuation Paris, Le Caire, Louxor sont à 600/1 000 €, 630/1 300 € pour Assouan (prix A/R sur des billets valides un mois).

Air France ☎ 0.820.820.820, < www.airfrance.fr >. Ne dessert en direct que Le Caire. Départ de Roissy-Charles-de-Gaulle 2C, 2 vols/j. mar., jeu. et sam., 1 vol/j. lun., mer., ven. et dim. Durée du vol : 4 h 30.

Egyptair, 1 bis, rue Auber, 75009 Paris ☎ 01.44.94.85.30, < www. egyptair.com.eg >. Au départ d'Orly-Sud, 1 vol/j. pour Le Caire (4 h 30 de vol), 1 vol le sam. vers Louxor (5 h de vol). Assouan, Hurghada et Charm el-Cheikh *via* Le Caire.

Swiss International Airlines, ☎ 0.820.040.506, < www.swiss.com >. 1 vol/j. pour Le Caire.

> Depuis la Belgique

Egyptair, 4/6, bd Émile-Jacquemain, 1000 Bruxelles ☎ (02) 21.91. 16.14. Plusieurs vols par semaine entre Bruxelles et Le Caire, le mar. et le ven.

> Depuis la Suisse

Egyptair, 2, rue de Berne, 1201 Genève ☎ (022) 731.39.36/37. Genève est reliée au Caire deux fois par semaine (ven. et dim.).

Swiss International Airlines, Aéroport Travel Office, 1201 Genève ☎ 0.848.85.20.00, < www.swiss. com >. Liaison Zurich/Le Caire t.l.j.

Vols charters, tarifs négociés

Les vols charters et les vols chartérisés (contingent de places charters sur des vols réguliers) sont à destination du **Caire**, de **Louxor**, **Hurghada** et **Charm el-Cheikh**. Les vols charters sont toujours directs tandis que les vols charterisés ou à tarif négocié comportent souvent une escale qui diffère selon la compagnie choisie. Compter un minimum de 400 € A/R quelle que soit la ville.

Anyway ☎ 0.892.302.319, < www. anyway.com >. **Bourse des vols**

☎ 0.892.88.89.49, <www.bdv.fr>.
Dégriftour/Lastminute ☎ 0.892. 705.000, <www.degriftour.com> et <www.lastminute.com>. **Ebookers** ☎ 0.899.78.5000, <www.ebookers.fr>. **Go Voyages** ☎ 0.892.230.200, <www. govoyages.com>. **Look Voyages/ Club Voyages** ☎ 0.892.788.778, <www.look-voyages.fr>. **Nouvelles Frontières** ☎ 0.825.000.747, <www. nouvelles-frontieres.com>.

Le voyage individuel

Il est tout à fait possible de voyager seul en Égypte. Vous ne rencontrerez guère de problèmes à **circuler** à travers le pays, en train, en bus ou en avion. Même au plus fort de la saison touristique, il est rare de ne pas trouver de place sur l'un des nombreux vols entre Le Caire, Louxor et Assouan, à condition de s'y prendre quelques jours à l'avance.

Trouver une **chambre d'hôtel** ne sera pas non plus difficile, sauf peut-être à Assouan en pleine saison. Sachez néanmoins que si vous tenez à descendre dans un hôtel précis, le Winter Palace à Louxor ou l'Old Cataract à Assouan par exemple, la **réservation** à l'avance est fortement conseillée. Adressez-vous pour cela à votre agence de voyages : les prix proposés seront en outre souvent plus intéressants que ceux pratiqués sur place.

En revanche, se joindre en Égypte à une **croisière** sur le Nil est moins aisé : les bateaux sont le plus souvent affrétés par un ou plusieurs voyagistes et proposent rarement des places individuelles. Là encore, passer par un **voyagiste** avant le départ est préférable et présente de meilleures garanties quant aux prestations fournies : cabines, repas et qualité des guides locaux. Un seul type de croisière peut être organisé sur place : la **croisière en felouque** depuis Assouan, pour les amateurs de nourriture locale et de nuits à la belle étoile.

Le voyage organisé

C'est la solution que privilégie la grande majorité des visiteurs.

> Les circuits en groupe

Ils proposent le plus souvent une **croisière sur le Nil** entre Louxor et Assouan, augmentée ou non d'un **séjour au Caire**. Ce dernier, qui permet de visiter les pyramides de Giza et Saqqara ainsi que les extraordinaires collections du Musée archéologique, s'impose à qui veut approfondir sa connaissance de l'Égypte pharaonique. Sans oublier la découverte d'une capitale trépidante qu'il faut apprendre à apprécier : la vieille ville avec ses richesses architecturales et ses souks colorés, ou la partie moderne avec ses magasins à l'occidentale.

En matière de croisières, il convient d'« éplucher » les innombrables programmes proposés à la vente, ou de s'en remettre à une agence de voyages spécialisée.

Il faut savoir qu'il est impossible de découvrir, même superficiellement, la **nécropole thébaine** en une demi-journée, ni même en une journée complète. L'idéal est une visite en **deux longues demi-journées** – là encore, vous ne découvrirez qu'une partie de ce site immense. De même, un séjour au Caire doit durer au moins 2 jours complets.

Les croisières **entre Louxor et Assouan** incluent en général la visite des temples d'Esna, d'Edfou et de Kom Ombo. Un séjour à bord de 4 jours/3 nuits signifie le plus souvent une nuit à quai à Louxor, une autre à Esna et la dernière à Assouan, ce qui, compte tenu de la durée des visites, laisse peu de temps pour la navigation, pourtant l'un des attraits principaux d'une croisière sur le Nil. Il est souvent préférable de choisir une petite unité d'une trentaine de cabines plutôt que l'un de ces immeubles flottants à 3 ou 4 étages, dotés parfois de plus de 100 cabines.

> **Les circuits en individuel**

Tous les avantages d'un voyage organisé, sans les contraintes d'un circuit de groupe. Depuis votre départ d'Europe, vous êtes entièrement pris en charge, accueilli dans chaque ville d'arrivée et conduit à votre hôtel. Sur place, vous pourrez souscrire aux excursions proposées par votre agence de voyages. Pour un voyage satisfaisant, prévoyez un minimum de trois nuits au Caire, cinq à Louxor et trois à Assouan.

Les généralistes

Jet Tours, 29, av. de la Motte-Picquet, 75007 Paris ☎ 0.825.30.20.10, < www.jettours.com >.

Kuoni, 5, rue Mabillon, 75006 Paris ☎ 0.820.05.15.15, < www.kuoni.fr >.

Nouvelles Frontières, 87, bd de Grenelle, 75015 Paris ☎ 0.825.000.747, < www.nouvelles-frontieres.fr >.

Republic Tours, 1 bis, av. de la République, 75011 Paris ☎ 01.53.36.55.50, < www.republictours.com >.

Pacha Tours, 12, rue Godot-de-Mauroy, 75009 Paris ☎ 01.40.06.88.88, < www.pachaonline.com >.

Voyageurs dans le monde arabe, 55, rue Sainte-Anne, 75002 Paris ☎ 0.892.23.73.73, < www.vdm.com >.

Les spécialistes

Autrement l'Égypte, 72, bd Saint-Michel, 75006 Paris ☎ 01.44.41.69.95, < www.autrement-legypte.com >. Voyages à la carte ou en groupe.

Découvrir-Assinter Voyages, 56, rue de Londres, 75008 Paris ☎ 01.53.04.89.69, < www.assinter.fr/Decouvrir >. Voyage à la carte sur mesure.

Fleuves du monde, 28, bd de la Bastille, 75012 Paris ☎ 01.44.32.12.80, < www.fleuves-du-monde.com >. Croisières sur le Nil sur de petits bateaux traditionnels, felouques ou *sandals*. Original et insolite.

Misr Voyages, 90, av. des Champs-Élysées, 75008 Paris ☎ 01.45.62.

63.97, < www.misr-voyages.fr >. Agence officielle de la République arabe d'Égypte. Voyages à la carte sur l'Égypte.

Nouveaux Continents, 90, rue de la Victoire, 75009 Paris ☎ 01.53.20.02.45, < www.nouveauxcontinents.com >. Circuits-croisières.

Oriensce, 164, rue Jeanne-d'Arc, 75013 Paris ☎ 01.43.36.10.11, < www.oriensce.fr >. Circuits, croisières, séjours à la carte.

STI Voyages, 16, rue Brunel, 75017 Paris ☎ 01.55.37.23.45, < www.stivoyages.fr >. Un grand nombre de circuits-croisières de luxe sur le Nil et le lac Nasser.

Les Voyages de Pharaon, 20, rue des Fossés-Saint-Bernard, 75005 Paris ☎ 01.43.29.36.36, < www.voyages-pharaon.com >. Croisières sur le lac Nasser sur des bateaux 5 étoiles luxe.

> Voyages culturels

Arts et Vie, 251, rue de Vaugirard, 75015 Paris ☎ 01.40.43.20.21, < www.artsetvie.com >. Antennes à Grenoble, Lyon, Marseille et Nice. C'est la première association culturelle de voyages à l'étranger. Plusieurs itinéraires sont proposés, dont l'un combine découverte du Sinaï et croisière sur le Nil.

Clio, 27, rue du Hameau, 75015 Paris ☎ 0.826.10.10.82, < www.clio. fr >. Circuits de 8, 11 ou 16 jours en autocar (archéologique ; les oasis ; l'Égypte d'Akhénaton). Sept croisières, dont la Haute Égypte, les Trésors d'Égypte, la Nubie et le Nil de Louxor à Assouan et de Kalabsha à Abou Simbel.

Intermèdes, le loisir culturel, 60, rue La Boétie, 75008 Paris ☎ 01.45.61.90.90, < www.inter medes.com >. Un grand choix de circuits culturels organisés avec la revue *Archeologia*. Conférenciers spécialisés en histoire de l'art (archéologues, conservateurs, professeurs et enseignants).

> Aventure,
  randonnée, plongée

Atalante Paris, 5, rue du Sommerard, 75005 Paris ☎ 01.55.42.81.00 ; **Atalante Lyon**, 36-37, quai Arloing, 69256 Lyon Cedex 09 ☎ 04.72.53. 24.80, < www.atalante.fr >. Voyages à pied accompagnés de guides spécialisés culture et nature.

Terre d'Aventures, 6, rue Saint-Victor, 75005 Paris ☎ 0.825.84.78.00, < www.terdav.com >. Itinéraire « Le long du Nil » (courte marche et navigation). Randonnée et navigation sur le lac Nasser.

Formalités

● **Passeport**. Il doit être encore valide 6 mois après votre date de sortie d'Égypte. Vous pouvez aussi partir avec une carte d'identité valide.

● **Visa**. Valable 3 mois, il permet un séjour d'un mois en Égypte. Il est délivré en 24 h dans les consulats égyptiens, moyennant un droit de 25 € en espèces, un formulaire à remplir et une photo d'identité. Il est possible aussi de l'obtenir à l'arrivée (Le Caire ou Louxor) sans problème et pour un coût moindre (15,40 €).

● **Assurance**. Elle est incluse dans tout forfait souscrit auprès d'une agence de voyages. Pour les voyageurs individuels, il est conseillé de souscrire une assurance rapatriement auprès d'un organisme du type **Europ Assistance** (1, promenade de la Bonnette, 92230 Gennevilliers ☎ 01.41.85.80.85, < www. europ-assistance.fr >) ou **Mondial Assistance** (2, rue Fragonard, 75807 Paris Cedex 17 ☎ 01.40. 25.52.55, < www.mondial-assis tance.fr >).

● **Douane**. Importation de devises illimitée (mais, à partir de 7 000 €, obligation de les déclarer à la douane). Exportation de livres égyptiennes autorisée jusqu'à 1 000 £EG. Vos appareils vidéo doivent faire l'objet d'une déclaration à l'entrée : conservez bien le double du formulaire que vous présenterez à la sortie. Pour le reste (appareils photo, jumelles, etc.), aucune formalité, à moins d'emporter un matériel important de type professionnel. L'exportation d'antiquités est interdite sans l'obtention, très compliquée, d'une autorisation en bonne et due forme. **Centre de renseignements des douanes**, 84, rue d'Hauteville, 75010 Paris ☎ 0.825.308.263, < www.douanes. gouv.fr >.

● **Vaccins**. Pour séjourner en Égypte, aucun vaccin n'est exigé des voyageurs originaires des pays occidentaux. Il est prudent néanmoins d'être à jour en ce qui concerne les vaccinations contre le tétanos et l'hépatite. Serveur vocal d'Air France ☎ 0.892.68.63.64.

pratique

Votre budget

Malgré la décision prise le 29 janvier 2003 de supprimer l'indexation de la livre égyptienne sur le dollar, les prix de nombreuses prestations touristiques (hôtels, transports...) continuent d'être exprimés dans la monnaie américaine. Le coût de la vie pour un Européen dépend des fluctuations des marchés financiers : quand l'euro est fort face au dollar, l'Égypte est bon marché ; dans le cas contraire, il faut prévoir un budget plus important.

● **Hôtels**. Des hôtels de même catégorie peuvent afficher des prix allant du simple au double, de même que la classification officielle ne reflète pas toujours la réalité de l'établissement *(voir p. 24)*. **Prix pour une chambre double** (les hôtels des 3 catégories supérieures doivent être réglés en devises) : 200 à 300 $ pour un 5 étoiles ; 80 à 180 $ pour un 4 étoiles ; 40 à 70 $ pour un 3 étoiles ; 35 à 180 £EG pour un 2 étoiles ; 30 à 80 £EG pour un 1 étoile.

● **Restaurants**. Dans un restaurant simple mais de qualité acceptable, comptez entre 5 et 10 € ; les établissements de luxe restent abordables pour des bourses européennes avec des additions de l'ordre de 25 à 35 €.

● **Tickets d'entrée**. Prévoir un budget suffisant pour les entrées des sites et des musées : 6 à 9 € pour les musées, 10 € pour les spectacles son et lumière ; la visite de l'ensemble des sites de la nécropole thébaine (Louxor) revient à une centaine d'euros. ●

Monnaie

Début 2006, l'euro s'échangeait contre 6,85 livres égyptiennes (£EG), quand le dollar américain en valait 5,78. La £EG est divisée en 100 piastres.

L'**importation de devises** est libre. Les **cartes de paiement** ne sont acceptées que dans les grands hôtels, mais les distributeurs automatiques de billets sont répandus. Le montant disponible est équivalent à 500 € tous les trois jours glissants pour les cartes de type courant. Renseignez-vous auprès de votre banque avant votre départ.

Que faut-il emporter ?

● **Argent**. Inutile de se munir de dollars : les euros sont acceptés dans toutes les banques et tous les bureaux de change.

● **Vêtements**. **En hiver**, des vêtements de demi-saison pour la journée, un bon lainage pour le matin et des vêtements chauds pour les soirées, notamment pour assister aux spectacles son et lumière. **En été**, des vêtements légers en coton et chapeau pour se protéger du soleil. **En toute saison**, des lunettes de soleil, et de bonnes chaussures de marche pour arpenter les sites confortablement. Évitez les tenues trop déshabillées qui pourraient choquer la population locale.

● **Médicaments**. Dans votre pharmacie de voyage, prévoyez un anti-diarrhéique, doublé d'un antiseptique intestinal, et des antibiotiques à large spectre (demandez conseil à votre médecin).

Si vous suivez un traitement, n'oubliez pas vos médicaments. Pour les produits courants, on trouve des pharmacies dans toutes les villes d'Égypte.

Adresses utiles

Consulats

● **En France**. À **Paris**, 58, av. Foch, 75016 ☎ 01.45.00.77.10. Serveur vocal ☎ 0.899.70.45.05. *Dépôt des demandes de visas du lun. au ven. de 9 h 30 à 11 h 30 ; retrait des passeports de 14 h à 15 h le lendemain.* À **Marseille**, 166, av. de Hambourg, 13008 ☎ 04.91.25.04.04. *Ouv. du lun. au ven. de 10 h à 12 h.*

● **En Belgique**. 101, av. de la Forêt, 1000 Bruxelles ☎ (02) 663.58.21. *Ouv. du lun. au ven. de 9 h 30 à 11 h.*

● **En Suisse**. 47 ter, route de Florissant, 1206 Genève ☎ (022) 347. 63.79. *Ouv. du lun. au ven. de 9 h à 12 h.*

● **Au Canada**. 1, place Ville-Marie, suite 2617, Montréal, H3B-4S3 ☎ (514) 866.84.55.

Offices du tourisme

● **En France**. 90, av. des Champs-Élysées, 75008 Paris ☎ 01.45.62. 94.42/43. *Ouv. du lun. au ven. de 10 h à 16 h.*

● **En Belgique**. 179, av. Louise, 1050 Bruxelles ☎ (02) 647.38.58. *Ouv. du lun. au ven. de 10 h à 12 h.*

● **En Suisse**. 59, Marktgasse, 3011 Berne ☎ (031) 311.22.10. *Ouv. du lun. au ven. de 9 h à 15 h 30.*

● **Au Canada**. 1253, av. Mc Gill College, suite 250, Montréal, H3B-2Y5 ☎ (514) 861.44.20.

Centres culturels à Paris

Centre culturel égyptien, 111, bd Saint-Michel, 75005 Paris ☎ 01.46. 33.75.67. < www.culture-egypte. com >. *Ouv. du lun. au ven. de 10 h à 19 h.* Bibliothèque, galerie d'exposition, concerts et conférences.

Institut du monde arabe, 1, rue des Fossés-Saint-Bernard, 75005 Paris ☎ 01.40.51.38.38, < www.imarabe. org >. *Ouv. t.l.j. sf lun. et j.f. de 10 h à 18 h. Bibliothèque ouv. du mar. au sam. de 13 h à 20 h (f. les j.f.).*

Musées

● **En France**. À voir impérativement : les salles égyptiennes du **musée du Louvre à Paris**, une des plus importantes collections au monde dédiées à l'Égypte antique.

● **En Europe**. Les collections égyptiennes du **British Museum à Londres** : collections Salt et Belzoni et la célèbre pierre de Rosette. **Musée égyptien de Berlin** où est exposé le superbe buste en plâtre de Néfertiti. **Musée égyptien de Turin** : la plus importante collection après celle du Caire.

Librairies

> Librairies spécialisées

Librairie orientaliste Samuelian, 51, rue Monsieur-le-Prince, 75006 Paris ☎ 01.43.26.88.65. *Ouv. le lun. de 14 h à 18 h 30 ; du mar. au ven. de 10 h à 12 h 45 et de 14 h à 18 h 30 ; le sam. de 14 h à 18 h 30.* Livres anciens, histoire et littérature, manuels, guides de voyage en français.

Librairie de l'Institut du monde arabe, 1, rue des Fossés-Saint-Bernard, 75005 Paris ☎ 01.40.51.39.30, < bookshop@imarabe.org >. *Ouv. du mar. au dim. de 10 h à 18 h.* Beaux-livres, photographie, art, littérature. Ouvrages en français, en arabe et en anglais.

La Table d'Isis, 3, rue Pierre-Fontaine, 75009 Paris ☎ 01.48.78. 38.60, < isistab@aol.com >. *Ouv. du mar. au ven. de 10 h à 12 h et de 13 h à 19 h.* Beaux-livres, livres d'histoire, grammaire hiéroglyphique, littérature copte, guides de voyage.

> Librairies de voyage

● **À Paris**. L'Astrolabe, 46, rue de Provence, 75009 ☎ 01.42.85.42.95. L'Harmattan, 16, rue des Écoles, 75005 ☎ 01.40.46.79.14, < www. editions-harmattan.fr >. IGN (Institut géographique national), 107, rue La Boétie, 75008 ☎ 01.43.98. 85.13, < www.ign.fr > et 2, av. Pasteur, 94165 Saint-Mandé ☎ 01.43. 98.80.00. Ulysse, 26, rue Saint-

carte d'identité

- **Situation**. À l'extrémité nord-est du continent africain ; à 5 000 km de Paris.
- **Frontières**. Libye à l'ouest (1 080 km), Israël à l'est (240 km), Soudan au sud (1 150 km). **Côtes**. Méditerranée au nord (980 km), mer Rouge à l'est (1 940 km).
- **Fleuve principal**. Le Nil, 1 205 km sur les 6 671 km de son cours.
- **Superficie**. Environ 1 million de km², dont seulement 38 700 km² (soit 4 % du territoire) sont habités et cultivés. Le reste est totalement désertique.
- **Population** *(estimations 2005)*. Entre 70 et 75 millions d'hab. dont 42 % ont moins de 18 ans ; taux d'alphabétisation : 55 % (67 % d'hommes et 40 % de femmes).
- **Capitale**. Le Caire, 19 millions d'hab. environ (pour l'agglomération).
- **Religion**. Musulmans (90 %) essentiellement sunnites, chrétiens coptes (10 %).
- **Langue officielle**. Arabe. **Langues internationales utilisées**. Anglais et français.
- **Nature du régime**. Présidentiel. Le président est élu pour un mandat de 6 ans.
- **Chef de l'État**. Hosni Moubarak, réélu en septembre 2005 pour son 5e mandat. Pour la première fois, plusieurs candidats étaient en lice. •

Louis-en-l'Île, 75004 ☎ 01.43.25. 17.35, < www.ulysse.fr >. **Voyageurs du monde**, 55, rue Sainte-Anne, 75002 ☎ 01.42.86.17.38, <www.vdm.com >.

- **En province**. **Bordeaux** : La Rose des Vents, 40, rue Sainte-Colombe, 33000 ☎ 05.56.79.73.27. **Caen** : Hémisphères, 15, rue des Croisiers, 14000 Caen ☎ 02.31.86.67.26, < www.hemispheres.lalibrairie. com >. **Lyon** : Raconte-moi la Terre, 38, rue Thomassin, 69002 ☎ 04.78.92.60.20, < www.raconte-moi.com >. **Marseille** : Librairie de la Bourse Frézet, 8, rue Paradis, 13001 ☎ 04.91.33.63.06. **Montpellier** : Les Cinq Continents, 20, rue Jacques-Cœur, 34000 ☎ 04.67.66. 46.70. **Nantes** : Géothèque, 10, pl. du Pilori, 44000 ☎ 02.40.47.40.68. **Strasbourg** : Géorama, 20-22, rue du Fossé-des-Tanneurs, 67000 ☎ 03.88.75.01.95. **Toulouse** : Ombres blanches Voyages, 48-50, rue Gambetta, 31000 ☎ 05.34.45.53.33, < www.ombres-blanches.fr >. **Tours** : Géothèque, 14, rue Néricault-Destouches, 37000 ☎ 02.47. 05.23.56.

- **En Belgique**. Anticyclone des Açores, 34, rue Fossé-aux-Loups, 1000 Bruxelles ☎ (02) 217.52.46. **Peuples et Continents**, 17-19, Galerie Ravenstein, 1000 Bruxelles ☎ (02) 511.27.75.

- **En Suisse**. Travel Bookshop, Rindermarkt 20, 8001 Zürich ☎ (01) 252.38.83, < www.travel bookshop.ch >. •

QUOTIDIEN

Arrivée

Voir rubriques « Accès » : au Caire, p. 132; à Louxor, p. 182; à Assouan, p. 262.

Change

Vous pourrez changer vos devises et chèques de voyage dans les banques et les bureaux de change des hôtels. Les cartes de paiement type Visa permettent également de retirer des livres égyptiennes (£EG) dans les bureaux de change des hôtels, ainsi qu'aux distributeurs automatiques, de plus en plus répandus. Vous trouverez deux distributeurs à l'aéroport international du Caire, un avant et l'autre après la douane.

Dans les hôtels 5 et 4 étoiles, et dans beaucoup de 3 étoiles, les notes ne se règlent qu'en devises ou par carte de paiement internationale ; ce principe s'applique à toutes les dépenses portées sur votre note principale (chambre mais aussi consommations, bars et restaurants), et pour lesquelles on vous demandera seulement de signer sous votre numéro de chambre. En revanche, il est tout à fait possible de régler directement vos repas en livres.

Courrier et e-mails

● **Poste**. Une lettre ou une carte postale met une semaine à 10 jours pour arriver à son destinataire européen. Il est préférable d'indiquer la destination finale, ville et pays, en lettres majuscules, les postiers égyptiens n'étant pas tous familiarisés avec la cursive latine. On trouve des boîtes aux lettres au coin des rues, mais mieux vaut poster son courrier directement aux bureaux de poste ou dans les boîtes aux lettres des grands hôtels. Si vous voulez envoyer du courrier en Égypte et si vous ne pratiquez pas l'arabe, écrivez l'adresse et le nom du destinataire de façon très lisible en lettres majuscules. Sachez enfin qu'envoyer un colis à vos amis en Égypte peut s'avérer un cadeau empoisonné : il devra passer par un strict contrôle douanier et policier (l'importation de revues, de disques ou de jeux vidéo est sévèrement réglementée) ; quant au destinataire, il devra acquitter des droits souvent supérieurs à la valeur de l'objet.

● **Cybercafés.** Les cybercafés connaissent une grande vogue en Égypte : dans les grandes villes, on en trouve presque à tous les coins de rues. Les tarifs varient entre 10 et 20 £EG (3-6 €) l'heure.

Cuisine

« Que ne sommes-nous morts au pays d'Égypte, quand nous étions assis devant des marmites de viande et mangions du pain tout notre soûl », se lamentaient les Hébreux sur le dur chemin de l'exode. Car si les Arabes, nomades du désert, sont friands de grillades, les Égyptiens, peuple de paysans, n'apprécient rien tant que leurs **ragoûts**, mijotés des heures au coin du feu et généreux en sauce où l'on trempe son pain avec gourmandise. Ces ragoûts d'Égypte, vous n'avez cependant que peu de chances de les déguster, à moins d'être invité dans une famille d'agriculteurs de la vallée. Les restaurants égyptiens, même les plus simples, préfèrent servir une cuisine plus « prestigieuse », largement inspirée de la tradition libanaise.

Un repas égyptien commence le plus souvent avec un assortiment de **mezzés** : babaganouch, purée d'aubergine fumée, *tahina*, crème de sésame, *hoummos*, purée de pois chiches, ou encore *taameya*, boulettes frites de fèves pilées et d'herbes aromatiques, *tabouleh*, salade de persil, de coriandre, de menthe et de blé concassé. Ensuite viennent les **grillades**, les *kebab*, brochettes de viande hachée ou non, les *keftah*, boulettes de viande hachée, le poulet grillé. Parmi les plats plus élaborés, on vous proposera du pigeon farci, de la **meloukhia**, une bouillie d'herbes vertes qui ressemble à l'épinard et dont les Égyptiens sont friands. Le *foul* est le plat national égyptien : il s'agit de fèves bouillies préparées avec de l'huile et des épices et arrosées d'un jus de citron. On le mange de préférence au petit déjeuner. Les restaurants d'un certain standing proposent également du poisson et des fruits de mer en provenance de la mer Rouge ou de la Méditerranée. En matière de desserts, vous trouverez les **pâtisseries** généralement très sucrées que l'on propose au Proche-Orient, ainsi qu'une spécialité égyptienne, le *Om Ali* (« la mère d'Ali »), pâte fine mélangée à du lait et des pistaches et servie chaude.

Boissons

Une bonne nouvelle, les **vins** égyptiens sont désormais tout à fait acceptables : Omar Khayyam (rouge), Rubis d'Égypte (rosé) et Cru des Ptolémées (blanc) sont élaborés depuis 1999 avec l'assistance d'une grande maison bordelaise. Les **bières** locales présentent, elles aussi, une large palette qui vient concurrencer la vénérable Stella. **Thé et café turc** sont les boissons les plus consommées dans les cafés populaires. On trouve partout, jusqu'à l'entrée des sites, de l'**eau minérale** en bouteille plastique : assurez-vous lors de l'achat que la capsule est bien en place.

Restaurants

Vous trouverez en Égypte toutes les catégories de restaurants : du plus simple au plus raffiné. Tous les grands hôtels possèdent un ou plusieurs restaurants, souvent de spécialités étrangères : ainsi, au cours d'un séjour à Louxor où les bons restaurants en ville sont rares, vous pourrez, au choix, dîner libanais, italien, français ou même japonais.

Les restaurants sont ouverts à partir de 12 h pour le déjeuner et 19 h pour le dîner. Si vous arrivez juste après l'ouverture, ne vous étonnez pas de n'y voir que des touristes : les Égyptiens prennent leur repas fort tard – vers 14 h pour le déjeuner, et pas avant 22 h pour le dîner.

Fêtes et jours fériés

Jours fériés

25 avril : fête de la Restitution du Sinaï. **1ᵉʳ mai** : fête du Travail. **18 juin** : jour de l'Évacuation, qui commémore le départ des dernières troupes britanniques en 1956. **23 juillet** : anniversaire de la Révolution de 1952. **6 octobre** : fête nationale (fête des Forces armées).

Le **Cham el-Nessim**, littéralement « respirer la brise », est la grande fête populaire de l'année, célébrée par les musulmans comme par les chrétiens. Elle est l'héritière directe de la fête pharaonique qui célébrait la résurrection d'Osiris et le retour du printemps. Ce jour-là, les familles envahissent les moindres espaces verts des villes pour y pique-niquer du traditionnel *fisikh*, du poisson séché accompagné d'œufs et d'oignons de printemps. Le Cham el-Nessim est fêté le **lundi des Pâques** coptes, qui sont célébrées le même jour que chez les orthodoxes du monde entier.

Les fêtes mobiles du calendrier musulman sont également chômées.

Fêtes mobiles

Les fêtes musulmanes *(voir ci-dessous)* sont en perpétuel décalage avec le calendrier grégorien. L'**Aïd el-Fitr**, petit Bayram, marque la fin du Ramadan. L'**Aïd el-Adha**, grand Bayram, se déroule 70 jours après la fin du Ramadan et commémore le sacrifice d'Abraham. Le **Nouvel An musulman** marque la fuite de Mahomet vers Médine. Le **Mouled en-Nabi** fête la naissance du Prophète. À ces occasions, les musulmans dressent des tentes dans les rues de leurs quartiers. On s'y réunit le soir pour boire du thé, manger, écouter chanteurs et musiciens. Ces fêtes, très gaies, animent les rues des villes jusque fort tard dans la soirée.

> **Calendrier des fêtes musulmanes**

Aïd el-Adha : 10 janv. et 31 déc. 2006, 20 déc. 2007.

Nouvel An : 31 janv. 2006, 20 janv. 2007.

Mouled en-Nabi : 11 avr. 2006, 31 mars 2007, 20 mars 2008.

1ᵉʳ Ramadan : 24 sept. 2006, 13 sept. 2007.

Aïd el-Fitr : 23 oct. 2006, 13 oct. 2007.

Fêtes coptes

Nativité : 7 janvier. **Épiphanie** : 19 janvier. **Jour de l'An** : 11 septembre. **Pâques coptes** : 23 avril 2006, 8 avril 2007, 27 avril 2008.

Hébergement

Longtemps insuffisant, le parc hôtelier égyptien se développe constamment. On trouve à Louxor quantité de petits hôtels, de ▲ à ▲▲▲, dans la partie nouvelle de la ville, au sud du Winter Palace. Le Caire voit fleurir les hôtels de moyenne catégorie, notamment sur la route des Pyramides. Les hôtels sont classés en 5 catégories (étoiles) ; toutefois leur standing,

civilisation

Les trois calendriers de l'Égypte

À côté du calendrier grégorien, utilisé dans tous les domaines de la vie publique, les Égyptiens utilisent les calendriers musulman et copte pour déterminer les dates de leurs fêtes religieuses.

Le **calendrier musulman** prend pour date fondatrice l'année 622, celle de l'Hégire, c'est-à-dire de la fuite du prophète Mahomet vers Médine. Fondé sur un cycle lunaire, il ne comprend que 354 jours; les fêtes musulmanes sont ainsi en perpétuel décalage de 10 ou 11 jours avec le calendrier grégorien.

Calcul de l'année de l'Hégire (h) correspondant à l'année grégorienne (g) :

$$h = (g - 622) + \frac{(g - 622)}{32}$$

Le **calendrier copte** part de l'année 284, début du règne de l'empereur Dioclétien, qui ordonna de terribles persécutions contre les chrétiens. C'est l'«ère des Martyrs». Fondé sur le cycle solaire, il comprend 365 jours – 12 mois de 30 jours et un mois supplémentaire de 5 ou 6 jours. L'année copte, comme l'année des Pharaons, débute le 11 septembre. Ainsi, le 1er janvier 2005 correspond à l'an 1425 pour les musulmans (l'année 1426 débutant le 10 février) et à l'an 1721 pour les coptes. ●

sauf pour ceux de la catégorie supérieure, ne correspond pas toujours aux critères occidentaux : certains 3 étoiles s'avèrent calamiteux, tandis que des hôtels de catégorie plus modeste réservent d'agréables surprises. De même, les prix pratiqués à l'intérieur d'une même catégorie peuvent varier considérablement (*encadré p. 19*).

De manière générale, visitez les chambres avant de fixer votre choix. Attention : en haute saison touristique, de Noël à fin mars, les hôtels de catégorie supérieure sont presque entièrement réservés par les voyagistes occidentaux. C'est particulièrement vrai à Louxor et Assouan.

Heure locale et horaires

● **Heure locale**. Il est une heure plus tard au Caire qu'à Paris. L'Égypte suit l'heure d'été.

● Le **vendredi** est le jour légal de fermeture des administrations. Dans le secteur privé, les bureaux sont en général fermés ce jour, et parfois aussi le samedi. Beaucoup de boutiques restent fermées le dimanche.

Les **services publics** et la plupart des bureaux des **entreprises privées** sont ouverts de 8 h 30 à 16 h, de 8 h 30 à 14 h pour les **banques**. On trouvera en revanche des **bureaux de change** ouverts 24 h sur 24 dans les grands hôtels.

Les **magasins** ouvrent vers 9 h et restent ouverts jusqu'en début de soirée.

Informations touristiques

Le ministère du Tourisme possède des bureaux d'information au Caire, à Louxor et à Assouan (*voir* ❶ *dans les Carnets d'adresses consacrés à ces villes*) : vous y obtiendrez plans de villes et brochures diverses.

Le monde est chanson

Tout au long du jour, Le Caire vibre au rythme des lancinantes mélopées arabes. De la banquette fatiguée du taxi noir et blanc à la rue du bazar, de l'échoppe à l'atelier, pas un endroit de la ville qui ne soit à la portée d'une armée de haut-parleurs hurlant à plein volume les grands airs de la chanson égyptienne.

Les grands ancêtres

Le premier voyage en taxi vous l'enseignera : les grands ancêtres sont toujours vivants. Sitôt la première vitesse enclenchée, s'élève la voix chaude et rauque d'**Oum Kalsoum**, l'inoubliable, la « Consolation des Arabes », dont les obsèques en 1975 donnèrent lieu à d'incroyables scènes d'hystérie collective. Voici ensuite **Farid el-Attrache**, le séduisant *sportsman* d'origine syrienne, dont la mort tragique à la suite d'une chute de cheval a rendu inconsolables des générations d'Égyptiennes. Ou encore **Abd el-Wahab**, le père de la chanson arabe moderne, et **Layla Mourad**, qui monta pour la première fois sur les planches en 1930, à l'âge de 12 ans, et dont la simplicité et la gentillesse continuent de toucher un immense public, même après sa mort en 1995. Tous débutèrent leur carrière dans les années 1930, avec la naissance de la radio et du cinéma parlant, qui leur assurèrent une immense audience. De nos jours, la télévision entretient le culte et il ne se passe guère de soirée sans que le petit écran ne diffuse un de leurs films ou de leurs tours de chant.

Naissance d'un art

La grande chanson égyptienne, et arabe à sa suite, naquit dans les années 1930, à la conjonction des moyens de diffusion modernes et des influences occidentales. Les bases en furent jetées lors du Congrès de musique arabe qui se tint au Caire en 1932. Ses conclusions préconisèrent l'introduction, à côté des instruments traditionnels – *oudh* (le luth arabe), flûte, *qanoun* (cithare horizontale), tambourin à cymbales et tambour d'argile –, d'une vingtaine de violons, de cinq violoncelles, de deux contrebasses, de clarinettes, de trompettes et de hautbois, ainsi que d'un accordéon. Le grand orchestre arabe était né, avec une formation qu'il connaît encore de nos jours. Décision fut également prise d'adopter la notation musicale occidentale, ce qui favorisa l'introduction de thèmes importés.

Les genres musicaux

Pour autant, l'inspiration restait orientale. Par ses acteurs d'abord : Oum Kalsoum ou Abd el-Wahab. Tous deux, issus de milieux religieux, avaient commencé à chanter lors des célébrations des fêtes musulmanes. Par les thèmes ensuite : l'amour d'abord, mais des amours contrariées où l'on pleure la séparation et l'absence. On ne

Oum Kalsoum reste l'idole du peuple égyptien.

Les longs développements des chansons arabes conduisent l'auditoire à l'extase, tout comme les cérémonies soufies dont les manifestations les plus connues sont les danses des derviches.

sourit guère dans la chanson égyptienne. «Nous avons été créés malheureux», conclut Oum Kalsoum au terme de l'une de ses plus belles chansons. «L'amour sans espoir, tel est le sort de l'amoureux», renchérit Farid el-Attrache. Autre thème : la complainte sociale, chanson du pauvre ou de l'émigré dans une société hostile. «Tout le monde m'a pris, mais je suis revenu. Ô maman, je reviens comme avant. La vie est ici, ô Maman, en Égypte, tel un oiseau qui chante dans notre sang» (chanson de Mohammed Mounir). Le thème de la mère est récurrent, ce qui ne laisse pas de surprendre les Occidentaux assistant au spectacle de foules d'hommes en larmes à l'écoute de ces complaintes. La chanson patriotique est enfin un genre où s'illustrent les plus grands : «Ô Nil, source d'amour et de sérénité, abreuve-moi, fais-moi divaguer comme l'oiseau de la nuit» (Abd el-Wahab).

L'extase

Les Beatles n'ont rien inventé : lors des récitals des grands noms de la chanson arabe, on s'évanouit, on hurle, on lacère ses vêtements, on s'arrache les cheveux... Dans un pays où la spontanéité est le plus souvent bridée par les conventions morales et sociales, par les difficultés économiques aussi, les chansons représentent un formidable exutoire. Les plus belles d'entre elles conduisent leur auditoire à l'extase, tout comme le rituel du *zikr*, les cérémonies soufies au terme desquelles les participants entrent en transe.

*Chansons traduites par Armand Pignol
dans* L'Extase et le Transistor *(éd. du CEDEJ, 1986).* ●

Langue

La langue officielle est l'**arabe**, ou plus exactement un dialecte fondé sur l'arabe classique, celui du Coran, et utilisé à l'oral comme à l'écrit. L'arabe pratiqué ici n'est donc pas le même que celui parlé au Maghreb ; il est plus proche de l'arabe du Proche-Orient (Syrie, Palestine) et de la péninsule Arabique. L'**anglais**, obligatoire dans l'enseignement secondaire, est d'un usage courant dans les grandes villes, notamment chez les commerçants. Le **français**, qui fut la langue commune des communautés étrangères du Caire et d'Alexandrie, est aujourd'hui l'apanage des classes cultivées et des vieilles familles cairotes et alexandrines.

Marchandage

De rigueur dans tous les magasins, pour tous les services – les chauffeurs de taxi et les conducteurs de calèche sont particulièrement redoutables dans cet exercice –, et même dans les hôtels de catégories moyenne et inférieure. L'exercice peut s'avérer usant à la longue mais sachez que dans les souks les articles sont couramment proposés à plus de 50 % de leur valeur. À vous de jouer donc, avec patience et bonne humeur.

Médias

Depuis 1893, *Le Progrès égyptien* témoigne chaque matin de la présence de la francophonie sur les rives du Nil. *Al-Ahram*, le grand quotidien égyptien, publie depuis 1994 un supplément hebdomadaire de bonne tenue en français. La 2e chaîne de la télévision nationale présente chaque soir à 19 h un bulletin d'information en français. Dans les hôtels, on peut recevoir les chaînes francophones et internationales par satellite.

Politesse et usages

Les Égyptiens sont en général affables et souriants : conformez-vous à ces habitudes, et proscrivez toute manifestation d'irritation ou d'agressivité ; vous n'obtiendriez rien d'autre que de passer pour un Occidental désagréable et arrogant. Au plan vestimentaire, évitez les tenues trop déshabillées, en particulier dans les lieux de culte, musulmans comme chrétiens.

Pourboire

En Égypte, le *bakchich* est une institution : des gardiens de tombes à Louxor qui vous éclairent obligeamment le fond de l'hypogée à ceux des petits musées qui allument pour vous les salles d'exposition, du portier d'hôtel au bagagiste, en passant par les garçons, chacun attend sa petite récompense. Prêtez-vous avec bonne grâce et patience à cette pratique ancestrale : les Égyptiens en font autant. 1 £EG suffit pour les gar-

La lecture des journaux : une passion pour les Égyptiens.

diens de sites ou de musées ; 5 £EG pour le garçon qui monte vos bagages dans votre chambre, 5 % du prix de l'addition pour le serveur au restaurant. Après votre première journée de visite, vous vous rendrez compte de la nécessité impérative de vous munir de beaucoup de petite monnaie (des billets d'une livre) avant de mettre le nez hors de votre chambre. Vous pourrez changer vos « grosses coupures » dans les bureaux de change des hôtels.

Santé

Deux types de désagréments guettent le visiteur en Égypte : les **problèmes intestinaux** et la **déshydratation**. Pour éviter les premiers, mieux vaut respecter des règles élémentaires d'hygiène et de bon sens : ne mangez que des aliments bien cuits, abstenez-vous de crudités, ne buvez que de l'eau minérale ou des sodas décapsulés devant vous ; ne mangez pas plus que d'habitude, même si les buffets des hôtels ou des bateaux de croisière sont bien appétissants, et ne buvez pas glacé en rentrant d'excursion.

Du fait du climat chaud et sec, la déshydratation peut être rapide : buvez abondamment – de l'eau de préférence – tout au long de votre journée d'excursion, avant même que ne survienne la soif, premier symptôme de la déshydratation.

Au Caire, la **poussière** et la **pollution** peuvent entraîner également leur lot de petites misères : rhumes, trachéites, bronchites, angines, surtout en été, lorsque l'on passe brusquement de la grande chaleur aux intérieurs fortement climatisés des hôtels et des restaurants. Prévoyez de quoi y remédier dans votre pharmacie de voyage.

La onzième plaie d'Égypte est la **bilharziose**, une maladie parasitaire causée par un petit ver qui s'infiltre sous la peau : évitez toute trempette dans le Nil, *a fortiori* dans les canaux d'irrigation.

Enfin, sachez que la **rage** est assez répandue parmi les chiens qui hantent les sites touristiques, du plateau de Saqqara à la rive ouest de Louxor. En cas de morsure, lavez la plaie abondamment et longuement avec de l'eau et du savon et rendez-vous **dans l'heure** au centre de soins le plus proche.

Sécurité

Malgré la pauvreté et les problèmes de surpopulation, le pays reste très sûr. C'est même l'un des plaisirs de l'Égypte que de pouvoir s'y promener en toute sécurité, à toute heure du jour ou de la nuit, à condition d'éviter la provocation : tenue vestimentaire correcte, et pas de signes de richesse ostentatoires.

Shopping

Devant le nombre impressionnant de boutiques de souvenirs et de vendeurs à la sauvette, on ne peut que constater à quel point l'industrie du souvenir touristique est florissante – même si la qualité est rarement au rendez-vous. Toutes et tous proposent les mêmes objets de pacotille, imitations grossières de statuettes pharaoniques, cuivres à la décoration bâclée, articles en cuir, papyrus de qualité douteuse, sans oublier les inévitables tee-shirts arborant les plus célèbres sites touristiques.

Pourtant, si l'on se tient à l'écart de ces « cavernes d'Ali Baba » sans grand intérêt, on peut encore faire de jolies trouvailles en Égypte.

● **Bijoux**. Au Khan el-Khalili du Caire, ainsi qu'à Louxor, on trouve de jolis objets en or 18 carats et en argent. Deux incontournables : le scarabée en or et turquoise, ainsi que le cartouche gravé à son nom en hiéroglyphes.

Des atours chatoyants proposés à la convoitise des touristes, le parfum suave du tabac des narguilés, ou des broderies dont le savoir-faire se transmet de génération en génération : mille et une tentations vous attendent dans les souks.

● **Épices**. C'est dans le Sud, à Assouan, que vous trouverez le plus grand choix. En vedette, le *carcadeh*, une infusion à base de fleurs d'hibiscus séchées, que l'on boit chaude ou froide.

● **Papyrus**. La vraie plante est souvent remplacée par du maïs ou de la peau de banane et les prétendus « instituts » pullulent dans les environs de Giza. Un papyrus qui manque de souplesse, dont les couleurs dépassent les contours du dessin et que l'on vous propose pour quelques livres a peu de chances d'être authentique. Et ce n'est pas le « certificat » l'accompagnant qui garantira le contraire. Les exemplaires authentiques se trouvent chez les fabricants reconnus, tels que l'institut du Dr Ragab, rue Gamal Abd. el-Nasser, dans le quartier de Giza, au Caire **I-B3** *(plan en 2ᵉ rabat de couverture)*. Il possède une succursale à Assouan, au cœur du souk de la rue Abtal el-Tahrir **B2** *(plan p. 239)*.

● **Parfums**. Jasmin, rose ou violette : si vous voulez retrouver les senteurs de l'Orient une fois rentré chez vous, vous ne manquerez pas de rendre visite aux parfumeurs qui tiennent boutique dans les souks des grandes villes. Souvent, d'ailleurs, les petites fioles en verre soufflé sont tout aussi intéressantes que les fragrances qu'elles contiennent.

● **Tapis**. À l'exception des articles en laine décorés de motifs naïfs et qui sont une spécialité égyptienne produite du côté de Saqqara, les tapis que l'on trouve dans les souks proviennent de tout l'Orient. On peut parfois y faire de belles découvertes en matière de tapis anciens.

● **Textiles**. Le coton égyptien est le meilleur du monde. Vous trouverez notamment des nappes à des prix particulièrement intéressants. Pour vos soirées costumées, vous pourrez vous faire confectionner sur mesure des vêtements traditionnels à Louxor : galabiyas (djellabas) ou robes orientales.

Sports

La plupart des grands hôtels possèdent leur **piscine**, quelques-uns disposent de courts de **tennis**. Possibilité de promenade à **cheval** autour des Pyramides, ainsi qu'à Saqqara. La mer Rouge reste un rendez-vous très apprécié des **plongeurs** venus du monde entier.

Téléphone

Téléphoner à l'étranger est désormais très facile et bon marché grâce aux cartes téléphoniques. Deux compagnies se disputent le marché : Nile Phone (bornes téléphoniques bleues) et Menatel (bornes jaunes) ; cette dernière est de loin la plus répandue. Les cartes téléphoniques (5, 10 et 20 £EG) sont en vente chez les marchands de journaux et dans les kiosques.

téléphoner

● **Pour appeler l'Égypte** depuis la France, la Belgique ou la Suisse, composez le 00 (international) puis le 20 (Égypte) puis l'indicatif de la ville (Le Caire : 2 ; Alexandrie : 3 ; Assouan : 97 ; Louxor : 95 ; etc.) puis le numéro de votre correspondant.

● **Pour appeler l'Europe** depuis l'Égypte, composez le 00 (international), puis l'indicatif du pays (33 pour la France ; 32 pour la Belgique ; 41 pour la Suisse ; 1 pour le Canada), puis le numéro de votre correspondant, en supprimant le 0 de l'indicatif régional.

● **Rens. internationaux** depuis la France ☎ 3212. ●

Toilettes

On trouve des toilettes sur la plupart des sites touristiques, temples ou nécropoles thébaines. En revanche, elles sont rares dans les rues des villes.

Transports intérieurs

L'avion

Depuis **Le Caire**, la compagnie Egyptair dessert plusieurs fois par jour **Louxor** (1 h de vol) et **Assouan** (1 h 20, ou 2 h 20 en cas d'escale à Louxor) ; liaisons également avec **Hurghada** et **Charm el-Cheikh**.

Bien qu'en progrès constant et dotée d'une flotte entièrement renouvelée (désormais presque exclusivement composée d'Airbus), la compagnie nationale soumet encore ses passagers à des retards fréquents et à des réservations fantaisistes. Il est vivement conseillé au voyageur individuel de **reconfir-**

Circuler au Caire n'est pas une mince affaire.

mer son vol la veille du départ et de se refaire préciser l'heure de décollage. De même, il est indispensable de se présenter à l'aéroport une heure avant le décollage.

À titre indicatif, voici quelques tarifs aller-retour (au départ du Caire). Assouan: 266 € ; Hurghada: 201 € ; Louxor: 192 € ; Charm el-Cheikh: 201 €.

Le train

Des trains climatisés tout confort relient chaque jour **Le Caire** à **Alexandrie** (2 h 30 de trajet, 6 € env. en 1ʳᵉ classe), **Louxor** et **Assouan** (respectivement en 12 h et 16 h). Pour Louxor, comptez env. 21 € pour une 1ʳᵉ assise.

Il existe également un service de **wagons-lits** gérés par une société privée, **Abela** ; elle assure des liaisons quotidiennes entre Le Caire et Louxor, dans de remarquables conditions de confort : cabines individuelles très bien équipées, voiture-restaurant et voiture-salon. L'aller simple coûte 50 $ par personne en cabine double, avec le dîner et le petit déjeuner. Rens. et rés. au Caire, Cafeteria Building of Bab el-Hadid, derrière la gare Ramsès ☎ 574.94.74 ; ou par Internet < www.sleepingtrains.com >.

Le train permet d'échapper aux aléas du trafic aérien, surtout au printemps, lorsque les vents de sable clouent les avions au sol. Il est conseillé de **réserver** plusieurs jours à l'avance, surtout pour les billets 2ᵉ classe. Faites-vous confirmer l'horaire la veille du départ.

Des **omnibus** (2ᵉ et 3ᵉ classe) circulent également le long de la vallée du Nil. Très bon marché, mais lents et non climatisés, ils offrent l'occasion de côtoyer la population locale et permettent surtout de gagner les localités secondaires.

Une **réduction** de 50 % (sauf sur les wagons-lits) est consentie aux titulaires d'une carte internationale d'étudiant.

Le bus

C'est le moyen de transport le plus économique. Il existe aujourd'hui des services de bus très confortables avec climatisation et places numérotées. Pendant le trajet, un système de vidéo vous permettra d'apprécier une des productions du cinéma populaire égyptien. Le bus représente une alternative très intéressante pour les distances relativement courtes, Le Caire/Alexandrie par exemple (env. 7 €).

Le taxi

Vous en trouverez devant tous les grands hôtels, et au Caire à tous les coins de rues. C'est la meilleure façon de se déplacer en ville : une course entre deux points du centre du Caire coûte 5 £EG ; 20 £EG du centre-ville aux pyramides de Giza ; 35 £EG du centre à l'aéroport. Il est possible aussi de négocier un prix à la journée, si vous devez beaucoup vous déplacer (comptez de 80 à 150 £EG selon la distance parcourue). Les chauffeurs de taxi vous proposeront souvent de vous attendre le temps de votre visite. C'est absolument inutile dans le centre du Caire ainsi qu'à Giza, où les taxis pullulent. C'est en revanche indispensable lors d'une excursion à Saqqara.

En Haute Égypte, vous trouverez uniquement des taxis collectifs, principalement des Peugeot à sept places.

Urgences

Pour les problèmes d'ordre touristique (litige avec des chauffeurs de taxi, hôteliers, guides…), n'hésitez pas à vous adresser à la **police** du même nom. Pour des ennuis plus graves, c'est vers la police locale que vous vous tournerez, voire vers votre consulat.

Les **urgences médicales** sont plutôt efficaces dans les grandes villes : vous trouverez dans les Carnets d'adresses de chacune d'entre elles les coordonnées des deux polices ainsi que les numéros de téléphone des services médicaux.

Voltage

Tous les hôtels sont équipés en 220 volts, avec des prises en général compatibles avec les appareils français. Dans le cas contraire, des adaptateurs sont disponibles à la réception. ●

D É C O U V R I R

L'allée des sphinx du temple de Louxor.

L'ÉGYPTE PHARAONIQUE

Masque funéraire de Toutankhamon
(Le Caire, Musée archéologique).

En 1822, par sa célèbre « Lettre à M. Dacier », Jean-François Champollion fait part de sa découverte au monde scientifique : il vient de percer le mystère des hiéroglyphes. Grâce à lui, après quinze siècles de silence, l'Égypte est rendue à l'Histoire et ses milliers de textes sacrés et profanes parlent à nouveau le langage des hommes. L'aventure de l'égyptologie est lancée, dévoilant génération après génération une civilisation attachante et raffinée, qui continue de livrer sa passionnante moisson de découvertes. Trente-cinq siècles d'histoire, des premiers hiéroglyphes de la palette de Narmer aux dernières prières adressées à Isis par les prêtres de Philae au VIᵉ s. de notre ère. La plus longue civilisation de l'histoire de l'humanité.

La période de formation
(Vᵉ-IIIᵉ millénaire)

Les plus anciennes traces de société humaine dans la vallée du Nil remontent au VIᵉ millénaire. Il s'agit pour l'essentiel de reliefs pariétaux qui évoquent des communautés de chasseurs traquant de leurs arcs et de leurs flèches girafes, autruches ou éléphants. Rien de bien différent en somme de ce que les explorateurs ont pu découvrir au Soudan ou dans le Sahara. C'est au millénaire suivant que les populations nilotiques trouvent une voie propre.

La préhistoire

Alors que le reste du nord de l'Afrique du Vᵉ millénaire est peuplé de tribus de chasseurs nomades, apparaît dans la région du Fayoum une **société d'agriculteurs**, maîtrisant l'art de la vannerie et de la céramique. Parallèlement, la Haute Égypte développe un **art raffiné** qui excelle entre autres dans la taille de l'ivoire. Le IVe millénaire ouvre la période prédynastique, appelée aussi **culture de Nagada**, du nom du site éponyme, situé en face de Nag Hammadi. Les quelque 3 000 sépultures mises au jour ont livré un **abondant matériel funéraire**, céramique notamment, dont certains thèmes décoratifs trahissent des relations avec le monde mésopotamien. La fin de cette période voit apparaître l'utilisation d'éléments qui appartiennent déjà au monde pharaonique – couronnes, symboles, ébauche du système hiéroglyphique. Aussi certains spécialistes ont-ils suggéré le concept quelque peu étrange de « dynastie zéro », c'est-à-dire antérieure à la première dynastie dans le classement de Manéthon, l'historien égyptien à qui l'on doit la division de l'histoire de l'Égypte ancienne en dynasties. C'est à cette époque qu'appartiendrait le « roi Scorpion », dont la sépulture a été mise au jour en 1988 dans l'ancienne nécropole d'Abydos.

L'aube thinite (2950-2635)

La **palette de Narmer** (vers 3150, musée du Caire, *p. 106*) marque l'entrée de l'Égypte dans l'Histoire. Ses deux faces présentent un roi, expressément désigné sous le nom de Narmer, et coiffé alternativement des couronnes de Haute et de Basse Égypte. De son arme, il massacre des ennemis sortis des marais. On retrouve cette posture iconographique jusqu'à l'époque ptolémaïque. Le message est clair : on doit à Narmer, un roi venu du Sud, l'unification de l'Égypte par la conquête du Delta. Pour la tradition grecque, cet exploit fut l'œuvre du **roi Ménès**, originaire de This, près d'Abydos. S'agit-il du même personnage, comme pourrait le laisser supposer une inscription qui associe à Narmer le terme « Men » ? Un fait demeure : dès son origine, la civilisation pharaonique est en place. Le roi est la personnification du **dieu Horus** et porte une titulature qui demeurera inchangée jusqu'au dernier pharaon, vingt-huit siècles plus tard. **Abydos** est le centre du culte national, et c'est là

Manéthon,
le père des dynasties égyptiennes

Tout au long de son histoire, la civilisation égyptienne s'est attachée à conserver la mémoire de ses souverains : c'est par leurs règnes en effet que l'on se situait dans le temps, en datant par exemple tel événement de l'an V de tel pharaon. Plusieurs listes royales sont ainsi connues, la plupart d'époque ramesside : le canon de Turin, un papyrus composé sous le règne de Ramsès II et conservé dans la capitale du Piémont, la pierre de Palerme, dont la majeure partie est conservée en Sicile, les tables de Karnak (aujourd'hui au Louvre) ou le couloir des Rois dans le temple de Séthi Ier à Abydos. C'est en compilant ces traditions que, sous le règne des deux premiers Ptolémées (IIIe-IIe s. avant notre ère), le prêtre Manéthon composa en grec une histoire monumentale de l'Égypte dont, malheureusement, ne nous sont parvenus que quelques fragments repris par des auteurs postérieurs. C'est à Manéthon que l'on doit la division traditionnelle en 30 dynasties ainsi que l'hellénisation de certains noms égyptiens comme Aménhotep, devenu Aménophis, ou Sénousret, traduit par Sésostris. •

que se font inhumer les souverains. Des tombeaux secondaires à leur nom ont été découverts à Saqqara : sans doute s'agit-il de cénotaphes, sépultures rituelles, pour marquer le pouvoir des rois sur la Basse Égypte. Dans la mythologie égyptienne, Ménès passe pour être le fondateur de **Memphis**, construite autour du temple de Ptah, le dieu créateur dont il instaura le culte.

L'Ancien Empire
(2635-2140) : IIIe-VIe dynastie

L'histoire politique de ces cinq siècles est fort mal connue. Certains de ses pharaons ne sont même pour nous que des noms, transmis par la liste royale de la pierre de Palerme – des noms rendus illustres toutefois par le gigantisme des réalisations qui leur sont attachées : Djoser, Snéfrou, Chéops, Chéphren, Mykérinos…

Le temps des pyramides

La première figure marquante de l'Ancien Empire est le roi **Djoser** (2617-2591). Sous son règne et pour la première fois, la **brique**, qui composait jusque-là les mastabas royaux à Abydos, est remplacée par la **pierre**. Pierre pour les «demeures d'éternité», brique pour les habitations temporaires, y compris pour les palais royaux. L'initiateur de cette innovation capitale est l'architecte **Imhotep**, à qui les Égyptiens rendirent un culte jusqu'à l'époque ptolémaïque. La première pyramide égyptienne, la célèbre pyramide à degrés de Saqqara, s'élève non loin de **Memphis**, la capitale des pharaons de l'Ancien Empire. Viennent ensuite les pyramides parfaites : celle de **Snéfrou**, à Dahchour, puis l'ensemble monumental de Giza, composé des pyramides de **Chéops**, la plus grande, de **Chéphren** et de **Mykérinos**. Les souverains suivants érigent des édifices moins imposants, et toujours dans la région de Memphis. On en a dénombré plus d'une soixantaine. Gigantesques ou plus modestes, les pyramides dominent un vaste complexe composé d'un temple funéraire, où l'on rend un culte au roi divinisé, ainsi que de tombes secondaires, marquées par des pyramides de plus petites dimensions. Ces dernières sont destinées aux membres de la famille royale, qui espèrent participer à

La pyramide à degrés du roi Djoser : une gigantesque échelle vers le ciel, et sans doute la première construction monumentale en pierre de l'humanité.

civilisation

Les scribes

Acquérir l'écriture, c'était pour les Égyptiens la certitude d'atteindre une position sociale enviable, échappant aux durs labeurs du champ ou de l'atelier. Par ailleurs, les nécessités de l'administration impériale incitèrent très tôt les autorités de l'État à organiser un système éducatif à l'échelle nationale. Les enfants commençaient leur apprentissage vers 5 ou 6 ans et rejoignaient l'école, un simple enclos en plein air, qui dépendait le plus souvent d'un temple. Lors de leurs fouilles, les archéologues ont pu retrouver des *ostraca* et des papyrus, véritables « cahiers d'exercices » des enfants d'alors. Les élèves s'exerçaient sur des tessons de poterie où ils reproduisaient

Le scribe accroupi, calcaire polychrome découvert à Saqqara, vers 2500 (Paris, musée du Louvre).

entre des lignes soigneusement tracées les textes que leurs maîtres leur proposaient comme modèle. Ils apprenaient également l'arithmétique, discipline indispensable à un bon fonctionnaire. S'ils poursuivaient leurs études, les jeunes Égyptiens apprenaient les textes littéraires classiques, ainsi que les langues des pays étrangers. Les plus doués d'entre eux étaient admis à rejoindre l'administration royale, sans doute à l'issue de concours. ●

l'immortalité du souverain. Ainsi, dès le début de l'Ancien Empire, la place éminente du pharaon est symboliquement affirmée : intermédiaire entre les hommes et les dieux, il se tient au sommet de la pyramide humaine.

Pharaon

L'Ancien Empire consacre le triomphe de la théologie héliopolitaine. Créateur de l'univers et des dieux, **Atoum-Rê** confie le monde au pharaon, qui prolonge l'œuvre du démiurge en maintenant l'équilibre du monde et en combattant le chaos : le roi maîtrisant les bêtes sauvages est une figure récurrente de l'iconographie royale. Toute parole émise par sa bouche est l'expression du divin : immédiatement consignée

par écrit, elle a force de loi. Du fait de sa nature divine, seul le roi est habilité à rendre le culte ; en fait, il délègue cette compétence aux prêtres, ses représentants dans les temples. Autour du souverain règne une **élite** – guère plus de 2 000 hommes pour une population totale estimée à 1,5 million d'individus – qui se distingue de la masse par sa connaissance de l'écriture : c'est le monde des scribes, des prêtres et des hauts dignitaires, parmi lesquels le grand vizir, *djaty*, et les gouverneurs de province, ou nomarques, la plupart de sang royal. Dès la IVe dynastie (2561-2450), l'**administration égyptienne** est en place : les différents ministères s'assurent du recensement de la population, de l'organisation de l'irrigation, du cadastre et de la col-

Le vizir

Dès les premières dynasties s'imposa la nécessité d'une administration efficace et centralisée. À sa tête, le vizir, intermédiaire indispensable entre le roi et les organes du pouvoir. Entouré d'une pompe fastueuse, comme on le voit dans les décorations de la tombe de Ptahhotep à Saqqara, le vizir était responsable à la fois de la justice, des finances, des travaux publics, des archives royales, du déplacement des armées... Maître d'œuvre de la politique du pays, il semble doté de compétences universelles. La tradition prête ainsi au grand Imhotep, vizir du roi Djoser, des qualités d'architecte (il dessina les plans de la pyramide à degrés), de savant et même de médecin. Ce qui lui valut d'être l'objet d'un culte jusqu'à l'époque hellénistique où il fut assimilé à Esculape. Chaque jour, le vizir devait se présenter devant son roi et lui remettre son rapport, non sans avoir consulté au préalable ses ministres, au premier rang desquels le surintendant au Trésor. ●

lecte des impôts. Le pays est divisé en **provinces**, les 42 nomes traditionnels : on en compte 22 au sud et 20 au nord, chacun portant un emblème provenant sans doute d'un vieux fonds tribal prédynastique.

Le déclin

Si les pharaons tirent leur pouvoir de la possession de la terre, ils doivent leur puissance au commerce lointain. Sous l'Ancien Empire, il n'est pas encore question de conquêtes. Le roi se contente d'envoyer des expéditions vers le Sinaï, pour en exploiter les richesses minières, ou vers la Nubie, traditionnel réservoir de mercenaires et de matières précieuses.

Le long règne de **Pépi II** (2241-2148, soit 94 ans ; 5e souverain de la VIe dynastie) marque le point culminant de l'Ancien Empire. Commencé dans la gloire d'une monarchie à son apogée, il s'achève dans la confusion. Au cours de ce règne, les hauts dignitaires s'affranchissent peu à peu de la tutelle royale. Déjà, à la fin de la Ve dynastie (2450-2321), leur puissance se lisait dans la somptueuse décoration de leurs tombeaux (mastabas de Ti et de Mérérouka à Saqqara). Mais sous Pépi II se constituent de véritables lignées de **potentats locaux**, la charge de gouverneur étant devenue héréditaire. Et, plutôt que de se faire inhumer, selon l'usage, autour de la sépulture de leur souverain, ils préfèrent la nécropole de leur capitale respective, où ils se font rendre un culte funéraire.

À la mort de Pépi, les forces centrifuges ont définitivement pris le pas sur le pouvoir central. La VIe dynastie s'achève, dans un climat de complot et de guerre civile larvée, avec le règne de **Nitocris** (vers 2140), la première femme à monter sur le trône d'Égypte. Au sujet de cette reine, rien n'est parvenu jusqu'à nous, sinon cette description de Manéthon : « La plus belle de toutes les femmes, blonde aux joues roses ».

La première période intermédiaire (2140-2022)

L'Égypte connaît alors une **période de chaos** qui voit une longue succession de roitelets incapables d'imposer leur autorité à des dynasties locales résolument indépendantes.

Soixante-dix rois en soixante-dix jours : ainsi Manéthon résume-t-il la VIIe dynastie, traduisant, à près de deux millénaires de distance, l'angoisse qui saisit les Égyptiens à l'évocation de cette anarchie. Car aux guerres incessantes s'ajoutent la disette et, pis que tout, le mépris des traditions ancestrales.

Un certain Ipouer a dressé dans ses *Lamentations* un sombre tableau de cette période : « Le roi a été renversé par la populace. Oui, celui qui avait été enterré en tant que Faucon, on l'a arraché de son sarcophage. Le caveau de la pyramide a été violé. » Les rois impuissants des VIIIe, IXe et Xe dynasties se veulent pourtant les héritiers des dynasties memphites : ils reprennent les titulatures des souverains du temps passé, mais sans pour autant en recouvrer le pouvoir. Pour la première fois, le salut vient de Thèbes : depuis 2130 environ y règne une dynastie, celle des **Antef**, du nom de son fondateur. Le quatrième de la lignée, **Montouhotep II**, réussit vers 2022 à réunir les deux royaumes à la force des armes. Le Moyen Empire s'ouvre avec cette XIe dynastie.

Une période de profondes mutations

Si cette période de chaos fut ressentie douloureusement par les historiographes des époques suivantes, elle vit en même temps une profonde mutation de la société égyptienne : l'entrée de l'individu sur la scène de l'Histoire. Un nouveau genre littéraire apparaît, celui des **lamentations**, dans lesquelles les auteurs se plaignent amèrement de l'anarchie destructrice des traditions : ainsi le célèbre *Dialogue du désespéré avec son ba*. Certains petits pharaons apparaissent comme des protecteurs des lettres : la tradition a ainsi conservé les *Enseignements pour Mérikarê*, recueil de conseils politiques rédigé à la cour d'un souverain de la Xe dynastie, qui continue de circuler jusqu'à la XVIIIe dynastie. Enfin, la **promesse d'un au-delà**, réservée jusqu'alors au seul souverain, s'étend à de plus larges couches de la population. Les *Textes des pyramides* sont repris dans les sépultures privées *(Textes des sarcophages)* : on y décrit le défunt comparaissant devant le tribunal d'Osiris pour y rendre compte des actes de sa vie passée. L'idée morale fait son apparition.

document

Un chant de désespoir

Le *Dialogue du désespéré avec son ba*, connu par un papyrus de la XIIe dynastie, est un texte unique dans la littérature égyptienne. Il traduit de façon poignante l'angoisse d'un « honnête homme » de la vallée du Nil face au terrible chaos qui marque la fin de l'Ancien Empire :

« À qui parler aujourd'hui ?
Les frères sont méchants
Et les amis ne savent pas aimer [...] Les cœurs sont avides
Et chacun cherche à s'emparer
des biens de son prochain
L'homme paisible dépérit
Et le fort écrase tout le monde [...] C'est le triomphe du Mal
Et le Bien est partout jeté à terre [...]

La mort est à mes yeux aujourd'hui
Comme la guérison pour le malade [...]
La mort est à mes yeux aujourd'hui
Comme une éclaircie dans le ciel [...]
La mort est à mes yeux aujourd'hui
Comme le désir d'un homme
de revoir sa maison
Après de longues années
de captivité. »

Cité par Nicolas Grimal, *Histoire de l'Égypte ancienne*, Fayard, 1988. ●

Le Moyen Empire
(2022-1784) : XIe et XIIe dynasties

Avec la XIe dynastie, **Thèbes** devient la capitale du royaume. Sa divinité locale, **Amon**, associée à Rê, se hisse au sommet du panthéon et fait figure de dieu national. L'absolutisme royal atteint son apogée dans une Égypte puissante et respectée. C'est l'âge classique égyptien.

La réorganisation du pays

Pour les nouveaux maîtres du Double Pays, il s'agit tout d'abord de **réformer l'administration** : une tâche longue et ambitieuse à laquelle chaque souverain apporte sa contribution. La triste expérience de l'anarchie impose de réduire les pouvoirs des nomarques : en soumettant tout d'abord la succession des gouverneurs à l'assentiment royal, puis, sous Sésostris III (XIIe dynastie), en les remplaçant par des fonctionnaires subalternes dépendant de la volonté royale.

Aménemhat Ier (1991-1962, fondateur de la XIIe dynastie) inaugure une pratique suivie jusqu'à l'époque ramesside : celle d'associer, du vivant du pharaon, son fils au trône, afin de faciliter la succession. Il faut enfin imprimer dans la pierre l'autorité royale : les temples de Haute et de Basse Égypte font l'objet de restaurations et d'agrandissements, et en tout premier lieu celui de **Karnak**, le sanctuaire du dieu national.

Peu d'édifices de cette période sont parvenus jusqu'à nous, ayant pour la plupart été démantelés aux époques suivantes : les pyramides des rois de la XIIe dynastie, qui firent l'admiration d'Hérodote, ne sont plus que des amas informes dont le parement de pierre et de calcaire n'est plus visible, tout comme le sanctuaire du Moyen Empire à Karnak.

Seul témoin du raffinement de l'architecture de ce temps, la « chapelle blanche » de **Sésostris Ier** (1961-1928) : ses blocs, qui bourraient l'intérieur du 3e pylône, ont été remontés en 1938 par Henri Chevrier. C'est aujourd'hui la pièce maîtresse du musée en plein air du temple de Karnak.

Le grand Sésostris

Les Grecs, avec Hérodote (484-425 av. J.-C.), ont fait du roi Sésostris la figure emblématique du Moyen Empire, une légende qui s'inspire en partie du règne de **Sésostris III**. S'ils ne s'aventurent pas aussi loin que le prétendaient les Grecs, qui les virent combattre en Thrace et contre les Scythes, les pharaons du Moyen Empire renouent avec la tradition des **expéditions lointaines** : vers le sud avec l'intégration au royaume de la Basse Nubie, vers les oasis de l'ouest pour soumettre les nomades libyens en s'assurant la maîtrise des pistes caravanières. Vers l'Orient, surtout, avec lequel l'Égypte entretient de fructueuses relations commerciales, à travers les ports de Byblos et d'Ougarit, dont les princes se montrent sensibles à la brillante civilisation des rives du Nil.

Dans le même temps, le Double Pays s'ouvre aux **influences extérieures** : des céramiques minoennes sont déposées dans les tombes, tandis que dans la partie orientale du Delta s'implantent des colonies asiatiques, réservoirs de main-d'œuvre et de mercenaires. Creusé dans la falaise jaune de Beni Hassan, le tombeau de Khnoumhotep (1re moitié du XIXe s.), qui fut gouverneur des provinces orientales, montre ainsi une caravane de nomades asiatiques pénétrant en Égypte.

Pour garder ses frontières orientales, l'Égypte entreprend la construction du « **mur du Roi** », qui défend les chemins d'Horus, c'est-à-dire les pistes caravanières conduisant vers le Proche-Orient à travers le Sinaï.

À partir du Moyen Empire, le clergé d'Amon, le dieu national, occupe une place privilégiée dans la société égyptienne. Ici, un prêtre au crâne rasé, comme l'obligation rituelle lui en est faite, rend hommage à son roi, protégé par Isis, qui lui tend la croix de vie.

Le classicisme égyptien

Si l'architecture n'a guère laissé de traces, nous conservons en revanche d'innombrables et splendides exemples de **statues** : des figures royales, d'abord, le thème majeur des ateliers de l'époque. Omnipotent, le souverain se doit d'être présent partout et ses effigies se multiplient à l'infini. Porteuses de tous les attributs de la fonction royale, les statues des pharaons s'éloignent cependant du stéréotype divin des siècles précédents, pour laisser transparaître, sous les atours du pouvoir, de véritables **portraits**. Viennent ainsi à l'esprit les représentations de **Sésostris III**, dont le règne, avec celui d'**Aménemhat III** (1843-1796), marque le sommet de l'art du Moyen Empire. Elles montrent le roi tout au long de son règne, du jeune homme dans la force de l'âge au vieillard fatigué, les traits usés et aigris. Cette apparition du portrait est à mettre en relation avec l'**émergence de l'individu**, sensible depuis la première période intermédiaire. Elle se traduit également par la composition de chefs-d'œuvre de la **littérature romanesque**, au premier rang desquels se trouve le célèbre *Roman de Sinouhé*. Cette œuvre, dont nous est parvenue une centaine de copies datant de toutes les époques, narre les mésaventures d'un dignitaire accusé de complot contre son roi, Aménemhat Ier, et contraint à l'exil. Après de multiples aventures, il rentre dans son pays où il reçoit le pardon du nouveau souverain. En matière d'**arts appliqués**, il faut avoir admiré, au musée du Caire (1er étage, salle 4), les splendides bijoux des princesses Chnoumet (Dahchour, complexe funéraire d'Aménemhat II) et Sat Hathor Younet (Lahoun, complexe funéraire de Sésostris II) pour découvrir les raffinements dont s'entourent les hauts dignitaires de l'empire.

La deuxième période intermédiaire (1784-1539)

La XIIᵉ dynastie s'achève avec le règne d'une reine, **Sobeknéfrou** (1787-1784). La dynastie suivante (1784-1650) compte, selon Manéthon, une soixantaine de souverains. Depuis leur capitale de **Licht**, ils s'efforcent de perpétuer la brillante civilisation des siècles précédents, mais l'étendue de leurs territoires s'étiole. La Nubie s'émancipe sous la conduite du roi de Kouch, secondé par des officiers égyptiens. De petits royaumes indépendants se disputent le Delta (XIVᵉ et XVIᵉ dynasties) tandis que, vers le milieu du XVIIᵉ s., une dynastie locale affirme son indépendance à Thèbes (XVIIᵉ dynastie).

L'occupation étrangère

À la même époque, les «chefs des pays étrangers», les **Hyksos** (1650-1539, XVᵉ dynastie), d'origine sémitique, réussissent à s'implanter à **Avaris**, dans le Delta oriental, une région déjà largement peuplée d'Asiatiques depuis près de deux siècles. De là, ils poussent leur avantage jusqu'à Memphis, où leur roi Salitis se fait couronner pharaon en 1650, et finissent par exercer leur influence sur une grande partie de la vallée. Les historiens des époques suivantes ont porté un regard sévère sur ce siècle de domination étrangère. S'il est vrai qu'au cours de leurs campagnes les Hyksos pillent sans vergogne temples et palais, ils se montrent néanmoins soucieux de reprendre à leur compte les titulatures et l'apparat pharaoniques. **Seth d'Avaris**, assimilé à Baal, est vénéré comme le dieu national. Surtout, les Hyksos introduisent en Égypte la **charrerie** (le cheval était connu sur les bords du Nil mais pas l'attelage), qui permettra aux pharaons des XVIIIᵉ et XIXᵉ dynasties de conduire leurs campagnes victorieuses au Proche-Orient.

La reconquête

« Il y a un chef dans Avaris et un autre à Kouch, et moi je resterais sans rien faire, entre un Asiatique et un Nègre ! » Coincé dans une Thèbes coupée des grandes routes commerciales, **Kamosé** (1541-1539), le dernier souverain de la XVIIᵉ dynastie, proclame ainsi son ambition sur une stèle qu'il fait graver à Karnak. Pourtant, la gloire de réunifier l'Égypte ne revint pas à celui qui avait choisi pour nom d'Horus « L'Horus parfait qui courbe les Deux Terres », mais à son frère **Ahmosis** (1539-1514), avec qui traditionnellement commencent la XVIIIᵉ dynastie et le Nouvel Empire.

Le Nouvel Empire : la XVIIIᵉ dynastie (1539-1293)

La XVIIIᵉ dynastie est incontestablement la dynastie vedette de toute l'histoire égyptienne. Ses souverains, les Aménophis et les Thoutmosis, sans oublier la reine Hatchepsout et l'énigmatique Akhénaton, composent une galerie d'inoubliables portraits, jusqu'à Toutankhamon, petit roi sans pouvoir mort à 19 ans, dont la tombe, découverte inviolée, a révélé la fabuleuse richesse qui entourait les dépouilles des souverains.

L'empire

La reconquête s'achève en 1518 avec la **prise de Sharouen**, la dernière place forte des Hyksos, après trois ans de siège. Désormais, il ne suffit plus de fortifier le *limes* égyptien, comme au Moyen Empire : la défense du pays impose de se porter en avant des frontières. Enrichis par l'or de la Nubie reconquise, les pharaons des XVIIIᵉ et XIXᵉ dynasties s'érigent en véritables gendarmes du Levant. La Syrie-Palestine, affaiblie par d'incessantes guerres régionales, constitue en effet une proie facile pour les empires du Nord – Hourrites du Mitanni puis Hittites.

Thoutmosis Ier (1493-1481) inaugure cette longue série de campagnes : il est le premier souverain égyptien à franchir l'Euphrate, sur les rives duquel il fait ériger une stèle. Son petit-fils **Thoutmosis III** (1478-1426), après avoir retrouvé le trône dont il avait été évincé par sa tante, la célèbre **Hatchepsout** (1471-1456), conduit 17 campagnes en Orient. Au cours de la première, il défait une coalition de cités palestiniennes à la bataille de Meggido. Il atteint l'Euphrate et y dresse une stèle près de celle de son aïeul. Plutôt que de guerres de conquête, il s'agit d'opérations de police visant à s'assurer la loyauté des cités vassales, toujours promptes à se soulever au moindre signe de faiblesse du pharaon. Pour plus de sûreté, les princes des cités palestiniennes sont éduqués à la cour d'Égypte : ils y servent certes d'otages, mais surtout ils conservent, une fois rentrés dans leur pays, les manières et les goûts égyptiens, et s'avèrent de ce fait des alliés d'autant plus sûrs. Les ambitions internationales de l'Égypte ne se limitent pas à l'Orient. La reine Hatchepsout lance ainsi une expédition commerciale vers le pays de Pount, aux confins de l'actuelle Abyssinie.

Au pied de la montagne thébaine, le temple funéraire de la reine Hatchepsout : une architecture unique dans l'histoire égyptienne.

La vallée des Rois

Si la cour itinérante se transporte de palais en palais à travers le pays, **Thèbes « la Victorieuse »** reste la capitale dynastique et chaque souverain se doit d'embellir le sanctuaire d'Amon. C'est face au temple de Karnak, sur la rive gauche du Nil, que les souverains choisissent d'établir leur nécropole, renouvelant ainsi une tradition établie par les rois de la XIe dynastie (2130-1991). Les tombes royales sont désormais creusées dans les flancs de la montagne thébaine, dont le plus haut sommet évoque une forme pyramidale. D'autres replis de la montagne abritent les sépultures de l'entourage des pharaons,

épouses et hauts dignitaires. Pour assurer le culte du roi défunt, des temples sont dressés dans la plaine bordant le Nil, les « demeures de millions d'années », dont les mieux conservées, celles de Séthi Ier, de Ramsès II et de Ramsès III, datent des XIXe et XXe dynasties.

Le grand siècle

Au faîte de sa puissance, l'Égypte croule sous la richesse. Une richesse qui profite à des couches de plus en plus étendues de la population : le personnel sacerdotal des temples s'est multiplié et les soldats rentrés de campagnes victorieuses sont dotés de lopins de terre et d'esclaves. Cette nouvelle classe intermédiaire se pique d'art et de culture, pour le plus grand profit des artisans qui développent une véritable production en série. L'art royal appartient toutefois à un domaine bien distinct : sous les premiers sou-

Le jeu de senet

Connu depuis l'Ancien Empire, le *senet* était l'un des jeux favoris des Égyptiens anciens. Deux joueurs s'affrontaient autour d'un damier de 30 cases disposées en 3 rangées. Chacun des joueurs avançait ses pièces d'un nombre de cases obtenu par le lancement d'osselets ou de bâtonnets, tout en tentant de bloquer la progression de l'adversaire. Ce jeu – dont le nom signifie «passer» – revêtit une signification symbolique sous le Nouvel Empire. On le voit ainsi fréquemment représenté dans les sépultures (voir la célèbre scène de la tombe de Néfertari, *p. 202*) où le défunt tente de vaincre un adversaire invisible, assurant ainsi son «passage» vers l'au-delà. ●

verains de la XVIIIe dynastie, le goût du Moyen Empire est remis à l'honneur et recopié. Avec **Aménophis II** (1450-1425), un redoutable combattant, la représentation du souverain connaît une nouvelle évolution : elle s'éloigne sensiblement du stéréotype pour insister sur les valeurs propres du personnage. Le règne d'**Aménophis III** (1408-1372) marque le sommet de l'absolutisme royal. Désormais, le pharaon ne prend plus la peine de parcourir l'empire à la tête de ses armées : il règne depuis son palais de Malqata, sur la rive gauche de Thèbes. Cet ensemble monumental, dont ne subsistent aujourd'hui que d'informes vestiges, est une véritable cité reliée au Nil par un canal long de 3 km. Aménophis III inaugure le culte des statues royales qui se dressent, imposantes, devant la façade des temples. Ce goût du gigantisme, d'où le souci du détail charmant

n'est pourtant pas exclu, se lit dans le groupe monumental qui orne la salle centrale du rez-de-chaussée du musée du Caire, ou dans les restes imposants des «colosses de Memnon», uniques vestiges du temple funéraire du roi sur la rive gauche de Thèbes. C'est dans ce somptueux palais de Malqata qu'Aménophis IV, le futur Akhénaton, passa sans doute une partie de son enfance auprès de la reine-mère Tiyi.

Akhénaton

Le règne d'**Aménophis IV** (1375-1354) est probablement celui qui a suscité le plus d'interrogations et d'hypothèses. Voilà en effet un bien étrange personnage qui, durant les dix-huit années de son règne, s'est employé à mettre à bas l'ensemble de l'édifice religieux patiemment constitué par un millénaire de spéculations théologiques. Au foisonnant panthéon de l'Égypte traditionnelle *(voir p. 268)* il substitue un dieu unique et créateur de l'univers, **Aton**. Comble d'audace dans un monde qui prisait tant les images, la divinité suprême ne possède d'autre représentation que celle, abstraite, d'un disque solaire d'où émanent des rayons terminés par des mains. Le seul officiant de ce culte révolutionnaire est le roi en personne, qui proclame face à son dieu :

«Ô dieu unique qui n'a point son pareil,
Tu as créé l'univers selon ton désir.
Tout ce qui est sur terre et marche
                    [*sur ses pattes*
Ce qui est dans les hauteurs et vole
                    [*ailes déployées*
Les pays des montagnes, Syrie, Soudan
Et la plaine d'Égypte.»

(François Daumas, *La Civilisation de l'Égypte pharaonique*, éd. Arthaud.)

Une figure unique jusque dans ses représentations, où le réalisme rejoint la caricature : le visage exagérément allongé à l'interminable menton, le ventre distendu sur des cuisses courtes et trop fortes composent une silhouette où le grotesque le dispute néanmoins à la majesté. Ce corps difforme est à peine soutenu par des chevilles graciles, figure unique dans l'Antiquité, qui préfère voir ses souverains solidement appuyés sur leurs pieds. Confiné avec la belle **Néfertiti** dans sa ville nouvelle d'**Akhétaton** (aujourd'hui Tell el-Amarna), le pharaon visionnaire laisse croître le mécontentement du clergé qu'il a dépossédé de ses prérogatives et de ses biens, tandis qu'en Asie les vassaux de l'Égypte commencent à redresser la tête, profitant de la faiblesse de leur suzerain. L'utopie amarnienne ne résiste pas à la mort de son initiateur.

Toutankhamon

La succession d'Akhénaton, mort dans la dix-huitième année de son règne, n'est pas fermement établie. Il semble que **Sémenkhkarê**, légitimé par son mariage avec une fille du souverain défunt, lui ait succédé sur le trône. En 1336, un enfant de 9 ans, marié lui aussi à une princesse royale, est proclamé pharaon d'Égypte : **Toutankhamon**, rendu célèbre par l'extraordinaire événement que constitua la découverte de son tombeau en 1922. Le jeune souverain commence son règne à Amarna, puis, sans doute sous la conduite de Ay, peut-être le propre frère de la reine Tiyi, rentre à Thèbes pour le plus grand bénéfice du clergé d'Amon. La restauration des cultes anciens est proclamée, et toute mention d'Akhénaton et de son dieu unique fait l'objet d'un martelage consciencieux sur l'ensemble des édifices publics.

La restauration

À la mort du souverain, sa veuve implore le roi des Hittites de lui envoyer un prince pour assurer la succession en l'épousant. En vain : le prince est sans doute intercepté en chemin et, à sa place, le « Divin Père » **Ay** accède au trône. Durant ses quatre années de règne (1345-1341), il a le temps d'embellir le temple de Karnak et d'aménager sa propre tombe dans la vallée des Rois. Mais, pour restaurer la plénitude de la puissance de l'Égypte, il faut un homme à poigne : ce sera **Horemheb**, général d'Aménophis IV puis de Toutankhamon. Maître du pays pendant trente ans (1343-1314), il marque le retour à l'ordre par une politique de grands travaux : à Memphis, dont il fut gouverneur, et surtout à

Après l'extraordinaire découverte de sa tombe, restée inviolée depuis l'Antiquité, la momie de Toutankhamon fut replacée dans la chambre funéraire.

Karnak, où il achève la construction du 2e pylône, qu'il bourre de blocs provenant des édifices bâtis par Akhénaton et démantelés. Il restaure les administrations locales mises à mal par l'extrême centralisme amarnien et conduit sans doute quelques campagnes militaires en Asie. Avant sa mort, il associe au trône un autre général, **Ramessou**, fondateur de la XIXe dynastie, et que les historiens nommèrent Ramsès Ier.

Le Nouvel Empire :
les Ramessides (1293-1069)

Cette période de plus de deux siècles comprend les XIXe et XXe dynasties. Elle est dominée par la figure de **Ramsès II** (1279-1213), dont le long règne porte l'Égypte au faîte de sa puissance. Ses successeurs de la XXe dynastie intègrent tous son nom à leur titulature, comme pour mieux se concilier une gloire qui progressivement leur échappe.

La gloire de Ramsès

Séthi Ier, fils de Ramessou, inaugure le retour de l'Égypte sur la scène internationale : vers l'ouest où il refoule les Libyens, vers l'est contre les Bédouins du Sinaï. Il poursuit plus avant et rétablit la domination de l'Égypte sur la Palestine et la Phénicie. Il inaugure surtout le style impérial porté à son apogée par son fils et successeur **Ramsès II**. Sa tombe de la vallée des Rois est décorée d'exceptionnels bas-reliefs, tandis que son temple funéraire, sur la rive gauche de Thèbes, devient le modèle des temples funéraires ramessides. Après avoir été associé au trône du vivant de son père, Ramsès II emprunte les chemins de l'Asie en l'an IV de son règne pour faire régner l'ordre égyptien en Palestine. Mais son exploit est pour l'année suivante, lorsqu'il affronte une coalition de rois syriens conduite par le souverain hittite : c'est la célèbre

bataille de Qadesh (vers 1274), sur l'Oronte (en Syrie actuelle). Pour les Égyptiens, c'est une victoire. Pour les Hittites aussi, à en croire les relations qu'ils ont laissées de cette bataille. Il est probable que de cette rencontre confuse ne sortit ni vainqueur ni vaincu. C'est assez pourtant pour que le roi rentre dans son pays en triomphateur et se complaise à faire représenter ce haut fait sur les murs des plus prestigieux monuments du royaume : à Abydos, à Karnak (pas moins de trois fois), à Louxor (deux fois), au Ramesseum et dans le temple rupestre d'Abou Simbel.

Le style impérial

C'est peu dire que Ramsès fut un grand bâtisseur : il couvre littéralement le pays de monuments et d'effigies à sa gloire, de la Nubie aux frontières palestiniennes. Issu d'une lignée originaire de Basse Égypte, il construit une nouvelle capitale dans le Delta, **Pi-Ramsès**, plus proche du théâtre d'opérations capital que représente alors le Proche-Orient. On pense que c'est à l'édification de cette ville nouvelle que travaillèrent les Hébreux réduits en esclavage. Cette **débauche de constructions** donne son style aux dynasties suivantes : colonnes monolithes, statues monumentales adossées aux façades, généralisation du relief en creux – un gigantisme impérial repris avec plus ou moins de bonheur jusqu'à la fin de l'époque libyenne. On conserve également de cette époque un grand nombre de **textes littéraires**, écrits désormais dans la langue populaire, plus proche du copte que de la langue de l'Ancien Empire, une innovation amorcée dès le règne d'Aménophis IV.

Les successeurs

Jusqu'au dernier roitelet de la XXe dynastie, les successeurs de Ramsès II revendiquent l'héritage du glorieux ancêtre. **Mérenptah** (Mineptah), son fils, heureux élu

La bataille de Qadesh

En cet été 1274, en l'an V de son règne, le jeune Ramsès marche sur la Syrie à la tête d'une formidable troupe de 20 000 fantassins auxquels s'ajoutent les chars et les troupes d'élite du roi. Son objectif : la Syrie d'où il espère chasser définitivement les Hittites qui lui disputent la région. Après un mois de marche, le voilà en vue de la ville de Qadesh, cité fortifiée des bords de l'Oronte, clé stratégique de la région. À son approche, deux Bédouins viennent à lui : prétendant se mettre à son service, ils lui apprennent que le roi hittite, apeuré, campe à plus de 200 km de là. Mais ce n'est qu'une ruse : l'ennemi est tout près, 37 000 hommes et 3 500 chars, tapis dans les environs. Inconscients du danger, les soldats vaquent paisiblement aux occupations d'une armée en campagne.

Deux éclaireurs hittites que l'on vient de capturer sont conduits auprès de Ramsès. Après une séance de coups de bâton, ils finissent par révéler la position exacte de l'armée hittite. Sous la tente royale, c'est la stupeur. À peine Ramsès a-t-il ordonné les premières mesures de défense que les débris d'une des quatre divisions égyptiennes pénètrent, débandés, dans le camp royal. Les Hittites viennent d'attaquer : le quart de l'armée égyptienne est anéanti. Sur leurs pas apparaissent déjà les troupes ennemies. Elles bousculent sans peine le fragile rempart fait de boucliers et sèment la panique dans le camp. Ramsès revêt en hâte sa tenue de combat, saute sur son char et se lance, seul, nous disent les chroniques égyptiennes, à la tête de l'ennemi. Sur le point de succomber sous le nombre, il lance un appel au dieu Amon son père : « Qu'as-tu donc, mon père Amon ? Est-ce d'un père de négliger son fils ? » En son sanctuaire de Thèbes, Amon entend la prière et répond à son fils : « En avant, je suis avec toi, ma main est à ton service et je suis plus utile que 100 000 hommes. »

Dès lors, la victoire change de camp : les Hittites sont repoussés jusqu'à l'Oronte, où la plupart d'entre eux se noient, dans la plus grande confusion. Le roi hittite, réduit à contempler, impuissant, le désastre depuis les murs de Qadesh, n'a plus qu'à envoyer un message de capitulation aux Égyptiens. ●

parmi la centaine d'enfants que l'on prête au souverain, marche sur les traces de son père et entreprend, durant son court règne (huit ans), une campagne militaire pour rétablir l'ordre en Syrie-Palestine. Sur la stèle qui relate cette campagne *(au musée du Caire, r.-d.-c., atrium central)* est pour la première fois mentionné le nom d'Israël. **Ramsès III** (XXᵉ dynastie, 1187-1156) est le dernier des grands Ramessides et, pour la dernière fois, l'Égypte joue un rôle prépondérant au Proche-Orient. Le roi repousse d'abord des bandes nomades venues de Libye : un grand nombre de prisonniers sont ramenés en Égypte et installés dans des colonies agricoles du Delta. De ce terreau sortent les **chefferies libyennes** qui, dans les siècles suivants, s'érigent en principautés indépendantes. Le grand exploit de Ramsès III est de repousser, en l'an VIII de son règne (vers 1179), l'invasion des **Peuples de la Mer** *(encadré p. 217)*, lors d'une bataille navale qu'il prend soin de faire représenter dans son temple funéraire de Médinet-Habou.

Reines d'Égypte

Parmi la prestigieuse galerie de portraits que compose la lignée des pharaons, les historiens ont retenu, dès l'Antiquité, quelques étonnantes figures de reines. Certaines exercèrent vraiment le pouvoir, revêtant les attributs royaux, pagne court ou barbe postiche. La première d'entre elles, Nitocris, dont la réalité n'est pas fermement attestée, régna à la fin de la VIᵉ dynastie et fut ainsi la dernière souveraine de l'Ancien Empire. Les traditions postérieures lui attribuent la construction de la pyramide de Mykérinos.

Hatchepsout à l'égal des dieux

L'extraordinaire portrait que conserve le musée du Caire révèle toute l'ambivalence de ce personnage hors du commun : en montant sur le trône, Hatchepsout est devenue dieu et porte, comme tel, la barbe postiche. Mais par la douceur de ses traits elle reste femme – une féminité que s'est plu à rappeler la tradition en lui prêtant quelques faiblesses pour le fidèle Senmout, son homme de confiance, qui dessina les plans du temple funéraire de la reine à Deir el-Bahari et voulut se faire inhumer près de son temple. Pendant la quinzaine d'années de son règne, Hatchepsout ne le rendit en rien aux plus grands des pharaons, restaurant de nombreux temples de la vallée, en construisant d'autres, pacifiant enfin les frontières grâce à une politique d'échanges dont la réalisation la plus célèbre fut l'expédition au pays de Pount. Une épopée dont la reine fut si fière qu'elle tint à en faire figurer la relation sur les murs de son temple funéraire. Et si son nom fut systématiquement martelé après sa mort, ce n'est pas parce qu'elle était une femme, mais parce qu'elle fut considérée comme usurpatrice en écartant du trône le fils que Thoutmosis II avait eu d'une épouse secondaire. Une mise à l'écart qui n'empêcha pas celui-ci, Thoutmosis III, monté sur le trône à la mort d'Hatchepsout, d'accomplir l'un des plus brillants règnes de l'Égypte ancienne.

Tête colossale d'Hatchepsout provenant de son temple funéraire de Deir el-Bahari. Coiffée de la couronne rouge de Basse Égypte, la reine est représentée en Osiris (Musée archéologique du Caire, r.-d.-c., salle 11).

Tiyi, dévote d'Aton

Si elle ne monta jamais formellement sur le trône, la reine Tiyi exerça une influence déterminante sur le règne de son époux, Aménophis III, puis sur celui de son fils, Aménophis IV, devenu Akhénaton. Tiyi n'était pas de sang royal : elle était issue de la bourgeoisie de province. Ce qui ne l'empêcha pas d'être associée étroitement au pouvoir, tout au long des trente-trois années de règne de son époux – trente-trois années de faste et de puissance, au cours desquelles Tiyi apparut à plusieurs reprises aux côtés du roi dans des manifestations officielles, comme le jubilé d'Aménophis, destiné à renouveler la légitimité du souverain. À la mort de celui-ci, Tiyi assura la régence, l'héritier, leur fils, étant trop jeune pour monter sur le trône. Elle continua de diriger son éducation, dans le fastueux

Néfertari, dont le nom en égyptien signifie « la plus belle », représentée dans son tombeau (vallée des Reines) avec de belles boucles d'oreilles en forme de bouton de lotus. Son tombeau perpétue la gloire de la reine : c'est le plus extraordinaire qu'il soit donné d'admirer dans l'ensemble de la nécropole thébaine.

palais royal de Malqata, sur la rive gauche de Thèbes, et lui inspira sans doute le culte du disque solaire Aton, que Tiyi vénérait entre toutes les divinités. On sait comment, devenu pharaon, Aménophis IV promulgua religion d'État le culte maternel, prenant au passage le nom d'Akhénaton. Alors que son fils bâtissait son rêve dans sa nouvelle capitale d'Akhétaton (Tell el-Amarna), la reine mère demeura en son palais thébain, sans doute pour contenir les visées revanchardes du clergé d'Amon, dépossédé de sa prépondérance. Longtemps après sa mort, les Égyptiens lui rendirent un culte en divers sanctuaires du pays.

Néfertiti, « la Belle est venue »

L'art amarnien ne fut pas avare de représentations du couple royal. Ce fut même l'un de ses thèmes de prédilection, montrant à l'envi Akhénaton et Néfertiti saisis dans de tendres tête-à-tête ou dans des scènes d'intimité familiale, leurs enfants sur leurs genoux ou gambadant à leurs pieds. Si l'on ajoute les portraits que nous possédons d'elle – parmi lesquels le buste inachevé du musée du Caire fait figure de chef-d'œuvre – on pourrait penser que Néfertiti est une des reines les plus connues du Nouvel Empire. Or, il n'en est rien. Son origine – africaine peut-être si l'on se fie au modelé de ses traits – est une énigme, tout comme reste mystérieuse sa fin : elle fut sans doute écartée du trône du vivant même de son époux. Elle apparaît en tout cas, à l'égal d'Akhénaton, comme l'inspiratrice de l'hérésie atonienne, objet d'un culte à l'intérieur du temple du disque, et fut associée à chaque grand moment de ce règne d'exception. On la voit même représentée, insigne privilège, chevauchant son propre char ou, à l'instar d'un pharaon, empoignant des grappes d'ennemis par la chevelure.

Le buste de Néfertiti provenant de l'atelier de Thoutmès et conservé au musée de Berlin. L'exceptionnelle beauté de la reine n'a pas peu contribué au développement de la légende amarnienne.

Néfertari, l'épouse modèle

Néfertari forma avec Ramsès II l'un des couples les plus séduisants de l'histoire égyptienne. Elle fut mariée à Pharaon alors qu'elle était à peine sortie de l'enfance, et que lui-même était encore un jeune homme. Tous deux découvrirent à la fleur de l'âge l'immensité de leur empire, le parcourant ensemble, des déserts de Nubie à l'embouchure du Nil, grisés par tant de pouvoir et tant de richesses. Un pouvoir auquel Ramsès n'hésita pas à associer son épouse, sollicitant son avis au moment de rendre ses arbitrages ou de conclure un traité avec les puissances voisines. Néfertari figure ainsi aux côtés de son époux dans les nombreux temples que celui-ci fit ériger tout au long de la vallée du Nil. Pour elle spécialement, il fit creuser à côté de son sanctuaire rupestre d'Abou Simbel un temple qui l'associait à Hathor, la Vénus égyptienne. ●

L'éclatement du royaume

En moins d'un siècle, huit pharaons se succèdent ensuite sur le trône : tous des Ramsès, qui perdent peu à peu le contrôle du pays. L'Égypte sombre dans le chaos : brigandage dans les campagnes, corruption des autorités locales et, bientôt, disette en Thébaïde. Pis que tout, la nécropole royale est pillée sous Ramsès IX (1126-1108). L'insécurité est telle que, quelques décennies plus tard, Pinedjem, le grand prêtre d'Amon, est contraint de dissimuler les momies royales à Deir el-Bahari, d'où Gaston Maspero les tira d'un oubli de près de trois mille ans. Deux autres caches sont aménagées pour abriter les sarcophages des grands prêtres d'Amon. Car à mesure que décline l'autorité royale s'accroît celle des **grands prêtres** de Thèbes. Depuis Ramsès IV (1156-1150), une même famille monopolise la charge de génération en génération. Un temps assez long pour s'émanciper de la tutelle royale. En l'an XIX du règne de **Ramsès XI** (vers 1080), le général en chef des armées de Haute Égypte, **Hérihor**, s'arroge le titre de grand prêtre, tandis que, dans le Delta, le roi impuissant abandonne le pouvoir à l'administrateur **Smendès**. À la mort du souverain, en 1069, Smendès s'approprie la titulature royale et fonde la XXIᵉ dynastie. Son pouvoir se limite au nord, depuis la ville nouvelle de **Tanis**, construite avec les matériaux de Pi-Ramsès, qui commence d'être démantelée. Au sud, **Pinedjem**, successeur d'Hérihor, se proclame roi à son tour. La division de l'Égypte est consommée.

La Basse Époque (1069-343)

Jusqu'à la conquête d'Alexandre, l'Égypte vit un long déclin à partir de la **troisième période intermédiaire** (1069-664). Éclaté en petites principautés, le pays connaît de plus l'humiliation d'une invasion libyenne, éthiopienne, puis perse.

Thèbes contre Tanis (1069-945)

Entre les rois de Tanis et les prêtres de Thèbes, forts des revenus que leur apportent les domaines des temples, la coexistence est plutôt pacifique, comme l'illustrent les nombreux liens familiaux tissés entre les deux dynasties. En fait, les souverains pontifes de Thèbes reconnaissent l'autorité formelle du pharaon qui, en contrepartie, s'engage à suivre les oracles d'Amon. **Psousennès Iᵉʳ** (1039-993) est le premier à délaisser la vallée des Rois pour se faire inhumer dans sa capitale, Tanis. Sa tombe, riche d'un sarcophage en argent, d'un masque en or et d'une abondante vaisselle funéraire, a été découverte par Pierre Montet en 1939. Absente de la scène internationale, l'Égypte assiste en spectatrice à la montée en puissance du **royaume d'Israël**, désormais la première force de la région. Une alliance est conclue, qui se solde comme souvent par un mariage. Mais cette fois c'est une princesse égyptienne qui entre dans le harem d'un souverain étranger : Salomon, roi d'Israël.

Les rois libyens

À la mort de **Psousennès II** (945), un homme fort s'empare du trône d'Égypte. C'est un général d'origine libyenne, époux d'une fille du roi : il se proclame pharaon sous le nom de **Chéchonq**, le Chichaq de la Bible. Sous les premiers souverains de cette XXIIᵉ dynastie, dite bubastite (945-730) – du nom de leur ville d'origine, Bubastis –, l'Égypte retrouve un lustre qu'elle n'avait pas connu depuis longtemps. Chéchonq entreprend une campagne victorieuse en Palestine, pillant au passage le temple de Jérusalem. Cette campagne est relatée dans un bas-relief de Karnak, sur le porche dont le Bubastite embellit le sanctuaire, consacrant par la même occasion son emprise sur le clergé thébain. Pendant près d'un siècle, l'Égypte reste une puissance respectée, jusqu'au règne d'**Osorkon II** (874-850), qui participe à une coalition d'États orientaux destinée à arrêter l'avancée des Assyriens, conduits par Salmanazar III. Après lui, l'Égypte sombre à nouveau dans l'anarchie. Les chefs de guerre libyens se disputent le Delta en proclamant tour à tour leur souveraineté. On compte jusqu'à cinq roitelets qui se proclament pharaons, parmi lesquels les souverains de la XXIIIe dynastie, fondée par **Pétoubastis** autour de sa capitale **Léontopolis**.

La mainmise éthiopienne

Depuis la fin de la XXe dynastie, la Nubie s'est affranchie de la tutelle égyptienne. Une dynastie locale y règne, profondément égyptianisée, autour du sanctuaire local consacré à Amon. Vers le milieu du VIIIe s., ces rois africains prennent la titulature royale et se proclament pharaons. Le premier souverain attesté est un certain **Kachta**. Mais c'est à son fils **Piyé** (747-716) qu'il revient de mettre la main sur une Égypte affaiblie. Il s'empare tout d'abord de Thèbes, puis poursuit son avancée vers le nord. Malgré la résistance des rois du Delta, pour une fois réconciliés et conduits par **Tefnakht** (XXIVe dynastie), roi de Saïs, dans le Delta oriental, Piyé entre dans Memphis et reçoit la soumission des souverains, à l'exception de Tefnakht, qui se replie sur ses terres. Héritier respectueux de la tradition égyptienne, Piyé se rend à Héliopolis pour y rendre le culte à Rê, avant de regagner sa capitale nubienne. Pendant près d'un siècle, l'Égypte est réunifiée du Soudan à la Méditerranée sous la férule de rois certes étrangers mais si épris de culture égyptienne qu'ils s'en vont puiser aux plus anciennes sources, jusque dans la pyramide d'Ounas, les thèmes décoratifs de leurs monuments. Deux figures dominent cette XXVe dynastie: l'une est celle d'un puissant souverain, **Taharqa** (690-664), qui défie les Assyriens avant d'être contraint de leur abandonner la Basse Égypte. L'autre est celle de **Montouemhat**. Véritable prince de Thèbes, cet attachant personnage, dont le musée du Caire conserve deux saisissants portraits, s'emploie à restaurer l'ancienne grandeur du sanctuaire d'Amon: il entreprend d'ambitieuses constructions à Karnak, confirme le clergé dans ses prérogatives et se concilie la noblesse locale. Après le sac de Thèbes par les Assyriens (663) et la chute de la XXVe dynastie, il reste en place, cherchant à sauver ce qui peut encore l'être.

Le sac de Thèbes

Deux campagnes assyriennes ont raison des rois nubiens. La première, conduite en 669 par **Assourbanipal**, prend Memphis et poursuit jusqu'à Thèbes et sans doute jusqu'à Assouan.

En quittant l'Égypte, il laisse en place **Néchao Ier**, roi de Saïs et fondateur de la XXVIe dynastie. En 664, le successeur de Taharqa reprend, depuis son refuge de Nubie, la route du nord. Il s'empare de Thèbes puis de Memphis et s'avance dans le Delta. La réponse assyrienne est immédiate. Une nouvelle campagne chasse les Nubiens d'Égypte, définitivement cette fois. Au passage, les troupes du roi mettent Thèbes à sac: temples, palais et trésors sont pillés. **Psammétique Ier**, successeur de Néchao sur le trône de Saïs, hérite de ses alliés assyriens le pouvoir sur l'Égypte. Même l'inusable Montouemhat se déclare son vassal.

La renaissance saïte

La **dynastie saïte** (672-525) marque le dernier grand moment de la civilisation pharaonique. Thèbes humiliée n'est plus capitale; les Saïtes renouent avec Memphis, comme aux premiers temps de l'Histoire, et **Neith**, mère de Rê, supplante Amon comme dieu national.

histoire

Les Juifs d'Éléphantine

C'est au VIIe ou au VIe s. avant notre ère que les souverains égyptiens firent appel à des mercenaires juifs pour garder les marches méridionales du royaume contre les incursions éthiopiennes. Mieux valaient en effet des étrangers plutôt que des troupes indigènes, plus promptes à la révolte. À en croire papyrus et *ostraca* découverts sur place par les archéologues, les Juifs d'Éléphantine disposaient d'un temple où ils sacrifiaient en l'honneur de Yahvé mais aussi d'autres divinités qui lui étaient associées. Vivant à l'écart de la population égyptienne, ils entretenaient avec elle des relations économiques et même matrimoniales puisque les textes ont révélé la pratique de mariages mixtes. Après la conquête de l'Égypte par Cambyse en 525, les Juifs d'Éléphantine bénéficièrent de la protection des Perses, ce qui leur valut une solide inimitié de la part des Égyptiens. Leur temple fut ainsi détruit par la population locale, vers 411, à l'occasion de soulèvements contre les Perses qui préludèrent à la reconquête nationale de 404 avant notre ère. ●

Dans le même temps, l'Égypte s'ouvre au monde : les armées égyptiennes comprennent de forts contingents de mercenaires étrangers, grecs, cariens d'Asie Mineure, libyens, syriens, juifs également, qui forment une puissante colonie sur l'île Éléphantine.

C'est aussi le temps des premiers interprètes égyptiens : ils servent de guides aux intellectuels grecs en visite dans le pays. **Amasis** (570-526), le pharaon philhellène, après avoir noué des relations d'amitié avec Polycrate, le tyran de Samos, finance la reconstruction du sanctuaire d'Apollon à Delphes, détruit par un incendie en 548 : la Grèce est en effet devenue une puissance avec laquelle il faut compter, la seule en tout cas capable d'arrêter l'expansion perse. Pourtant, en 525, **Cambyse II** balaie à Péluse les armées du pharaon.

Le dernier pharaon

Comme avant eux les Hyksos, les Libyens ou les Éthiopiens, les Perses se coulent dans le moule de la tradition égyptienne : le grand roi se fait proclamer pharaon, en adopte la titulature et sacrifie dans les temples aux dieux de l'Égypte. Les rois perses forment ainsi la XXVIIe dynastie de Manéthon. Le pays est gouverné par des satrapes et des fonctionnaires perses qui adoptent rapidement les mœurs du pays.

C'est à cette période qu'Hérodote visite l'Égypte. À la faveur d'une querelle dynastique qui affaiblit la Perse, l'Égypte recouvre son indépendance sous la conduite d'**Amyrtée** (404-399), seul et unique représentant de la XXVIIIe dynastie. Les deux dernières dynasties égyptiennes, la XXIXe et la XXXe, offrent au pays ses ultimes instants d'indépendance. **Nectanébo Ier** et son fils **Nectanébo II** embellissent encore les temples antiques et dotent notamment celui de Karnak du 1er pylône. Une campagne d'**Artaxerxès III** en 343 ramène les Perses en Égypte. Vaincu, le dernier pharaon, Nectanébo II, gagne le sud. Il s'y maintient encore pendant peut-être deux ans, puis l'Histoire perd sa trace. Jusqu'au coup d'État des Officiers libres en 1952, l'Égypte ne connaîtra plus de gouvernement autochtone. ●

La déesse Taoueret et la vache Hathor, deux visages de la fille de Rê.

D epuis les premiers voyageurs grecs, l'étranger reste stupéfait devant le nombre incalculable de divinités vénérées par les Égyptiens : un panthéon complexe et extravagant, corps humains à tête d'animal, animaux à tête humaine, femmes dont le front s'orne de cornes de vache, quand ce n'est pas tout simplement des animaux, taureaux, crocodiles, ibis ou babouins, qui occupent le centre du culte. Un bestiaire fantastique qui scandalisa bien des visiteurs de l'Antiquité.

Les écoles régionales

Il faut imaginer, dans la préhistoire égyptienne, un grand nombre d'idoles locales, dieux tutélaires d'une région, voire d'un village. C'est parmi ces divinités à caractère totémique que se recrutèrent, lors de l'élaboration des différentes théologies, les dieux principaux du panthéon égyptien.

Il existait en effet plusieurs écoles à travers l'Égypte, chacune proposant sa propre version de la création du monde dans laquelle le dieu local tenait la meilleure place. À Memphis, c'était **Ptah** qui passait pour le démiurge ; les prêtres d'Hermopolis, en Moyenne Égypte, penchaient plutôt pour **Thot**, le dieu à tête d'ibis qui, par le pouvoir de sa parole, suscita quatre couples divins, les éléments surgis d'un océan primordial. Finalement, c'est la version des prêtres d'Héliopolis qui finit par s'imposer ; plus simple, plus pittoresque, elle rencontra dans toute l'Égypte un grand écho populaire.

Rê, le grand démiurge

À l'origine régnait le **Noun**, l'océan ou le chaos primordial. Du Noun émergea la lumière : **Rê**, appelé **Atoum** dans sa fonction créatrice. De sa propre semence – ou de sa salive selon d'autres versions –, Atoum engendra l'univers : **Chou** et

Obsédée par la mort, la civilisation égyptienne est aussi celle de la joie de vivre au sein d'une nature généreuse : scène de vendanges et de foulage du raisin au pied.

Tefnout, respectivement l'air et l'élément liquide. De ce premier couple divin naquirent le dieu **Geb**, la terre, et la déesse **Nout**, le ciel. Ils engendrèrent à leur tour deux nouveaux couples : **Osiris** et **Isis**, **Seth** et **Nephtys**. Voici constitué le groupe des neuf divinités primordiales, connu sous le nom d'**Ennéade héliopolitaine**. Au cours des siècles, le génie créatif de la théologie égyptienne permit d'intégrer à ce panthéon originel des **divinités secondaires** soudainement promues par les hasards de la politique : ainsi **Amon**, l'obscur dieu local de Thèbes, qui, assimilé à Rê, deviendra à partir du Moyen Empire le dieu national égyptien. De même, le regroupement traditionnel des divinités en triade de type père-mère-fils, dont la plus connue est celle que constituent Osiris, Isis et Horus, permit d'agréger les idoles régionales au cercle des grands dieux égyptiens.

Un conservatoire de traditions anciennes

Jamais en effet, au cours des millénaires, la théologie égyptienne n'abandonna un concept ou un dieu au profit d'une réalité religieuse nouvelle. Ce qui explique le **foisonnement** et la **complexité du panthéon égyptien**, une complexité que les prêtres dans leur Maison de Vie *(voir p. 268)* s'efforcèrent d'éclaircir, génération après génération, en expliquant les rapports qu'entretenaient leurs dieux au sein d'une subtile hiérarchie.

Cette **grande souplesse** de la religion égyptienne permit en outre à chaque école théologique de considérer sa divinité principale comme le grand créateur. Certains textes religieux parlent même de « dieu » sans lui adjoindre d'autre qualificatif. On a pu ainsi poser l'hypothèse de l'intuition d'un monothéisme dans les milieux lettrés, les divinités secondaires n'étant plus que les représentations de l'infini des possibilités que pouvait assumer la divinité suprême.

Les dieux désertent leur création

Longtemps les dieux habitèrent leur création terrestre, née d'un tertre originel surgi du chaos primordial, comme la terre d'Égypte qui émergeait chaque année des flots après l'inondation. Mais voilà qu'un jour les hommes se révoltèrent contre Rê. Pour mater la rébellion, il leur envoya sa fille, la terrible lionne **Sekhmet**, qui était aussi l'œil de son père. Elle perpétra un tel carnage, se gorgeant du sang de ses victimes, que le dieu lui-même en fut horrifié : pour arrêter la fureur incontrôlable de sa fille, il répandit sur terre des flots de bière teintée de rouge. Le massacre cessa lorsque la lionne sombra dans l'ivresse. Vexée, la fille de Rê s'enfuit d'Égypte pour s'exiler en Nubie. Mais en perdant son œil, Rê perdait en même temps son pouvoir. À force de flatterie, il obtint le retour de l'exilée. La « Lointaine » regagna alors sa patrie, sous la forme bienveillante et nour-

Scène de chasse aux canards : un thème souvent représenté dans l'art égyptien, car, s'ils constituent un mets délicat, ces oiseaux migrateurs annoncent aussi le chaos.

ricière d'une vache : c'est **Hathor**, la déesse de la danse et de l'amour, que les Grecs eurent tôt fait d'assimiler à leur Aphrodite. Mais le vieux démiurge était las : il demanda à sa fille Nout de le hisser sur son dos et de le conduire jusqu'au ciel. C'est l'acte fondateur de la destinée humaine, dans un monde déserté par les dieux.

Pharaon, le médiateur

En se retirant, le démiurge laissa un représentant chargé de gouverner la création en son nom : c'est **Pharaon**, dont la double nature, humaine et divine, en fait l'intermédiaire entre les dieux et les hommes. À lui de préserver l'ordre et l'équilibre du monde en le protégeant du chaos qui sans cesse menace de l'engloutir. Pour cela, il faut tout d'abord s'assurer de l'assistance des dieux. C'est donc le roi, et lui seul, qui, dans les temples, doit accomplir les rites : ceux-ci permettent à la divinité d'habiter son effigie et de répandre ainsi ses bienfaits sur les hommes. Au quotidien, le roi délègue ses fonctions sacerdotales au clergé. Le chaos, c'est aussi l'ennemi qui menace aux frontières : la figure du roi massacrant les ennemis est un thème couramment représenté sur les pylônes des temples. Maintenir l'ordre et l'équilibre, c'est enfin gouverner l'Égypte et permettre chaque année sa re-création, matérialisée par la crue du Nil. Chaque pharaon est ainsi un **nouvel Horus**, héritier, comme le fils d'Osiris, du royaume de son père.

Le culte divin

Précisons tout d'abord que dans l'Égypte ancienne, le service divin n'engage pas la foule des croyants : seuls les **prêtres** sont admis à pénétrer à l'intérieur du temple, et le premier d'entre eux est seul autorisé à faire face à la divinité au plus profond de son sanctuaire *(voir p. 274)*. Chaque matin, vêtu uniquement de lin – la laine, impure, est proscrite dans le périmètre sacré –, le grand prêtre entre dans la première salle hypostyle. Là, il commence par se purifier, tandis que l'un de ses acolytes se munit des textes liturgiques du jour. Tout en procédant à des fumigations, il se dirige vers le sanctuaire, tandis que la foule des prêtres chante des hymnes. C'est seul qu'il va pénétrer dans le saint des saints où, dans son naos de bois ou de pierre, repose la **statue du dieu**. Après avoir brisé le sceau d'argile qu'il a apposé la veille, le grand prêtre ouvre la porte à deux battants et fait face à l'idole. Il l'embrasse afin de lui conférer la vie, lui présente les offrandes de nourriture demeurées dans le vestibule, la vêt, puis la replace dans le naos dont il ferme les deux battants. Il s'éloigne enfin à reculons, en effaçant la trace de ses pas avec un petit balai. Le même rituel se déroule le soir, pour le coucher de la divinité.

Les grandes fêtes

En dehors du rituel quotidien réservé à la classe sacerdotale, le **peuple égyptien** était admis à contempler les saintes statues lors des grandes fêtes solennelles : la fête d'Opet à Thèbes *(encadré p. 177)*, celle de la Bonne Réunion à Edfou *(encadré p. 225)* ou encore la procession de Min à Coptos. Au cours de ces célébrations qui duraient plusieurs jours, les idoles étaient conduites en **procession** de sanctuaire en sanctuaire devant l'assistance innombrable de la foule en liesse. Hérodote assure que, aux fêtes de Bastet à Bubastis auxquelles il assista, plus de 700 000 pèlerins (sans compter les petits enfants, précise-t-il) accompagnaient la barque de la déesse et que l'on but plus de vin de raisin pendant cette solennité que pendant tout le reste de l'année. Des reliefs du temple de Louxor, antérieurs d'un quasi-millénaire, décrivent la belle fête d'Opet et confirment ce témoignage, avec ses foules joyeuses assistant à la navigation de la barque d'Amon.

L'univers selon les Égyptiens

L'observation de la nature avait suffi à convaincre les Égyptiens que l'existence de la douce vallée du Nil tenait du miracle. Chaque année, lorsque montait dans le ciel nocturne l'étoile Sothis (Sirius), les terres cultivées disparaissaient sous la montée des eaux du Nil. Une **crue destructrice**, dont la puissance était brisée par les rochers de la Première Cataracte, domaine de Khnoum, le dieu potier, créateur des formes visibles des hommes et de l'univers. Mais une **crue bienfaitrice** aussi, qui fertilisait les terres pour l'année agricole à suivre. Dans la vallée inondée, seuls restaient visibles les villages perchés sur leur éminence : un rappel annuel du tertre originel émergeant de l'océan primordial, une image des premiers instants du monde. L'ensemble de la création terrestre flottait elle-même sur un océan qui l'entourait de toutes parts. Sur cette masse liquide vivaient des oiseaux aquatiques, oiseaux migrateurs, annon-ciateurs du chaos, que les Égyptiens chassaient avec passion : un thème fréquemment représenté sur les parois des tombeaux.

L'homme multiple

Pour les Égyptiens, l'être humain est composé d'éléments distincts : le corps physique et trois entités plus subtiles auquel il sert de support. Le *ka*, souvent traduit par « **double** », accompagne l'homme jusqu'au-delà de la mort. C'est son principe vital, que l'on nourrit d'offrandes dans les chapelles funéraires ; cette entité immatérielle se contente de simulacres de nourritures terrestres, peintes par exemple sur les murs des tombeaux, dont elle prend possession en traversant les fausses-portes qui servaient de lieu de passage entre le monde des vivants et celui des morts. Les rois et les dieux possèdent également un *ka* (plusieurs pour certaines divinités) ; c'est pourquoi, dans les représentations de naissance royale, on voit le potier Khnoum occupé à façonner deux nouveau-nés : le roi

Durant son règne, le pharaon est considéré comme une incarnation d'Horus, le fils d'Osiris (ici dans son temple d'Edfou).

La survie après la mort : l'obsession égyptienne. Anubis, le dieu chacal, préside à l'embaumement des défunts. Illustration du Livre des morts.

et son double. Quant aux dieux, les rites pratiqués dans les temples permettent à leur *ka* de venir prendre possession de leur statue, considérée à l'égal d'un corps physique. Du reste, à l'époque tardive, un même terme définira ces deux réalités : le corps et la statue. Le *ba*, représenté par un oiseau à tête humaine, pourrait être assimilé à l'**âme**, la part divine de l'homme associée à la lumière du soleil. Lors des rites de régénération des statues divines, celles-ci, après avoir pris possession de leur *ka*, sont conduites sur la terrasse du temple afin que les rayons du soleil vivifient leur *ba*. L'*akh*, le troisième principe, est l'**ombre du mort**, sa partie obscure qui ne le quitte jamais et qui, selon certains textes, survit au royaume d'Osiris après le trépas. La mort est la séparation des trois entités. Les pratiques funéraires permettant au défunt d'atteindre l'immortalité ont pour but de les réunir à nouveau.

Les pratiques funéraires

Pour s'assurer la vie éternelle, il convenait tout d'abord de **préserver l'intégrité du corps**, support des entités immatérielles ; les pratiques

d'embaumement et de momification sont presque aussi anciennes que la civilisation égyptienne elle-même *(voir p. 198)*. Il fallait ensuite **subvenir aux besoins du défunt** pour l'éternité. Dans les chapelles funéraires, le clergé assurait le culte du roi devenu Osiris *(voir p. 234)*. Dans les sépultures privées, les mastabas de l'Ancien Empire, dont les occupants ne pouvaient s'assurer les services perpétuels d'un prêtre, les décorations des chambres funéraires remplissaient cet office : sur les parois, d'interminables processions d'offrandes convergeaient vers la fausse-porte où le *ka* du mort venait en prendre possession. On trouvait même inscrits à l'extérieur des édifices des textes rappelant aux passants le nom du défunt : il suffisait de le prononcer en même temps que la liste d'offrandes qui l'accompagnait pour rendre la vie au mort. Des amulettes glissées sous les bandelettes des momies, des objets rituels déposés auprès du corps facilitaient le périlleux passage vers l'au-delà. De même, des statuettes, les *oushebti*, remplissaient à leur place les corvées auxquelles étaient astreints les défunts. La religion

Le rite de l'« ouverture de la bouche »

Comme pour les morts, les statues de divinités devaient être rendues à la vie par un certain nombre de rites : celui de l'ouverture de la bouche nous est bien connu par de multiples représentations. Après une séance de purification à l'aide d'eau versée depuis plusieurs cruches, les artistes ayant présidé à la fabrication de la statue étaient conviés pour une dernière toilette. Après l'abattage rituel de bêtes dont on offrait cœur et cuisses à l'idole, on procédait à la cérémonie d'ouverture de la bouche à l'aide d'instruments spécifiques, pinces et herminette, de sorte que la statue, désormais vivante, puisse se nourrir. On la parait ensuite de fard, de bijoux et d'emblèmes divers, puis, après un nouveau sacrifice rituel, les prêtres transportaient l'idole dans le naos où elle allait désormais résider. ●

égyptienne n'était-elle, alors, qu'un ensemble de pratiques rituelles, sans aucun concept moral ? Bien au contraire.

Les guides du voyage outre-tombe

Le viatique du défunt comprenait également des recueils de textes ésotériques. Sous l'Ancien Empire, alors que seul le pharaon était promis à la vie éternelle, il s'agissait d'un corpus de formules appelé par les archéologues *« Textes des pyramides »*. Avec la « démocratisation de la vie éternelle » qui se développe durant le Moyen Empire, ces textes, qui jusqu'alors ne concernaient que la personne royale, sont aménagés pour convenir au commun des mortels. *Textes des sarcophages*, puis *Livre des morts* sous le Nouvel Empire, ils fournissaient au défunt les formules magiques lui permettant de franchir les obstacles – des portes dont le nombre varie selon les époques – disposés sur le chemin de l'au-delà : des embûches destinées à écarter du royaume d'Osiris les esprits mauvais, au premier rang desquels Seth. Après avoir triomphé des épreuves en récitant les formules appropriées, voici le défunt face au tribunal d'Osiris, tandis qu'Anubis énonce la liste de ses bonnes actions.

La pesée du cœur

Le « Premier des Occidentaux » siège en compagnie de 42 divinités. Devant lui, une balance à deux plateaux. Dans l'un se trouve le cœur du mort, qui doit être plus léger que la plume déposée par **Maat** dans l'autre plateau. Survient alors l'un des monuments de la littérature sacrée égyptienne, la célèbre **confession négative** que prononce le défunt face au dieu : « J'ai repoussé pour toi le mal, je n'ai pas fait pleurer, je n'ai causé de mal à personne, je n'ai pas dépouillé l'orphelin de ses biens… » Un **véritable programme moral**, bien éloigné du formalisme et des pratiques magiques et superstitieuses auxquels semblent à première vue se résumer les pratiques funéraires. Ce n'est qu'après avoir prouvé qu'il fut un homme de bien que le défunt peut accéder au royaume d'Osiris, participer lui-même à la divinité et rejoindre la lumière de Rê et « les dieux qui sont dans le ciel ».

L'écriture égyptienne

Avant que Champollion ait trouvé la clé qui lui permit de déchiffrer l'écriture égyptienne, les hiéroglyphes étaient muets depuis la fermeture du dernier temple païen, celui de Philae, au VIᵉ s. de notre ère.

La pierre de Rosette

En 1799, le capitaine Bouchard, conduisant des travaux de terrassement dans la ville de Rachid, connue par les Occidentaux sous le nom de Rosette depuis les croisades, met au jour une stèle de basalte couverte d'inscriptions. Il s'agit d'un texte rédigé en trois écritures, grecque, hiéroglyphique et démotique, un décret pris en l'an 196 avant notre ère par les prêtres de Memphis en l'honneur de Ptolémée V. La partie grecque précise qu'il s'agit de trois versions d'un même texte. Parmi la communauté scientifique, c'est l'enthousiasme : voici enfin la clé qui va permettre de déchiffrer les textes de l'ancienne Égypte, muets

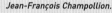

Jean-François Champollion.

depuis la fin de l'Antiquité. Le Français Sylvestre de Sacy, fondateur de l'Institut des langues orientales à Paris, parvient à isoler les noms propres dans le texte démotique. Ses collègues suédois et britanniques croient pouvoir en déchiffrer quelques signes. Mais très vite, tous doivent se rendre à l'évidence : la langue égyptienne recèle d'insurmontables difficultés qui lui conservent son mystère. Il faudra, plus de vingt années plus tard, l'intuition géniale de Jean-François Champollion pour percer définitivement les spécificités du système d'écriture égyptien : des signes qui traduisent à la fois des concepts, des sons et des notations grammaticales. Lors de la capitulation des armées françaises en Égypte en 1801, la célèbre stèle fut saisie par les Anglais comme prise de guerre. Elle a été déposée depuis au British Museum à Londres. ●

Cette écriture complexe fut pourtant utilisée sans discontinuer pendant plus de trois millénaires sur les rives du Nil. Il s'agit au départ d'une **écriture figurative** dans laquelle chaque réalité est traduite par le dessin qui la représente. À ce premier principe s'en ajoutent deux autres : certains hiéroglyphes sont choisis pour traduire l'un des **23 sons de base** de la langue égyptienne, ou encore des associations de deux ou trois d'entre eux. La langue écrite égyptienne, comme les langues sémitiques au groupe desquelles elle est apparentée, ne traduit pas les voyelles, que le lecteur doit restituer. Cette absence rend souvent aléatoire la prononciation des textes que les spécialistes sont parvenus à traduire. Selon le troisième principe, certains signes ne sont utilisés que pour leur **valeur « grammaticale »**, précisant le sens d'un hiéroglyphe, son genre, son nombre ou l'action dans laquelle il est engagé. L'extrême difficulté de l'écriture – le tracé de chaque dessin doit être précis et requiert véritablement des qualités d'artiste – a conduit à la création de deux écritures cursives où les hiéroglyphes sont schématisés et fondus en une ligne continue : le **hiératique**, employé pour les textes religieux, et le **démotique**, réservé aux textes profanes. Les hiéroglyphes peuvent se lire indifféremment de droite à gauche, de gauche à droite, de haut en bas et de bas en haut : c'est la direction du regard des signes en forme d'êtres animés qui, convergeant vers le même point de départ, donne le sens de la lecture. Les écritures cursives se lisent, elles, de droite à gauche. Par leur grande plasticité, les hiéroglyphes, capables d'épouser tous les recoins des temples ou des hypogées, ont toujours constitué un motif décoratif de choix.

L'art égyptien

Des statues par dizaines de milliers, des centaines de tombes peintes ou ornées de reliefs ont permis d'appréhender dans une vision d'ensemble plus de trois mille ans d'art égyptien. Pour l'essentiel, les œuvres conservées proviennent de tombeaux ou de monuments funéraires et restent profondément marquées par leur **caractère religieux**. L'idée du beau y est en effet secondaire, au profit d'un projet théologique visant à la «transmutation de la vie présente en éternité», comme le précise François Daumas. Il s'agit en effet d'offrir aux défunts des «**corps de substitution**», support de leur réalité immatérielle, voire des **simulacres d'offrandes** destinés à nourrir leur *ka* pour l'éternité. Ainsi, les statues achevées étaient «animées» par un ensemble de rites semblables à ceux que l'on prati-

quait sur les momies, tel celui de l'«ouverture de la bouche». L'œuvre devant défier l'éternité, on préférait pour la sculpture les **matériaux les plus résistants**, granit, diorite, aux roches plus fragiles comme le calcaire. Dans la peinture ou le relief, il s'agissait de présenter **l'homme sous toutes ses facettes**, afin que rien ne lui manque dans l'au-delà : tête de profil et œil de face, épaules et poitrine de face, jambes et seins des femmes de profil. Des conventions tout entières au service d'un projet religieux alors que quelques fragments d'œuvres profanes parvenues jusqu'à nous montrent que les Égyptiens étaient aussi capables d'exprimer le mouvement. Ces conventions admises, peuvent surgir alors, selon le tempérament de l'artiste, des œuvres d'une grande sensibilité ou d'autres plus pittoresques et débordant d'une vie que l'on devine patiemment observée.

Un art princier

Pour l'essentiel, les œuvres que nous conservons proviennent d'ateliers royaux installés près des palais ou à l'intérieur du périmètre des temples. C'est dans ces derniers que

---

Des momies à Paris

Deux des momies présentées à l'Exposition universelle de 1867 firent l'objet d'un démaillotage solennel, devant une assistance choisie parmi laquelle, outre de nombreux scientifiques, on vit Théophile Gautier, Maxime Du Camp et les frères Goncourt, qui firent dans leur *Journal* une description minutieuse de la scène : «Une dernière bande, arrachée de la figure, découvre soudainement un œil d'émail, un œil vivant et qui fait peur. Le nez apparaît, camard, brisé ; et le sourire d'une feuille d'or se montre sur les lèvres de la petite tête, au crâne de laquelle s'effiloquent des petits cheveux courts, qu'on dirait avoir encore la mouillure et la suée de l'agonie. Elle était là, étalée sur cette table, frappée et souffletée en plein jour, toute sa pudeur à la lumière et aux regards. On riait, on fumait, on causait.» La dépouille de Ramsès eut droit à plus d'égards lorsqu'elle vint à Paris aux fins de restauration, en 1976 ; à son arrivée, elle reçut les honneurs militaires d'un détachement de la Garde républicaine, sabre au clair. (Lire aussi, de Christiane Desroches-Noblecourt, *La Grande Nubiade*, Stock/Pernoud, 1992.) •

La classe sacerdotale

Dans une société aussi profondément religieuse, la fonction sacerdotale était l'une des plus respectées. L'une des plus recherchées aussi, du fait des formidables richesses des temples, des dons princiers et de l'exploitation des immenses domaines que possédait chaque sanctuaire. Le plus souvent, la fonction sacerdotale se transmettait de père en fils. Le jeune enfant voué à la prêtrise devait, dès l'âge de 5 ans, apprendre, en plus de l'écriture, les théologies complexes en vigueur ainsi que le foisonnant calendrier des fêtes religieuses et leur signification. Les prêtres étaient tenus à des règles d'hygiène très strictes. Ils se rasaient entièrement afin qu'aucun pou ou autre parasite ne vînt les souiller, et se baignaient deux fois par jour et deux fois par nuit dans de l'eau froide, nous apprend Hérodote. Ils s'habillaient exclusivement de lin, délaissant les matières d'origine animale comme la laine ou le cuir, à l'exception des peaux de panthère, leur parure liturgique. Ils suivaient de strictes prescriptions alimentaires, s'interdisant notamment le porc, le poisson, l'ail ou les fèves. De plus, lorsque leur tour venait d'assurer le service du temple, ils s'abstenaient de toute relation sexuelle. ●

se pratiquaient les rites destinés à insuffler la vie à la pierre. Ainsi la production artistique fut-elle toujours étroitement **tributaire des conditions politiques** du moment : sous les grands règnes, abondance d'œuvres de très grande qualité ; aux époques plus troublées, appauvrissement de la production, même si l'on peut trouver, datant de périodes difficiles, de remarquables mais plus rares réalisations.

L'art profane

Seuls les édifices religieux, construits en pierre pour défier l'éternité, sont parvenus jusqu'à nous. Les **maisons particulières**, demeures royales comprises, édifiées en matériau précaire, bois ou brique crue, ont depuis longtemps disparu. Nous ne pouvons donc que conjecturer l'art profane des Égyptiens au travers des **objets de la vie quotidienne** déposés dans les tombes ou des *ostraca*, ces tessons de poterie sur lesquels les artistes, délivrés de toute contrainte, ont souvent laissé libre cours à leur imagination. Une imagination foisonnante, comme en attestent les pittoresques scènes animalières qui ornent, par exemple, les mastabas de l'Ancien Empire à Saqqara. ●

Statuette de jeune servante ployant sous le poids de sa charge.

D'ALEXANDRE AU ROI FAROUK

Abou Simbel ensablé, ou la redécouverte romantique de l'Égypte antique.

A vec la conquête d'Alexandre débutent pour l'Égypte vingt-trois siècles de domination étrangère. C'est pourtant durant cette longue période que va s'élaborer peu à peu la physionomie de l'Égypte actuelle. Dans Alexandrie, dépositaire de la culture antique, se lève le ferment du christianisme, qui bien vite gagne les campagnes de la vallée et trouvera avec saint Antoine un épanouissement original dans le désert, loin des cités corrompues. L'arrivée de l'islam est saluée par les fellahs chrétiens, las des vexations que leur infligent les élites grecques vassales de Byzance. Le pouvoir du Croissant va métamorphoser les villes et les cœurs, qui battent désormais à l'unisson de l'*oumma*, la communauté des musulmans qui s'étend des rives de l'Indus aux côtes de l'Atlantique. Alexandrie, trop grecque, est délaissée au profit d'un modeste campement de tentes qui deviendra Le Caire, la ville aux mille minarets, centre d'un vaste réseau d'échanges qui couvre l'ensemble du monde connu. Ce sont enfin les khédives, descendants d'un pacha albanais, qui tenteront de hisser le pays au rang des puissances occidentales en l'arrachant à la stagnation ottomane.

La conquête d'Alexandre
(332-331 av. J.-C.)

En 332 av. J.-C., avant d'entreprendre sa marche vers l'Orient, **Alexandre le Grand** chasse le dernier satrape perse et s'empare de l'Égypte. Il vient rendre hommage aux dieux du Nil dans leurs sanctuaires d'Héliopolis et de Memphis et pousse même jusqu'à l'oasis de Siwa, au terme d'un voyage épique, pour y consulter le célèbre oracle d'Amon. Dans le secret de son temple, le dieu lui révèle son ascendance divine. De là proviennent les légendes sur sa naissance : fils d'Amon et d'Olympias pour les unes, fils secret de Nectanébo, dernier pharaon autochtone d'Égypte, selon les autres. Avant de quitter un pays qu'il ne devait jamais revoir, le Macédonien fonde **Alexandrie**, la première d'une longue série de villes qui porteront son nom. Il semble qu'après sa mort à Babylone en 323, sa dépouille ait été ramenée en Égypte. Malgré plus de 150 tentatives pour la retrouver, l'emplacement de la sépulture du conquérant reste un mystère.

Les Ptolémées (323-30 av. J.-C.)

À la mort du conquérant, son empire est divisé entre ses généraux, les Diadoques. L'Égypte échoit à **Ptolémée**, fils de Lagos (d'où le nom de «lagide» que porte aussi la dynastie macédonienne d'Égypte), qui se proclame roi en 305 et adopte la titulature pharaonique. Ses successeurs se couleront de même dans la tradition égyptienne, honorant ses dieux, restaurant leurs anciens sanctuaires ou en édifiant de nouveaux, au nombre desquels se comptent des sites aussi prestigieux que Kom Ombo, Edfou, Esna ou encore le temple de Philae. Héritiers d'une géographie, ils reprennent à leur compte la politique extérieure des pharaons: ils traitent avec les royaumes nubiens et surtout cherchent à s'assurer la possession de la Palestine et de la Basse Syrie. **Ptolémée III Évergète** lance ainsi en 246, contre le roi séleucide de Syrie, une fulgurante campagne en Orient qui le conduira jusqu'à Babylone. Les Ptolémées s'emparent enfin de l'île de Chypre et font de la mer Égée un lac égyptien.

PROPAGATEURS DE L'HELLÉNISME

Alexandrie rayonne sur l'Orient méditerranéen. À la cour de Ptolémée Ier, le constructeur du phare, se pressent les plus grands savants du monde grec. Son successeur, **Ptolémée II Philadelphe**, édifie la célèbre bibliothèque, dépositaire de l'ensemble du savoir antique, où s'entassent rapidement plusieurs centaines de milliers de volumes. On lui prête également l'initiative de la première traduction en grec

---

mystère

Le tombeau d'Alexandre

À bien lire le géographe Strabon, c'est à Alexandrie qu'il faudrait rechercher le tombeau d'Alexandre le Grand. La dépouille du conquérant fut recueillie par Ptolémée, son fidèle général, puis transportée dans la grande ville du Delta. Lors de son voyage en Égypte, entre 27 et 26 avant notre ère, Strabon put ainsi voir un bâtiment, dans le périmètre des palais royaux, «renfermant les sépultures des rois et celle d'Alexandre». Ce dernier reposait alors dans un sarcophage d'albâtre «tandis que celui où l'avait placé Ptolémée était d'or». On sait en effet que le roi Ptolémée IV, au IIIe s. avant notre ère, fit ériger un mausolée pour abriter les tombeaux de ses prédécesseurs autour de celui d'Alexandre. Quant au cercueil d'or, il fut volé par Ptolémée X, vers 80 avant notre ère, et servit à payer ses troupes de mercenaires. Depuis toujours, la recherche du tombeau d'Alexandre a suscité les passions; 150 tentatives plus ou moins farfelues se sont succédé à ce jour, la dernière en date émanant d'une archéologue grecque qui affirma en 1996 avoir localisé le tombeau du Macédonien dans l'oasis de Siwa. Pour la tradition musulmane, le corps d'Alexandre aurait été déposé dans le sarcophage de Nectanébo II, conservé jusqu'au XIXe s. dans la cour d'une mosquée de la ville et transféré depuis au British Museum. ●

religion

Sérapis, dieu national des Ptolémées

C'est sous le règne du premier Ptolémée d'Égypte que fut «créé» le dieu Sérapis, une figure d'homme barbu, coiffé d'un bouquet de roseaux. En réunissant dans une même figure syncrétique des éléments empruntés à Osiris et à Zeus, les Macédoniens voulurent réunir Grecs et Égyptiens autour d'un même culte. À ce dieu national des Ptolémées furent consacrés de nombreux temples à travers toute l'Égypte et notamment à Alexandrie, dont le Sérapeion était connu dans l'ensemble du monde antique : il abritait une statue colossale du dieu attribuée au grand sculpteur hellénistique Bryaxis. Les malades venaient y passer la nuit pour recevoir en rêve ordonnance et guérison. Le temple fut détruit en 391 sous Théodose, qui proscrivit tout rite païen à l'intérieur de l'empire. ●

de la Bible des Hébreux, ébauche de la Septante. Sur les rives de la vallée, comme depuis des millénaires, les fellahs extirpent du limon de considérables richesses agricoles qui affluent vers Alexandrie et sa cour, dont la magnificence «corrompt le corps et l'âme» selon les mots de Scipion Émilien, qui visite le pays en 140 avant notre ère. Une richesse que ne parviennent pas à entamer les incessantes querelles de succession qui épuisent la dynastie.

Cléopâtre, la dernière reine (51-35)

En 51, alors que la présence romaine se fait plus pressante en Orient, Ptolémée XIII monte sur le trône d'Égypte, associé à sa sœur Cléopâtre VII. Après avoir soutenu Pompée, le couple royal est contraint d'accueillir **César**, débarqué à Alexandrie. On sait comment la belle Égyptienne séduisit le vieux soldat et lui donna un fils, Césarion. Après la mort de César, Rome envoie **Antoine** gouverner l'Orient en son nom. Brûlant de renouer avec le rêve impérial qu'elle avait frôlé sur la couche de César, la belle Cléopâtre s'embarque sur sa plus fastueuse galère et croise vers Tarse, où séjourne Antoine. À son tour, le vaillant soldat est conquis par la plus riche souveraine du temps.

Délaissant peu à peu ses ambitions romaines, Antoine se prend à rêver d'un empire oriental dont il serait le maître, Cléopâtre à ses côtés.

Mais Rome ne l'entend pas ainsi. Contraint de s'arracher aux délices alexandrines, Antoine doit combattre. La bataille décisive a lieu au large d'**Actium** (31 avant notre ère) : la flotte d'Antoine, que Cléopâtre a rejoint en personne, est anéantie par les vaisseaux romains. De retour à Alexandrie, Antoine livre un dernier combat contre les troupes d'Octave venues de Palestine et, la défaite consommée, se suicide. Dans son palais, Cléopâtre ordonne qu'on lui apporte le panier où elle a dissimulé un aspic.

Rome et Byzance
(30 av. J.-C. – 640 apr. J.-C.)

Province romaine, l'Égypte bénéficie d'un statut particulier : l'empereur de Rome est son souverain, héritier des pharaons, et gouverne le pays par l'intermédiaire d'un vice-roi. Désormais, c'est vers Rome, puis Constantinople, que sont acheminées les richesses de la vallée, devenue un des greniers à blé de l'empire. À Alexandrie se développe une **élite hellénisée**, païens, chrétiens, juifs, qui tourne radicalement le dos aux autochtones de la vallée. En 212, le décret de Caracalla, accordant la citoyenneté romaine à tout homme libre de l'empire, ignore résolument les campagnes. Du reste, grec et latin sont les langues officielles de la province, l'égyptien ne subsistant que dans le monde rural et les temples, qui restent le conservatoire de l'antique culture nilotique. C'est dans ce milieu urbain, et tout particulièrement alexandrin, que se répand le message chrétien.

L'évangélisation

Selon la tradition copte, **Marc l'Évangéliste** vient en personne à Alexandrie prêcher la nouvelle foi, entre 42 et 48, et y est martyrisé en 62. Les premières communautés chrétiennes se recrutent principalement dans les milieux alexandrins hellénisés, et plus particulièrement parmi la population juive. On en connaît peu de chose, du fait de leur quasi-anéantissement lors des **grandes persécutions de Dioclétien**. Une époque douloureuse dont le souvenir est resté vivace

chez les coptes puisqu'ils font partir leur calendrier liturgique du début du règne de l'empereur, «l'ère des Martyrs» (284). Ce n'est qu'après l'**édit de tolérance** promulgué par Constantin (313) et surtout sa proclamation comme **religion d'État** sous Théodose (391) que le christianisme se répand dans les campagnes égyptiennes. Vers 400, les chrétiens sont majoritaires en Égypte.

L'Égypte paléochrétienne

En se diffusant largement, le christianisme s'égyptianise : dès la seconde moitié du IIIe s., Évangiles et écrits des Pères sont traduits en **copte**, langue héritière de celle des pharaons et transcrite dans l'alphabet grec augmenté de sept signes. C'est en copte aussi que l'on prie dans les églises.

Les **querelles christologiques** du Ve s. vont consommer le divorce entre les églises égyptienne et constantinopolitaine. Au **concile d'Éphèse**, le patriarche Cyrille est un ardent pourfendeur des héré-

---

Antoine et Pacôme

«Va, vends tout ce que tu possèdes, donne-le aux pauvres et tu auras un trésor dans les cieux ; puis viens et suis-moi.» C'est en entendant ces paroles de l'Évangile de Matthieu qu'Antoine, alors âgé de 20 ans, rencontra sa vocation. Il s'isola tout d'abord dans un ermitage tout près de son village ; puis il gagna le désert à l'est du Nil, toujours plus loin jusqu'aux rives de la mer Rouge, pour fuir les fidèles qui se pressaient autour de lui, attirés par sa réputation de sainteté. S'il accepta de temps à autre la présence de disciples, la vocation d'Antoine, mort en 356, fut celle d'un solitaire. C'est à saint Pacôme, au milieu du IVe s., qu'il appartint d'édicter la première règle de vie commune pour ceux qui avaient renoncé au siècle. Il commença d'abord par une vie retirée d'ermite. Puis, voyant une foule de disciples le rejoindre, il prit conscience de la nécessité d'une loi, indispensable pour éviter au groupe l'anarchie, le désordre et les querelles. C'est la règle pacômienne qui servit de modèle à toutes les règles futures des ordres monastiques. Établie dans un village abandonné de Haute Égypte, cette communauté se voulut la préfiguration terrestre de la Cité de Dieu. D'autres communautés suivirent cet exemple, occupant les temples et sanctuaires païens progressivement abandonnés. ●

Égypte, terre des ermites

Les ermites chrétiens ne furent pas les premiers mystiques à monter au désert. Pour les Égyptiens anciens, habitants de la vallée du Nil, le désert représentait le monde du Chaos, peuplé de bêtes féroces et d'animaux fantastiques, ceux-là mêmes qu'affrontèrent saint Antoine et les premiers anachorètes.

Le désert, c'était aussi le lieu de l'apparition quotidienne de l'astre solaire, le lieu également de son coucher, promesse d'une renaissance. La découverte d'une série de graffitis dans les montagnes à l'ouest de Thèbes semble montrer que, déjà sous le Nouvel Empire, des hommes pieux fuyant le monde se retiraient dans ces solitudes pour assister au coucher d'Amon-Rê.

À l'époque ptolémaïque, les textes grecs font état de reclus, vivant hirsutes et nus, chargés de chaînes à l'intérieur même du périmètre des temples. Ils servaient de guides spirituels aux pèlerins et délivraient des oracles. Les plus connus de ces personnages étaient les dévots de la déesse Isis, appelés les «mélanéphores» en raison du vêtement noir qu'ils portaient. Ces derniers fidèles des cultes anciens restèrent présents dans le temple de Philae jusqu'à la fermeture définitive de celui-ci au culte païen, au VIᵉ s. de notre ère, y côtoyant sans doute les moines chrétiens qui avaient déjà élu domicile dans une partie du temple. ●

tiques nestoriens, introduisant au passage le terme de *Theotokos*, mère de Dieu, pour désigner la Vierge, une épithète qui qualifiait probablement Isis, représentée tenant son fils Horus dans le giron. Ses successeurs, en revanche, s'opposent fermement à l'Église officielle lors du **concile de Chalcédoine**, en 451.

L'Église égyptienne devient ainsi monophysite, privilégiant la nature divine du Christ, hérétique donc aux yeux du patriarche de Constantinople. Dès lors, les tensions s'avivent entre les autorités byzantines qui contrôlent la province et l'Église locale, haut lieu d'une **résistance «nationale»**, dont les patriarches sont régulièrement déposés, exilés. Après l'intermède de dix ans d'occupation perse (619-629), c'est avec indifférence sinon avec soulagement que les Égyptiens chrétiens, trop heureux de se débarrasser de la tutelle impériale, accueillent les Arabes musulmans en 640.

La conquête arabe (640)

Après ses victoires successives sur les Perses sassanides, puis sur les Byzantins (636), qui lui ont ouvert les portes de l'Irak et de la Syrie, le **calife Omar** a les mains libres pour s'engager à l'ouest. Conduites par le général Amr ibn al-As, les troupes musulmanes pénètrent en Égypte à la fin de l'année 639. En l'an 640, elles sont aux portes de Babylone, une place forte byzantine au sud du Caire actuel. Après une longue résistance, la forteresse tombe en avril 641. Les soldats de Amr vont pouvoir faire route vers le nord. En juin de la même année, ils sont devant Alexandrie, qu'ils assiègent, mais la ville ne capitulera qu'en novembre. Conformément aux termes du traité, les Byzantins obtiennent de demeurer en ville, le temps pour eux d'évacuer leurs troupes et leurs dignitaires. C'est que les Arabes, qui ne sont pas encore les grands marins qu'ils deviendront, se détournent de la grande ville portuaire, trop peuplée, trop cosmopolite, si peu égyptienne. Ils lui préfèrent Fostat, ville nouvelle qu'ils créent aux environs de l'ancienne capitale, premier noyau de la future agglomération cairote. La passivité, voire la complicité des coptes à l'égard des nouveaux venus leur assure la bienveillance des nouveaux maîtres. De fait, les chrétiens resteront majoritaires dans le pays jusqu'au IXe s. et peut-être même jusqu'au Xe s., et la langue copte sera utilisée jusqu'au XIIIe s. Seuls les monastères pâtiront de la présence musulmane, du fait sans doute de leur qualité de grands propriétaires fonciers.

Les Toulounides (868-905)

Pendant plus de deux siècles, l'Égypte reste une **province d'empire**, fournissant, comme depuis des siècles, les richesses de son agriculture à **Damas** l'Omeyyade puis à **Bagdad**, capitale des Abbassides. Mais au IXe s., le centre du pouvoir est bien loin et le tout nouveau préfet d'Égypte, le général turc **Ahmed ibn Touloun**, nommé en 868 par le calife de Bagdad, rumine des ambitions d'indépendance. Bien vite, il s'émancipe de la tutelle de son lointain maître, lève les impôts de sa riche province à son profit exclusif et s'entoure d'une puissante armée de mercenaires. Il laissera le trône à son fils, souverain fastueux, restaurant ainsi une **dynastie indépendante**, onze siècles après la disparition de la dernière représentante des Ptolémées. Si rien ne reste de la capitale qu'il fonda, on doit néanmoins à Ibn Touloun la mosquée qui porte son nom, sans doute le plus bel édifice du Caire islamique. En 905, un sursaut des Abbassides met un terme à cette éphémère dynastie.

Les Fatimides (969-1171)

Après le court intermède des **Ikhchidides**, dynastie d'origine turque qui régna en Égypte de 935 à 969, de nouveaux maîtres s'imposent au pays : les **Fatimides**. Cette fois, il ne s'agit plus de gouverneurs saisis par l'ambition. Ce sont des conquérants, surgissant sur leurs coursiers, le sabre à la main, de leurs possessions d'**Ifriqiya**, l'actuelle Tunisie, où ils s'étaient établis depuis le début du Xe s. Les Fatimides sont

Omeyyades et Abbassides

Après la mort du prophète Mahomet (632), la communauté musulmane fut dirigée par une succession de quatre califes (« successeurs »), Abou Bakr, Omar, Othman et Ali, appelés par la tradition musulmane les « bien dirigés » (rachidoun). Le dernier d'entre eux fut détrôné par un général arabe, Moawiya, fondateur de la première dynastie musulmane, les Omeyyades, qui régnèrent depuis leur capitale Damas de 660 à 750. Cette année-là, les Omeyyades furent renversés par les Abbassides, qui se proclamaient descendants d'Abbas, oncle du Prophète. Ces derniers transférèrent le siège du pouvoir à Bagdad. L'un des califes abbassides les plus célèbres fut Haroun el-Rachid, contemporain de Charlemagne. À partir de la fin du IXe s., la puissance des Abbassides déclina en même temps que s'affirmait le pouvoir des gouverneurs locaux qui aspiraient à l'indépendance. Pourtant, jusqu'à sa destruction par les Mongols en 1260, le califat abbasside continua d'exercer une autorité religieuse certaine sur l'ensemble du monde sunnite. •

chiites, et leurs califes, chefs militaires tout autant que religieux, se prétendent de la descendance de Fatima, la fille du Prophète. Doublement odieux aux Abbassides, comme usurpateurs et comme hérétiques, ils parviennent à se tailler un **vaste empire** qui comprend la majeure partie de l'Afrique du Nord, et commencent à pousser leur avantage en Syrie, prenant Damas en 970. Désormais, deux grandes puissances se trouvent face à face : les Abbassides à l'est et les Fatimides à l'ouest. Entre les deux, les petites principautés syriennes que se disputent les deux ennemis.

LES FASTES DU CAIRE

Le règne des Fatimides marque l'**apogée de l'Égypte médiévale**. À la tête de fabuleuses richesses, les maîtres du Caire rivalisent de magnificence avec les cours de Bagdad et de Constantinople. L'Égypte est à nouveau le **carrefour de tous les produits du monde**. Dès la fin du Xe s., des marchands amalfitains sont installés sur les rives du Nil, bientôt suivis des Génois, des Vénitiens et d'autres grands commerçants du monde occidental. Les juifs y sont très actifs, grâce au tissu de relations qu'ils entretiennent avec les communautés disséminées dans tout le monde connu. La découverte des documents de la geniza du Caire a jeté un saisissant éclairage sur ce grand commerce international. Par ailleurs, les Fatimides favorisent l'**étude des sciences anciennes**, philosophie, astronomie, médecine, mathématiques. La mosquée El-Azhar est construite : elle servira de foyer de diffusion du chiisme avant de devenir, aujourd'hui encore, la référence spirituelle et juridique du monde sunnite. Souverains hétérodoxes régnant sur une population dans son immense **majorité sunnite**, les Fatimides se distinguent par leur **tolérance religieuse**, notamment à l'égard de la communauté chrétienne, dont de nombreux membres servent à des postes élevés dans l'administration califale. Seule exception, le règne du **calife Hakim** (980-1021), qui déclencha de terribles persécutions contre les sunnites et les chrétiens, ordonnant même la destruction du Saint-Sépulcre de Jérusalem. Il périt assassiné après s'être proclamé d'essence divine.

L'ANARCHIE À LA COUR FATIMIDE

Depuis la prise de Jérusalem en 1099, les Francs s'accrochent solidement au littoral palestinien. Au Caire, les « **califes fainéants** » (René

Sunnites et chiites

Les sunnites, partisans de la *sunna* – la tradition –, seraient les musulmans « orthodoxes », par opposition aux chiites, qu'ils considèrent comme schismatiques. Au plan historique, les sunnites sont les héritiers des musulmans qui se rangèrent aux côtés de Moawiya – le fondateur de la dynastie omeyyade de Damas – qui s'opposa victorieusement à Ali, neveu et gendre du Prophète, pour le titre de calife. Les chiites se divisent en deux grandes tendances. Les uns reconnaissent, à la suite d'Ali, une succession de sept imams à la tête de la communauté des croyants : ce sont les ismaéliens. D'autres prolongent cette lignée jusqu'au douzième imam. Chaque branche considère que son imam a « simplement » disparu et qu'il reviendra à la fin des temps. Cette dimension messianique a suscité chez les chiites une dimension ésotérique qui leur est propre. Les musulmans égyptiens sont sunnites dans leur quasi-totalité. ●

Le calife Hakim

Monté sur le trône d'Égypte en 980, le calife fatimide Hakim se signala rapidement par les mesures vexatoires prises à l'encontre des juifs et des chrétiens. Aux uns il imposa le port d'une clochette au cou lorsqu'ils pénétraient dans les bains et il contraignit les autres à apposer une croix de bois sur la porte des hammams qu'ils fréquentaient. Il fut pourtant l'idole du petit peuple du Caire. Ne dit-on pas en effet que, la nuit venue, il s'habillait de guenilles pour se rendre dans les bouges de la ville afin de s'enquérir de l'état de l'opinion ? Il apprit ainsi un jour de ses compagnons d'ivresse de bière et de haschisch, que des notables de la ville conservaient dans leurs entrepôts de grandes quantités de blé alors que sévissait la famine. Le lendemain, il sortit en grand apparat de son palais, accompagné d'une cohorte de bourreaux ; précédant le sinistre cortège, des hérauts annonçaient que quiconque serait trouvé en possession de réserves clandestines aurait la tête tranchée sur-le-champ. Le résultat fut immédiat : des quantités de nourriture apparurent à bas prix sur le marché. De quoi soigner une popularité qui lui valut d'être libéré par la foule un jour que le grand vizir l'avait fait enfermer après une nuit de débauche.

Le vent tourna pourtant le jour où Hakim se proclama d'essence divine. C'en était trop, même pour le petit peuple du Caire, profondément religieux. Une nuit qu'il sortait comme à l'accoutumée pour hanter les bas-fonds du Caire, il fut assassiné par des sbires envoyés dit-on par sa propre sœur, dont il projetait de faire son épouse. Traqués, ses partisans durent s'enfuir précipitamment pour gagner le refuge des montagnes libanaises. Ils sont à l'origine de la secte des druzes, qui considèrent Hakim comme leur messie, le *Mahdi* qui reviendra sur terre à la fin des temps. •

Grousset), vautrés dans le luxe de leur palais, abandonnent la réalité du pouvoir à leur vizir. Qui en détient la charge est le véritable maître de l'Égypte : dès lors, la capitale vit au rythme des complots, des coups de force sanglants et des destitutions. Le pays sombre dans l'anarchie. Pour les Francs, la proie est belle et semble facile. Après une première incursion prometteuse en 1164, **Amaury Ier**, roi de Jérusalem, reprend en 1167 le chemin de l'Égypte. Il y est d'ailleurs appelé par le grand vizir : le dignitaire musulman cherche un appui contre les troupes de **Nour ed-Din**, le maître d'Alep, qui marchent contre lui sous les ordres de **Chirkouh**, un général kurde. Aux côtés de Chirkouh, son neveu, un certain **Saladin**. Les

Francs s'installent au Caire, et leur roi est reçu par le calife en personne, avec tous les honneurs dus à un précieux allié. En 1167, le pays est de fait un protectorat franc. Mais l'année suivante, Amaury, rompant son alliance, se jette sur l'Égypte avec l'appui des Byzantins. Il retrouve sur sa route le vieux Chirkouh. Cette fois la bataille tourne à l'avantage de l'émir kurde, qui en profite pour décapiter le vizir discrédité et installer à sa place son neveu. Maître incontesté de l'Égypte, Saladin supprime en 1171 le califat fatimide, et avec lui les divisions qui affaiblissaient le monde musulman. À la mort de Nour ed-Din (1174), Saladin évince ses héritiers et s'empare de la Syrie. De Damas au Caire, les musulmans sont unis sous l'autorité

Prise de Damiette par Louis IX en 1249. Enluminure de La Vie de Saint Louis par Joinville, vers 1360 (Paris, Bibliothèque nationale).

d'un seul chef, vassal bien théorique de l'impuissant calife de Bagdad, duquel il tient pourtant à obtenir l'investiture.

Saladin et les Ayyoubides (1174-1250)

Saladin n'aura guère le temps de s'attarder en Égypte, « sa maîtresse qui le détourne de son épouse légitime », la Syrie, selon les mots qu'un chroniqueur du temps lui prête. Les huit années (1171-1179) qu'il passe au bord du Nil signifient tout d'abord le **retour à l'orthodoxie sunnite**, à laquelle était restée fidèle la masse de la population locale. La mosquée El-Azhar est remise aux docteurs orthodoxes et au Caire se multiplient les fondations de madrassas, ces écoles coraniques vouées à l'étude et à la diffusion du sunnisme. Ce retour à l'orthodoxie s'accompagne parfois de brimades envers les non-musulmans ; on reproche par exemple aux chrétiens d'avoir joué un rôle trop important sous les Fatimides. À la mort de Saladin (1193), son royaume se partage rapidement entre ses héritiers : au Caire, les Ayyoubides vont régner jusqu'en 1250, étendant de temps à autre

leur pouvoir sur la Syrie. C'est le cas sous le règne du dernier représentant de la dynastie, **Saleh Ayyoub**, dont les troupes affrontent les croisés de Saint Louis débarqués à Damiette en 1249. Avant de pouvoir atteindre Le Caire, les croisés sont vaincus et leur roi fait prisonnier en 1250. À peine le sultan a-t-il le temps de conclure un traité prévoyant l'élargissement des prisonniers contre rançon qu'il est détrôné par sa garde d'esclaves turcs, ses mamelouks.

Les Mamelouks (1250-1517)

Le premier siècle de la période mamelouke est brillant : les premiers sultans, **Baïbars** et **Qalaoun**, achèvent la reconquête de la Syrie franque. Saint-Jean-d'Acre, dernière possession latine, tombe aux mains du fils de Qalaoun en 1291. Sur un autre front, les Mamelouks se posent en rempart du monde arabo-musulman en arrêtant l'avancée des Mongols à la **bataille de Ain Djaloud** (Palestine) en 1260. Ils ajoutent encore à leur prestige en accueillant au Caire – recueillant serait un terme plus approprié – le calife abbasside, le Commandeur des croyants, chassé de Bagdad par les Mongols.

Pour l'Égypte, les Mamelouks sont de **bons administrateurs** : c'est qu'il faut assurer une levée efficace de l'impôt. Ils sont surtout de **grands bâtisseurs** : comblés de richesses, les beys couvrent la capitale et les provinces de madrassas, de mosquées, de palais, tandis que leurs somptueux mausolées élèvent leurs coupoles à la périphérie du Caire. Cette brillante période s'achève en 1348 avec une **terrible épidémie de peste** qui décime la population et cause une récession économique dont l'Égypte mamelouke ne se relèvera pas. La seconde période de cette dynastie d'esclaves n'est plus qu'une suite interminable de **querelles de succession**. Dans les rues mêmes de leur capitale, les factions rivales se livrent de violents combats. Des péripéties devenues si habituelles que le bon peuple du Caire, nous raconte un chroniqueur, vient en masse y assister comme au spectacle. Ce n'est plus que sur ces piètres champs de bataille que les Mamelouks peuvent témoigner de leur valeur militaire. Une valeur intacte, terrible force de frappe lorsqu'ils chargeaient à cheval, le cimeterre à la main, mais désormais anachronique tandis que se généralise l'usage des armes à feu.

Les Ottomans

Le 18 mai 1516, le **sultan El-Ghouri** franchit les portes du Caire : il s'en va combattre les **armées de Sélim l'Ottoman**, qui marche sur ses frontières à travers la Syrie. C'est une armée d'un autre âge, qui n'a pourtant rien perdu de son apparat. En tête avancent les éléphants, suivis de la cavalcade des officiers en grande tenue, puis viennent les cheikhs et le calife abbasside lui-même. Enfin apparaît le sultan, revêtu de soies brodées d'or et précédé de ses chevaux, certains sellés de cristal et d'or. Massé sur le passage du cortège, le peuple applaudit au spectacle. C'est le dernier qu'il lui sera donné de voir. Les armées d'El-Ghouri sont écrasées par les Ottomans, et le sultan lui-même meurt au combat.

L'année suivante, les troupes ottomanes entrent au Caire. C'est désormais un **pacha** nommé par le sultan d'Istanbul qui gouverne le pays. Une charge prestigieuse que, dans un premier temps, vont se disputer les grands dignitaires ottomans. Mais rapidement, les chefs des grandes maisons mameloukes, qui ont conservé leurs domaines agricoles et leurs richesses, imposent à nouveau leur pouvoir. Malgré les

---

histoire

Le système mamelouk

Depuis les derniers Ayyoubides, l'usage s'est répandu de former des unités militaires composées d'esclaves turcs, réputés pour leur bravoure au combat. Les Mamelouks généralisent le système du plus modeste niveau de la hiérarchie civile jusqu'au sommet de l'État, le sultan. Les futurs Mamelouks sont achetés sur les marchés aux esclaves, où les commerçants occidentaux jouent un rôle actif. Ils reçoivent chez leur maître une éducation militaire et religieuse puis, affranchis, rejoignent sa troupe. Les plus capables d'entre eux peuvent atteindre les plus hautes fonctions, jusqu'à celle de sultan, en principe désigné par l'assemblée des chefs de guerre. Bien que plusieurs sultans aient tenté, pour certains avec succès, de fonder une lignée, ce principe de recrutement interdit de fait toute transmission héréditaire du pouvoir. •

Les pionniers de l'égyptologie

De 1858 à 1952, la direction du Service des Antiquités égyptiennes fut exclusivement confiée à des Français, en souvenir du premier d'entre eux à avoir occupé ce poste, Auguste Mariette. Pendant près d'un siècle, cette lignée d'égyptologues, devenus pour l'occasion fonctionnaires égyptiens, va diriger la recherche scientifique sur les rives du Nil et assurer la conservation de ses précieuses trouvailles.

Le temps des consuls

À la suite de l'expédition d'Égypte et de la publication de la monumentale *Description* (1802), une fièvre égyptomaniaque s'empare du public européen. Au Caire, Mohammed Ali, soucieux de moderniser son pays et de l'ouvrir à l'Occident, accorde avec générosité les permis de fouilles aux consuls européens. C'est que les autorités, ainsi que les Égyptiens d'alors, accordent peu d'importance à l'Antiquité pharaonique : les vestiges des temples servent tout au plus de pierre à bâtir, quand ils n'alimentent pas les fours à chaux. Parmi ces consuls-archéologues, l'Histoire a retenu deux noms : Bernardino Drovetti, consul de France, et Henry Salt, son homologue britannique.

La quête du bel objet

Chacun de ces deux hommes, qu'oppose une sourde rivalité, entretient sur le terrain des agents qui fouillent pour son compte. Au bout de quelques années, la moisson est exceptionnelle : des milliers d'objets prennent à pleins navires la route de l'Europe. La collection Drovetti, que Louis XVIII refuse d'acquérir, est finalement achetée par le roi du Piémont. Elle constituera le fonds de départ du Musée égyptien de Turin. Salt réussit en revanche à vendre sa collection à Charles X : déposée au Louvre, elle formera l'embryon du département des Antiquités égyptiennes. En ces temps héroïques, seule importe la quête du bel objet, au détriment de la compréhension et de la conservation des sites. Les ruines ne sont considérées que comme des mines à basreliefs que l'on n'hésite pas à découper à la scie avant de leur faire prendre le chemin de l'Europe.

Bernardino Drovetti et sa suite mesurant un fragme de colosse en Haute Égyp

Le sphinx ensablé, un sujet de choix pour les gravures mantiques. David Roberts, qui voyagea en Égypte entre 1838 et 1839, fut l'un des premiers peintres orientalistes.

Mariette Pacha

Lorsque Auguste Mariette débarque en Égypte en 1850, il est officiellement chargé d'acquérir des manuscrits coptes au nom de la France. Très vite, cet autodidacte passionné d'égyptologie se détourne de sa mission première pour explorer les sites pharaoniques. En étudiant le plateau de Saqqara, il est rapidement convaincu d'avoir localisé le site du Sérapeum. «J'oubliais en ce moment ma mission, les couvents, les manuscrits coptes [...] et c'est ainsi que le 1er novembre 1850, une trentaine d'ouvriers se trouvaient réunis sous mes ordres.» Malgré une ordonnance de 1835 réglementant la recherche et le commerce des antiquités, c'est dans la plus grande anarchie que s'effectue alors la prospection archéologique. Ainsi, c'est en toute illégalité que Mariette va fouiller pendant trois années le site du Sérapeum, n'hésitant pas à défendre ses trouvailles, les armes à la main, contre les équipes rivales attirées par la bonne aubaine. Mariette prend peu à peu conscience des périls qu'encourt le patrimoine pharaonique et, après avoir fait part de ses observations au gouvernement égyptien, il se voit confier par celui-ci le soin de créer le Service des Antiquités égyptiennes, dont il prend la tête en 1858.

Des Français au service de l'Égypte

Devenu fonctionnaire égyptien, Mariette va pendant vingt-trois ans régner sur l'archéologie égyptienne. On lui doit notamment la création du premier musée, celui de Boulaq. Finies les exportations illégales d'antiquités: désormais, toutes les découvertes effectuées par les missions archéologiques, sur lesquelles il exerce un contrôle sévère, devront suivre le chemin de son musée de Boulaq, où il meurt en 1881. Son tombeau se trouve aujourd'hui dans les jardins de l'actuel musée du Caire. En la mémoire de « Mariette Pacha», les autorités égyptiennes vont confier la direction du Service des Antiquités égyptiennes à des scientifiques français. Ce sera tout d'abord Gaston Maspero, brillant archéologue, qui exerce la charge jusqu'en 1914. Puis viendront Pierre Lacau et le chanoine Drioton, dernier représentant de cette lignée, qui fut contraint d'abandonner son poste à la suite de la révolution de 1952.

Lire, d'Élisabeth David, les deux remarquables biographies de Mariette (1994, préface de Ch. Desroches-Noblecourt) et de Maspero (1999), éd. Pygmalion. ●

Howard Carter découvrit en 1922 le tombeau de Toutankhamon. Transport des objets hors de la tombe.

tentatives ottomanes de leur opposer la force des janissaires et de milices locales, les **Mamelouks** sont à nouveau les véritables maîtres du pays, tandis que le pacha en est réduit à observer depuis son palais les sanglantes luttes pour le pouvoir qui ont repris de plus belle. L'Égypte sombre encore une fois dans l'**anarchie** et l'arbitraire.

La campagne d'Égypte
(1798-1801)

Toulon, 19 mai 1798 : 54 000 hommes embarquent à bord des 350 vaisseaux qui les attendent à quai. Leur destination ? L'Égypte. Leur chef ? **Bonaparte**, encore auréolé de ses triomphes en Italie. Après avoir enlevé l'île de Malte, la formidable flotte débarque le 2 juillet, suivant son prestigieux général sur la côte égyptienne.

Le 21 juillet, c'est la **bataille des Pyramides** qui ouvre aux troupes françaises les portes de la capitale : «Peuple du Caire, je suis venu pour détruire la race des Mamelouks», proclame le bouillant général, «ce ramassis d'esclaves achetés dans le Caucase et la Géorgie [qui] tyrannise la plus belle partie du monde.» Pour le Directoire, le projet a des buts moins philanthropiques : il s'agit de couper aux Anglais la route des Indes. C'est pourtant à une **mission civilisatrice** que s'attelle l'expédition. Pas moins de 167 savants l'accompagnent en effet, parmi lesquels des sommités du temps comme Monge, Berthollet ou Geoffroy Saint-Hilaire. Un **Institut égyptien** est fondé au Caire, à l'imitation de celui de France, et **deux journaux**, les premiers sur le continent africain, sont imprimés sur les presses acheminées de France

avec l'expédition. Mais surtout, les savants vont entreprendre un **relevé méthodique du pays** : antiquités, monuments, costumes, faune, flore... Au mépris du danger, ils accompagnent la troupe dans ses campagnes à travers le pays. Ce qui vaudra à la postérité l'ordre savoureux d'un brave capitaine républicain lors d'une escarmouche avec les Mamelouks : « Les ânes et les savants au milieu ! » Ces milliers de dessins vont constituer la base de la monumentale *Description de l'Égypte*, publiée à partir de 1802.

Mohammed Ali (1801-1848)

Parmi les officiers des armées ottomanes qui contraignent les Français à une retraite piteuse en 1801 figure un certain **Mohammed Ali**, un Albanais né à Kavalla (en Grèce aujourd'hui). Rapidement, cet officier ambitieux parvient à imposer son autorité sur les factions mameloukes qui se disputent le pouvoir. En 1805, il est nommé officiellement pacha d'Égypte par la Sublime Porte. Six ans plus tard, il élimine définitivement les Mamelouks en faisant massacrer leurs principaux chefs dans la citadelle du Caire, où il les avait conviés à une réception. Il a désormais les mains libres pour entreprendre son grand œuvre : moderniser l'Égypte.

Cela commence par l'**armée**, composée désormais de recrues qu'il forme à l'occidentale, en faisant appel à des instructeurs étrangers. Parmi eux, le colonel Sève, un Lyonnais qui, converti à l'islam, prendra le titre de **Soliman Pacha** (une des rues principales du centre du Caire porte toujours son nom). Cela continue avec le **commerce** et l'**industrie**, qu'il plie aux

Mohammed Ali, vice-roi d'Égypte.

Novembre 1869 : les premiers vaisseaux franchissent le canal de Suez. Aquarelle de Riou (Paris, Bibliothèque nationale, cabinet des Estampes).

normes européennes. L'économie égyptienne doit se tourner vers l'Occident : sous son règne, **Alexandrie** devient le grand port du pays, une grande ville que le pacha préfère au Caire, dont la turbulente population est difficile à contrôler. Il renoue avec les ambitions orientales de bon nombre de ses prédécesseurs sur le trône d'Égypte en cherchant à s'assurer la **maîtrise de la Syrie**. Il y parvient en 1831 grâce aux campagnes conduites par son fils Ibrahim, puissamment secondé par des officiers européens. En 1840, il doit néanmoins lâcher prise, sous la menace des armées ottomanes et de la diplomatie britannique. En 1841, il est promu au titre de pacha héréditaire d'Égypte. Ses descendants vont régner jusqu'au coup d'État de 1952.

Le pouvoir des khédives
(1848-1952)

● **1848-1854 : Abbas.** Le 2 septembre 1848, Mohammed Ali abdique en faveur de son fils Ibrahim, qui ne régnera que quelques mois (il meurt le 10 novembre de la même année). Abbas, petit-fils de Mohammed Ali, lui succède. Son court règne (il mourra assassiné) marque un **repli de l'Égypte sur elle-même** : le souverain, que l'on présente comme un féodal autocrate, ne prise guère les innovations venues de l'étranger ; la plupart des techniciens étrangers, et notamment français, quittent le pays.

● **1854-1863 : Saïd.** Avec le nouveau maître de l'Égypte, retour en force de la **francophilie** : Ferdinand de Lesseps est un ami intime du souverain et obtient la concession du canal de Suez. Auguste Mariette est nommé directeur des Antiquités.

● **1863-1879 : Ismaïl.** Plus francophile encore que son oncle auquel il succède, Ismaïl inaugure une dispendieuse politique de grandeur : il entend faire de l'Égypte un pays européen. Auréolé de son tout nouveau titre de khédive obtenu de Constantinople (le terme signifie « roi » en persan), il se rend en France pour visiter l'**Exposition universelle** de 1867 dont le clou est le pavillon égyptien, dessiné par

Auguste Mariette. Il est partout, de l'Opéra aux champs de course, troquant son tarbouche contre un haut-de-forme, et séduisant les Parisiens par son affabilité. La grande affaire de son règne fut l'**inauguration du canal de Suez** (1869), sans doute la plus grande fête du siècle, à laquelle assista l'impératrice Eugénie. En 1871, *Aïda* est jouée pour la première fois à l'Opéra du Caire. Mais ces somptuosités ont un prix, bien trop élevé pour les caisses de l'État égyptien, qui est déclaré en faillite en 1876. Une commission mixte franco-britannique contrôle désormais les finances du pays, tandis que dans les ministères prennent place des administrateurs européens. Le pouvoir d'Ismaïl est de plus en plus théorique. En 1879, il est déposé par le sultan de Constantinople, à la demande expresse de Paris et de Londres.

● **1879-1892 : Tewfik.** Pour faire pièce à une tutelle étrangère de plus en plus pesante émerge un **mouvement nationaliste** égyptien dont l'audience s'accroît d'année en année. Sous le règne de Tewfik, le **colonel Orabi** se fait le porte-parole des officiers égyptiens mécontents d'être évincés au profit de militaires étrangers, turcs notamment. Il réussit à imposer au khédive un ministère à sa convenance, dans lequel il s'octroie le portefeuille de la Guerre. Pour mettre un terme à l'agitation nationale, un corps expéditionnaire britannique débarque à Alexandrie le 17 juillet 1882. Orabi est envoyé en exil à Ceylan. L'**occupation étrangère** commence.

● **1892-1914 : Abbas II.** Sous ce souverain falot, les Anglais sont désormais maîtres du jeu en Égypte, qu'ils utilisent comme base pour la reconquête du Soudan après la mort à Khartoum, en 1885, du général Gordon. Une mainmise qu'officialisent les accords franco-britanniques de 1904, l'**Entente cordiale** : à l'Angleterre revient l'Égypte, à la France, le Maroc. En 1902, le premier barrage d'Assouan est inauguré. À la suite du déclenchement de la Première Guerre mondiale, l'**Angleterre** impose son **protectorat** sur l'Égypte et dépose Abbas.

● **1914-1917 : Hussein.** Malgré son titre de sultan, le souverain est perçu comme l'homme de paille

Un khédive à l'Expo

Le clou de l'Exposition universelle qui se tint à Paris en 1867 fut incontestablement le pavillon égyptien : sept millions de visiteurs découvrirent ainsi la reconstitution d'un temple, synthèse de l'art égyptien inspirée du kiosque du temple de Philae. Auguste Mariette, qui est alors directeur du Service des Antiquités au Caire, en suit la construction pas à pas. Il refuse tout d'abord le granit comme matériau de construction : tous les temples égyptiens sont édifiés en grès, les murs seront donc montés en plâtre sur lequel on collera du sable. Pour la décoration, Mariette se rend en personne en Haute Égypte pour y relever des inscriptions, à Abydos et Philae. Les murs portent des moulages réalisés d'après des originaux de la Ve dynastie ou des scènes historiées provenant de monuments du Nouvel Empire. À l'intérieur, les visiteurs peuvent également voir près de 500 crânes, rangés par dynastie, ainsi que sept momies. Tous ces restes humains vieux de plusieurs millénaires ne quitteront plus Paris : ils sont conservés aujourd'hui au musée de l'Homme. (Lire aussi Élisabeth David, *Mariette Pacha*, éd. Pygmalion, 1994.) ●

En 1882, les troupes britanniques débarquent à Alexandrie : c'est le début de l'occupation étrangère.

des Britanniques. Pourtant, en dépit des bouleversements économiques et sociaux consécutifs à la guerre – on a compté jusqu'à un million de soldats stationnés en Égypte –, les dirigeants nationalistes prônent la modération le temps du conflit.

● **1917-1936 : Fouad**. Dès l'annonce de l'armistice, la revendication nationaliste reprend de plus belle : le 13 novembre 1918, **Saad Zaghloul**, chef du parti nationaliste **Wafd**, se rend devant le haut commissaire britannique pour réclamer l'indépendance de l'Égypte. Le 8 mars de l'année suivante, il est déporté à Malte par les autorités britanniques. Dès le lendemain, le pays se soulève : au Caire, on mitraille les manifestants tandis que l'agitation gagne la province, où éclate un véritable soulèvement armé. La tension se relâche avec l'annonce de la libération de Saad Zaghloul le 17 avril ; elle reste néanmoins endémique jusqu'en 1922, année où l'Égypte devient officiellement un **royaume indépendant**. En 1924, après la **victoire du Wafd aux élections**, Saad

Zaghloul est chargé de former un gouvernement.

● **1936-1952 : Farouk**. Le dernier règne de la dynastie khédivale débute comme un **conte de fées** : un beau jeune homme à peine sorti de l'adolescence monte sur le trône. Mais très vite, l'excès et la débauche ont raison du jeune *sportsman* et le 26 juillet 1952, c'est un poussah boursouflé qui embarque à Alexandrie pour l'exil. Le 26 janvier précédent, des émeutes, dont les véritables instigateurs restent encore aujourd'hui inconnus, ont détruit une partie du Caire, sous le regard impuissant des forces de police. Cette brutale **explosion de violence** suivit de longues années de rancœurs, au premier rang desquelles figurait l'humiliante défaite de l'armée égyptienne infligée par le jeune État hébreu en 1948.

Le 23 juillet au matin, la radio nationale annonçait qu'un groupe d'officiers s'était emparé du pouvoir. Pour la première fois depuis près de vingt-trois siècles, des Égyptiens présidaient aux destinées de leur pays. ●

ACTUALITÉ

Le Caire aux heures de pointe.

Du coup d'État de 1952 à l'aube du troisième millénaire, que de chemin parcouru ! Dirigé par des enfants du pays, le plus peuplé des pays arabes élève à nouveau une voix écoutée dans le concert des nations proche-orientales. Riche de sa double tradition, chrétienne et musulmane, l'Égypte, à l'aube du XXIe s., doit pourtant affronter les problèmes que rencontrent les autres pays de la région : difficultés économiques liées à la mondialisation pour les plus pauvres et montée de l'extrémisme musulman, qui a trouvé son apothéose sanglante dans l'attentat du temple d'Hatchepsout, à Louxor, en novembre 1997.

L'épopée nassérienne

Ce soir du 26 juillet 1956, la place Mohammed-Ali d'Alexandrie est noire de monde : à la tribune, **Gamal abd el-Nasser** tient la foule sous la magie de son verbe, un arabe populaire et savoureux qui enchante les masses égyptiennes. Soudain un énorme rire secoue la grande carcasse du raïs : un rire qui bien vite se noie dans les hurlements d'enthousiasme de tout un peuple en délire. Nasser vient d'annoncer qu'à l'heure où il parle, des fonctionnaires égyptiens prennent le contrôle de la Compagnie du canal de Suez. C'est la réponse de l'Égypte aux Américains, qui viennent de refuser les crédits nécessaires à la construction du barrage d'Assouan. Dans les capitales européennes, c'est la stupeur. Londres et Paris concoctent à la hâte un projet d'intervention militaire avec le concours des Israéliens. C'est la piteuse « expédition de Suez » qui, lancée le 29 octobre de la même année et après un parachutage de troupes franco-britanniques sur la zone du canal, se terminera en fiasco suite aux menaces conjointes des Russes et des Américains. Pour Nasser, c'est le triomphe : son barrage, il l'aura, après avoir contraint l'ancienne puissance coloniale à une retraite humiliante.

L'Égypte aux Égyptiens

On a souvent rapproché les ambitions de Gamal abd el-Nasser de celles de son lointain prédécesseur Mohammed Ali : rompre avec un passé d'humiliation nationale en s'appuyant sur un programme en forme de triptyque – économie largement étatisée, fondée sur le développement industriel, constitution d'une armée nationale, restauration du rôle régional de l'Égypte.

Une différence néanmoins, et de taille. Cette fois, ce sont des enfants de l'Égypte qui sont au pouvoir, des fellahs sanglés dans leurs uniformes kaki, le col ouvert sur une peau burinée, qui épuisent leur jeunesse à la tâche, dans une frénésie de réformes. Prônant l'unité de la nation arabe – musulmans et chrétiens confondus –, le «nassérisme» s'exporte rapidement : dans toutes les capitales arabes fleurissent les portraits du raïs égyptien, qui apparaît comme le seul dirigeant capable de rompre avec le cycle des défaites entamées en 1948 avec la création de l'État d'Israël.

À l'échelle internationale, Nasser hisse l'Égypte à un rôle de premier plan ; avec Jawaharlal Nehru et le maréchal Tito, il est l'un des fondateurs du mouvement des «non-alignés» et Le Caire devient une étape obligée pour les diplomates du monde entier. La guerre de 1967 vient mettre un bémol aux ambitions du colonel : au premier jour du conflit, la totalité de l'aviation égyptienne est clouée au sol par les bombardiers israéliens tandis que les troupes de l'État hébreu prennent pied sur la rive occidentale du canal. Devant l'ampleur de la défaite, qui se solde côté égyptien par la perte du Sinaï, occupé jusqu'à la rive orientale du canal par

---

économie

La Compagnie du canal

En 1856, le vice-roi Saïd concédait l'exploitation du canal de Suez à une compagnie internationale pour une durée de 99 ans à compter de l'ouverture de l'ouvrage, l'État égyptien percevant pour sa part 15 % des bénéfices. Le 5 novembre 1858, la souscription internationale est lancée : 400 000 actions sont mises en vente. En France, c'est un immense succès, partout ailleurs, un fiasco, en Angleterre surtout, où le gouvernement manifeste son hostilité au projet. Pour complaire à son ami de Lesseps, le vice-roi Saïd accepte de souscrire 176 000 actions, grevant un peu plus les caisses de l'État égyptien. Dans les premières années, le «Suez» est une mauvaise affaire : le trafic prévu n'est pas au rendez-vous et l'action chute vers 1874 à moins de la moitié de sa valeur initiale. En 1876, le khédive Ismaïl, à la recherche d'argent frais, vend à l'issue de négociations secrètes ses 176 000 actions à l'Angleterre pour 100 millions de francs. Quatre ans plus tard, l'Égypte cède au Crédit foncier de France les 15 % de bénéfice qui lui étaient alloués. Le canal échappe donc totalement au pays, alors même que la compagnie commence à engranger des bénéfices considérables. Le «Suez» restera jusqu'à la nationalisation de 1956 un placement de père de famille. ●

Israël, le raïs offre sa démission au peuple, pour la reprendre quelques jours plus tard, cédant à l'émotion populaire. Sa mort, en 1970, donnera lieu à des scènes d'hystérie collective comme seule peut en être capable la foule égyptienne.

Le pharaon assassiné

Parvenu au pouvoir dans des conditions difficiles, **Anouar el-Sadate**, qui passa tout d'abord pour un président de transition, allait pourtant profondément modifier la donne régionale en même temps que les orientations du pays. Pour asseoir son pouvoir, il lui fallait tout d'abord une victoire : celle de la guerre d'octobre 1973, qui permit à l'Égypte de récupérer la rive orientale du canal de Suez. Après avoir rompu spectaculairement avec l'alliance soviétique en 1976, le président allait pouvoir lancer son grand projet, l'*Infitah*, une politique d'ouverture tous azimuts : à l'intérieur, libéralisation de l'économie et restauration d'un multipartisme contrôlé, au détriment du parti unique instauré sous Nasser au nom de l'unité nationale ; à l'extérieur, ouverture aux grands marchés internationaux. Puis vint en 1977 le formidable défi du voyage du raïs en Israël et le discours historique qu'il y prononça le 19 novembre devant la Knesset. Ce spectaculaire rapprochement se solda par la signature, sous l'égide américaine, des **accords de Camp David** en 1979, un traité de paix qui permit à l'Égypte de récupérer le Sinaï dès 1980. Si la paix de Sadate rencontra un écho favorable dans les capitales occidentales, on ne peut dire qu'il en fut de même dans les pays arabo-musulmans qui, tous, rompirent leurs relations avec l'Égypte sitôt l'accord signé. La Ligue arabe, qui siégeait au Caire depuis sa création, se transporta à Tunis. Au plan intérieur, l'initiative présidentielle resta incomprise au sein de la population qui par ailleurs ressentait durement les premières conséquences de la libéralisation de l'économie. Devant la montée de la contestation, Sadate ordonna en septembre 1981 un vaste coup de filet dans les milieux de l'opposition, marxistes, islamistes, coptes même avec le placement en résidence surveillée du pape Chénouda III, qui ne cachait pas son hostilité à la paix avec Israël. Le 6 octobre suivant, Anouar el-Sadate tombait sous les balles d'un commando islamiste alors qu'il présidait une revue militaire dans les environs du Caire.

Hosni Moubarak

Le 7 septembre 2005, Hosni Moubarak était réélu pour un cinquième mandat présidentiel par un score sans appel de 88,5 % des suffrages (pour une participation qui n'excédait pas 23 %). Pour la première fois dans l'histoire de l'Égypte, le chef de l'État était élu au terme d'un scrutin pluraliste où les électeurs eurent le choix entre plusieurs candidats. Jusque-là, le candidat à la présidence était désigné par le Parlement, le peuple étant ensuite appelé à ratifier ce choix par plébiscite. Ce cinquième mandat successif témoigne en tout cas de la stabilité politique qu'a su imposer au pays cet ancien général à la carrure d'athlète. Depuis son accession au pouvoir, le président Moubarak poursuit sans faillir la politique d'ouverture inaugurée par son prédécesseur et préconisée par le FMI en échange de son aide : privatisation du secteur public, modernisation du secteur financier, suppression des subventions étatiques aux produits de première nécessité pour les laisser rejoindre les prix du marché. Une politique que subissent les classes populaires, qui se prennent à regretter l'État-Providence de l'époque nassérienne. Au plan régional, sans remettre en cause les relations de l'Égypte avec Israël, le

La révolution de 1952 a placé au pouvoir les enfants des fellahs d'Égypte : une première depuis Nectanébo, dernier roi indigène, en 343 avant notre ère.

président Moubarak a pris à plusieurs reprises des positions très critiques à l'encontre de la politique palestinienne de l'État hébreu, une « paix froide » comme l'écrivirent certains analystes. Ce qui a permis à l'Égypte de regagner progressivement sa place dans le concert des nations arabes. Par ailleurs, l'Égypte a connu sous l'ère Moubarak des avancées incontestables dans le domaine des libertés publiques, néanmoins étroitement contrôlées par le régime d'état d'urgence en vigueur depuis l'assassinat d'Anouar el-Sadate. Depuis une dizaine d'années, les menées violentes conduites par divers groupes islamistes constituent la principale menace pour le pouvoir.

Les Frères musulmans

Le 17 novembre 1997, un groupe d'islamistes armés frappait l'Égypte touristique au cœur : sur les terrasses du temple d'Hatchepsout, un des hauts lieux de l'Égypte pharaonique, 58 étrangers étaient massacrés au pistolet mitrailleur et à l'arme blanche. Cette tragédie a marqué le point culminant d'une stratégie de la tension développée par certains groupes de fondamentalistes religieux depuis une dizaine d'années. L'intransigeance islamique n'est pas née avec ces groupes ultra-minoritaires. Sa première expression organisée remonte à l'époque de la présence britannique, lorsque, en 1928, un instituteur du Delta, Hassan el-Banna, fonda une confrérie musulmane, sans vocation politique directe mais prônant une réislamisation de la société égyptienne, corrompue selon lui par les mœurs étrangères. Les Frères musulmans étaient nés. Ils furent d'abord considérés comme des alliés objectifs par les nationalistes dans leur combat contre la présence coloniale. Après la révolution de 1952, au succès de laquelle ils contribuèrent de façon décisive en tenant la rue, ils furent pourchassés impitoyablement par Nasser à partir de 1954. Cet ostracisme dura jusqu'à la libéralisation entreprise à partir de 1973 par Anouar el-Sadate, qui fut lui-même très proche des Frères dans sa jeunesse. Sans être formellement autorisés à se reconstituer en association légale, ils furent progressivement réintroduits dans le jeu politique et de nombreux Frères musulmans se présentent désormais aux élections législatives sous le couvert de partis légaux. Mais c'est principalement dans les secteurs associatifs et syndicaux, où les élections à la tête des divers mouvements se déroulent dans une plus grande transparence, que les Frères ont réussi la percée la plus significative. Ils contrôlent ainsi bon nombre de syndicats de professions libérales, avocats, médecins, dentistes, ingénieurs… Dans les quartiers défavorisés, ils sont les champions de l'entraide sociale, grâce notamment aux capitaux qu'ils drainent par l'intermédiaire de fondations charitables et de banques islamiques. Cet embourgeoisement des Frères, en même temps que le vieillissement de leurs dirigeants historiques, a conduit les jeunes les plus extrémistes à investir d'autres champs d'action.

L'action terroriste

Tout en étant profondément pacifiques, les Égyptiens vivent dans un univers où la violence est une réalité quotidienne, notamment dans les campagnes, où querelles de voisinage et vendettas familiales se règlent volontiers à coups de bâton ou de fusil. En matière politique, la violence ne date pas non plus d'aujourd'hui : en 1945, le Premier ministre en exercice fut assassiné en plein Parlement, et un de ses successeurs connut le même sort en 1949. L'attentat contre le président Sadate en 1981 marqua de manière spectaculaire l'entrée en scène d'une nouvelle génération d'extrémistes musulmans. Depuis leur fief de Moyenne Égypte, où vit une importante minorité copte, ils entretiennent au quotidien un climat de violence fait d'attaques contre des cinémas, des bars où l'on sert de l'alcool, des vidéo-clubs. Surtout, ils s'attaquent aux chrétiens, à leurs

églises, à leurs commerces et à leurs villages, avec pour conséquence des dizaines de victimes parmi la minorité chrétienne et les forces de police. Dans les années 1990, la violence s'est exercée aussi contre les étrangers avec l'attaque de bus de touristes ou de bateaux de croisière pour connaître un point d'orgue dans l'horreur avec le massacre du temple d'Hatchepsout en 1997. S'appuyant sur la réprobation unanime de la population égyptienne, l'État semble depuis cette date avoir réussi à reprendre l'initiative dans sa lutte contre le terrorisme islamiste.

Au cœur du monde arabe

L'Égypte a toujours joué un rôle central dans la politique du Proche-Orient : pas de paix sans la Syrie, pas de guerre sans l'Égypte, se plaisait à dire Henry Kissinger lorsqu'il était aux affaires. Importance démographique d'abord : l'Égypte a toujours été le pays arabe le plus peuplé. Importance stratégique ensuite : par le canal de Suez transitent la plupart des pétroliers qui exportent le brut des pays producteurs de la péninsule arabe. Cette centralité joua à plein durant la période nassérienne, lorsque les théories panarabes du raïs enthousiasmaient les foules des pays voisins. Ce leadership sur la cause arabe amena l'Égypte à intervenir à plusieurs reprises dans la vie politique de ses voisins. Ce fut d'abord la proclamation de l'union entre l'Égypte et la Syrie, préfiguration d'une future nation arabe, puis l'intervention militaire au Yémen pour y soutenir les républicains contre les forces royalistes. Deux échecs qui ne parvinrent pas à entamer la popularité de Gamal abd el-Nasser, pas plus que l'humiliante défaite de 1967.

L'isolement

Le traité de paix entre l'Égypte et Israël signé par le président Sadate entraîna un bouleversement stratégique dans la région. Désormais,

Encore peu mécanisée, l'agriculture égyptienne mobilise toujours une importante main-d'œuvre.

faute de la participation des armées égyptiennes, toute victoire militaire arabe sur Israël était impossible. Considérée comme traître à la cause commune, l'Égypte fut du jour au lendemain mise au ban des nations arabo-musulmanes. Seul l'indéfectible soutien américain permit au pays de rompre son isolement. Un soutien politique, militaire et surtout financier rendu possible par la politique d'*Infitah* prônée par Anouar el-Sadate. C'est avec l'accession au pouvoir d'Hosni Moubarak que l'Égypte allait progressivement sortir de son isolement : envoi de conseillers militaires en Irak, alors en guerre avec l'Iran ; expatriation massive d'une main-d'œuvre égyptienne dans les États pétroliers. L'Égypte, pendant la guerre du Golfe de 1991, envoya le plus important contingent militaire arabe combattre aux côtés des alliés occidentaux. En 1993 furent signés à Washington les accords entre Palestiniens et Israéliens, conclusion d'un processus engagé à Oslo en marge de la conférence de paix de Madrid, convoquée après la guerre du Golfe et où Le Caire entendait jouer un rôle capital de médiateur. Tour à tour, les pays arabes signèrent leur paix avec Israël : l'Égypte perdit sa place d'allié arabe privilégié des Américains au Proche-Orient. Pour faire pièce à cette dévalorisation du rôle stratégique de son pays, le président Moubarak multiplia les initiatives, comme la convocation d'une conférence régionale à Charm el-Cheikh, pour poser l'Égypte en champion de la lutte antiterroriste au Proche-Orient. Un chantage au chaos qui allait lui permettre de renégocier chaque année avec succès l'aide occidentale.

Une économie sous perfusion

Les suites de la première guerre du Golfe apparurent comme un véritable miracle pour l'économie égyptienne, au bord de la banqueroute au début des années 1990. En récompense de son soutien durant l'épreuve, les États-Unis soulagèrent l'Égypte d'une grande partie de sa dette, tandis que les capitaux arabes irriguaient à nouveau les rives du Nil. Au total, l'aide américaine s'est montée à environ 17 milliards de dollars. La dette extérieure de l'Égypte s'élevait alors à près de 50 milliards de dollars, une dette dont le seul service engloutissait la quasi-totalité des revenus du tourisme et du canal de Suez. C'est que, en dépit d'atouts économiques indéniables, l'Égypte croule sous une démographie galopante qui nécessite l'importation massive de produits alimentaires de première nécessité, malgré l'extension spectaculaire du domaine agricole consécutif à la construction du Haut Barrage.

L'intervention américaine en Irak, en 2003, a suscité la condamnation unanime de la population, des intellectuels et de la classe politique. Depuis, l'Égypte est saisie d'une vague d'antiaméricanisme virulent, alimentée également par la dégradation de la situation en Palestine, où Washington est accusé d'être le soutien indéfectible d'Israël. Ce ressentiment populaire place le pouvoir égyptien dans une situation difficile: malgré son hostilité à la politique de l'administration Bush, l'Égypte continue d'être le second destinataire, après Israël, de l'aide américaine au Proche-Orient: près de 2,5 milliards de dollars par an d'aide civile et militaire. L'entrée en vigueur le 1er janvier 2004 de l'accord d'association entre l'Union européenne et l'Égypte permettra peut-être au pays de rééquilibrer ses relations économiques internationales.

L'Égypte sans le Nil

Au rythme actuel de son accroissement – 1,2 million d'individus par an –, la population égyptienne devrait atteindre les 98 millions d'habitants en 2025, soit une augmentation de plus de 65% en trente ans. Déjà, avec plus de 19 millions d'habitants, Le Caire est la ville la plus peuplée d'Afrique et l'une des plus importantes du tiers-monde, avec des densités atteignant dans certains quartiers plus de 150 000 habitants au km². Quant au reste de la population, elle se concentre essentiellement sur 5% de la superficie du pays: la vallée du Nil et le Delta. Cette pression démographique a conduit, depuis l'époque nassérienne, à favoriser le développement de nouvelles zones de peuplement: villes nouvelles dans la périphérie du Caire, développement du littoral de la mer Rouge autour de complexes touristiques, ou création de zones de villégiature sur la côte méditerranéenne, dont on espère qu'elles réussiront à attirer une population sédentaire. Les deux plus grands projets concernent le Sinaï et le désert libyque. Au Sinaï,

récupéré à Israël en 1980, la zone littorale autour d'El-Arish devrait attirer plus de 7 millions d'habitants à l'horizon 2010. De gigantesques travaux d'infrastructure sont en cours avec, notamment, la construction d'un canal destiné à acheminer l'eau douce du Delta dans la région. Dans le désert libyque, une zone de peuplement appelée «la Nouvelle Vallée» est en cours d'aménagement; sa mise en valeur agricole est rendue possible par l'existence d'importantes nappes phréatiques fossiles. Ces ambitieux projets se heurtent toutefois au poids de traditions solidement ancrées, aux rapports plusieurs fois millénaires que les fellahs entretiennent avec leur vallée, ainsi qu'à l'importance des relations familiales.

Le poids de l'islam

La constitution égyptienne de 1971, modifiée par Anouar el-Sadate en 1980, fait du Coran la principale source d'inspiration des lois égyptiennes. Les cheikhs d'El-Azhar, la plus haute autorité du monde sunnite, délivrent des avis suivis par les autorités politiques – mise à l'index d'un film, interdiction d'un texte jugé contraire à l'islam – pendant que sur les chaînes de la télévision nationale, les prédicateurs cathodiques prônent inlassablement les vertus du Coran. Musulmans à près de 90%, les Égyptiens suivent un islam modéré et bon enfant, bien éloigné des mouvements extrémistes ultra-minoritaires. Les confréries soufies, particulièrement actives dans les campagnes, ont sûrement joué un rôle dans cette pratique d'un islam apaisé, code de la vie sociale autant qu'instrument d'élévation spirituelle.

Le monde copte

Les chrétiens d'Égypte se flattent d'être les véritables héritiers de la civilisation pharaonique. Leur nom même, «copte», ne dérive-t-il pas de l'ancien égyptien *Het ka-Ptah*,

L'Égypte, don du Nil

Vue du ciel, l'Égypte utile se résume à une étroite bande verte suivant le cours du Nil : 38 700 km², soit à peine 4 % de la superficie totale du pays (1 million de km²). Tout le reste n'est que désert de sable ou de cailloux. Dans ce pays où il ne pleut presque jamais, la vie dépend entièrement de l'existence du fleuve.

Le Nil reste une voie de communication importante, et pas seulement pour les bateaux de croisière.

Le Nil, fleuve mythique

Avec ses 6 671 km de long, dont 1 205 en Égypte, le Nil est le plus long fleuve du monde, juste avant l'Amazone. C'est en juin, au plus chaud de l'année, que survient la crue, noyant, avant la construction des barrages, l'ensemble des terres cultivées pour ne laisser émerger que les buttes où étaient établis villes et villages. En se retirant trois mois plus tard, les eaux abandonnent derrière elles une épaisse couche de limon fertile – miracle chaque année renouvelé, véritable «don du fleuve», selon le mot d'Hérodote.

Les sources du Nil

«Sur le régime de ce fleuve je n'ai rien pu apprendre ni des prêtres, ni de personne», avouait le célèbre géographe grec, qui visita le pays au Ve s. avant notre ère. Les anciens Égyptiens eux-mêmes s'interrogèrent toujours sur les particularités de la crue de leur fleuve, ne pouvant que lui attribuer des origines divines. Les sources du Nil restèrent une énigme jusqu'aux expéditions britanniques de la seconde moitié du XIXe s., qui réussirent à percer le mystère des deux Nil. Le Nil Blanc vient de loin : depuis le lac Victoria, il traverse les hauts plateaux du Burundi, du Rwanda et de l'Ouganda, en se nourrissant des pluies équatoriales. À Khartoum (Soudan), il se joint au Nil Bleu, né des hauts plateaux d'Éthiopie et alimenté au printemps par la fonte des neiges. C'est le Nil Bleu, plus impétueux, qui fournit l'essentiel de la crue. ●

Les confréries soufies

Sous la grande tente dressée à l'occasion de l'anniversaire (le *mouled*) d'un saint musulman, les hommes disposés en cercle psalmodient des versets coraniques. Lent tout d'abord, le rythme s'accélère ; progressivement, les chants se font cris de plus en plus rauques, jusqu'à ce que les participants, jetant leur tête de droite et de gauche, comme désarticulée, atteignent l'extase. Ils participent au *zikr*, la cérémonie qui réunit les fidèles d'une confrérie soufie dans une même communion avec la divinité. On estime à environ 6 millions le nombre d'Égyptiens concernés par le soufisme et à 120 celui des confréries. Héritières de lignées de sages qui pour beaucoup remontent au Moyen Âge, les confréries soufies s'organisent autour d'un chef spirituel, le cheikh. Celui-ci, par sa connaissance des choses cachées, se tient dans la proximité de Dieu, bénéficie de sa grâce et, de ce fait, détient des pouvoirs miraculeux. Son tombeau sera plus tard l'objet d'un pèlerinage, une vénération qui n'est pas toujours en odeur de sainteté parmi les oulémas d'El-Azhar, qui n'admettent pas d'intermédiaire entre Dieu et sa créature. Très présentes dans les campagnes, les confréries soufies y jouent un rôle de modérateur social, leurs cheikhs respectés faisant fonction d'arbitres lors des innombrables conflits, souvent violents, qui opposent entre eux familles ou clans villageois. ●

« la maison de Ptah », dont les Grecs firent leur *aiguptos* ? Ils représentent en tout cas l'une des premières communautés chrétiennes puisque la tradition fait de l'évangéliste saint Marc le propagateur de la Nouvelle Alliance sur les rives du Nil. L'Église égyptienne apparut dès les premiers siècles de son existence comme l'expression d'une réalité nationale. Elle se constitua en effet autour des querelles christologiques qui déchiraient la chrétienté orientale au Ve s. Au concile de Chalcédoine en 451, le patriarche d'Alexandrie s'éleva contre la théorie de la double nature du Christ, ne retenant que son essence divine. Ses thèses condamnées par le concile, le patriarche fut déposé et remplacé sur le trône de saint Marc par un prélat plus docile. Mais les Égyptiens ne l'entendaient pas de cette oreille : bien vite se formèrent des groupes de monophysites, fidèles aux théories de leur patriarche déchu, qui se constituèrent en Église vers la fin du VIe s.

Loin de querelles théologiques byzantines, cette hostilité envers l'Église officielle traduisait en réalité celle des Égyptiens à l'égard de l'empereur byzantin et de ses représentants, gouverneurs et collecteurs d'impôts.

Les coptes, chrétiens d'Égypte

En l'absence de chiffres officiels, on estime la communauté chrétienne à environ 10 % de la population totale, soit environ 6 millions d'individus. Dans leur immense majorité, ils sont fidèles à l'Église copte d'Égypte, conduite aujourd'hui par Sa Sainteté Chénouda III. Restée formellement monophysite, l'Église d'Égypte n'est donc pas en communion avec les Églises orthodoxes gréco-slaves, fidèles au concile de Chalcédoine. Et si l'on qualifie parfois l'Église égyptienne d'« orthodoxe », c'est pour signifier sa séparation d'avec Rome, lors du grand schisme de 1054 qui sépara les Églises d'Orient et d'Occident. On compte également une petite minorité de coptes catholiques – le terme « copte » désignant l'ensemble des chrétiens sans distinction de chapelle – acceptant l'autorité de Rome, ainsi qu'une communauté de coptes réformés ; ces deux Églises comptent chacune une centaine de milliers de fidèles. Mentionnons enfin l'existence d'un patriarcat grec orthodoxe à Alexandrie, survivance, sans guère d'audience, du passé byzantin. Les chrétiens d'Égypte vivent partout dans le pays, avec des « fiefs », où leur présence est plus marquée (20 à 30 % de la population), en Moyenne Égypte et dans certains quartiers du Caire. Mis à part leur prénom, d'origine chrétienne quand il n'est pas pharaonique, et la petite croix souvent tatouée à l'intérieur de leur poignet, rien ne distingue un chrétien d'un musulman. Dans les villages, mixtes le plus souvent, chrétiens et musulmans cultivent côte à côte les mêmes champs ; dans les villes, les coptes sont représentés dans toutes les catégories sociales, des riches entrepreneurs aux couches les plus misérables de la société. À peine peut-on dire que les chrétiens sont nombreux dans les professions libérales. Mais les coptes ont de plus en plus de difficultés à intégrer la haute hiérarchie administrative et politique ; traditionnellement, les cabinets ministériels comptent deux coptes et, au Parlement, les chrétiens sont sous-représentés : aux élections de 1995, le Parti national démocrate – le parti au pouvoir – n'avait même inscrit aucun chrétien sur ses listes. Enfin, certains postes leur sont pratiquement interdits, c'est le cas, à l'université, des chaires d'arabe, la langue du Coran choisie par Dieu pour exprimer son ultime message.

Le cinéma

L'aventure cinématographique égyptienne commence à Alexandrie en 1912. Pour la première fois, des scènes de la vie locale sont saisies sur la pellicule : *Entrée du khédive à Alexandrie*, *Les Passagers de la gare de Sidi Gaber*... Enfin les spectateurs égyptiens, dans les quelque 80 salles qui sont déjà à leur disposition, vont pouvoir reconnaître sur l'écran des images qui leur sont familières.

Quelques fictions sont ensuite tournées dans les premiers studios aménagés à Alexandrie : elles ne remportent qu'un succès d'estime parmi la communauté cosmopolite de la ville.

Les coptes d'Égypte suivent une antique liturgie héritée de l'Église byzantine.

Les années 1930 à 1950 : l'apogée

Le cinéma égyptien va rencontrer son public à l'introduction du parlant – ou plutôt du « chantant », puisque c'est la comédie musicale qui va constituer le plus gros de la production égyptienne. Le premier film parlant, en 1932, *La Rose blanche*, met ainsi en scène Abd el-Wahab *(voir p. 26)*. L'impulsion décisive est donnée par la création en 1934, sur l'avenue des Pyramides à Giza, des studios Misr, fondés à l'initiative de Talaat Harb, le directeur de la banque du même nom.

D'autres entreprises et financiers suivent cet exemple : à la veille de la guerre, l'Égypte compte déjà quatre studios de cinéma. Quant à la production, elle connaît un « boom » prodigieux : de 13 films en 1935, on passe à 105 entre 1939 et 1945, puis 364 de 1945 à 1952 (d'après Yves Thoraval, *Regards sur le cinéma égyptien*, L'Harmattan, 1996). Oum Kalsoum, Abd el-Wahab, Farid el-Attrache tiennent l'affiche dans des comédies ou des mélodrames stéréotypés qui rencontrent un immense succès dans tout le monde arabe. Le cinéma égyptien s'exporte.

Les suites de la révolution de juillet 1952

L'arrivée au pouvoir des Officiers libres et de Gamal abd el-Nasser va imprimer un tournant décisif à la production filmée égyptienne. Désormais, le cinéma doit être mis au service d'une réalité sociale et doit servir d'instrument à l'éducation des masses. De même, il est hissé au niveau d'un art : un « organisme pour le cinéma » est créé en 1957, destiné à en élever le niveau artistique, tandis que l'année précédente se sont ouverts les premiers ciné-clubs d'Égypte. Celui du Caire, fondé en 1968, fournira à l'Égypte ses plus brillants critiques. C'est à cette époque qu'éclôt un nouveau genre, le réalisme social, qui donnera ses lettres de noblesse au cinéma égyptien. **Salah abou Seif** en est l'un des plus fameux représentants : l'un de ses plus grands films, *Mort parmi les vivants* (1960), est une adaptation d'un roman de Naguib Mahfouz ; interprété par Omar Sharif et Samia Gamal – la plus célèbre danseuse de l'époque – il raconte la chute d'une famille de la petite bourgeoisie du Caire. En 1950, **Youssef Chahine**, le cinéaste égyptien le plus connu en France, réalise son premier film ; suivra une longue liste de succès tant en Égypte que dans les pays occidentaux. Depuis le début des années 1980, la concurrence d'autres studios arabes, ceux d'Abu Dhabi notamment, ainsi que la montée de la censure, politique puis religieuse à travers les prises de position des docteurs d'El-Azhar, a entraîné un déclin certain de la qualité et de l'importance de la production cinématographique égyptienne.

Les grands écrivains contemporains

L'essayiste **Taha Hussein** (1889-1973) peut être considéré comme le père de la littérature égyptienne contemporaine. Après avoir effectué des études à l'université d'El-Azhar, il entre à l'université laïque. Ce francophile passionné est nommé ministre en 1950 : il est l'organisateur de l'enseignement moderne en Égypte, un parcours remarquable lorsque l'on sait que l'écrivain est aveugle depuis l'âge de 3 ans. *Le Livre des jours*, un récit autobiographique qui raconte ses premières années d'étudiant à El-Azhar, demeure son œuvre la plus traduite. L'édition française (1947) fut préfacée par André Gide.

Dramaturge et romancier, **Tewfik el-Hakim** (1902-1987) s'est rendu célèbre avec la parution en 1942 de son *Journal d'un substitut de campagne*, recueil de ses premières observations de jeune magistrat. Le livre dénonçait la misère des fellahs et la corruption des fonctionnaires ; il eut un écho considérable au Caire.

cinéma

Youssef Chahine, l'Alexandrin

C'est à Alexandrie la cosmopolite que naît Youssef Chahine en 1926, d'un père d'origine libanaise, et d'une mère grecque de Syrie. Comme ses compatriotes de la moyenne bourgeoisie, il est polyglotte, suivant en français les cours du collège Saint-Marc – une des écoles huppées de la ville – puis en anglais ceux du Victoria College. Bien sûr il parle aussi l'arabe de son pays, le grec maternel, et maîtrise l'italien, très répandu dans la grande cité portuaire. Très tôt, il trouve sa vocation : le cinéma. Il tourne, alors qu'il fréquente encore le Victoria College, un petit film en 8 mm (inséré dans *Alexandrie... pourquoi ?*). Puis le rêve de ce passionné de cinéma américain – dont il ne rate aucune des comédies qui sont projetées à Alexandrie durant la guerre – se réalise : il part pour Hollywood où il restera deux ans. En 1948, il rentre au pays et commence immédiatement à tourner. Depuis son premier film, une quarantaine de longs métrages composent une œuvre oscillant entre la critique sociale, la fresque historique et la comédie arabe plus traditionnelle, mais qui toujours porte l'empreinte d'un style personnel et attachant. Citons *Gare centrale* (1958), *Saladin* (1963), *La Terre* (1970), *Le Moineau* (1974), *Alexandrie... pourquoi ?* (1978), *Adieu Bonaparte* (1985) ou *Le Sixième Jour* (1986) mettant en scène la chanteuse Dalida. Parmi ses dernières œuvres, *L'Émigré* (1995), racontant l'histoire de Joseph, a encouru les foudres des docteurs de l'université d'El-Azhar. C'est dans son *Ciel d'enfer* (1954), un drame social dénonçant les pesanteurs féodales en Haute Égypte, qu'apparut pour la première fois à l'écran Michel Chalhoub, un jeune Syro-Libanais, ancien du Victoria College. Ce beau ténébreux ravira le cœur de l'actrice principale et prendra pour l'épouser le nom d'Omar Sharif. ●

Naguib Mahfouz (né en 1912) est considéré comme le plus grand écrivain contemporain d'Égypte. Il est aussi le premier auteur arabe à avoir vu son œuvre couronnée par le prix Nobel (1988). L'essentiel de celle-ci a pour cadre le quartier populaire du Caire où il est né, proche de la mosquée El-Azhar. Son œuvre maîtresse, une trilogie parue en français sous le titre *Passage des miracles* qui regroupe *Impasse des deux palais*, *Le Palais du désir* et *Le Jardin du passé*, reçoit en 1957 le Prix national de littérature. Cette saga monumentale retrace la vie et les mœurs d'une famille de petits commerçants cairotes sur trois générations. Après avoir pris ses distances avec le régime nassérien, Mahfouz est critiqué par les oulémas d'El-Azhar, qui mettent certains de ses ouvrages à l'index ; il fait même l'objet, en 1995, d'une tentative d'assassinat de la part d'un extrémiste musulman. Le romancier **Gamal el-Ghitani**, né en 1945 (*La Mystérieuse Affaire de l'impasse Zaafarani*, 1977) prolonge aujourd'hui cette veine populaire dans un style plus picaresque.

Signalons enfin la figure atypique d'**Albert Cossery**, Égyptien installé à Paris depuis 1945 et dont l'œuvre est écrite en français. L'exilé y dépeint avec tendresse le petit peuple du Caire ou des campagnes en puisant dans ses souvenirs d'enfance. Son ouvrage le plus célèbre, *Mendiants et Orgueilleux*, a fait l'objet d'une adaptation cinématographique par la réalisatrice Asma el-Bakri en 1991. ●

Les repères de l'histoire

En Égypte	Dates	Dans le monde
Vers 3300-3000. Époque prédynastique. **Vers 3150.** Palette de Narmer.	**4000 av. J.-C.**	Civilisation sumérienne : Lagash, Our, Uruk.
Époque thinite (2950-2635) **2950-2780.** Ire dynastie. **2780-2635.** IIe dynastie.	**3000 av. J.-C.**	**2900.** Fondation de la ville de Mari sur l'Euphrate. **2700.** Arrivée des premiers Indo-Européens en Crète : début de la civilisation minoenne.
Ancien Empire (2635-2140) **2635-2617.** IIIe dynastie. **Règne de Djoser** (2617-2591) : construction de la pyramide à degrés de Saqqara. **2561-2450.** IVe dynastie. Le temps des pyramides : Snéfrou (2561-2538), Chéops (2538-2516), Chéphren (2509-2484), Mykérinos (2484-2467). **2450-2321.** V^e dynastie. Règne d'Ounas (2350-2321). **2321-2140.** VIe dynastie. Pépi Ier (2289-2247).	**2500 av. J.-C.**	 **Vers 2400.** Ire dynastie d'Ebla. **Vers 2300.** Sargon d'Akkad dirige un empire allant de l'Iran à la Méditerranée. Naissance de l'écriture.
Première période intermédiaire (2140-2022) VIIe dynastie. 70 pharaons en 70 jours. **2140-2130.** VIIIe dynastie. Dynastie memphite. Le pays est divisé en deux royaumes : Basse et Haute Égypte. **2130-2090.** IXe dynastie. Capitale Hérakléopolis. **2090-2022.** X^e dynastie. 14 pharaons dont Mérikarê. **2130-1991.** XIe dynastie. Dynastie thébaine des Antef ; règne des Montouhotep. Montouhotep II (2059-2009) réunit le pays en 2022.	**2000 av. J.-C.**	 **2004.** Destruction de la ville d'Our. **Vers 2000.** Invention de l'écriture chinoise ; construction des premiers palais minoens.
Moyen Empire (2022-1784) **1991-1784.** XIIe dynastie. Règne des Aménemhat et des Sésostris. Division du pays.		**1894.** Premier roi de Babylone. Époque de la migration d'Abraham. **1792-1750.** Hammourabi roi de Babylone.
Deuxième période intermédiaire (1784-1539) **1784-1650.** XIIIe dynastie. 60 pharaons règnent depuis Licht. **1730-1650.** XIVe dynastie. Deux monarchies dans le Delta : rois de Xoïs (1730-1723) et rois d'Avaris (1720-1650). **1650-1539.** XVe dynastie. Règne des Hyksos. XVIe dynastie. Princes asiatiques vassaux des Hyksos. XVIIe dynastie. Rois thébains en Haute Égypte ; Kamosé		**Vers 1700.** Destruction des palais minoens ; période des seconds palais minoens (1700-1400). **Vers 1680.** Premier empire hittite. **1580.** Arrivée des Achéens en Grèce ; début de la période mycénienne.

En Égypte	Dates	Dans le monde
(1541-1539) part en guerre contre les Hyksos, chassés d'Égypte par Ahmosis (1539).		

Nouvel Empire (1539-1069)

1500 av. J.-C.

XVIIIᵉ dynastie. Règnes des Aménophis, Thoutmosis ainsi que d'Hatchepsout (1471-1456) et Toutankhamon (1335-1326).

1293-1192. XIXᵉ dynastie. Première dynastie ramesside : Ramsès II (1279-1213).

1190-1069. XXᵉ dynastie. Les Ramessides.

1450. Fondation du Nouvel Empire hittite.

Vers 1230. Époque présumée de la guerre de Troie. **Vers 1200**. Invasions des Peuples de la Mer ; fin de l'empire hittite, destruction des villes côtières d'Asie Mineure et des palais mycéniens. Période supposée de l'Exode.

Troisième période intermédiaire (1069-664)

1000 av. J.-C.

1069-945. XXIᵉ dynastie. Rois de Tanis. Les grands prêtres d'Amon à Thèbes exercent le pouvoir en Haute Égypte.

945-730. XXIIᵉ dynastie. Rois libyens, dynastie bubastite (ou chéchonquides).

818-754. XXIIIᵉ dynastie. Rois de Léontopolis, régnant en Haute Égypte.

730-715. XXIVᵉ dynastie saïte qui tente de réunifier l'Égypte.

747-654. XXVᵉ dynastie éthiopienne. **690-664**. Règne de Taharqa.

672-525. XXVIᵉ dynastie. Rois saïtes : Psammétique (664-610) réunifie l'Égypte en 656.

Constitution de royaumes araméens en Syrie du Nord.

1020. Saül, premier roi des Juifs. **1004-965**. Règne de David depuis sa capitale Jérusalem. **965-928**. Règne de Salomon ; construction du premier Temple de Jérusalem.

814. Fondation de Carthage par des colons phéniciens.

753. Fondation de Rome.

722. Prise du royaume d'Israël par les Assyriens, qui en déportent la population.

Basse Époque (656-332)

600 av. J.-C.

656-525. XXVIᵉ dynastie.

525-359. XXVIIᵉ dynastie. Occupation perse : les grands rois se parent du titre de pharaon.

404-399. XXVIIIᵉ dynastie. Amyrtée, roi saïte, chasse les Perses.

399-380. XXIXᵉ dynastie.

380-343. XXXᵉ dynastie. Nectanébo II (360-343), dernier pharaon indigène d'Égypte, est chassé par les Perses.

587. Prise de Jérusalem par Nabuchodonosor ; destruction du Temple et exil à Babylone. **539**. Prise de Babylone par Cyrus.

500-479. Les guerres médiques opposent les Grecs aux Perses.

461-429. Périclès gouverne à Athènes.

431-404. Guerre du Péloponnèse : victoire de Sparte sur Athènes.

D'Alexandre aux Byzantins (332-642)

300 av. J.-C.

332. Alexandre le Grand, conquérant de l'Égypte, est sacré pharaon par le grand prêtre d'Amon.

331. Fondation d'Alexandrie.

323. Mort d'Alexandre ; son empire est partagé entre ses généraux. Ptolémée, fils de Lagos, s'octroie l'Égypte. **305**. Ptolémée proclamé roi : début de la dynastie lagide.

Vers 280. Construction de la bibliothèque d'Alexandrie.

338. Victoire de Philippe II de Macédoine sur les Grecs à Chéronée.

321. Naissance de l'empire maurya en Inde ; traité entre Chandragupta et Séleucos, le successeur d'Alexandre en Syrie.

272. Rome domine l'Italie centrale.

264-241. Première guerre punique.

149-146. Troisième guerre punique : Carthage est détruite.

En Égypte	Dates	Dans le monde
48. César débarque à Alexandrie : incendie de la Bibliothèque.		**64.** Pompée conquiert le Proche-Orient au nom de Rome : fin du royaume séleucide.
30 av. J.-C. Mort de Cléopâtre. L'Égypte devient province romaine.		**44 av. J.-C.** Assassinat de Jules César.
Vers 42 apr. J.-C. Marc évangélise l'Égypte.	**Ier s. apr. J.-C.**	
284. Début du calendrier copte.		**284.** Début du règne de Dioclétien.
391. Destruction du Sérapeion à Alexandrie.	**IVe s.**	**313.** Constantin proclame le christianisme religion d'État. **391.** Théodose proscrit les cultes païens.
Vers 400. Les chrétiens sont majoritaires en Égypte.		**496.** Conversion de Clovis.
619-629. Occupation perse.	**VIIe s.**	**622.** Fuite de Mahomet à Médine : c'est l'Hégire, début du calendrier musulman.
642. Les musulmans se rendent maîtres de l'Égypte.		
Dynasties musulmanes (660-1805)	**VIIIe-IXe s.**	
660-750. Province omeyyade.		**711.** Conquête de l'Espagne par les musulmans.
750-868. Province abbasside.		
868-905. Dynastie toulounide, fondée par Ibn Touloun, gouverneur d'Égypte qui s'émancipe de la tutelle abbasside. Construction de la mosquée qui porte son nom.		**800.** Couronnement de Charlemagne. **809.** Mort d'Haroun el-Rachid, le plus célèbre calife abbasside.
969-1171. Conquête de l'Égypte par les Fatimides.	**X^e-XIe s.**	**1071.** Bataille de Manzikert : les Turcs seldjoukides écrasent les armées byzantines.
980-1021. Règne du calife Hakim, persécuteur des chrétiens et des juifs.		**1099.** Godefroy de Bouillon, avoué du Saint-Sépulcre après la prise de Jérusalem par les croisés. Constitution des États francs de Terre sainte.
988. Ouverture du premier collège dans la mosquée El-Azhar, achevée en 972.		
1171. Fin du califat fatimide : Saladin est maître de l'Égypte.	**XIIe s.**	**1187.** Saladin reprend Jérusalem aux croisés.
1174-1250. Période ayyoubide. Saladin, maître de l'Orient musulman, fonde sa dynastie. Construction de la citadelle.		
1250. Saint Louis, débarqué à Damiette l'année précédente, est capturé par les musulmans.	**XIIIe s.**	**1204-1261.** Occupation de Constantinople par les Francs.
1250-1517. Période mamelouke. Le dernier Ayyoubide est détrôné par sa garde d'esclaves qui à leur tour fondent leur propre dynastie.		**1291.** Chute de Saint-Jean-d'Acre, dernière place forte des croisés. **1453.** Prise de Constantinople par les Ottomans.
1517-1798. Période ottomane.	**XVIe s.**	**1517.** Les 95 thèses de Luther.
1798-1801. Expédition de Bonaparte en Égypte ; début de l'égyptologie.	**XVIIIe s.**	**1776.** Proclamation de l'indépendance des États-Unis.
1805. Mohammed Ali est nommé pacha d'Égypte.	**XIXe s.**	
La période des khédives (1848-1952)		**1852.** Proclamation du second Empire.
1856. Saïd Pacha concède l'exploitation du canal de Suez à une compagnie internationale.		**1854-1855.** Guerre de Crimée. **1861-1865.** Guerre de Sécession aux États-Unis.
1858. Auguste Mariette est nommé directeur des Antiquités en Égypte.		

En Égypte	Dates	Dans le monde
1869. Inauguration du canal de Suez.		1871. Commune de Paris.
1882. Débarquement britannique à Alexandrie. Les Anglais exercent un contrôle de fait sur l'Égypte.		1897. Premier congrès sioniste à Bâle.
1914. L'Angleterre proclame son protectorat sur l'Égypte.	XXᵉ s.	1919. Mandats français sur la Syrie et le Liban et anglais (1922) sur la Palestine.
1922. L'Égypte devient officiellement un royaume indépendant.	1920	1923. Mustafa Kemal fonde la République turque.
1936. Farouk roi d'Égypte.	1930-1940	1939-1945. Seconde Guerre mondiale.
1945. Création de la Ligue arabe, qui siège au Caire.		1947. Indépendance de l'Inde.
1948. Première guerre contre Israël.		1948. Proclamation de l'État d'Israël.
		1949. Proclamation de la République socialiste en Chine.
L'Égypte contemporaine		
1952. Coup d'État des Officiers libres. Le roi Farouk abdique.	1950	1950. Début de la guerre de Corée.
1956. Nationalisation de la Compagnie du canal de Suez.		1954. Début de la guerre d'Algérie.
		1956. Traité de Rome.
		1958. Retour au pouvoir du général de Gaulle.
1967. Guerre des Six-Jours : les Israéliens s'emparent du Sinaï.	1960	1967. Instauration de la dictature des colonels en Grèce.
1970. Mort de Nasser. Sadate lui succède.	1970	1972. Voyage de Nixon en Chine.
1973. Guerre d'Octobre ; les forces égyptiennes reprennent position dans le Sinaï.		1974. Invasion turque à Chypre.
		1975. Début de la guerre civile au Liban.
1977. Sadate à Jérusalem.		1977. Menahem Begin, Premier ministre israélien.
1979. Signature du traité de paix entre l'Égypte et Israël.		1978. Élection de Jean-Paul II.
1981. Assassinat de Sadate. Moubarak lui succède.	1980	1981. Élection de François Mitterrand.
1982. Israël évacue le Sinaï, qui revient à l'Égypte.		1982. Opération Paix en Galilée. Israël envahit le Sud-Liban.
1991. Guerre du Golfe : pour seconder les troupes américaines, l'Égypte envoie le plus fort contingent des pays arabes.	1990	1993. Poignée de main entre Rabin et Arafat ; création de l'Autonomie palestinienne.
1997. Attentat islamiste à Louxor : 58 touristes sont tués.		
1999. Moubarak est réélu à la présidence de la République.		
	2000	Septembre 2000. Déclenchement de la seconde Intifada, dite des Mosquées.
	2001	2001. Attentats terroristes à New York et Washington (11 sept.).
2002. Inauguration de la bibliothèque d'Alexandrie.		
	2003	2003. Intervention américaine en Irak. Réélection d'Ariel Sharon en Israël.
Janvier 2004. Entrée en vigueur de l'accord d'association entre l'Égypte et l'Union européenne.	2004	Le 26 décembre 2004. Un tsunami ravage les côtes de l'Asie du Sud-Est.
Sept. 2005. Le président Hosni Moubarak est réélu pour son 5ᵉ mandat au terme de la 1ʳᵉ élection pluraliste.	2005	Sept. 2005. Les troupes israéliennes quittent la bande de Gaza, après 38 ans d'occupation. ●

I T I N É R A I R E S

*Le Caire et ses mille minarets :
une métropole qui compte
plus de vingt millions d'habitants.*

LE CAIRE

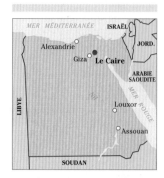

onstre urbain, mégalopole, « monstruopole », on se dispute les superlatifs pour cerner la réalité d'une ville, promise, c'est selon, à l'explosion ou à l'implosion. C'est vrai qu'elle est bruyante, étourdissante, suffocante, notre chère capitale d'Égypte, et que les chevilles se tordent dans les rues du centre-ville où l'asphalte n'est plus qu'un souvenir lointain. Mais puisque, à tout prendre, Le Caire est l'étape obligée de tout voyage en Égypte, ses pyramides et son Musée archéologique étant deux hauts lieux de l'égypto-

logie, mieux vaut tenter d'apprivoiser le monstre. Ce faisant, on y découvrira un peuple de bons vivants, rebelle à tout extrémisme, qui anime les rues des quartiers de son ironie et de sa joie de vivre. Certes, Le Caire a ses problèmes et ils sont souvent dramatiques. Mais il n'est peut-être aucune ville au monde de cette taille qui puisse se flatter de ne connaître pratiquement pas de délinquance et d'offrir à ses visiteurs la possibilité de s'y promener en toute tranquillité à n'importe quelle heure du jour ou de la nuit.

LA COLOMBE ET LA TENTE

Depuis la conquête romaine, une puissante forteresse gardait la pointe méridionale du Delta : **Babylone d'Égypte**, une garnison plutôt qu'une véritable ville. Pourtant, derrière ses murs hauts de 12 m vivait une population de chrétiens, qui priaient déjà dans

plans

Le Caire I (plan d'ensemble), en 2e rabat de couverture.
Le Caire II (le centre), p. 100.
Le Caire III (du Khan el-Khalili à Bab el-Futuh), p. 117.
Le Caire IV (la Ghouriya), p. 123.
Le Caire V (quartier copte), p. 128.

l'église de la Moallaqa, et de juifs. En avril 641, les 15 000 hommes du général musulman **Amr ibn al-As** s'en emparent sans coup férir avant de poursuivre leur chemin vers Alexandrie, la grande métropole des Grecs. Mais au moment de plier sa tente, Amr voit une colombe s'y poser et pondre. La première capitale d'Égypte, qui allait être fondée l'année suivante, avait trouvé son nom : **Fostat**, « la Tente ». Moins poètes, les historiens pensent qu'il faut plutôt en voir l'origine dans le grec *fossaton*, désignant les fossés qui entouraient la citadelle. Malgré plusieurs campagnes de fouilles de 1912 à 1924 puis à partir de 1964, rien n'a été retrouvé de cette première ville dont l'emplacement est actuellement recouvert par un immense dépôt d'immondices. Seule la mosquée Amr, considéra-blement remaniée dans les siècles suivants, demeure pour témoigner de la première grandeur de l'islam.

LES MIGRATIONS D'UNE CAPITALE

Avec l'avènement du pouvoir abbasside en 750, le gouverneur d'Égypte se dote d'une nouvelle capitale : un ensemble de palais officiels est construit au nord de Fostat, autour duquel apparaissent des quartiers d'habitation. De cette ville d'**El-Aksam**, rien n'est parvenu jusqu'à nous. Lorsque, en 868, Ibn Touloun s'émancipe de la tutelle des califes de Bagdad, il décide à son tour l'érection d'une ville nouvelle, **El-Qata'i**, au nord-est d'El-Aksam. Après la chute de l'éphémère dynastie toulounide, palais et belles demeures sont systé-matiquement démolis, à l'excep-tion de la mosquée. Aujourd'hui

Une rue du quartier d'Ibn Touloun à l'époque où Gérard de Nerval, Gustave Flaubert et Maxime Du Camp y découvraient les délices de l'Orient.

encore, la **mosquée Ibn Touloun** est l'un des plus beaux édifices du Caire islamique.

LE CAIRE FATIMIDE

C'est aux Fatimides (969-1171), conquérants chiites venus d'Afrique du Nord, que l'on doit la fondation du véritable noyau de ce que l'on nomme aujourd'hui Le Caire isla-mique. Les nouveaux maîtres de l'Égypte fondent une nouvelle capi-tale, **El-Qahira**, « la Victorieuse », au nord-ouest de l'actuelle citadelle. Du nord au sud court une large avenue, la **Qasaba**, qui ouvre à mi-parcours sur une vaste esplanade de 2,5 ha bordée à l'est et à l'ouest par les deux palais califaux. Si ces der-niers ont disparu, la rue, certes plus

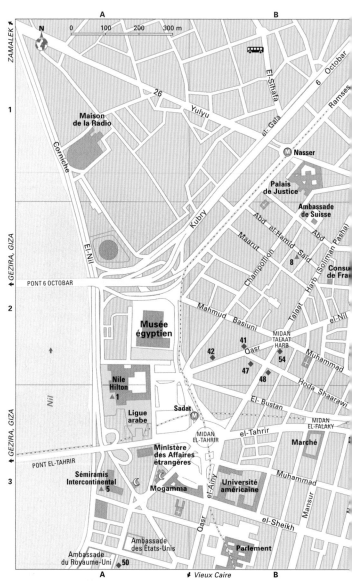

LE CAIRE II : PLAN DU CENTRE

étroite qu'à l'origine, constitue toujours l'épine dorsale du quartier; c'est la sharia (rue) Muizz li-din Allah, chère à Naguib Mahfouz, qui, de Bab el-Futuh à Bab Zuwayla, porte les plus belles constructions fatimides et mameloukes. La fondation de l'**université El-Azhar**, conçue comme un centre de propagation du chiisme, date également

de cette période. Deux cités distinctes coexistent, séparées par des jardins et des terrains vagues jonchés des ruines des capitales abandonnées : El-Qahira d'une part, la ville des palais, des mosquées et des madrassas, un vaste quadrilatère protégé de hauts murs et bordé à l'ouest par le Khalig, un canal percé par les pharaons et recouvert

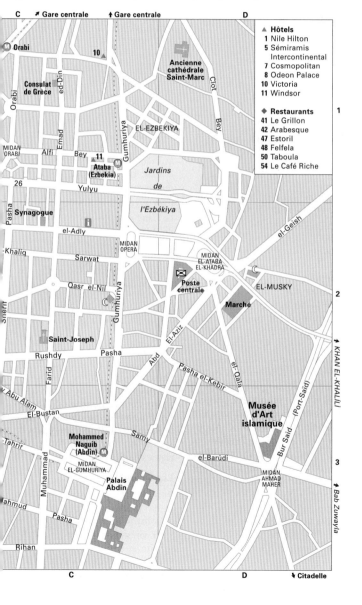

▲ Hôtels
1 Nile Hilton
5 Sémiramis
  Intercontinental
7 Cosmopolitan
8 Odeon Palace
10 Victoria
11 Windsor

◆ Restaurants
41 Le Grillon
42 Arabesque
47 Estoril
48 Felfela
50 Taboula
54 Le Café Riche

par l'actuelle avenue Port-Saïd, et Fostat d'autre part, où réside le petit peuple et où se concentre l'essentiel de l'activité économique et artisanale, autour de son port ouvert aux navires de haute mer. Durant les deux siècles du règne des Fatimides, Le Caire devient en effet le **carrefour commercial majeur de l'Orient**. Dès le Xe s., des négociants amalfitains y sont présents, suivis bientôt par d'autres commerçants européens. La puissante communauté juive est le centre d'un vaste réseau d'échanges qui s'étend de l'Inde à l'Occident.

LA CAPITALE DE SALADIN

En 1171, Saladin renverse le dernier Fatimide. Pour l'Égypte, c'est le retour au sunnisme : au Caire, El-Azhar est rendue à l'orthodoxie. Devenu maître de l'Orient à la mort de Nour ed-Din (1174), Saladin fait du Caire la capitale de son puissant royaume. Sur une colline du Moqattam, il bâtit la **citadelle**, qui restera le centre du pouvoir jusqu'au XIXe s. Il multiplie la fondation de madrassas, autant de centres de rayonnement du sunnisme. Ses successeurs, les **Ayyoubides** (1193-1250) suivront cette politique. C'est pendant cette période qu'El-Qahira prend définitivement le pas sur Fostat. La ville fatimide, qui servait jusque-là de résidence aux dignitaires, se peuple désormais de la foule des soldats de Saladin. Sur leurs pas se pressent les marchands et les artisans qui délaissent progressivement l'ancien centre économique de l'agglomération. Peu à peu, les majestueuses avenues où paradaient les émirs fatimides sont envahies d'échoppes et d'ateliers : la ville califale à la stricte ordonnance se mue en une **médina grouillante de vie et d'activité**. Une transformation qui n'est pas toujours du goût des voyageurs du temps qui y dénoncent pêle-mêle l'ivrognerie, la débauche et... les concerts d'instruments à cordes.

L'EMPRISE DES MAMELOUKS

La «dynastie des Esclaves» (1250-1517) imprima une forte marque sur l'urbanisme du Caire. Constituant une classe essentiellement urbaine, les Mamelouks s'attachèrent à embellir leur ville de monuments, mosquées, madrassas, mausolées, qui portent généralement leur nom.

C'est également sous les Mamelouks que s'opère une ségrégation géographique de l'activité économique, comme c'est l'habitude dans les villes musulmanes. Pas moins de 48 souks spécialisés occupent un vaste espace de part et d'autre de l'ancienne Qasaba : parmi eux, le **Khan el-Khalili**, bien connu des touristes. Presque autant de caravansérails, appelés en Égypte *wakâla*, accueillent les marchands et leurs chameaux, chargés de produits venus du monde entier.

Plus grande métropole d'Orient, Le Caire compte vers 1400 environ 200 000 habitants (80 000 à Paris à la même époque), dont 40 000 seulement résident à Fostat dont le déclin se poursuit : elle en comptait trois fois plus au XIe s. Au début du XVIe s., El-Qahira déborde de ses murs au-delà desquels s'étendent désormais des faubourgs. La nécropole orientale, la cité des Morts, commence d'être habitée, et les émirs fuient la ville intra-muros, presque entièrement dévolue au commerce, pour construire leurs palais dans le **quartier de l'Ezbékiya**, autour d'une immense place qui se remplit d'eau au moment de la crue et sert de cadre à de délicieuses parties de canotage.

LES OTTOMANS

Pendant la période ottomane (1517-1798), la ville continue son développement : désormais, un tissu continu de quartiers réunit El-Qahira et Fostat. À l'intérieur des murs, en revanche, la ville conserve la physionomie héritée des Mamelouks : un **réseau dense de ruelles** étroites et malcommodes dont l'entretien reste à la charge des riverains, le gouverneur se contentant de temps à autre d'en rappeler l'obligation, tout comme celle d'assurer l'éclairage des rues, en vigueur depuis les Mamelouks. De même, les nombreuses fontaines publiques sont des fondations privées, pieuses le plus souvent. Une population de **marchands** et d'**artisans** vit dans de belles mais discrètes demeures pour les plus riches, ou dans les *rab*, ces curieux édifices à étages, qui regroupent plusieurs familles de copropriétaires.

La ville se divise en quartiers, *hara*, bien distincts, 63 selon les savants de la *Description de l'Égypte*. Chacun compte environ 200 familles, regroupées selon leur activité ou leur origine géographique ou religieuse. Ces villages à l'intérieur de la ville, où tous se connaissent, ouvrent vers l'extérieur par une unique rue principale, le *darb*, doté d'une porte que l'on ferme la nuit et sur lequel ouvrent des allées secondaires terminées en cul-de-sac. Chaque *haret* possède ses propres commerces, son hammam, parfois son four à pain.

Cette économie particulière de la ville explique en partie l'absence de grandes artères : la circulation entre quartiers est pratiquement inexistante, les habitants se contentant de se rendre de leur *haret* à leur boutique dans le souk central. Parmi ces quartiers, on compte ceux des chrétiens, dont le haret El-Rum, au centre-ville *(voir p. 122)*, siège du patriarcat copte, et le haret El-Yahud, où vivent les 3 000 membres de la communauté juive.

LES BEAUX ATOURS D'UNE CAPITALE

Du haut de sa citadelle, **Mohammed Ali** gouverne l'Égypte depuis le départ des Français (1801). Au Caire, il poursuit la **politique de modernisation** qu'il a déjà appliquée à l'État. Afin de faire sortir le centre de sa capitale du Moyen Âge, il impose aux riverains de repeindre leurs façades ; pour faciliter le trafic, il oblige les commerçants à démolir les *mastaba*, ces bancs installés parfois au beau milieu des rues, ainsi qu'à remplacer par des toitures de

La cité des Morts. Les mausolées des cimetières mamelouks offrent, depuis des générations, un abri aux plus démunis.

bois les nattes de paille qui offraient leur ombre aux passants. La majestueuse allée de sycomores de son nouveau palais de Choubra est éclairée au gaz dès 1829. Depuis son séjour à Paris pour l'Exposition universelle de 1867 – il y a rencontré le baron Haussmann –, le pacha Ismaïl (1863-1879) s'est entiché d'architecture moderne.

Pour accueillir les fastes de l'inauguration du **canal de Suez** en 1869, il lui faut présenter une capitale digne de l'événement. Adieu moucharabiehs de bois façonné et façades aveugles, place aux balcons et au fer forgé. À l'ouest de l'Ezbékiya, remblayé et où s'élève désormais l'Opéra, les rues d'une **ville nouvelle** sont tracées, larges artères qui ouvrent de profondes perspectives sur le Nil ; le terrain est cédé à des promoteurs, pour peu que leurs projets répondent aux critères de l'architecture européenne. De profondes trouées traversent de même la vieille ville, l'avenue Clot-Bey, le boulevard Mohammed-Ali, le long desquelles s'alignent des rangées d'**immeubles à l'européenne** : une simple façade, car derrière eux subsiste le lacis des ruelles médiévales, de plus en plus surpeuplé.

Un Paris d'Orient

La nouvelle physionomie du Caire connaîtra son aboutissement durant la période britannique (1882-1936) : une ville double, « indigène » à l'est, coloniale à l'ouest, majoritairement occupée par des Européens, de plus en plus nombreux dans la capitale : 70 000 en 1878, 150 000 en 1907. À la ville d'Ismaïl, dont le centre est occupé par l'actuelle place Talaat Harb, s'ajoutent d'autres quartiers européens : **Zamalek**, au nord de l'île de Gézira, à l'ombre du Sporting Club, le rendez-vous des élites européennes ; **Garden City**, construit par les Britanniques à leur manière, avec des rues courbes bordées de jardins ; et plus tard, à l'est de l'agglomération, **Héliopolis**, conçue par le baron Empain. Dans les quartiers « coloniaux », boutiques à la dernière mode, théâtres puis cinémas, restaurants et salons de thé – le café Groppi sur la place Talaat Harb est l'un des derniers survivants de cette époque –, s'offrent à satisfaire les goûts d'une clientèle européenne.

Le Caire aujourd'hui

De 12 à 20 millions, les statistiques hésitent à préciser la population du Grand Caire : la grande métropole égyptienne reste insaisissable. Il est néanmoins une réalité qui s'impose comme une évidence à tout voyageur fraîchement débarqué de l'aéroport : la foule, piétons, automobilistes ou tireurs de carrioles, qui irrigue les grandes artères d'une ville au bord de l'asphyxie tout au long des heures de la journée. Et encore ne voit-il qu'une partie de cette **mégapole**, laquelle étend ses tentacules sur 65 km d'ouest en est et 35 km du nord au sud jusqu'aux villes nouvelles des périphéries qui tentent d'absorber le trop-plein d'une **démographie galopante**. Malgré ces nouvelles réalisations urbaines, le centre-ville déborde toujours sous le poids de ses habitants. Un poids qui se traduit d'ailleurs concrètement par la construction d'un habitat précaire sur les terrasses des immeubles ou encore par l'occupation des mausolées dans les cimetières ; un phénomène pourtant ancien au Caire, puisqu'on comptait déjà plus de 50 000 habitants dans la cité des Morts en 1937 et que les fouilles archéologiques ont montré que les tombeaux étaient déjà occupés au VIIIe s., à une époque où Le Caire ne souffrait pas encore de surpopulation. ●

Le Musée archéologique ★★★

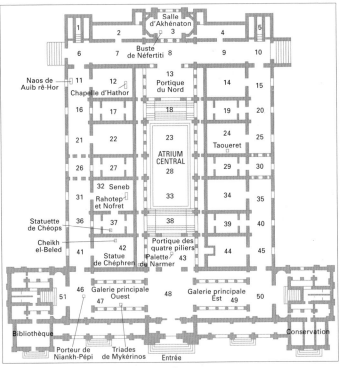

LE MUSÉE ARCHÉOLOGIQUE : REZ-DE-CHAUSSÉE

> **I-B2/II-A2** *Place El-Tahrir. Ouv. t.l.j. de 9 h à 16 h 45 ; entrée payante. Un audioguide est disponible dans la première salle du musée : son maniement assez laborieux ne contribue pas à agrémenter votre visite. Deux boutiques à l'entrée proposent en revanche un guide du musée richement illustré.*

Depuis plus d'une décennie, la construction d'un nouveau musée archéologique alimente les conversations. En attendant, planté au milieu du Caire, le temple de l'égyptologie est toujours là, plus de cent ans après son ouverture en 1902. Sur deux niveaux et **plus de 80 salles**, vingt siècles de civilisation s'exposent, dans un désordre et une surabondance propres à décourager l'amateur le plus passionné. Si l'on ajoute une fréquentation qui dès l'heure d'ouverture ne le cède en rien au métro à l'heure de pointe, on comprendra que la visite du Musée archéologique n'est pas une sinécure. Pour profiter au mieux de sa visite, il est impératif de **préparer à l'avance son itinéraire**, de sélectionner les œuvres que l'on ne veut pas manquer et d'être au fait des grands moments de la civilisation égyptienne pour pallier le laconisme des cartels. Ainsi armé, et après avoir eu une pensée reconnaissante pour Auguste Mariette, qui repose à g. du jardin qui précède l'entrée, on se lancera à la découverte de cette collection fabuleuse. Le **meilleur moment** pour la visite est celui du déjeuner, lorsque les groupes de touristes s'égaillent vers les restaurants des alentours. La pire est celle de l'ouverture lorsque des milliers de visiteurs en groupes programme

Pour une visite rapide (1 h) : les 20 œuvres à ne pas manquer

● **Rez-de-chaussée**

La palette de Narmer (salle **43**)

La statue de Djoser et les triades de Mykérinos (salle **47**)

Le porteur de Niankh-Pépi (salle **46**)

La statue de Chéphren (salle **42**)

Le Cheikh el-Beled (salle **42**)

Les statues de Rahotep et de Nofret (salle **32**)

La statuette de Chéops (salle **37**)

Le naos de Auib rê-Hor (salle **11**)

La chapelle d'Hathor (salle **12**)

Le buste de Néfertiti (salle **3**)

La statue de Taoueret (salle **24**)

● **L'étage**

Les soldats du Moyen Empire (salle **37**)

Le comptage des troupeaux (salle **27**)

Le masque de Toutankhamon (salle **3**)

La statue d'Anubis (salle **9**)

Le diadème de Sat Hathor Younet (salle **4**)

Le trône de Toutankhamon (salle **35**)

Les portraits du Fayoum (salle **14**)

Le mur de faïence de Saqqara (salle **43**) ●

---

compacts prennent d'assaut les salles. La statue de Chéphren ou le masque de Toutankhamon sont alors aussi difficiles à approcher qu'une vedette de la chanson en séance d'autographes. *Prévoir un minimum de 3 h de visite.*

Le rez-de-chaussée

● **Salle 43**. Au centre de la salle trône le véritable acte fondateur de l'Égypte pharaonique, la **palette de Narmer***** (vers 3150). Sur une face, on voit le souverain Ménès, le premier pharaon (*voir p. 37*), coiffé de la couronne de Haute Égypte et frappant de sa masse un ennemi au sol, un thème qui sera repris dans l'iconographie royale jusqu'à l'époque ptolémaïque ; en arrière-plan, Horus, le dieu protecteur de la dynastie, tient en longe un prisonnier émergeant des roseaux du Delta. Sur l'autre côté, le roi, coiffé de la couronne de Basse Égypte, conduit une procession. Le sommet des deux

faces est occupé par deux représentations de la déesse Hathor. Cette palette porte la première mention écrite d'un roi : avec elle, l'Égypte entre dans l'Histoire. Dans cette salle, voir également, à g., des **pièces de jeu*** en ivoire en forme de félins ; à dr., une tête en terre cuite (un dieu), **la plus ancienne ronde-bosse** découverte en Égypte (Ve millénaire).

La salle ouvre sur le **vaste atrium central** où sont conservées les pièces monumentales des collections : sarcophages royaux (Mérenptah, Thoutmosis Ier, Hatchepsout…), stèles inscrites, comme celle dite d'Israël (au fond à dr.) qui mentionne pour la première fois l'existence des Hébreux en pays de Canaan (sous le règne de Mérenptah), et le **groupe colossal**** représentant Aménophis III et la reine Tiyi.

● **Salles 48, 47** et **46**. Les chefs-d'œuvre de l'Ancien Empire. Au centre de la **salle 48**, assis dans une position hiératique, une moue dédaigneuse aux lèvres, trône

De gauche à droite et de haut en bas : statuette d'oushebti, chargée d'accomplir les tâches quotidiennes du défunt dans l'autre monde ; Horus, le dieu faucon d'Osiris, symbole de la royauté terrestre ; Sekhmet, la terrible déesse lionne qui, apaisée, prendra la forme de la pacifique Hathor. C'est toute l'Égypte ancienne qui revit sous nos yeux au Musée archéologique du Caire.

Djoser***, le constructeur du complexe de Saqqara. Dans les trois vitrines au centre de la **salle 47**, une **collection de statuettes*** en calcaire peint, débordantes d'une vie vieille de près de quarante-cinq siècles : artisans dans l'exercice de leur activité quotidienne, femme brassant la bière, potiers façonnant une jarre... Sur les côtés, trois admirables **triades de Mykérinos*** (sur les quatre découvertes en 1908 dans le temple de la vallée de la pyramide du roi à Giza) ; le roi est encadré de deux personnages féminins : Hathor et la personnification du nome de Cynopolis (l'emblème du chacal figure au-dessus de la tête du personnage). Voir ensuite, **salle 46**, de remarquables statuettes funéraires : le **porteur***, découvert à Meir dans la tombe de Niankh-Pépi (entre 2235 et 2141) ; sous cette statuette, voir également la réunion de trois personnages difformes : un nain, un bossu se tenant l'épaule et un personnage doté d'une tête démesurée ; la **double statue de Sed-n-maat** (le défunt et son *ka* ?), prêtre d'Hathor et de Rê à la lèvre ombrée d'une fine moustache (entre 2428 et 2325).

● **Salle 41**. À g., sur quatre registres d'un **relief provenant du mastaba de Kaemrehou** (Saqqara, vers 2325), sont consignés les gestes quotidiens des ouvriers et des artisans (de haut en bas) : scènes des champs où un groupe d'ânes tenus en longe par deux hommes foulent les épis sur l'aire de battage (l'un d'eux, cédant à la tentation, tend son mufle vers le sol) ; comptage du grain (deux resquilleurs sont conduits de force devant l'intendant accompagné de ses scribes) ; brassage de la bière ; artistes et artisans (charpentiers, orfèvres, sculpteurs à l'ouvrage autour d'une statue).

● **Salle 42**. Elle est dominée, au centre, par la monumentale **statue de Chéphren*** (entre 2540 et 2505), chef-d'œuvre de la statuaire archaïque, provenant du temple de la vallée du roi à Giza. Le matériau, la diorite, issu d'une carrière à 300 km au sud d'Assouan, témoigne de l'étendue du pouvoir du souverain en même temps qu'il le distingue du commun des mortels dont les effigies sont en plâtre. En signe de protection, Horus le dieu dynastique étend ses ailes sur la tête du roi, portant *némès* et barbe postiche. À g., le célèbre « **Cheikh el-Beled** »***, le maire du village, fut ainsi nommé par les ouvriers qui le dégagèrent en 1860 en raison de sa ressemblance avec le cheikh de leur propre village (bois de sycomore, Saqqara, entre 2475 et 2467).

● **Salle 31**. Deux **statues du grand prêtre Rênéfer** provenant de son mastaba de Saqqara (vers 2475) : malgré la différence de parures – perruque et pagne court et plissé d'un côté, cheveux ras et pagne long et lisse de l'autre –, la similitude des traits témoigne de l'émergence d'un véritable art du portrait.

● **Salle 32**. Nombreux chefs-d'œuvre : à g. de l'entrée, relief en calcaire peint (Saqqara, vers 2400) décrivant une **joute navale*** où les équipes concurrentes s'efforcent de pousser leurs adversaires à l'eau ; l'un d'entre eux est déjà tombé, ses coéquipiers viennent à sa rescousse. Le **nain Seneb et sa famille***, en avant du mur de g. (Giza, 2475) : remarquez le parti pris de l'artiste qui a fait figurer les deux enfants du couple au-devant de leur père, pour masquer le vide laissé par l'absence de jambes pendantes.

En avant du mur du fond : **statues de Rahotep et de son épouse Nofret***, au réalisme si saisissant que lorsqu'ils les découvrirent, les ouvriers de Mariette s'enfuirent. Rahotep était le fils du roi Snéfrou. Autre œuvre célèbre : le panneau des **oies de Meïdoum*** (mur de g.), à la composition rigoureuse et au naturalisme délicat (Meïdoum, vers 2820). **Statue de Ti** provenant du *serdab* de son mastaba à Saqqara.

Les statues de Rahotep et de Nofret, un chef-d'œuvre de réalisme.

● **Salle 37** (*accès à partir de la salle 32*). Objets funéraires provenant de la tombe de la reine Hetep-Heres, épouse de Snéfrou (IVᵉ dynastie) : lors de sa découverte en 1925, la tombe recelait un riche mobilier : un lit, un baldaquin, une chaise à porteur (dont les parties en bois ont été reconstituées). Contre le mur, une petite vitrine renferme une minuscule **statuette***** : c'est la seule effigie connue du constructeur de la Grande Pyramide, Chéops (découverte à Abydos en 1903).

● **Salle 26**. Statue de Montouhotep II (XIᵉ dynastie, 2059-2009) qui mit fin à la première période intermédiaire en réunissant le Double Pays : désormais, Thèbes en était la capitale et Amon, le dieu national. Cette statue monumentale fut découverte par Howard Carter en 1900 dans le complexe funéraire du roi à Deir el-Bahari.

● **Salle 21**. Stèle funéraire d'Aménemhat****** (vitrine de dr.), à la fraîcheur de tons remarquable : le défunt représenté avec son épouse enlace son fils, tandis que sa belle-fille se tient respectueusement à l'écart (Thèbes, nécropole de l'Assassif, vers 2000).

● **Salle 22**. Les dix statues inachevées de **Sésostris Iᵉʳ*** (Licht, entre 1971 et 1929), toutes semblables à quelques détails près, étaient destinées à orner la cour de son temple funéraire. Pour une raison inconnue, elles furent abandonnées dans une cachette. Notez les reliefs qui ornent le trône : lotus et papyrus liés, représentant l'union du Double Pays, ainsi que sur certaines d'entre elles, les neuf arcs, symboles des ennemis du royaume, que le souverain foule aux pieds.

● **Salle 16**. Statue d'Antef (vitrine à dr.), bel exemple de la statuaire privée du Moyen Empire (Thèbes, nécropole de l'Assassif, vers 2050). Voir également plusieurs **statues d'Aménemhat III** (1843-1798), dont on peut, d'une œuvre à l'autre, reconnaître les traits : buste (Fayoum) du souverain en grand prêtre (ses épaules sont couvertes d'une peau de panthère dont la tête pend sur l'épaule) ; statue en granit découverte en 1904 dans la cour de la cachette de Karnak ; en face, quatre sphinx monumentaux en granit gris provenant de Tanis ; usurpés à plusieurs reprises au cours des siècles, ils portent les cartouches de Ramsès II, Mérenptah et Psousennès Iᵉʳ.

● **Salle 11. Naos en bois★★★** (à g.) abritant le *ka* de Auib rê-Hor (un des 60 rois de la XIIIᵉ dynastie). Surmonté du signe hiéroglyphique représentant le *ka* (les deux bras tendus), le visage de cette « âme » est remarquable d'expressivité, que renforce encore l'incrustation des yeux en quartz et cristal de roche (Dahchour, vers 1700). **Buste monumental de la reine Hatchepsout★★** (au centre) : bien que parée de tous les attributs royaux, la reine conserve sa féminité, remarquable notamment dans le dessin de ses yeux (Deir el-Bahari).

● **Salle 12. Chapelle d'Hathor★★★** provenant du temple funéraire de Thoutmosis II à Deir el-Bahari. Le disque solaire placé entre ses cornes, Hathor protège le souverain placé devant elle, tandis que le même, représenté du côté g., s'abreuve au pis de la vache céleste. Sur les parois de la chapelle, scènes d'offrande où figure le roi, sous une voûte céleste étoilée.

● **Salles 6 et 7. Grande statuaire du Nouvel Empire.**

● **Salle 3. Salle d'Akhénaton★★★** : tous les objets exposés ici méritent un examen attentif. Réalistes jusqu'à la caricature, mais d'une extrême sensibilité, ils sont caractéristiques de l'art officiel en vigueur à cette fascinante période. Qu'il appartienne au domaine officiel comme les **quatre statues monumentales du roi** représenté sous les traits d'Osiris, ou à une sphère plus intimiste, comme cette **stèle** (première vitrine à g.) où figure le couple royal en famille, leurs enfants sur les genoux, l'art amarnien se distingue par une extrême finesse des traits. Plus délicieux encore, dans la même vitrine, ce fragment inachevé d'une jeune princesse croquant un caneton. Dans la vitrine de dr. la plus éloignée de l'entrée, deux chefs-d'œuvre : le **buste inachevé de Néfertiti★★★** (provenant de l'atelier d'un sculpteur d'Amarna), un des plus beaux portraits de la reine, et le **portrait d'une princesse★★★** au visage d'une grande pureté, malgré l'allongement démesuré du crâne. Cette salle présente également une des dernières découvertes de l'archéologie contemporaine : l'**effigie de Meryre et de son épouse**, qui fut le scribe du temple d'Aton à Amarna. La statue a été découverte à Saqqara en 2001 par une mission néerlandaise.

Les sphinx de Tanis (r.-d.-c., salle 16).

● **Salle 10**. Groupe monumental provenant de Tanis* : Ramsès II y est représenté enfant, de la manière traditionnelle, c'est-à-dire le doigt dans la bouche, nu et la tête surmontée du disque solaire ; il est protégé par les ailes déployées du dieu Houroun, une divinité d'origine cananéenne : l'ensemble reconstitue le groupe hiéroglyphique du nom du roi : *Ra* (le Soleil), *Mes* (l'enfant), *Sou* (la plante qu'il tient à la main) : *Ramessou*, c'est-à-dire Ramsès.

● **Salle 15**. Au centre, **buste de la reine Mérit Amon**** (Ramesseum), fille de Ramsès II. Coiffée d'une riche perruque, elle porte un collier à plusieurs rangs et tient à la main un collier décoré d'une tête d'Hathor.

● **Salle 14**. Statue représentant le triomphe de Ramsès IV (Karnak, cour de la cachette, vers 1142) : dans cette scène traditionnelle, le roi est représenté en habit de cérémonie (tel qu'on peut le voir sur les murs des temples dans des scènes d'offrande), tenant d'une main une hache, et de l'autre un prisonnier libyen saisi par les cheveux.

● **Salle 24**. Encadrant l'entrée, **deux reliefs funéraires** de la Basse Époque (IVe s. avant notre ère) montrent, comme déjà vingt-cinq siècles auparavant, les scènes d'offrande traditionnelles : à dr., trois groupes de deux personnages portent des sacs d'or au défunt qui, assis à g., préside la scène ; un scribe accroupi comptabilise les dons ; à g., même scène, où cette fois ce sont fleurs et aliments qui sont apportés en procession (notez que pour éviter toute monotonie à la scène, des enfants aux postures pleines de vie ont été intercalés entre les porteurs). Voyez trois statues en schiste, chefs-d'œuvre de la période saïte (XXVIe dynastie, tombe de Psammétique, haut dignitaire, à Saqqara, vers 530) : **Isis****, la Grande Magicienne, assise sur son trône et coiffée des cornes

sculpture

L'atelier de Thoutmès

Le buste de la princesse exposé au musée du Caire provient de l'atelier d'un sculpteur nommé Thoutmès, que les archéologues allemands ont mis au jour à Tell el-Amarna entre 1902 et 1903. Parmi les nombreuses œuvres découvertes, qui toutes portent la marque des tendances artistiques en vigueur sous le règne d'Akhénaton, beaucoup sont inachevées. Certaines portent encore des marques de peinture noire de la main même du maître qui indiquait ainsi à ses élèves les corrections à apporter à l'œuvre en cours de réalisation. C'est de cet atelier que provient également le célèbre buste de Néfertiti exposé au Musée égyptien de Berlin. ●

hathoriques ; Hathor sous sa forme de vache protégeant le défunt ; Osiris, le seigneur de l'au-delà. Autre chef-d'œuvre : la **statue de Taoueret**** , la déesse hippopotame de la fertilité qui préside aux accouchements (XXVIe dynastie, règne de Psammétique Ier [664-610], découverte à Karnak). À dr. de la salle, **un buste et une statue**** représentent le célèbre Montouemhat (ou Mentemhet, *voir p. 53*), grand prêtre d'Amon et maire de Thèbes, qui réussit à préserver les traditions millénaires et survécut aux troubles de son temps : fin de la dynastie éthiopienne, invasion assyrienne, avènement de la XXVIe dynastie.

Le reste des salles qui reconduisent vers l'entrée concerne la période gréco-romaine et est de moindre intérêt.

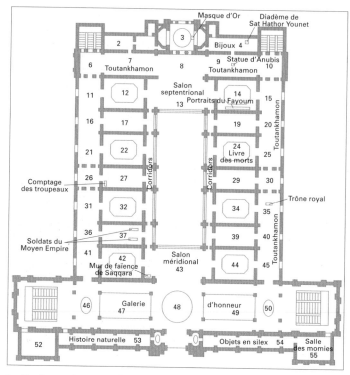

Le Musée archéologique : étage

L'étage

> *Accès par l'escalier de la salle **46**.*

La galerie de gauche

● **Salle 46.** En haut des marches, quelques dizaines des 153 **cercueils** de grands prêtres d'Amon** découverts en 1891 dans une cache à Deir el-Bahari (XXIᵉ dynastie).

● **Salle 37.** Deux groupes de **soldats***** du Moyen Empire (XIᵉ dynastie, vers 2000) : 40 archers nubiens et 40 lanciers égyptiens.

● **Salle 27.** Cette salle est particulièrement riche. À dr. en entrant, une extraordinaire scène de la vie campagnarde : le riche propriétaire, assisté de ses scribes, préside au **comptage de ses troupeaux*****, que des bouviers font défiler devant lui. Voyez également une **scène de pêche**** au filet, ainsi que deux **maquettes d'ateliers****, l'un de tisserand,

l'autre de charpentier. Tous ces objets proviennent de la tombe de **Mékétrê** à Thèbes (XIᵉ dynastie, vers 2000).

Les autres salles présentent des collections d'objets funéraires classés par catégorie : des scarabées, des amulettes, des papyrus, des statuettes, etc. Ce sont surtout ces dernières qui retiendront toute votre attention.

Le trésor de Toutankhamon

> *Le trésor de Toutankhamon, dont la célèbre tombe a été découverte en 1922 par Howard Carter (encadré p. 196), occupe l'autre moitié de l'étage. Une heure est à peine suffisante pour un rapide survol des pièces les plus importantes. Sur cette partie ouvrent des salles secondaires où sont exposés le trésor de Tanis (salle **2**), les collections de bijoux (salle **4**), ainsi que divers objets ne provenant pas de la tombe de Toutankhamon (salles **14**, **19**, **24**, **29**, **34**, **39** et **44**).*

● **Salles 6**, **7** et **8**. Elles exposent quatre **chapelles de bois doré** qui, emboîtées les unes dans les autres, renfermaient le sarcophage royal.

● **Salle 2**. Le **trésor de Tanis**. On peut voir quelques-unes des plus belles pièces découvertes par Pierre Montet sur le célèbre site du Delta : elles proviennent des tombes inviolées de souverains des XXe et XXIe dynasties (XIe-Xe s.). Bijoux en or et sarcophage de Chéchonq II, masque funéraire de Psousennès Ier.

● **Salle 3**. C'est ici que sont présentées les pièces les plus précieuses du trésor de Toutankhamon : le célèbre **masque***** déposé sur le visage du roi, coiffé du *némès* et orné du pectoral, l'ensemble en or incrusté de turquoise, lapis-lazuli, cornaline, obsidienne. On verra également les deux **sarcophages** – le troisième est conservé dans la tombe du roi – qui enfermaient la momie ; le plus précieux est constitué de 110 kg d'or pur. Les vitrines présentent enfin les **143 bijoux d'or** qui accompagnaient le défunt.

● **Salle 9**. Vases canopes en albâtre** dont les couvercles sont à l'effigie du roi défunt. Ils étaient conservés dans le coffre en bois doré voisin, dont les angles sont gardés par les gracieuses figures des divinités protectrices des défunts. Magnifique statue d'**Anubis***** (le chacal noir était déposé dans la salle dite du trésor de manière à faire face à la chambre funéraire).

● **Salle 4**. Collection d'orfèvrerie qui couvre toute la période antique ; la pièce maîtresse en est une **tête de faucon***** découverte dans le temple d'Hiérakonpolis en Moyenne Égypte ; ce chef-d'œuvre remonte à l'Ancien Empire, vers 2350, et coiffait probablement l'idole vénérée dans le sanctuaire. Voir aussi le **diadème de Sat Hathor Younet**, fille de Sésostris II, décoré de rosettes, qui porte l'*uræus* et s'orne à l'arrière d'une paire de plumes stylisées.

Le masque princier de Toutankhamon (étage, salle 3).

● **Salle 13**. Elle présente les **chars du roi**** qui avaient été placés, démontés, dans le tombeau.

● **Salle 15**. Le **lit de campagne*** du roi était déposé replié dans la tombe.

● **Salle 20**. Somptueuses séries de **vases d'albâtre**.

● **Salle 25**. **Siège de cérémonie**** en ébène, incrusté d'or et d'ivoire.

● **Salle 30**. Collection de cannes d'apparat.

● **Salle 35**. Elle présente un chef-d'œuvre, le **trône du roi*****, dont la forme de bois est revêtue d'or et décorée de pierres semi-précieuses. Sur le dossier, on peut voir une magnifique scène où le jeune souverain, siégeant en majesté, fait face à son épouse qui tend vers lui un bras affectueux ; au-dessus du couple royal, le disque solaire tend ses rayons comme aux plus beaux jours de l'hérésie amarnienne. Derrière le trône est présenté un **jeu de senet** magnifiquement conservé ; ce jeu est fréquemment représenté dans les chambres funéraires (ainsi dans la tombe de Néfertari dans la vallée des Reines, *voir p. 202*) ; le défunt y dispute alors une partie contre un adversaire invisible dont l'enjeu est son accès à l'autre monde.

● **Salle 45**. **Paire de statues en bois du *ka* du roi** qui gardaient la porte murée de la chambre funéraire.

Les salles à droite

Tout au long de la galerie de dr. ouvre une série de pièces qui méritent également l'attention.

● **Salle 14**. Quelques **portraits funéraires**★★ gréco-romains dits **du Fayoum**.

● **Salle 19**. Statuettes en bois de divinités.

● **Salle 24**. Collection de papyrus, parmi lesquels un magnifique exemplaire d'un *Livre des morts*★★★ datant du **pontificat** de Pinedjem Ier (roi-prêtre de la XXIe dynastie, 1070-1032) et déposé dans la cache royale de Deir el-Bahari.

● **Salle 29**. Importante collection de manuscrits.

● **Salle 34**. Objets divers : voyez, à l'entrée, une belle **cuillère à cosmétique**★★ (XVIIIe dynastie, vers 1350) en forme de canard tenu par une jeune fille nue ; au fond de la salle, à dr., un **récipient à onguent en bois** porté par un esclave (XVIIIe dynastie, vers 1360 ; fin du règne d'Aménophis IV) ; enfin, parmi les instruments de musique, un exemple de **sistre** (période gréco-romaine), si souvent associé aux représentations de la déesse Hathor.

● **Salles 39** et **44**. Divers objets d'époque gréco-romaine.

● **Salle des momies**. Depuis la **salle 50**, on peut accéder à cette salle *(droit d'entrée supplémentaire)* où sont exposées les dépouilles des rois Thoutmosis II et Thoutmosis IV, de Séthi Ier, Ramsès II, Mérenptah et Ramsès V. Les gardiens du lieu tentent de faire respecter un silence recueilli devant ces anciens souverains de l'Égypte.

● **Salles 48** et **43**. Trésor funéraire découvert dans les **tombes de Youya et Thouyou**★★ (vers 1400) où se distinguent un char d'enfant et un beau coffre à bijoux en ivoire, ébène et faïence. Dans le coin g. de la **salle 43**, on peut voir le panneau de tuiles de faïence bleue découvert en 1928 par Jean-Philippe Lauer dans la chambre funéraire du complexe de Saqqara. ●

♥ Le Caire islamique★★

Dans l'Égypte du XXI° s. (ici au café Fichaoui), narguilé et téléphone portable font bon ménage.

Le Caire ne se résume pas au Nil, à sa corniche et à ses grands hôtels. C'est aussi – surtout – le foisonnement des ruelles de la ville médiévale, entre Bab el-Futuh et Bab Zuwayla. C'est Le Caire fatimide avec ses mosquées, ses mausolées et ses marchés dont le Khan el-Khalili, le plus connu d'entre eux. C'est la ville des petites gens, des boutiquiers et des colporteurs dont les cris résonnent de maison en maison, façades aveugles derrière lesquelles ouvrent des cours fleuries et parfumées, domaine privilégié des femmes. C'est Le Caire de Naguib Mahfouz : le Prix Nobel y naquit en 1912 et y composa une grande partie de son œuvre, assis au fond du café Fichaoui.

cafés, les *khawagas* (« étrangers ») disputent les tables aux autochtones qui leur cèdent bien volontiers la place. Et, dans les boutiques, la mauvaise monnaie chassant la bonne, les articles touristiques plus ou moins standardisés prennent le pas sur les merveilles artisanales de l'Orient.

Il n'empêche, pour un Occidental tout frais débarqué dans le tourbillon cairote, le Khan reste une excellente entrée en matière : bain de foule, délices de la vue et de l'odorat garantis. Et pour peu qu'on lève quelques instants les yeux, on découvrira de nombreux vestiges de ce remarquable ensemble architectural du XVIᵉ s.

Le Khan el-Khalili★★★

I-D2/III-AB3 Le « Khan », le marché par excellence, planté en plein cœur de la vieille ville, est devenu une étape obligée de toute visite touristique. C'est dire qu'aux terrasses des

El-Azhar et ses environs

La mosquée El-Azhar★

> **III-AB4** *Ouv. t.l.j. ; entrée libre. La visite est suspendue au moment des prières.*

On les voit chaque matin, la calotte blanche vissée sur le crâne, se hâter

Le Khan, mode d'emploi

Les boutiques sont ouvertes tous les jours de la semaine sauf le dimanche et les jours fériés de 10 h à 19 h (20 h en été). Rançon du succès touristique, les boutiques proposent à profusion tous les articles susceptibles de susciter la convoitise des visiteurs étrangers : objets en albâtre, cartouches en or où l'on fera graver son nom en hiéroglyphes, galabiyas et tarbouches, petits flacons en verre, papyrus peints ou simplement imprimés, sans oublier les omniprésents tee-shirts. Rien d'affolant, en somme, et que l'on ne puisse trouver à chaque étape de son voyage. En fouinant un peu, vous pourrez tomber dans quelque arrière-boutique sur une belle collection de tapis orientaux, turcs ou persans, ou, chez un brocanteur, sur des babioles du passé, souvenirs kitsch du temps des khédives. Rappelons que les antiquités, pharaoniques, gréco-romaines ou coptes, ne peuvent être exportées que si elles ont été achetées chez un antiquaire habilité. Dans tous les cas, le marchandage est de règle, après avoir siroté le verre de thé que le marchand se fera un devoir de vous offrir. ●

vers les salles où les attendent leurs professeurs. Ce sont les étudiants d'El-Azhar, venus des quatre coins du monde arabe, ou d'un Orient plus lointain, Indonésie, Malaisie, pour étudier la théologie musulmane. Sans avoir de relation hiérarchique avec les imams du monde musulman, celui d'El-Azhar exerce un magistère moral sur l'ensemble du monde sunnite. Ironie de l'histoire, c'est pour servir de centre de diffusion du chiisme que la mosquée fut fondée au Xe s. par les Fatimides. C'est Saladin, conquérant sunnite de l'Égypte, qui la remit aux docteurs orthodoxes. Gravement endommagée par le séisme de 1992, la mosquée a fait l'objet de vastes travaux de restauration, visibles surtout dans la cour.

L'**entrée** est particulièrement séduisante, encadrée de deux madrassas offertes au XIVe s. par deux émirs mamelouks. En face, la **porte des Barbiers**, où les étudiants se faisaient jadis raser, est splendidement ornée d'une véritable dentelle de sculptures. Avancez ensuite dans la cour et retournez-vous pour découvrir l'élégante silhouette des **trois**

minarets de la façade. La **salle de prière** est divisée en deux parties, la seconde étant légèrement surélevée : elle fut ajoutée au XVIIIe s. par les Ottomans. C'est la première partie de la salle – dont le mur de *qibla* fut détruit lors de l'agrandissement –, qui appartient à la construction du Xe s. : une véritable forêt de colonnes, provenant pour la plupart de monuments antiques.

La maison Harawi*

> **IV-B2** *Ouv. t.l.j. de 9 h à 18 h ; entrée payante. En sortant d'El-Azhar, tourner à g. puis encore à g. au coin de la mosquée ; continuer tout droit pendant 150 m env., en longeant, à dr., la wakala de Qaitbey, caravansérail du XVe s. La maison se trouve au fond de la seconde ruelle à dr.*

Cette **belle demeure privée** construite en 1731 a été restaurée de 1986 à 1993 par une mission française travaillant en collaboration avec le Service égyptien des Antiquités. Le résultat : trois belles salles d'apparat ornées de splendides **boiseries**. À g. de la cour, c'est le **salon des hommes**, là où le maître de maison recevait ses invités : une salle de grandes dimensions qui appartenait à une demeure plus ancienne, sans

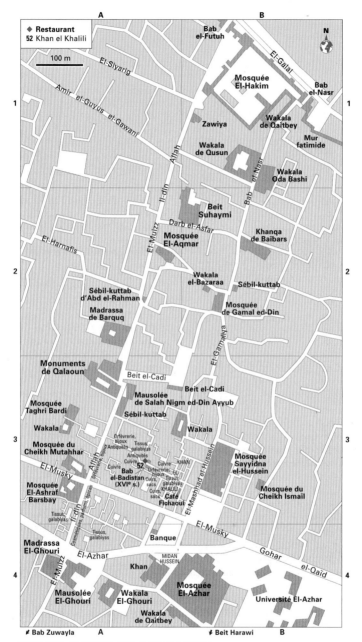

Le Caire III : du Khan el-Khalili à Bab el-Futuh

doute du XVIᵉ s. À l'étage (escalier à dr. de la cour) se trouvait le *qaa*, le salon qui abritait la vie familiale : là encore les boiseries sont une splendeur, tout comme les mouchara-biehs donnant sur la cour. Même si elle semble sortie d'un magazine de décoration contemporaine, la couleur des murs est conforme à l'original, selon les spécialistes.

ambiance

Le Khan pendant le Ramadan

Ne manquez pas de vous rendre au Khan si vous visitez Le Caire durant la période du Ramadan. Peu avant le coup de canon tiré de la citadelle qui annonce la rupture du jeûne *(iftar)*, dans les petits restaurants du quartier tout un peuple est déjà attablé, la fourchette à la main et l'autre près du verre d'eau. Puis, la première collation prise, la fête commence : sous les tentes dressées pour l'occasion rivalisent musiciens et bateleurs, tandis que les boutiques restent ouvertes jusque tard dans la soirée. ●

La maison Zeinab Khatun*

> **IV-B1** *Mêmes conditions de visite que pour la maison Harawi ; immédiatement au N de cette dernière.*

Cette **demeure du** XVe **s.**, réaménagée et agrandie au XVIIIe s., mérite un coup d'œil : son *haramlik* (partie de la maison réservée à la vie domestique) notamment, très haut de plafond, conserve de **superbes boiseries**. Des terrasses, belle vue sur les minarets de la mosquée El-Azhar.

Vers Bab el-Futuh

> **Plan III** *La promenade à travers le Khan vous a plu ? Vous voici alors prêt à explorer plus à fond le quartier, quittant le périmètre touristique pour plonger en plein cœur des quartiers populaires. Ayant traversé le Khan d'E en O, vous parviendrez à la rue Muizz li-din Allah, connue également sous son ancien nom de Qasaba, qui conduit vers le N à Bab el-Futuh, à 800 m env. de la sortie du Khan.*

Tout au long de la rue Muizz li-din Allah s'alignent mosquées et madrassas ayyoubides et mameloukes qu'il est impossible de décrire en détail ici. C'est Le Caire des **petits métiers** : ferblantiers, ébénistes, mais aussi tailleurs, réparateurs d'électroménager, marchands de quatre saisons – « urnes de miel, mes carottes » – ou vendeurs de graines de pastèque, les « distractions du pauvre » que les plus démunis mâchonnent pour tromper leur faim. Voici quelques-uns des principaux monuments que vous rencontrerez en chemin.

Depuis 2003, les monuments de Qalaoun et la madrassa de Barquq font l'objet d'importants travaux de restauration et sont fermés à la visite.

Les monuments de Qalaoun★★★

> **III-A3** *F. pour restauration.*

Cet ensemble, qui regroupe une mosquée-madrassa et un tombeau, fut construit à la fin du XIIIe s. par le **sultan mamelouk Qalaoun**. Derrière une belle **façade★** s'ouvre, à g. la **mosquée-madrassa**, précédée d'une cour, oasis de calme et de verdure au milieu du tumulte citadin, à dr. le **mausolée** du souverain, surmonté d'une haute coupole. Immédiatement au nord de cet ensemble, le **mausolée de Mohammed an-Nasser**, fils de Qalaoun, conserve en façade un **portail gothique★** provenant d'une église de Saint-Jean-d'Acre (la dernière place forte des croisés en Terre sainte, enlevée par les Mamelouks en 1291). L'intérieur est de moindre intérêt.

La madrassa de Barquq

> **III-A2** *F. pour restauration.*

Cette école, construite au XIVe s. par le sultan mamelouk du même nom, conserve une **belle façade** et, au-delà d'un long couloir, les logements des étudiants disposés autour d'une cour, ainsi qu'une salle de prière.

Au-delà, vers le nord, se dresse une monumentale **fontaine ottomane** (sébil-kuttab Abd el-Rahman, 1744), surmontée d'une loggia qui abritait une école coranique.

Le mausolée du sultan Salah Nigm ed-Din Ayyub

> **III-A3** *Ouv. t.l.j. de 9h à 17h; entrée payante.*

Face aux monuments de Qalaoun, ce mausolée fut construit au XIIIe s. à l'emplacement des palais des Fatimides, rasés après le renversement de la dynastie. Des vestiges en ont été mis au jour lors de travaux de restauration. Sous la haute coupole repose le sultan ayyoubide tué à la bataille de Mansoura lors de la campagne de Saint Louis en Égypte. Son épouse, une ancienne esclave arménienne, tint sa mort secrète jusqu'au retour de son fils, l'héritier du trône. Elle régna même pendant quatre-vingts jours à la mort de celui-ci. Au sud se dresse le splendide **minaret** qui surmontait l'entrée de la madrassa accolée au mausolée. De celle-ci, ne reste que la longue façade en partie dissimulée derrière une rangée de boutiques.

Immédiatement au nord du mausolée, un petit édifice qui s'avance vers la rue est le seul vestige de la **madrassa de Baïbars**, le sultan mamelouk qui mit un terme définitif à la menace mongole en 1260. Sur le mur, on reconnaît plusieurs représentations de panthères, l'emblème du souverain.

La mosquée El-Aqmar

III-A2 L'édifice conserve de ses origines fatimides (1125) une **belle façade ouvragée** qui a été reproduite à l'identique pour orner l'entrée du Musée copte du Vieux Caire *(p. 129)*. Sa restauration fut financée par une société ismaélienne indienne (Bohari Mission).

Beit Suhaymi**

> **III-B2** *Ouv. t.l.j. de 9h à 17h; entrée payante.*

Il faut tout d'abord s'engager dans le Darb el-Asfar, une ruelle du Caire médiéval radicalement restaurée par le Service des Antiquités. L'entrée se trouve du côté g., à 200 m environ.

Beit Suhaymi est un des plus vastes palais de la vieille ville, somptueux exemple d'une demeure de la bourgeoisie cairote du XVIIe s.

Tout s'organise sur deux étages autour d'une vaste cour: sur chaque côté ouvrent des salons ornés de boiseries, le plus vaste donnant sur le jardin au-delà de la cour. La plus belle pièce se trouve cependant à l'étage, du côté dr.: un immense **salon de réception** sous une haute coupole avec sa fontaine de marbres colorés. Au nord de celle-ci, on peut également découvrir la **chambre à coucher** du maître des lieux, dotée de toilettes et d'une salle de bains. Dans chacune des pièces, on a eu la judicieuse idée de disposer tapis et coussins qui donnent de la vie à cette splendide demeure.

La visite se poursuit par la découverte de deux maisons accolées du côté nord; on y accède par les salles du rez-de-chaussée. C'est tout d'abord **Beit Kharazati**, construite à la fin du XIXe s. et dont on ne verra que la cour. **Beit Gaafar**, qui lui fait suite, conserve un beau salon du début du XVIIIe s. On pourra le découvrir d'en haut en grimpant sur la galerie jadis réservée aux femmes.

La mosquée El-Hakim

III-B1 Ce monument aux allures de forteresse a, lui aussi, fait l'objet de restaurations menées par la Bohari Mission. Une **restauration controversée**: le monument millénaire semble tout neuf. Son plan d'ensemble a néanmoins été respecté et rappelle celui de la mosquée Ibn Touloun. Elle fut construite autour de l'an 1000 par Hakim, le calife inspiré *(encadré p. 71)*.

Bab el-Futuh*

III-B1 La « porte des Conquêtes » date du XIe s., comme sa voisine Bab el-Nasr et la porte sud, Bab Zuwayla. Le passage est gardé par deux tours rondes que prolonge de part et

La ville musulmane

Au cœur de la ville, le Khan el-Khalili forme le centre névralgique du Caire médiéval. Foule, parfums, couleurs y composent une atmosphère pittoresque. Mais dès que l'on s'éloigne des allées principales du souk pour s'engager dans les ruelles de traverse, on se heurte vite à des impasses, bordées de façades aveugles et de portes closes. C'est que la ville musulmane répond à d'autres exigences que les cités d'Occident. Mode d'emploi.

Héritière des nomades

La cité musulmane du Moyen Âge est l'héritière des villages de tentes dressés par les tribus nomades en marche. Ses habitants s'y regroupent selon leurs origines claniques ou géographiques dans des quartiers à peu près homogènes. On accède à chacun d'entre eux par une porte (fermée la nuit) donnant sur une des artères principales de la ville. Au-delà de cette entrée, le réseau de ruelles se divise en allées de plus en plus étroites, qui se terminent en cul-de-sac. Chacun de ces quartiers constitue une entité particulière, qui peut être défendue contre d'éventuels agresseurs et à l'intérieur de laquelle tous les habitants se connaissent ; on peut ainsi y laisser les enfants jouer dans la rue sous la surveillance collective du voisinage.

D'un quartier à l'autre

Le souk concentre l'essentiel de l'activité commerciale et artisanale. C'est là que les habitants viennent effectuer leurs achats de prix : épices, tissus, ustensiles divers, bijoux. Les échoppes y sont regroupées par spécialité, ce qui offre au chaland les

La ville musulmane apparaît comme une juxtaposition de villages au centre desquels le souk principal occupe une place privilégiée.

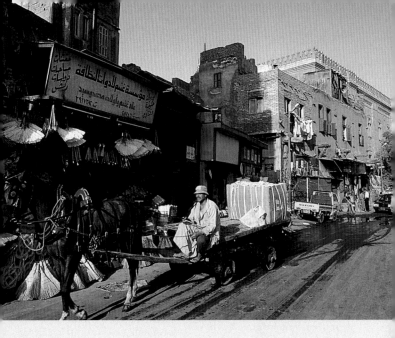

En circulant à travers la ville, on passe peu à peu d'un espace privatif, la ruelle de son quartier, à l'espace public ouvert à tous, le souk principal où la cour de la Grande Mosquée remplit la fonction de place publique : on s'y rencontre à l'ombre de la colonnade, on y traite ses affaires, on y échange les dernières nouvelles.

Chaque quartier de la ville possède son propre souk où l'on trouve l'approvisionnement quotidien, sa mosquée et ses bains.

meilleures possibilités de comparaison et de choix. Les voies de communication à travers la ville privilégient les liaisons entre les quartiers et le centre, plutôt que d'autres qui relieraient les différents quartiers entre eux, d'autant qu'au centre-ville, tout près du souk, s'élève la Grande Mosquée (ici El-Azhar) où tous les membres de la communauté musulmane sont conviés à se rendre pour la prière du vendredi, les oratoires de quartier étant réservés aux prières qui rythment les jours de la semaine.

Les monuments de la ville

Si, dans la ville médiévale, il n'existe pas de projet édilitaire d'ensemble, les élites urbaines ne se désintéressent pas pour autant de leur cité. On cite à ce propos de nombreux maîtres de l'Égypte, fatimides ou mamelouks, qui imposèrent aux habitants de repeindre les façades de leurs maisons ou d'éclairer leur rue, ou ordonnèrent le dégagement des artères principales de la ville, progressivement envahies par les extensions plus ou moins provisoires des échoppes riveraines. Les riches notables ne sont pas en reste : pour conserver leur mémoire, ils font construire à leurs frais des monuments destinés au bien-être des habitants : fontaine, école coranique (madrassa) où ils se font le plus souvent inhumer, mosquée ou hammam. Pour assurer leur entretien, ils y attachent des biens de mainmorte (terres agricoles, immeubles de rapport), le *wakf*, propriétés inaliénables de ces fondations pieuses. L'intense activité commerciale nécessite aussi la construction d'édifices destinés à recevoir les commerçants de passage. Ce sont les caravansérails, appelés *wakala* en Égypte. De tailles très diverses (le plus grand d'entre eux, la wakala El-Ghouri **III-A4**, ne comprend pas moins de 360 pièces), ils présentent tous une disposition similaire : ils s'organisent autour d'une cour centrale, où l'on trouve souvent un petit oratoire, et comprennent à l'étage une série de chambres destinées au logement des voyageurs, le rez-de-chaussée servant d'entrepôt et d'écuries. ●

d'autre la ligne bien conservée des remparts.

Ouvrant vers le nord d'où surgirent toujours les conquérants, l'ouvrage assista aux grandes heures militaires de l'Égypte médiévale. C'est par là que Saint Louis entra captif au Caire. En 1516 défila sous son arche l'armée des Mamelouks, somptueuse parade ruisselant d'or, de soieries et de pierres précieuses (*voir p. 73*). Elle s'en allait affronter les Ottomans qui marchaient contre l'Égypte. Un an plus tard, les Turcs y passaient en vainqueurs, après avoir écrasé le dernier Mamelouk.

Vers le Khan el-Khalili

Vous reviendrez à votre point de départ en franchissant, à 200 m env. à l'est, Bab el-Nasr, la «porte de la Victoire», et en suivant tout droit la rue qui la prolonge. Elle est bordée d'édifices anciens dont les plus remarquables sont le **Khanqa de Baïbars**, du début du XIVe s. (*entrée libre*), et, dans la rue suivante à dr., la **wakala el-Bazaraa III-B2**, vaste caravansérail ottoman magnifiquement restauré (*entrée payante*).

Vers Bab Zuwayla : la Ghouriya

> **Plan IV** *Promenade d'env. 1 h entre la place Hussein, à l'entrée du Khan el-Khalili* **IV-B1**, *et la porte S de la ville fatimide, Bab Zuwayla* **IV-A2**.

L'entrée de la rue Muizz li-din Allah – celle qui traverse la ville fatimide du nord au sud et que vous avez pu suivre vers Bab el-Futuh – est marquée par deux constructions monumentales situées en vis-à-vis : il s'agit de l'ensemble construit par le sultan El-Ghouri (*voir p. 116*), la **Ghouriya**, une madrassa, à dr., et un mausolée-couvent (*khanqa*), à g., qui sert de temps à autre de salle de spectacles.

En suivant la rue, on entre dans une des parties les plus animées de la ville, un **souk** dédié aux tissus et aux vêtements. C'est là que l'on trouve les derniers **fabricants de tarbouches** affairés autour de leur presse qui sert à modeler le feutre. Une survivance appelée à disparaître et que toisent, goguenards, les gamins qui, s'ils n'ont pas abandonné l'idée du couvre-chef, préfèrent la casquette des rappeurs.

Le monastère Saint-Théodose

> **IV-B2** *Ruelle à g., juste avant la fontaine* (sébil) *de Tusun Pasha. À 150 m env. de la rue principale, derrière de hauts murs, au n° 10 de la rue Haret el-Rum (rue du Quartier-Chrétien), du côté g. ; sonner à la porte d'entrée.*

C'est une **survivance du quartier chrétien** en plein cœur de la ville médiévale (il y avait de même un quartier juif, au nord-ouest du Khan el-Khalili). Si ses bâtiments sont modernes pour l'essentiel, le monastère semble avoir été fondé au XIIIe s. Il connut une grande activité au XVIIe s. lorsque le quartier abritait la résidence du pape de l'Église copte et à sa suite celles des notables de la communauté. Le monastère est actuellement occupé par une dizaine de sœurs. On pourra visiter l'église où, dit-on, le Christ apparut à la mère supérieure du couvent au début du XXe s.

La mosquée El-Muayyed

> **IV-A2** *Rue Muizz li-din Allah.*

Elle date du XVe s. La salle de prière, constituée de trois nefs, possède un magnifique **plafond en bois ouvragé**.

Bab Zuwayla

> **IV-A2** *Ouv. t.l.j. de 9 h à 17 h ; entrée payante.*

La porte sud du Caire fatimide – elle porte le nom d'une tribu berbère qui accompagna les conquérants – est ouverte à la visite. On peut ainsi grimper jusqu'à la terrasse qui offre une **vue** somptueuse sur les coupoles et les minarets de la ville. Elle fut construite au XIe s.

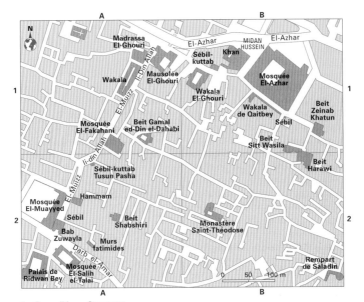

LE CAIRE IV : LA GHOURIYA

et coiffée par les Mamelouks de deux hauts minarets au XVe s.

Lors des travaux de restauration, le démontage du vantail droit de la porte, qui n'était plus ouvert depuis la fin du Moyen Âge, réserva une surprise. On y trouva une grande quantité de dents, de clous, des vœux divers écrits sur des feuilles de papier, et même un billet de loterie. C'est que derrière la porte réside un **djinn**, souverain contre les maux de dents et les maux de tête, pour peu qu'on lui fasse l'obole d'un clou, et toujours prompt à réaliser les vœux de ses fidèles. Un bateau suspendu au-dessus de la porte symbolise le flot de sa *baraka*.

La mosquée El-Salih el-Talaï

> IV-A2 *À l'extérieur des murs, en face de Bab Zuwayla.*

Cet édifice construit par les Fatimides au XIIe s. (et restauré en 1930) est précédé d'une **loggia à colonnes**, un dispositif unique au Caire. Cette loggia surmontait une rangée de boutiques qui se trouvent aujourd'hui au-dessous du niveau de la rue.

Les plus courageux pourront poursuivre à pied jusqu'à la **madrassa du Sultan Hassan★★★ I-CD3** *(45 mn env.)* en suivant, à g. en sortant de Bab Zuwayla, la rue Darb el-Ahmar, autre artère très animée de la vieille ville. En chemin, vous remarquerez, de biais par rapport à la rue, la **mosquée El-Maridani** (XIVe s.) et, plus loin, la **mosquée Bleue** (XIVe s.) **I-D3**, qui doit son nom à sa décoration intérieure de céramique, de l'époque ottomane (XVIIe s.).

La madrassa du Sultan Hassan★★★

> I-CD3 *Le monument ainsi que la mosquée Rifaï sont enfermés dans un périmètre sécurisé par la police dont l'accès n'est possible qu'à l'E, c'est-à-dire du côté de la citadelle. Ouv. t.l.j. de 8 h à 16 h 30; entrée payante.*

● **Attention, chef-d'œuvre** : il s'agit de l'un des monuments les plus remarquables de tout le monde musulman. À en croire l'historien arabe El-Maqrizi (XVe s.), sa construction coûta 20 000 dirhams par jour pendant trois ans : le monument le plus cher jamais élevé au Caire. Pourtant l'époque ne semblait pas se prêter à de telles munificences. Lorsque débuta la construction, en 1356, Le Caire se relevait à peine de la terrible épidémie de peste noire qui faucha plus du tiers de la population de la ville. Son promoteur lui-même, le **sultan Hassan**, fut un obscur souverain, qui ne devait son trône qu'au bon vouloir des grands émirs mamelouks. Il mena pourtant à bien cette formidable réalisation, qui pourrait tout aussi bien passer, sans son **minaret haut de 86 m** qui domine le paysage du Caire, pour une forteresse tant la hauteur des façades est vertigineuse : une impression renforcée par les rainurages réguliers qui soulignent leur verticalité.

● **Un centre d'enseignement du sunnisme.** L'édifice fut construit pour servir de madrassa ; de fait, sitôt passé la haute porte d'entrée, un couloir conduit à une vaste cour centrale sur laquelle ouvrent quatre *liwan* : un pour chacune des écoles juridiques sunnites. Celui de l'est – du côté opposé à l'entrée – servait également de salle de prière. Sur le mur du fond, le mur de *qibla*, une somptueuse **marqueterie de marbres** encadre un *mihrab* richement décoré. Sur les trois côtés de la salle court une inscription en caractères coufiques monumentaux qui se détachent sur un fond d'entrelacs fleuris. À g. du *mihrab* ouvre un passage qui donne accès à la **chambre funéraire** : là encore on reste frappé par l'ampleur des volumes. Sous l'immense coupole retombant sur des trompes d'angles ornées de muqarnas, le cénotaphe du sultan est resté vide : le maître du Caire trouva la mort dans d'obscurs combats en Syrie et son corps ne fut jamais retrouvé.

La mosquée Rifaï

> **I-D3** *Mêmes conditions d'accès que la madrassa du Sultan Hassan. Ouv. t.l.j. de 8 h à 16 h 30 ; entrée payante.*

Située en face de la madrassa du Sultan Hassan, la mosquée Rifaï fut construite en 1912 dans un style imitant celui de l'époque mamelouke. Elle abrite les **tombes du roi Fouad** (mort en 1936), **du roi Farouk** (mort en exil en 1965 et dont le corps fut autorisé à reposer en terre d'Égypte) ainsi que du dernier **shah d'Iran** (mort lui aussi en exil en 1980).

Le Musée mevlevi★

> **I-C3** *31, rue Suyufiya, ouv. de 9 h à 17 h ; entrée libre.*

Derrière le tombeau d'un émir mamelouk du XIVᵉ s. dont la coupole est ornée d'un joli travail de stuc – cet ensemble est connu des habitants du quartier sous le nom de Sheikh Hassan Sadaqa –, fut fondé, sans doute vers le XVIᵉ s., un couvent de derviches mevlevi, c'est-à-dire de derviches tourneurs.

Une équipe de spécialistes italiens a conduit la restauration du théâtre, construit en 1810, qui servait de cadre à leurs danses mystiques. La piste circulaire où évoluaient les derviches jusqu'en 1942 est surmontée de **galeries**, où prenaient place le maître de cérémonie, les musiciens et aussi le public. La **coupole de bois** fut peinte au milieu du XIXᵉ s. Vous remarquerez à la base de celle-ci des panneaux de bois destinés à ventiler les lieux ; ils s'ouvrent grâce à un système mécanique que le gardien des lieux se fera un plaisir d'actionner.

Sous la piste, soutenue aujourd'hui par un système de poutrelles métalliques, les archéologues ont découvert des vestiges plus anciens du **couvent** : une cour dotée d'un puits sur laquelle ouvraient des cellules. Les pièces adjacentes abritent un **musée** consacré au couvent et aux derviches mevlevi dont on verra un costume de cérémonie.

En partant du musée, 10 mn de marche vous séparent de la mosquée Ibn Touloun.

♥ La mosquée Ibn Touloun★★★

> **I-C3** *Ouv. du lever au coucher du soleil; entrée libre.*

S'il ne fallait retenir qu'une mosquée au Caire, nul doute que celle d'Ibn Touloun rallierait la majorité des suffrages. Il s'agit d'un véritable chef-d'œuvre de l'art musulman, un **sommet de rigueur et d'austérité**, élevé, selon les mots de l'orientaliste Jean Sauvaget, « sous l'inspiration d'un idéal quelque peu ascétique » qui trahit « un souci d'harmonie et de sobriété, une recherche de la ligne plutôt que de la couleur, de la logique plutôt que du pittoresque ». La mosquée fut édifiée entre 876 et 879, ce qui en fait le plus ancien édifice musulman d'Égypte conservé dans son **intégrité originelle**.

De l'extérieur, ce sont de hauts murs couronnés de merlons, et desquels émerge un minaret à escalier en spirale, une figure inspirée du style pratiqué en Mésopotamie et que l'on peut rencontrer, par exemple, à la grande mosquée de Samarra, en Irak.

À l'intérieur ouvre une immense cour, dotée d'un bassin d'ablution au centre et bordée d'un portique. Le côté g. abrite la salle de prière, à quatre nefs, soutenue par de puissants piliers à colonnes d'angle. Dans les parties hautes court un bandeau de bois où, selon la tradition, serait gravé l'ensemble du texte coranique. Remarquez enfin le *mihrab*, plaqué de marbre et orné de mosaïques, ainsi que la **chaire★** *(minbar)*, magnifique travail d'ébénisterie du XIIIᵉ s., avant de déambuler longuement entre les piliers de la salle de prière pour en apprécier les impeccables perspectives.

Le musée Gayer Anderson★

> **I-C3** *À dr. en sortant de la mosquée Ibn Touloun. Ouv. t.l.j. de 9 h à 16 h; entrée payante.*

Il s'agit de deux **demeures bourgeoises**, l'une du XVIIᵉ s., celle où se

La mosquée Ibn Touloun, sobre et élégante, est un véritable chef-d'œuvre de l'art musulman.

Mosquées et madrassas sont des havres de paix au milieu du tumulte des souks.

trouve l'entrée du musée, l'autre du XVIᵉ s. Elles furent par la suite reliées par une passerelle, et restaurées dans les années 1930 par le gouvernement égyptien. Un major britannique fut autorisé à y résider contre la promesse de léguer ses collections à l'Égypte après sa mort. C'est son intérieur que l'on est aujourd'hui convié à visiter. On y découvrira différents salons, chinois, persan, damascène, européen, ainsi que des objets d'art et des peintures.

À signaler sur la terrasse, une **collection de moucharabiehs** que le major avait sauvés de maisons ruinées de la vieille ville, et, dans la maison la plus ancienne, le **salon d'apparat** typique des demeures bourgeoises cairotes du XVIᵉ s.

La citadelle★

> **I-D3** *Accès unique par la tour du Moqattam, sur le flanc E. Ouv. t.l.j. de 8 h à 17 h (18 h en été), la mosquée est f. le ven. à l'heure de la prière de la mi-journée; entrée payante. Visite: comptez 1 h minimum.*

On pourra se contenter de visiter la mosquée Mohammed Ali, à la physionomie typique-

ment turque avec ses minarets effilés, et d'admirer depuis les terrasses de larges vues sur la ville et ses mille minarets avec, au loin, la masse trapue des Pyramides.

C'est à **Saladin**, maître de l'Égypte après en avoir chassé les Fatimides et conquérant de Jérusalem, qu'il reprit aux Francs, que l'on doit l'érection de la première citadelle *(voir p. 102).*

L'emplacement s'imposait : une croupe rocheuse en avant des collines du Moqattam, qui domine en contrebas les villes d'El-Qahira et de Fostat, les deux noyaux urbains qui allaient constituer Le Caire mais qui, au XIIᵉ s., étaient encore distincts. Après lui, des Mamelouks aux khédives, les différents maîtres du pays installeront leurs **palais** sur ces hauteurs stratégiques, à l'écart d'une ville turbulente que l'on tient de là-haut sous la menace de l'artillerie.

Aujourd'hui, si l'on y tire encore le **canon**, c'est pour la plus grande joie des habitants, puisqu'il annonce chaque soir du mois de Ramadan le moment de la rupture du jeûne.

La mosquée Mohammed Ali

Babouches à l'entrée. La « mosquée d'albâtre », ainsi nommée en raison de sa décoration en pierre de Béni-Souef, fut édifiée entre 1824 et 1857 dans le plus beau style ottoman. À l'intérieur, lustres et tapis multicolores composent un décor chatoyant à défaut d'être recueilli comme ceux d'Ibn Touloun ou de Sultan Hassan.

À dr. de l'entrée se dresse le **cénotaphe de Mohammed Ali**, le fondateur de l'Égypte moderne *(voir p. 76).* Dans la cour, une tour à l'opposé de la salle de prière renferme une **horloge monumentale**, offerte à l'Égypte par Louis-Philippe en remerciement pour l'obélisque de Louxor qui orne la place de la Concorde à Paris. Les guides locaux ne se font pas faute d'ajouter qu'elle tomba en panne sitôt installée.

Les autres édifices de la citadelle

Sur le plateau qu'occupe la citadelle, différents bâtiments, palais ou casernements de toutes les époques, abritent plusieurs musées dont l'intérêt est plutôt limité à la population locale : le **musée des Armées**, aménagé dans l'ancien harem, la **résidence privée de Mohammed Ali** (1827) où sont rappelés les hauts faits des armées d'Égypte, de la bataille de Qadesh à la guerre d'octobre 1973. Le **musée de la Police**, installé dans les soubassements d'un palais du XIIIᵉ s., présente une évocation de la vie policière sur les rives du Nil qui commence avec l'époque pharaonique. Le **musée des Attelages royaux** occupe une ancienne salle de réception des officiers britanniques. On peut enfin voir le **Qasr el-Ghawara**, l'ancienne salle d'audience de Mohammed Ali (1814) où sont exposés souvenirs et portraits du temps des khédives. •

Le quartier copte★★
(Qasr esh-Sham)

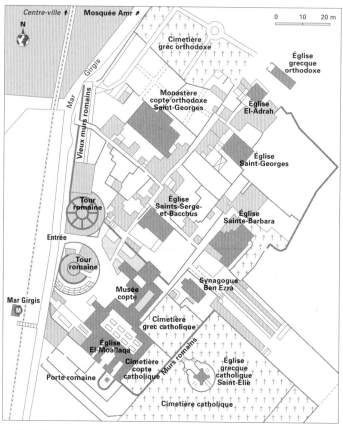

LE CAIRE V : LE QUARTIER COPTE

> **Plan V** *À 20 mn du centre en taxi ; en métro, station Mar Girgis. Comptez 2 h de visite.*

Ce quartier est également appelé le «**Vieux Caire**» : c'est là en effet que s'élevait Babylone d'Égypte, la citadelle romaine puis byzantine qui servit de noyau à la première capitale musulmane, Fostat. Vestiges de ces temps reculés, les restes des fortifications romano-byzantines sous l'église de la Moallaqa, et la mosquée Amir, à la lisière nord du quartier, le premier oratoire construit par les musulmans sur la terre d'Égypte. Malgré les fondations de nouvelles capitales plus au nord, Fostat ne fut pas abandonnée. Derrière ses murs prospéra encore longtemps une communauté de commerçants chrétiens et juifs. De nos jours, les ruelles du quartier ont été rendues au calme et aux chats : un havre de paix bien loin de la foule et du bruit du centre-ville. Et, pour les Égyptiens chrétiens, un **lieu de pèlerinage** : la Sainte Famille y aurait fait halte lors de la fuite en Égypte.

La forteresse de Babylone

En partie démantelée au début du XXᵉ s., la citadelle conserve des vestiges significatifs. Côté ouest, elle était baignée jadis par le Nil, qui coule de nos jours 400 m plus à l'ouest des hauts murs de briques et pierres alternées. Par les deux tours, qui encadraient un pont-levis, on accède au Musée copte.

Le Musée copte*

> *Ouv. t.l.j. de 9 h à 16 h (f. à 13 h le ven.) ; entrée payante.*

Le premier noyau du Musée copte fut fondé en 1908 sous les auspices de l'Église d'Égypte. À cette partie ancienne, d'une belle architecture intégrant les éléments décoratifs traditionnels tels les moucharabiehs et les boiseries ouvragées, fut ajoutée une seconde partie en 1947.

Le rez-de-chaussée

● **Salles 1** et **2**. **Décors architecturaux sculptés** provenant d'édifices religieux (IIIᵉ-Vᵉ s.), où l'influence de la culture classique est encore très présente, dans les motifs décoratifs (acanthes, rinceaux de vigne), comme dans les thèmes représentés, qui empruntent souvent à la mythologie païenne : ainsi un **Orphée jouant de la lyre** (salle **1**) provenant d'Héracléopolis Magna, ou ces deux **Éros** encadrant une croix (salle **2**).

● **Salle 3**. **Superbe composition peinte** provenant d'une niche du **monastère de Bawit** (VIᵉ-VIIᵉ s.) : au-dessus d'une Vierge à l'Enfant trônant sur un siège d'apparat incrusté de pierres de style byzantin et encadrée d'apôtres et de saints, un Christ en majesté est représenté avec une courte barbe et entouré des symboles des quatre évangélistes.

● **Salles 4** et **5**. Sculptures architecturales : voir, notamment, un **beau chapiteau en corbeille** (Bawit, VIᵉ s.) surmonté de béliers, d'un paon et de corbeilles de fruits.

● **Salle 6**. **Salle du monastère de Saint-Jérémie** (Saqqara, VIᵉ-VIIIᵉ s.). **Beaux chapiteaux** à motifs floraux et végétaux, certains avec des restes de polychromie, **chaire à six marches** dont le dossier est surmonté d'une coquille entourée d'une inscription en copte : «Au nom du Père, du Fils et du Saint-Esprit, Amen.» Rappelons que le monastère se trouvait en vue de la célèbre pyramide à degrés de Djoser, laquelle inspira peut-être la construction de cette chaire surélevée. Les premiers *minbar* des mosquées égyptiennes dérivent directement de ce modèle.

● **Salles 7** et **8**. **Fragments architecturaux**, dont une belle frise (provenant d'Oxyrhynchos, en Haute Égypte, IVᵉ-Vᵉ s.) de vendangeurs parmi des rinceaux de vigne : les représentations de scènes de la vie quotidienne sont fréquentes dans l'art paléochrétien copte, surtout lorsqu'elles se doublent d'un symbolisme traditionnel, comme ici la vigne.

● **Salle 9**. **Peinture murale** provenant du Fayoum (XIᵉ s.) représentant Adam et Ève avant (à dr.) et après (à g.) le péché originel. Voir également un magnifique **chapiteau de marbre★★★** orné de tresses et sur chaque face d'une représentation de l'arbre de Vie.

L'étage

> *Accès par l'escalier de la salle **9**.*

> **Salle 10**. Deux pages manuscrites sur papyrus d'**Évangiles provenant de Nag Hammadi** (IVᵉ s.). Dans cette localité de Haute Égypte fut découverte, en 1944, une bibliothèque gnostique de 12 livres, que l'on a datés du IVᵉ s. Parmi eux figure un exemplaire complet de l'**Évangile apocryphe de Thomas**, dont une page est présentée ici ; il s'agit d'un recueil de 114 paroles du Christ dont la compilation est attribuée à l'apôtre lui-même. Également, **Bible enluminée en**

arabe*, copiée à Damas au XIVe s. dans un beau style coufique.

● **Salles 11** et **12. Tissus.** Beaux **fragments d'une tapisserie** aux couleurs encore chatoyantes (VIe-VIIe s., origine inconnue), ornée de colombes, de paons et du chrisme (monogramme du Christ) ainsi que d'une **tenture** (Antinoé, VIe-VIIe s.) où vous noterez, autour des bustes de personnages, la liberté de ton avec laquelle ont été traités les petits amours marins, chevauchant des dauphins ou des hippocampes.

● **Salle 13. Objets précieux et icônes.** Voir, notamment, un **peigne en ivoire** (près d'Antinoé, VIe s.) orné de scènes représentant, sur une face, la résurrection de Lazare et la guérison de l'aveugle et, sur l'autre, un saint cavalier.

● **Salle 14.** Précieux **écrins d'Évangiles** (XVe s.) et **objets liturgiques**.

● **Salles 15** et **16. Objets de métal**, dont une aigle romaine provenant de la forteresse de Babylone (IIIe-IVe s.).

● **Salle 17.** Voyez surtout une **peinture murale** provenant d'une église de Nubie (Abdallah, Xe s.) représentant la Nativité.

Depuis la cour de l'aile ancienne, vous pourrez jeter un coup d'œil *(accès interdit au public)* sur un réseau de pièces souterraines appartenant à la citadelle romano-byzantine de Babylone.

L'église El-Moallaqa

> *Messes en copte les ven. et dim. matin. Visite impossible pendant ces moments-là.*

L'église El-Moallaqa, « la Suspendue », est la plus ancienne église du Caire. Construite, sans doute à partir du Ve s., au-dessus du bastion sud de la citadelle byzantine, elle fut l'objet d'agrandissements et de restaurations successives jusqu'au XIXe s.

Le monastère Saint-Georges

> *Ouv. t.l.j. de 9 h à 16 h 30.*

Bien que d'origine très ancienne, le monastère Saint-Georges fut probablement fondé au IXe s. Les bâtiments du monastère, occupés par des sœurs, sont, pour l'essentiel, modernes.

En revanche, le sanctuaire où sont déposées les reliques du saint – on y voit aussi, accrochée au mur, la chaîne dont il fut chargé – de même que la haute salle qui le précède semblent avoir appartenu à un palais fatimide du XIe s. De ce palais provient également l'immense **porte de bois** (7,60 m) dont les deux battants sont ornés de panneaux délicatement sculptés de motifs végétaux et géométriques, ainsi que de scènes de cour, ces dernières étant difficilement lisibles.

L'église Saints-Serge-et-Bacchus★★

> *Ouv. toute la journée ; le ven. et le dim. ouv. à 11 h. Photos interdites.*

Cette église passe pour la plus ancienne du Caire : au VIIe s., on y élisait déjà le patriarche copte d'Égypte. Pour les chrétiens, c'est un **but de pèlerinage** : selon la tradition, c'est ici que se reposa la Sainte Famille lors de sa fuite en Égypte. La crypte (inondée une grande partie de l'année) marquerait l'emplacement exact de cette sainte halte : chaque 1er juin, une messe y est célébrée.

L'église conserve son **plan basilical** des premiers siècles chrétiens : une nef centrale flanquée de deux nefs latérales, délimitées par deux rangées de colonnes monolithes, dont

Un petit creux ? Voir nos adresses de restaurants *p. 137*.

religion

La geniza du Caire

Parmi les communautés juives orientales, il était de tradition de ne jeter aucun document portant mention de la divinité afin d'éviter qu'il soit profané. On déposait l'ensemble de ces écrits dans une remise, la geniza (en Europe orientale, on pratiquait l'inhumation solennelle des Tora usagées). Celle de la synagogue de Fostat fut mise au jour à la fin du XIXᵉ s. On y a découvert, empilées sur plusieurs mètres, des archives inestimables. Les plus anciennes remontent au XIᵉ s. : textes rabbiniques et religieux, mais aussi documents commerciaux ou contrats de mariage. Cette documentation exceptionnelle a permis de restituer le quotidien de la communauté juive du Caire au Moyen Âge, à une époque de prospérité pendant laquelle elle a entretenu des relations avec les communautés juives du monde entier. Certains de ces manuscrits furent utilisés par Maïmonide, qui fut le rabbin de la synagogue jusqu'à sa mort en 1204, du temps où, médecin du sultan, il résidait au Caire. ●

une en marbre rose, où l'on distingue encore des traces de décoration peinte (sans doute des images de saints). L'**iconostase en bois ouvragé** date des XIIᵉ et XIIIᵉ s.

L'église Sainte-Barbara

> *Ouv. t.l.j. de 7 h à 16 h.*

Construite à la fin du VIIᵉ s., l'église fut restaurée à plusieurs reprises, notamment à la suite des incendies qui ravagèrent Fostat aux VIIIᵉ et XIIᵉ s. Par son plan basilical à deux nefs latérales, elle se rapproche de l'église Saints-Serge-et-Bacchus.

La synagogue Ben Ezra★★

> *Ouv. t.l.j. de 9 h à 16 h. Photos interdites.*

En 1980, à la suite des accords israélo-égyptiens de Camp David, décision fut prise de restaurer l'antique synagogue de Fostat, la réalisation étant assurée par des fondations nord-américaines.

Les travaux durèrent près de quinze ans : en 1994, la synagogue Ben Ezra brillait comme un sou neuf. Elle est bâtie sur un plan basilical dérivé des églises coptes médiévales, mais la *bêma* centrale évoque les synagogues européennes, tandis que la riche décoration d'arabesques l'inscrit dans son milieu oriental. Si elle n'est plus utilisée comme lieu de culte par la minuscule communauté juive qui subsiste au Caire (la grande synagogue se trouve dans la partie moderne de la ville, rue El-Adly), elle reste un **témoin privilégié** de la présence millénaire d'une communauté juive en terre d'Égypte, probablement depuis la destruction du Temple de Salomon au VIᵉ s. avant notre ère.

Sur le côté de la synagogue, un petit édifice conserve une des trois **bibliothèques juives** du Caire ; son fonds est constitué des ouvrages que les juifs égyptiens laissèrent derrière eux lorsqu'ils furent contraints de quitter le pays en 1956.

L'ouvrage le plus ancien est un **traité scientifique et mystique** imprimé à Venise en 1707. Le bibliothécaire, un Égyptien musulman qui a suivi des études d'hébreu à Tel Aviv, se fera un plaisir de vous le montrer. ●

Carnet d'adresses

Le marchand de boissons fraîches : une institution au Khan el-Khalili.

Indicatif téléphonique : 02

❶ **Office du tourisme** : 5, rue El-Adly **II-C2/I-C2** ☎ 391.34.54. *Ouv. t.l.j. de 8 h 30 à 20 h.*

Accès

En avion

L'aéroport du Caire se trouve à 20 km à l'est du centre-ville. Il comprend trois terminaux : un pour les vols internationaux de toutes les **compagnies étrangères** (terminal 2), un pour les vols internationaux d'Egyptair, le troisième étant réservé aux **vols intérieurs** (les deux derniers terminaux sont contigus et constituent le terminal 1). À l'arrivée de votre vol international, vous trouverez avant les contrôles de police des **bureaux de change** (vente des timbres nécessaires à l'obtention de votre visa si vous ne l'avez pas fait établir en France) ; c'est là également que vous attendra le représentant de votre agence de voyages si vous avez souscrit un forfait. Distributeurs automatiques de billets.

Pour gagner le centre-ville, le plus simple et le plus rapide est d'emprunter un **taxi** : comptez env. 35 £EG (le marchandage s'impose) pour une course vers le centre-ville que l'on atteint en 30 mn (le double pendant les heures d'affluence, en fin d'après-midi). Vous trouverez également des **bus** de ville qui vous conduiront jusqu'à la place El-Tahrir **I-BC2**. Une **navette** assure gratuitement la liaison entre les terminaux 1 et 2.

● **Renseignements** à l'aéroport : **Egyptair** ☎ 635.02.60. **Compagnies étrangères** (vols internationaux) ☎ 291.42.88.

En train

Une seule gare de chemin de fer au Caire : la **gare Ramsès I-C1/II-B3**. Renseignements ☎ 575.35.55. Bureaux de réservation à l'intérieur de la gare : un pour le Delta, un pour la Haute Égypte.

En bus

La nouvelle gare routière de **Turgoman II-B1** dessert toutes les destinations du pays. Pas de réservation centralisée : il est recommandé de se renseigner sur les horaires et les disponibilités la veille du départ.

Circuler

Sitôt arrivé au Caire, on voit sans peine que la circulation est bien un des problèmes majeurs de cette agglomération tentaculaire. Aux heures de pointe, le centre-ville n'est plus qu'un immense embouteillage, noyé dans le halo noir et bleu des gaz d'échappement. Une seule solution s'impose alors, la marche à pied.

Plan I : en 2e rabat de couverture. **Plan II** : p. 100-101.

À pied

Curieusement pour une ville d'une telle dimension, le centre-ville – en gros le périmètre situé entre la Corniche et les jardins de l'**Ezbékiya** – n'est guère étendu et on peut sans trop de peine le traverser à pied en 30 mn environ. C'est là que se trouvent le Musée archéologique, les banques et les agences de voyages ainsi que de nombreux hôtels. En dehors de ce périmètre, les distances imposent d'être motorisé.

En taxi

C'est le moyen de transport le plus commode. Les petits taxis noir et blanc ne manquent pas au Caire, d'antiques véhicules parfois tellement rafistolés que l'on peine à en deviner la marque d'origine. Il suffit d'en héler un du bord du trottoir : une course à l'intérieur du centre-ville (le quartier de Zamalek **I-B1-2** y compris) ne devrait pas vous coûter plus de 5 £EG. L'usage local est de partager les services d'un même véhicule. Ainsi, si vous êtes seul et que vous vous installez sur la banquette arrière, vous risquez rapidement de vous retrouver coincé entre deux autres passagers. Mieux vaut faire comme les Cairotes avisés : prendre place à côté du chauffeur (ceinture de sécurité obligatoire). Le grand nombre de taxis dispense absolument de faire attendre votre véhicule le temps d'une visite, quel que soit le quartier dans lequel vous vous trouvez et malgré les sollicitations pressantes du chauffeur. On trouve également aux abords des grands hôtels des services de limousines, voitures plus confortables et le plus souvent climatisées, plus chères bien sûr (le double environ), mais commodes et confortables pour une journée d'excursion, celle de Giza-Saqqara par exemple.

En métro

Le miracle du Caire : un moyen de transport rapide, propre et peu cher (moins de 1 £EG). C'est la meilleure solution pour gagner le Vieux Caire (le quartier copte, **station Mar Girgis**) depuis le centre-ville. Pour le reste, le réseau, toujours en cours de construction, relie les quartiers périphériques au centre et intéresse principalement les Cairotes. Une ligne, en travaux, devrait relier le centre à Giza et permettre ainsi d'atteindre le quartier des Pyramides.

En bus

Surchargés, lents et peu confortables, les bus urbains sont à déconseiller aux touristes de passage.

Hôtels

Les possibilités de logement ne manquent pas dans la capitale égyptienne. Des grands hôtels aux petits établissements destinés aux voyageurs locaux, le choix est vaste. Pas illimité néanmoins si l'on précise que la plupart des établissements de catégorie modeste ne conviennent guère à des visiteurs étrangers qui souhaitent un minimum de confort pour se remettre d'une longue journée de visite. C'est au **centre-ville** que se concentrent la plupart des grands hôtels internationaux ; on y trouve également un certain nombre d'établissements datant de l'époque britannique : beaucoup sont aujourd'hui en piteux état, mais il peut y avoir de bonnes surprises. Dans les **environs de l'aéroport**, quelques hôtels – de luxe uniquement – offrent une solution commode en cas de transit de courte durée (arrivée tardive au Caire et départ matinal vers la Haute Égypte). On peut enfin choisir de s'exiler du centre et de son animation pour loger à **Giza**, au pied des Pyramides : hôtels de luxe uniquement, dont le fleuron est le célèbre Mena House (voir p. 159). Pendant l'été (de mai à septembre), il est vivement conseillé de disposer d'une chambre pourvue d'**air conditionné** (disponible, sauf mention contraire, dans tous les hôtels qui sont sélectionnés ici).

Les numéros en gris renvoient aux adresses localisées sur les plans I (2ᵉ rabat de couverture) et II (p. 100-101).

Au centre-ville

Tout au long de la **Corniche**, dominant le ruban bleu du Nil, s'élèvent les grands hôtels internationaux de la capitale. Ils offrent comme de juste tous les services et le confort propres à ce genre d'établissement. Et bien souvent de superbes vues sur la ville. Hormis les hommes d'affaires, ils sont essentiellement fréquentés en hiver par les groupes de touristes et, l'été, par les Arabes du Golfe en vacances au Caire. Si les prix sont élevés pour les voyageurs individuels, sachez que vous pouvez y réserver votre séjour depuis votre pays d'origine par l'**intermédiaire d'un agent de voyages**, qui pourra généralement vous faire bénéficier de conditions beaucoup plus avantageuses que celles que vous trouveriez sur place. Au centre de la ville européenne, le quartier de **Qasr el-Nil**, vous trouverez également des établissements de catégorie plus modeste, parfois d'anciens hôtels coloniaux qui conservent un charme désuet.

▲▲▲▲▲ **Four Seasons 2**, 35, Giza St. **I-B3** ☎ 573.12.12, fax 568.16.16, < www.fourseasons.com/cairofr >. *271 ch.* C'est le dernier-né de l'hôtellerie de luxe au Caire. Vastes chambres de tout confort, une partie avec vue sur le Nil, service impeccable. À signaler, l'agréable **restaurant-grill** au bord de la piscine.

▲▲▲▲▲ **Nile Hilton 1**, corniche El-Nil **II-A2-3** ☎ 578.04.44, fax 578.04.75, < nhilton@internetegypt.com >. *431 ch.* À deux pas du musée du Caire, voici l'ancêtre des grands hôtels modernes du centre-ville. Vue magnifique sur le Nil, pour les chambres du moins qui donnent de ce côté-ci. À noter : le **pub** Le Champ de Mars, un havre de fraîcheur au cours d'une journée de visite, où l'on peut boire un verre ou se restaurer de plats légers dans un cadre évoquant une brasserie parisienne. Un agréable **restaurant** italien en terrasse permet de grignoter une pizza ou de se caler avec un plat de pâtes au calme après la visite du musée.

▲▲▲▲▲ **Sémiramis Intercontinental 5**, corniche El-Nil **II-A3** ☎ 795.71.71, fax 796.30.20. *840 ch.* Grand luxe au bord du Nil, un repaire de diplomates et d'hommes d'affaires. Vaste et agréable réception, et belle galerie marchande très prisée des Cairotes.

▲▲▲ **Cosmopolitan 7**, 1, rue Ibn Tahlab **II-B2** ☎ 392.38.45, fax 393.35.31. *84 ch.* Bel établissement du début du xxᵉ s. qui conserve une grande partie de sa décoration originelle. Un hôtel de charme donc, si l'on oublie les quelques désagréments dus à la vétusté des installations (eau, électricité). En plein centre-ville, mais dans un périmètre piétonnier qui assure une relative tranquillité.

▲▲▲ **Odeon Palace 8**, 6, rue Abd el-Hamid Said **II-B2** ☎ 577.66.37, fax 576.79.71, < mervat@odean palace.com >. *36 ch.* Un hôtel moderne dans le centre, où un soin particulier a été apporté à la décoration des parties communes qui se veulent d'un style orientalisant. À vous de décider si ces efforts ont été couronnés de succès. Tout le confort dans les chambres que l'on choisira de préférence sur l'arrière du bâtiment afin d'éviter le bruit de la rue. Le **restaurant-terrasse** ouvert tard le soir est un rendez-vous des noctambules cairotes. Des gastronomes également, puisque la cuisine, orientale, y est réputée.

▲▲▲ **Victoria 10**, 66, rue El-Gumhuriya **II-C1** ☎ 589.22.90, fax 591. 30.08. *100 ch.* Une autre survivance de la période coloniale : belles parties communes avec mobilier des années 1940 et tapis d'Orient. Chambres très convenables pour un prix avantageux. Assez loin (à pied) du centre-ville, mais dans un quartier néanmoins très animé.

▲▲▲ **Windsor** 11, 19, rue Alfi Bey **II-C1** ☎ 591.52.77, fax 592.16.21, < windsor@link.net >. *50 ch.* Ancien mess des officiers de l'armée britannique, le vénérable bâtiment abrite depuis les années 1950 un hôtel de style colonial dont les jeunes globe-trotters du monde entier s'échangent l'adresse. Sympathique et confortable, bien situé à deux pas de la partie piétonne de la rue Alfi Bey, avec ses petits restaurants bon marché et ses commerces populaires. À l'étage, grand bar avec tapis et meubles fatigués, que l'on trouvera au choix tout plein d'un charme désuet ou sinistre et déprimant.

▲▲ **Santana** 4, 7, rue Ahmed el-Melhy **I-B2** ☎ 337.21.21, fax 335.12.01. *80 ch.* Un bon choix dans le tranquille quartier de Dokki. Un hôtel récent offrant tout le confort moderne avec climatisation et télévision par satellite. Préférer impérativement les chambres qui donnent sur la rue peu passante ; elles ouvrent sur des jardins et le large tandis que celles de l'arrière du bâtiment sont nez à nez avec l'immeuble voisin. Pour un petit supplément on peut s'offrir une des suites, celles du 1er étage disposant d'une immense terrasse. Plus cher que sa catégorie le laisserait penser (comptez l'équivalent de 60 $ pour une chambre double).

À Zamalek

Choisir Zamalek pour lieu de résidence temporaire, c'est choisir aussi un mode de vie. Celui des élites cairotes qui depuis le début du siècle ont jeté leur dévolu sur cette pointe nord de l'île de Gézira. Au sud s'étendent les greens du Sporting, golf et terrain d'équitation, le club le plus sélect de la société cosmopolite du Caire dans la première moitié du XXe s. Zamalek, ce sont des rues calmes et ombragées, de belles villas qui abritent aujourd'hui pour l'essentiel des représentations diplomatiques et des immeubles cossus devant lesquels veillent les *bawab*, les indispensables concierges, hommes à tout faire, d'origine nubienne pour la plupart. Commerces de luxe également, des épiciers aux antiquaires, dont la qualité se traduit par leurs charmantes enseignes en français : *Épicerie économique moderne*, *Teinturerie parisienne* ou encore *Le Petit Coin*.

▲▲▲▲▲ **Marriott** 3, rue Saraya el-Gezira **I-B2** ☎ 735.88.88, fax 735.66.67.1 *123 ch.* Au départ, un palais fut construit par le khédive Ismaïl pour les festivités de l'inauguration du canal de Suez. Le bâtiment centenaire est toujours là, avec sa décoration mauresque au goût de l'époque : il abrite la réception et les parties communes. Mais il est coincé désormais entre les hautes tours modernes de cette véritable cité hôtelière qui se prolonge par d'autres bâtiments dans les jardins. Grand luxe évidemment, même si l'on peut regretter l'exiguïté des chambres de catégorie standard. Superbe **piscine** dans les jardins.À signaler, au rez-de-chaussée du bâtiment principal, le **Harry's Bar**, une agréable et relaxante étape anglaise.

▲▲▲▲ **Flamenco** 13, 2, rue El-Gezira el-Wosta **I-B1** ☎ 735.08.15, fax 735.08.19, < flamencohotels.com/cairo >. *157 ch.* Bien situé en bordure du Nil sur lequel donnent une partie des chambres, c'est un établissement agréable et de très bon confort : les chambres sur le Nil offrent une belle vue mais sont assez bruyantes du fait de la circulation intense en contrebas ; les chambres sur la rue proposent des vues banales, mais sont plus calmes. Le soir, vous pourrez partir à pied à travers les rues de Zamalek à la recherche de l'un des bons restaurants du quartier que l'on préférera à ceux de l'hôtel. À signaler : à la réception, le panneau indiquant le prix d'une course en taxi vers différents points de la ville. Une heureuse initiative qui permet de couper court aux discussions avec les chauffeurs de taxi qui patientent à l'extérieur.

▲▲▲ **Horus** 18, 21, rue Ismaïl Muhammad **I-B1** ☎ 735.39.77, fax 735.31.82. *35 ch.* Au 4ᵉ étage d'un immeuble cossu de Zamalek, un hôtel façon pension de famille où on vous accueillera en toute simplicité. Les chambres aménagées simplement mériteraient un effort d'entretien. Petite terrasse.

▲▲▲ **Longchamps** ♥ 18, 21, rue Ismaïl Muhammad **I-B1** ☎ 735.23.11, fax 735.96.44. < www.longchamps hotel.com >. *21 ch.* Depuis que la fille de l'ancienne propriétaire a repris l'affaire familiale, l'établissement s'est métamorphosé : les chambres ont été refaites avec un goût très sûr, peintures claires et plancher, pimpantes salles de bains baignant dans une jolie lumière bleue. Bouquets de fleurs, bibelots discrets au coin des couloirs, revues d'art jetées négligemment sur les tables basses donnent à l'ensemble un charme très féminin. Deux belles terrasses noyées sous les plantes sont à la disposition des pensionnaires. L'omniprésent propriétaire, francophone, a ouvert il y a peu un **restaurant** de quelques tables : on y organise de temps à autre des soirées musicales et poétiques. L'adresse de charme par excellence. La réservation s'impose.

▲▲▲ **New Star Hotel** 17, 34, rue Yehia Ibrahim **I-B1** ☎ 735.09.28. *28 ch.* Moderne et bien situé, l'hôtel mérite un bon point pour la taille de ses chambres qui ressemblent plutôt à des mini-suites.

▲▲▲ **Nile Zamalek** 15, 21, Aziz Abaza **I-B1** ☎ 735.18.46. *40 ch.* Certes l'endroit a vécu ; les couloirs et les salles de bains mériteraient un petit rafraîchissement. C'est déjà fait pour certaines d'entre elles : il faut demander à en voir plusieurs avant de choisir. Ces réserves faites, l'hôtel offre des chambres assez vastes ouvrant pour certaines large-

ment sur le Nil : les « suites » (à choisir de préférence pour un prix à peine plus élevé) offrent même une double exposition et un joli balcon. Correct et économique. À signaler au rez-de-chaussée, un excellent **restaurant** coréen dirigé par un chef asiatique.

▲▲▲ **Om Kolthoom** 14, 5, rue Abu el-Feda **I-B1** ☎ 736.84.44, fax 735.53.04. *54 ch.* Une curiosité : cet immeuble s'élève en effet à l'emplacement de la villa d'Oum Kalsoum et l'hôtel, ouvert en 2000, est entièrement dédié à la mémoire de la célèbre diva. Ses chansons constituent le programme unique de la musique diffusée 24h/24 dans les parties communes. Pour le reste, décoration orientale assez discrète et bon confort. Pas d'alcool.

▲▲▲ **Pharaohs** 6, 12, rue Loufti Hassouna **I-B2** ☎ 761.08.71, fax 761.08.74, < pharaohshotel2003@ yahoo.com >. *102 ch.* Dans une rue calme à 15 mn à pied de la place El-Tahrir, un hôtel récent de bon confort ; certaines chambres ont un petit balcon ; choisir de préférence les chambres à l'arrière qui donnent sur un petit jardin calme.

▲▲▲ **President** 16, 22, rue Taha Hussein **I-B1** ☎ 735.06.52, fax 736.17.52. *117 ch.* Excellent confort moderne au cœur de Zamalek : tous les services d'un grand hôtel (bureau de change et de tourisme, service de limousines, blanchisserie) dans un établissement dont les prix restent abordables. À signaler : son **restaurant-bar**, le Cellar *(ouv. en soirée seulement)*, où l'on peut déguster des assortiments de mezzés, parmi les meilleurs de la ville.

Autour de l'aéroport

▲▲▲▲▲ **Jolie Ville**, route de l'aéroport **hors pl. par I-D1** ☎ 291.94.00, fax 418.07.61. *415 ch.* Excellent confort avec une mention toute particulière pour la restauration. À la sortie de la bretelle d'accès aux terminaux de l'aéroport.

▲▲▲▲▲ **Sheraton**, rue El-Orouba **hors pl. par I-D1** ☎ 267.77.30, fax 267.76.00. *90 ch.* À 3 km env. de l'aéroport, le grand luxe pour une nuit de transit confortable. Plusieurs **restaurants**, piscine et animation musicale en soirée. L'endroit est très fréquenté par la bourgeoisie d'Héliopolis qui s'y rend en voisine.

▲▲▲▲ **Novotel**, route de l'aéroport, **hors pl. par I-D1** ☎ 291.85.20, fax 291.47.94. *207 ch.* Voisin du Jolie Ville *(ci-dessus).* Bon confort moderne; un petit coup de rénovation serait néanmoins bienvenu dans les couloirs des étages et les parties communes. Aussi cher que les deux précédents.

Restaurants

Les numéros en gris *renvoient aux adresses localisées sur sur les plans* **I** *(2ᵉ rabat de couverture) et* **II** *(p. 100-101).*

◆◆◆ **Justine** 40, Four Corners, 4, rue Hasan Sabri **I-B2** ☎ 737.21.19. C'est le fleuron de cet établissement, le Four Corners, qui regroupe 3 restaurants et un bar. Dans un cadre élégant, rendez-vous des élites cairotes, il vous sera proposé une carte de bonne gastronomie française : viandes et poissons sont également présents, avec une prédilection pour ces derniers que le chef, un Breton, cuisine à merveille. Sans doute la meilleure table du Caire, toutes catégories confondues. Certes c'est un peu cher. Une folie abordable donc. Carte de vins égyptiens et français. Le restaurant se trouve à l'étage de l'immeuble (ascenseur particulier).

◆◆ **Abou el-Sid** 43, 157, rue du 26-Juillet **I-B1** ☎ 735.96.40. L'entrée du restaurant ne donne pas directement sur la rue, mais dans la ruelle dont la librairie Le Diwan fait le coin. C'est le nec plus ultra de la branchitude cairote : le soir on s'y presse dans une ambiance très animée, au milieu d'une décoration kitsch inspirée de l'époque des khé-

Tout chauds, les beignets ! À la mi-journée, les restaurateurs ambulants prennent possession de la rue.

dives. On y dîne d'excellents mezzés sur des tables basses, tandis qu'au bar, les jeunes gens à la mode redécouvrent les plaisirs du narguilé.

◆◆ **Al Mawal** 55, 9, av. El-Gezira **I-B2** ☎ 735.31.14. Au dernier étage du bateau *Blue Nile*, un excellent restaurant libanais *(ouv. tard)*, où l'on dégustera de succulents mezzés, dans une salle largement ouverte sur le Nil. Deux musiciens accompagnent le repas. Le *Blue Nile* offre également un restaurant de cuisine égyptienne, moins cher, ainsi qu'un restaurant marocain qui fait aussi office de discothèque.

◆◆ **Arabesque** 42, 6, rue Qasr el-Nil **II-B2** ☎ 574.78.98. Situé à deux pas du Musée archéologique, un bon restaurant de spécialités orientales. L'endroit est calme et reposant, idéal donc après une matinée de visite à travers les collections archéologiques. Et si votre œil n'est pas trop épuisé, vous pourrez

À la saumure ou délicatement épicées, les olives sont l'indispensable entrée en matière lors d'un repas entre amis.

admirer les œuvres d'artistes égyptiens contemporains exposées dans cet établissement, dont la galerie d'art est également réputée.

♦♦ **La Bodega 46**, 157, rue du 26-Juillet **I-B1** ☎ 736.21.83. Un autre haut lieu de la vie nocturne cairote : décor gentiment espagnol, mâtiné d'orientalisme et qui sert de rendez-vous aux noctambules. On y dîne fort tard, au bar ou dans une salle à manger plus intime, de spécialités orientales très finement préparées.

♦♦ **The Cellar 16**, hôtel President, 22, rue Taha Hussein **I-B1** ☎ 735.37.52. C'est le rendez-vous de la jeunesse dorée de Zamalek : dans une ambiance gaie et animée vous pourrez déguster, au bar ou attablé, de succulents mezzés d'inspiration libanaise. Fermeture tardive.

♦♦ **Chin-Chin 40**, Four Corners, 4, rue Hasan Sabri **I-B2** ☎ 737.21.19. *Le soir seulement.* Le « chinois » du Four Corners : excellentes spécialités mises au point par des cuisiniers asiatiques. Cadre raffiné et extrême-oriental comme il se doit.

♦♦ **Dido's al Dente 53**, 26, rue Bahgat Aly **I-B1** ☎ 735.91.17. Tout petit et charmant, cet établissement situé à Zamalek propose d'excellentes spécialités de pâtes à l'italienne. Pas d'alcool.

♦♦ **Le Grillon 41**, 20, rue Qasr el-Nil **II-B2** ☎ 574.11.14. Spécialités orientales en plein centre du Caire. Le restaurant se trouve au fond d'une allée, en retrait de la rue principale.

♦♦ **Taboula 50**, 1, rue Amrika el-Latiniya **II-A3** (au niveau de l'ambassade de Grande-Bretagne) ☎ 792.52.61. Un restaurant chic à Garden City où, comme au Abou el-Sid (les deux établissements appartiennent à la même société), la décoration fait une large place à l'orientalisme. Cadre intime et reposant ; succulentes spécialités libanaises.

♦ **Abou Shakra 44**, 69, rue Qasr el-Ainy **I-B3** ☎ 531.51.11. Pas d'alcool. À la lisière des anciens quartiers des abattoirs, Abou Shakra est, depuis plus de vingt ans, une institution : c'est là, affirme-t-on, que l'on mange la meilleure viande du Caire. Végétariens s'abstenir.

♦ **L'Aubergine** 45, 5, rue Sayed el-Bakry **I-B2** ☎ 738.00.80. Petit bistrot sans prétention où l'on propose des spécialités végétariennes d'inspiration méditerranéenne, grecques et italiennes principalement ; une décoration toute neuve, tendance moderne minimaliste, lui vaut les faveurs de la clientèle branchée de Zamalek.

♦ **Le Café Riche** 54, 17, rue Talaat Harb **II-B2** ☎ 392.97.93. Sur la façade, l'établissement annonce fièrement son âge : centenaire. À l'intérieur, attablés depuis le matin, une collection de journalistes et d'hommes de lettres blanchis sous le harnais pourraient semble-t-il vous en raconter l'inauguration. Un haut lieu de la vie littéraire cairote donc, où l'on mange honnêtement les traditionnelles salades et grillades. Service courtois et efficace.

♦ **Estoril** 47, 12, rue Talaat Harb **II-B2** ☎ 574.31.02. Le restaurant se trouve en fait dans une petite ruelle derrière le bureau d'Air France. Belle salle sympathique tout en longueur pour une carte franco-orientale. C'est un des rendez-vous des francophones du Caire, Français expatriés ou Égyptiens cultivés qui souvent conversent entre eux dans un français châtié. Excellente et sympathique adresse.

♦ **Felfela** 48, 15, rue Hoda Shaarawi **II-B2** ☎ 392.28.33. Une institution en matière de spécialités orientales ; le pigeon grillé y est un must. On pourra également y goûter des plats de *foul* et de *taameya*.

♦ **Five Bells** 49, 13, rue Ismaïl Muhammad **I-B1** ☎ 735.89.80. Sympathique établissement situé au cœur de Zamalek : l'hiver, on y mange dans une petite salle, l'été, dans d'agréables jardins. Spécialités : fondue bourguignonne (excellentes viandes et sauces) et mezzés libanais.

♦ **Khan el-Khalili** 52, 5, allée el-Badistan **III-A3** ☎ 590.37.88. Excellent établissement au cœur du bazar du Caire ; climatisation, service attentionné, cuisine savoureuse en font une halte appréciable et reposante au beau milieu de l'animation du Khan. Pas d'alcool.

♦ **Pub 28** 51, 28, rue Shagarat el-Durr **I-B1** ☎ 735.92.00. Poussez la porte et vous vous retrouvez en plein cœur de Londres : même cadre intime et feutré, même bar au fond de la salle où l'on sert des bières bien fraîches (pas à la pression malheureusement). On peut y manger à partir de 12 h : petite carte orientale et européenne avec un plat du jour à petit prix.

Shopping

En dehors des galeries marchandes des grands hôtels (prix souvent élevés), c'est au Khan el-Khalili que vous trouverez proposés tous les articles d'Égypte et d'Orient : cotonnades, bijoux en or (les cartouches que vous pourrez faire graver à votre nom), verrerie, cuivre, articles souvenirs (statuettes en pierre, papyrus, etc.). À vous de flâner dans les allées de ce véritable antre d'Ali Baba… et de marchander pied à pied l'article qui vous intéresse.

Antiquités

La **rue Hoda Shaarawi II-B2-3** regroupe plusieurs boutiques d'antiquaires où vous trouverez principalement des objets décoratifs du siècle dernier. Le **quartier de Zamalek** possède aussi ses boutiques d'antiquités que vous trouverez sur la rue du 26-Juillet (Yulyu) **I-B2** et dans les alentours.

Librairies

IFAO, palais Mounira, 37, rue Cheikh Ali Youssef **I-B3** ☎ 357.16.00. Vous y trouverez principalement les ouvrages savants édités par l'Institut français d'archéologie orientale, fondé en 1897. Ouvrages pour spécialistes et passionnés donc, mais aussi quelques publications de vulgarisation intelligente, comme les guides de sites archéologiques publiés par l'Institut (à ce jour, Edfou et Dendera).

Librairie de l'Université américaine du Caire (AUC), place El-Tahrir **II-B3** ☎ 797.53.77. Grand choix d'ouvrages pratiques, culturels, albums illustrés sur l'Égypte de toutes les époques. En anglais uniquement.

Livres de France, 36, rue Qasr el-Nil **II-B2** ☎ 393.55.12. Les dernières parutions de l'édition française.

Adresses utiles

Ambassades

Belgique, 20, rue Kamel el-Shinnawi, Garden City **II-A3** ☎ 794.74.94. **Canada**, 5, place El-Sarai el-Kobra, Garden City **hors pl. par II-A3** ☎ 794.31.10. **France**, 29, rue Giza, Giza **I-B3** ☎ 570.39.20. **Suisse**, 10, rue Abd el-Khaliq Sarwat **II-B2** ☎ 575.82.84.

Change

Vous trouverez des **bureaux de change** dans tous les grands hôtels ; la plupart d'entre eux acceptent la carte Visa accompagnée d'un passeport pour retirer des espèces.

Distributeurs automatiques de billets à l'aéroport, ainsi que dans le hall des hôtels Marriott **I-B2** et Ramsès Hilton **II-A2**.

Compagnies aériennes

Air France, 2, place Talaat Harb **II-B2** ☎ 394.39.38. **Egyptair**, 6, rue El-Adly **II-C2** ☎ 392.76.49. **Swiss**, 22, rue Qasr el-Nil **II-B2** ☎ 393.79.55.

Cultes

Catholique : Saint-Joseph, rue Muhammad Farid **II-C2** ; messe en français t.l.j. à 7 h 30 et à 18 h 30, le dim. à 7 h 30 et à 12 h. **Synagogue** : rue El-Adly **II-C2**, ouv. t.l.j. de 10 h à 14 h.

Hôpitaux

Anglo-American Hospital, rue El-Borg, Zamalek **I-B1** ☎ 735.61.62. **El-Salam**, corniche de Maadi **hors pl. par I-B4** ☎ 363.80.50 et 362.33.00 (urgences). **Nil Badrawi Hospital**, corniche El-Nil **hors pl. par I-B4** ☎ 524.00.22.

Location de voitures

La conduite automobile étant en Égypte un sport à haut risque (*a fortiori* pour un étranger fraîchement débarqué), il est absolument déconseillé de louer une voiture sans chauffeur. Vous trouverez en revanche dans tous les grands hôtels des services de « limousines » (voitures avec chauffeur) à la journée ou pour quelques heures.

Pharmacies

Isaaf, à l'angle de la rue Ramsès et de la rue du 26-Juillet (Yulyu) **II-B1** ; ouv. 24 h/24 ☎ 574.33.69. **Seif**, 76, rue Qasr el-Ainy **II-B3** ☎ 794.26.78. **Zamalek**, 3, rue Shagarat el-Durr **I-B1** ☎ 735.24.06 ; ouv. 24 h/24.

Poste centrale

Place El-Ataba **II-D2**, ouv. 24 h/24 ; également place Bab El-Luk **II-B3**.

Urgences

Ambulances ☎ 123. **Police** ☎ 122. **Police touristique** ☎ 126. ●

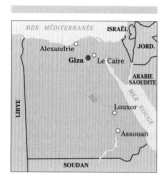

DE GIZA À SAQQARA

reniers à blé élevés par Joseph en prévision des sept années de famine ou symboles ésotériques à la construction desquels des extraterrestres auraient prêté la main : depuis Hérodote, les pyramides d'Égypte n'ont cessé d'enflammer les imaginations. On en dénombre une trentaine abritant des sépultures royales, toutes situées sur la rive occidentale du fleuve, dans une zone s'étirant sur une centaine de kilomètres entre Abou Roach au nord et Ilahoun au sud. Plus d'une soixantaine si l'on compte les pyramides secondaires, celles des épouses et des princes. Deux siècles d'exploration scientifique ont permis de lever quelques voiles sur les plus fabuleuses constructions de l'Antiquité. Pourtant, notre connaissance reste encore lacunaire et les pyramides conservent toujours leur part de mystère.

La première pyramide

L'idée de marquer la sépulture d'un roi d'une construction monumentale n'est pas née avec les pyramides : les tombes royales prédynastiques à **Abydos** étaient ainsi recouvertes d'une masse parallélépipédique de briques, appelée par les archéologues *mastaba*, du fait de sa ressemblance avec les bancs de pierre *(mastaba)* utilisés dans l'Égypte contemporaine.

C'est à **Imhotep**, architecte et grand vizir du roi Djoser (IIIe dynastie, 2617-2591), que l'on doit la première pyramide, celle de **Saqqara**. Au départ, il ne s'agit que d'un mastaba monumental qu'Imhotep commença par agrandir, puis suréleva de cinq mastabas superposés et de taille décroissante. Dans le même temps, il inventait l'**architecture de pierre**, imitant les formes des édifices de bois et de roseau.

Vues du désert, les trois pyramides de Giza : du premier au dernier plan, Mykérinos, Chéphren et Chéops.

LES EXPÉRIMENTATIONS DE SNÉFROU

L'exemple de la **pyramide à degrés**, monumentale échelle de Jacob permettant au souverain de se hisser vers le ciel, n'allait pourtant pas être suivi. Le règne de **Snéfrou**, premier souverain de la IVe dynastie (2561-2538), fut celui de l'expérimentation. Pharaon se décida tout d'abord pour une pyramide à degrés ; il y ajouta deux étages, avant de la recouvrir d'un parement pour en rendre les parois lisses. C'est la **pyramide de Meïdoum**, dont la forme étrange a frappé les visiteurs depuis l'Antiquité. Second essai, à **Dahchour**, une quarantaine de kilomètres plus au nord. Cette fois, le roi opta pour une pyramide à flancs lisses, mais l'angle d'attaque, trop grand, dut être modifié en cours de construction : c'est la **pyramide rhomboïdale**. La troisième tentative, encore à Dahchour, fut la bonne : c'est la pyramide parfaite, réouverte à la visite il y a peu.

CHÉOPS ET LES AUTRES

C'est à **Chéops**, fils de Snéfrou, que l'on doit l'érection de la **plus grande pyramide** jamais réalisée. Son fils (ou frère) **Chéphren** suivit les voies cyclopéennes ouvertes par son prédécesseur. Mais dès le règne de **Mykérinos**, on en revint à de plus modestes dimensions. Jusqu'à la XIIIe dynastie, et à l'exception des rois de la XIe dynastie qui préférèrent être inhumés à Thèbes, leur ville d'origine, on verra ainsi les souverains dresser une pyramide au-dessus de leur tombeau. Les pharaons du Nouvel Empire choisirent des tombeaux secrets, dissimulés aux convoitises des pillards au fond d'une vallée à l'ouest de Thèbes, la vallée des Rois. Mais la forme pyramidale ne disparut pas pour autant : elle signalait désormais les **sépultures des civils**. Et les derniers souverains indépendants se réclamant de la tradition pharaonique, les **rois de Méroé**, dans leur lointaine Nubie et jusqu'à l'époque romaine, choisirent des pyramides de pierre pour demeure d'éternité.

LE PLAN TYPE DE L'ENSEMBLE

La pyramide n'est pas une simple sépulture : elle occupe le centre d'un **vaste complexe**, un simulacre de ville où le souverain et ses proches poursuivent leur vie d'outre-tombe. Les sépultures royales de l'Ancien Empire suivent toutes plus ou moins le même modèle. Elles s'inscrivent dans une enceinte d'où les profanes sont exclus.

Contre la face nord de la pyramide royale ouvre la **descenderie** : elle donne accès à la **chambre mortuaire** où repose la dépouille momifiée du pharaon dans son sarcophage de granit. À partir d'**Ounas** (Ve dynastie, 2350-2321), la chambre funéraire se développe en de véritables appartements, garnis de meubles et de vaisselle, qui abritent la vie *post mortem* du roi. Au mur figurent, en longues séries de hiéroglyphes, les *Textes des pyramides*, qui fournissaient au défunt les formules magiques lui permettant de franchir les obstacles le séparant de la vie éternelle. Contre la face orientale de la pyramide, le **temple haut** abritait le culte rendu au roi défunt. Plus loin à l'est s'élevait le temple bas, ou temple de la vallée. C'est là, pense-t-on, que se déroulait l'embaumement du corps du roi. La momie était ensuite acheminée vers sa dernière demeure par une chaussée couverte qui reliait les temples bas et haut. Le mieux conservé de ces dispositifs est celui du complexe de Chéphren *(voir p. 147 et aussi la chaussée de la pyramide d'Ounas à Saqqara, p. 154)*. Autour de la pyramide royale, des **pyramides secondaires** étaient érigées au-dessus des sépultures des membres de la maison royale. Enfin, contre les flancs de la pyramide royale, des **fosses** dissimulaient d'immenses embarcations de bois, les **bateaux solaires** utilisés par le défunt pour son voyage outre-tombe. Une de ces barques est exposée contre la face sud de la pyramide de Chéops.

LE CULTE DU ROI DÉFUNT

L'ensemble de la pyramide royale était le lieu d'un culte rendu au roi. Assurant une médiation entre les hommes et les dieux, la fonction royale octroyait la divinité à qui l'exerçait. Ainsi, dans l'Ancien Empire, seul le **pharaon, assimilé à Osiris ressuscité** *(sur le mythe d'Osiris, voir p. 234)*, était promis à l'immortalité. Ses successeurs sur le trône du Double Pays jouaient pour lui le rôle d'Horus, entretenant par les rites et les sacrifices le culte funéraire rendu au roi, et ainsi l'immortalité de leur père. La pyramide à degrés symbolise à l'évidence l'ascension du roi Osiris vers le monde divin. L'apparition de la pyramide à flancs lisses semble témoigner d'une évolution des théories religieuses. À partir de la IVᵉ dynastie (celle de Snéfrou, Chéops et leurs successeurs) s'élabore à Héliopolis une théologie « nationale » centrée autour de la figure de **Rê**, le dieu solaire. Il faudrait alors voir dans la pyramide parfaite le symbole de la descente sur terre des rayons du soleil, la pointe de l'édifice devenant le « perchoir » de Rê. ●

Élan de l'homme vers le ciel ou descente des rayons solaires sur la terre, la symbolique des pyramides reste un mystère.

Giza★★★

> À 12 km à l'O du Caire : en temps normal, le trajet en taxi prend env. 30 mn, le double aux heures de pointe. Inutile de conserver votre taxi pour le retour, vous en trouverez sans difficulté aux alentours du Sphinx ou devant l'hôtel Mena House. Visite t.l.j. de 8 h à 16 h (17 h en été). Il faut **3 billets** pour visiter l'ensemble du site : un pour le plateau lui-même, le temple de la vallée et la pyramide de Mykérinos, un pour l'intérieur de la pyramide de Chéops, et le troisième pour la barque solaire (en vente à l'entrée de ce dernier site). Depuis 1999, l'accès à l'intérieur de la pyramide de Chéops est limité (150 personnes le matin, 150 autres personnes à partir de 13 h). Le guichet se trouve du côté N de la Grande Pyramide, celui que l'on aborde en venant de l'avenue et de l'hôtel Mena House. Prévoir un minimum de 3 h de visite.

> *Carnet d'adresses*, p. 159.

Plusieurs kilomètres avant d'atteindre le plateau de Giza, on commence à distinguer, par-dessus les immeubles modernes, le triangle doré du sommet de la Grande Pyramide. L'approche des plus célèbres monuments de l'Égypte a curieusement déçu plus d'un visiteur. Et parmi eux, Champollion lui-même qui, à dix pas de distance, ne voyait plus dans la Grande Pyramide qu'un «bâtiment vulgaire dont on regrette de s'être approché». C'est que, de loin, aucune échelle ne permet d'appréhender les dimensions réelles des pyramides, tandis que de près, on n'en peut voir qu'une petite partie et, comme le souligna le déchiffreur des hiéroglyphes, le « calcul seul peut alors en faire apprécier l'immensité ».

UNE GÉOMÉTRIE DE GÉANT

Stupéfaits par les dimensions colossales de la Grande Pyramide, les anciens Égyptiens firent de **Chéops** un tyran sanguinaire, réduisant son peuple en esclavage afin de mener à bien son entreprise colossale. Et les guides locaux qui servirent de cicérones à Hérodote, au Ve s. avant notre ère, renchérissaient sur l'ignominie du souverain : ils ajoutaient qu'à court d'argent, Chéops avait réuni la somme nécessaire à l'achèvement des travaux en contraignant sa propre fille à se prostituer. Outre ses proportions, ce sont les **qualités architecturales** de l'édifice qui étonnent : le strict alignement des faces par rapport aux points cardinaux ; la parfaite assise de l'ensemble obtenue grâce à une simple rigole remplie d'eau qui servit de niveau ; la perfection des joints entre les blocs, qui ne permettent pas d'y glisser une lame ; le système de répartition des masses, dans les parois de la rampe d'accès, en léger

---

urbanisme

L'avenue de tous les dangers

L'**avenue des Pyramides** qui relie Le Caire au plateau de Giza fut percée à l'occasion des festivités de l'inauguration du canal de Suez en 1869. Les frais ombrages qui la bordaient tout du long ont disparu, tout comme le brusque coude qu'elle marquait à un certain endroit : on prétend que ce fut une volonté du khédive Ismaïl, amoureux transi d'Eugénie, qui espérait, alors qu'ils cheminaient tous les deux côte à côte dans la même calèche, voir l'impératrice tomber brusquement dans ses bras à la faveur du virage. L'avenue est aujourd'hui connue pour ses dizaines de cabarets de danse du ventre, fréquentés essentiellement par des Arabes du Golfe. On y trouve également une série de petits hôtels de type 2 ou 3 étoiles. ●

architecture

La Grande Pyramide en quelques chiffres

La pyramide de Chéops repose sur un quadrilatère de 230 m de côté. Ses quatre faces triangulaires présentent une pente de 54°30 jusqu'au sommet, à 146,59 m du sol. Le volume de pierre est estimé à 2,6 millions de mètres cubes, pour une masse de 6 millions de tonnes. Elle se répartit en 2,5 millions de blocs, d'un poids moyen oscillant entre 2 et 6 tonnes. Les savants de Bonaparte calculèrent que les blocs de la Grande Pyramide pourraient servir à édifier un mur de 2 m de haut et 30 cm de large tout autour de la France.

Quant aux deux autres pyramides, celle de Chéphren atteint 215,25 m de côté sur 143,50 m de hauteur ; celle de Mykérinos 108,40 m sur 62, avec des blocs atteignant 60 et même 200 tonnes. •

décrochement, de même que les pièces de dégagement qui surmontent la chambre funéraire. Pour mener à bien une telle tâche, les maîtres d'œuvre disposaient de modèles : Saqqara tout d'abord, mais surtout les expérimentations de Snéfrou, sur les chantiers desquelles il n'est pas interdit de penser que travaillèrent quelques-uns des bâtisseurs de la pyramide de Chéops.

DES MILLIERS D'HOMMES AU TRAVAIL

Si l'on écarte définitivement l'hypothèse avancée par quelques-uns de l'intervention d'extraterrestres, il faut se résoudre à ne chercher que dans l'**ingéniosité humaine** l'origine de ces œuvres dignes des Titans. L'idée de la réduction en esclavage de la population égyptienne est aujourd'hui abandonnée. Tout comme celle qui voulait que les travaux ne soient conduits que durant les trois mois de la crue,

même s'il ne fait guère de doute que cette période marquait une recrudescence de l'activité : l'inondation permettait d'acheminer les blocs par barges jusqu'au pied du plateau, et les paysans alentour, réduits à l'inactivité, étaient sans doute conviés (sous forme de corvées) à se joindre au chantier où quelque 30 000 hommes pouvaient être employés simultanément.

LES MYSTÈRES DE LA CONSTRUCTION

L'utilisation de tout engin de levage étant exclue pour hisser de tels blocs, l'hypothèse communément admise est celle de l'utilisation d'une **rampe**. Faite de terre et de brique et étayée de poutres, elle offrait une chaussée enduite de limon sur laquelle on halait les blocs disposés sur des rondins. Cette technique de halage est attestée dans plusieurs peintures funéraires. Une expérience conduite dans les années 1930 a montré qu'un seul homme pouvait tirer un bloc d'une tonne sur une piste recouverte de limon et en terrain plat. Cette rampe s'élevait au rythme de la pyramide, en même temps qu'elle s'allongeait pour maintenir une pente d'environ 10°, permettant le halage. Reste que si l'on prend pour base les vingt années qu'Hérodote attribue à la construction (Chéops a régné vingt-deux ans), c'est un bloc toutes les 4 minutes qui aurait été mis en place, cela de nuit comme de jour, et sans interruption durant toutes ces longues années. Quant à la rampe, elle aurait dû mesurer près de 1 500 m de long pour atteindre le sommet en maintenant sa pente à 10°. Sa construction aurait nécessité le maniement de près de 8 millions de mètres cubes de matériaux (2,6 pour la seule pyramide).

La pyramide de Chéops

Claustrophobes s'abstenir. Il faut parcourir un long couloir d'à peine plus d'un mètre de haut, plié en deux, avant d'atteindre la rampe qui conduit à la chambre funéraire, au beau milieu de cette phénoménale masse de pierre.

Et tout ça pour ne voir qu'une chambre vide…

● **L'extérieur**. Au sommet manquent aujourd'hui le **pyramidion doré** et surtout le revêtement de calcaire blanc (extrait des carrières de Tounah, à une dizaine de kilomètres au sud du Caire) qui rendait les côtés lisses et brillants au soleil. Des siècles de pillage ont laissé les blocs à nu, dessinant une suite de gradins que des générations de touristes se sont fait un devoir d'escalader. L'ascension est aujourd'hui strictement interdite. L'accès à l'intérieur, sur le flanc nord comme pour toutes les pyramides, se fait par une petite brèche ouverte par les pillards dès l'Antiquité, au-dessous de l'entrée monumentale d'origine.

● **L'intérieur** comporte **trois chambres funéraires** qui correspondent peut-être à trois projets successifs. La première se trouve à 30 m au-dessous du niveau du sol ; la seconde, à 21 m au-dessus du sol, exactement dans l'axe de la pyramide. La dernière enfin, qui renferme le sarcophage de granit, à 42 m de hauteur. On y accède par un étroit couloir descendant, puis par une galerie ascendante longue de 47 m et dont la construction soignée mérite une attention parti-

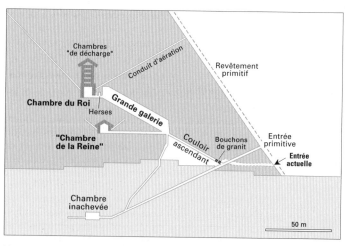

Chambres "de décharge"
Conduit d'aération
Revêtement primitif
Chambre du Roi
Herses
Grande galerie
"Chambre de la Reine"
Couloir ascendant
Bouchons de granit
Entrée primitive
Entrée actuelle
Chambre inachevée
50 m

VUE EN COUPE DE LA PYRAMIDE DE CHÉOPS

visite

De l'air dans la Grande Pyramide

Longtemps, la progression vers la chambre funéraire de la Grande Pyramide fut une expérience éprouvante pour les visiteurs : à demi courbés dans le long couloir d'accès, ils ressentaient une pénible sensation d'étouffement due à la raréfaction de l'air. Ce n'est aujourd'hui plus qu'un mauvais souvenir : désormais, un système de ventilation, dont les bouches ouvrent au sommet de l'édifice, permet le renouvellement de l'air. C'est la réalisation d'une société française. •

culière. Des banquettes aménagées à la base de chacune des parois réduisent à 1 m le passage pour les visiteurs. Le plafond s'élève à 8,50 m, donnant pour la première fois depuis l'entrée l'impression d'espace. Un système d'encorbellement réduit l'écartement des parois à mesure qu'elles s'élèvent. Puis, après deux chambres basses, ouvre la chambre funéraire où se trouve le **sarcophage de granit**, toujours en place. Ici, ni peinture, ni relief, mais des blocs cyclopéens soigneusement appareillés ; voyez ainsi les neuf dalles qui composent le plafond et qui totalisent un poids de près de 400 tonnes. Au-dessus, neuf chambres de décharge permettaient de soulager la poussée de l'énorme masse de pierre.

La barque solaire

> *Pour gagner la barque solaire, vous pourrez contourner la pyramide par la face E, où s'élèvent trois pyramides secondaires des épouses royales. On peut aussi y voir une fosse où fut retrouvée une barque rituelle.*

Lors de travaux d'aménagement en 1959, deux fosses furent mises au jour au pied du flanc méridional de la Grande Pyramide. Elles contenaient chacune une embarcation en bois de cèdre, déposée en pièces détachées. L'une d'entre elles est toujours en place ; l'autre a été reconstituée : elle ne compte pas moins de **1 244 pièces** dont l'assemblage a pris une dizaine d'années. Le résultat est exposé aujourd'hui dans un édifice spécialement construit à cet effet. Par un promenoir, on peut faire le tour de cette splendide embarcation et la découvrir ainsi sous toutes ses faces. Avec un peu d'attention vous noterez que les éléments du bateau ne sont pas fixés par des clous mais reliés par des cordages. On pense communément qu'il s'agit d'une **embarcation rituelle**, la barque solaire qu'utilisait le pharaon ressuscité au cours de son long voyage dans l'au-delà.

La pyramide de Chéphren

> *L'accès à l'intérieur est interdit.*

À peu de distance de la précédente, elle lui cède en hauteur de quelques mètres. Elle conserve en revanche au sommet une partie significative de son revêtement de calcaire qui donne une bonne idée de l'aspect originel des trois édifices.

La chambre funéraire se trouve sous la pyramide, creusée dans le roc. Elle contient le sarcophage vide du pharaon, à l'exclusion de toute décoration.

La pyramide de Mykérinos

> *À 300 au N-O de la précédente.*

La pyramide de Mykérinos est la plus petite des trois. Elle était également revêtue d'un parement de calcaire, mais sur les trois quarts supérieurs seulement, le dernier quart à la base étant décoré de gra-

Un monument en danger

En 1987, une équipe de scientifiques convoqués au chevet du Sphinx mettait en évidence la présence de nappes d'eau souterraines sous les pattes de l'animal. Les remontées par infiltration étaient susceptibles de causer de grands dommages à la célèbre statue. De fait, quelques mois plus tard, le 7 février 1988, un bloc de 200 kg se détachait de l'épaule droite. Depuis, des missions égyptienne, américaine et française veillent sur le Sphinx. Leurs études ont montré que la statue avait été taillée dans des couches hétérogènes. Tête et cou sont en pierre dure, tandis que le reste du corps est taillé dans une roche poreuse et friable. Des capteurs installés sur plusieurs points de la statue permettent d'analyser quotidiennement différents paramètres : vents, hygrométrie, rayonnements solaires, vibrations ou secousses telluriques. Grâce à des prélèvements réguliers, on peut enfin évaluer l'état de dégradation du monument, dont tous les spécialistes s'accordent sur les origines : l'infiltration des eaux provenant de la nappe phréatique, alimentée depuis les dernières décennies par les drains sanitaires des quartiers environnants, et la pollution atmosphérique. ●

nit rose d'Assouan. Une partie de cette décoration subsiste près de la porte d'entrée. On peut pénétrer à l'intérieur jusqu'à la chambre funéraire, creusée dans la roche sous la pyramide. Ici, pas de sarcophage : il fut enlevé au XIXᵉ s. pour être transporté en Espagne mais sombra avec le navire avant d'arriver à bon port.

Le Sphinx et le temple de la vallée

● **Le Sphinx**. Abou'l Hol, «le père la Terreur». C'est ainsi que les Arabes du Moyen Âge appelèrent le Sphinx, stupéfaits de voir, tel un *djinn*, cette tête colossale émerger des sables. C'est toujours sous ce nom-là que le connaît le petit peuple du Caire. Le visage, coiffé du *némès* royal, c'est celui de Chéphren ; le corps, celui d'un lion, le tout entièrement taillé dans la masse rocheuse au pied du plateau. Érigé sans doute pour servir de **gardien** à la nécropole de Giza, le Sphinx – le nom est d'origine grecque – fut également au **centre**

d'un culte, comme en témoignent les vestiges d'un temple en avant des pattes de l'animal datant du règne de Chéphren. Mais ici, l'image cultuelle, loin d'être confinée au plus profond du saint des saints, s'élevait à une vingtaine de mètres au-dessus de la tête des fidèles.

C'est à la suite d'un **songe** que **Thoutmosis IV** (1401-1391) entreprit de restaurer le Sphinx, construit un millénaire auparavant : alors qu'il n'était qu'un jeune prince, il s'endormit à l'issue d'une partie de chasse à l'ombre de l'animal qui lui apparut en rêve et lui promit le trône. Une **stèle de 3,60 m de haut**, toujours visible entre les pattes, rappelle pour l'éternité les travaux entrepris par le roi : le Sphinx fut dégagé de sa gangue de sable et entièrement recouvert d'un placage de calcaire dont subsistent encore quelques traces.

À nouveau, le Sphinx fut l'objet d'un culte qui prospéra jusqu'à la présence romaine. C'est de cette époque que datent les derniers aménagements autour du Sphinx.

Face à l'Orient, « le père la Terreur » veille sur les pyramides des premiers pharaons.

● **Le temple de la vallée**. À g. du Sphinx s'élèvent les murs du temple de la vallée, ou temple bas, du complexe funéraire de Chéphren. Aux temps anciens, il était bordé vers l'est par un quai que baignaient les eaux du Nil lors de la crue annuelle du fleuve. Une rampe maçonnée le reliait au complexe de la pyramide. Lors de son dégagement par Auguste Mariette, au milieu du XIXe s., il a révélé plusieurs statues du roi, dont celle de diorite qui orne la salle 42 du musée du Caire *(p. 108)*. ●

♥ Saqqara★★★

> À 30 km au S du Caire. Ouv t.l.j. de 8 h à 16 h (17 h en été); entrée payante : un seul billet donne accès à l'ensemble du site à l'exception des tombes des Nobles (Irou ka-Ptah, Néfer-Ptah et Niankh-Khnoum) qui nécessitent l'obtention d'un second billet en vente à l'entrée de la pyramide à degrés.

On peut trouver des bus depuis le centre du Caire, place El-Tahrir **I-BC2**; ils vous déposeront dans le village et vous devrez encore parcourir près de 2 km jusqu'au guichet. Les différents sites sont eux-mêmes assez distants les uns des autres et la visite à pied se révèle vite un éprouvant marathon entièrement dépourvu d'ombre. La meilleure façon de visiter Saqqara est de louer un taxi au Caire (comptez env. 150 £E pour la journée quel que soit le nombre de passagers); les voitures étant autorisées sur le plateau, vous vous déplacerez ainsi de site en site à moindre fatigue.

La nécropole de Saqqara occupe une bande de terre de 7 km de long du nord au sud sur le rebord orien-

Jean-Philippe Lauer découvrit Saqqara en 1926. Jusqu'à sa mort en mai 2001 à l'âge de 99 ans, il revint chaque année travailler sur ce site.

tal du plateau désertique qui domine l'ancienne capitale Memphis. Elle fut utilisée dès le début de l'Ancien Empire, les tombes les plus anciennes appartenant à des fonctionnaires de la Iʳᵉ dynastie. On y inhumait encore des animaux sacrés à la Basse Époque, au IVᵉ s. avant notre ère, et le Sérapeum, regroupant les tombeaux souterrains des taureaux sacrés Apis, constituait encore un but de pèlerinage à l'époque ptolémaïque. Seule une partie de la nécropole, Saqqara Nord, est accessible aux touristes. C'est là que s'élève la pyramide de Djoser, le clou de la visite. Il ne faut pas manquer pourtant de visiter quelques-uns des mastabas aux environs, ces tombeaux de hauts dignitaires dont les murs sont couverts de délicates décorations qui raniment sous nos yeux la vie quotidienne des Égyptiens des premières dynasties. Ceux de Ti et de de Mérérouka sont à ne pas manquer.

programme

Il faut prévoir un minimum de **3 h de visite** qui vous permettront de découvrir le complexe de Djoser, sa pyramide à degrés et le mastaba de Ti, le plus richement orné du site.

Les **photos** sont interdites à l'intérieur des mastabas.

Il est impératif d'observer la plus **grande vigilance** lors de la visite des mastabas : ces chefs-d'œuvre de plus de 40 siècles sont extrêmement **fragiles** : il ne faut évidemment pas les toucher mais on doit également prendre garde aux sacs que l'on porte en bandoulière et qui, dans les passages étroits, viennent frotter contre les parois, causant des dommages irréparables.

Des **toilettes** sont aménagées près de l'entrée de la pyramide à degrés. Ce sont les seules du site. ●

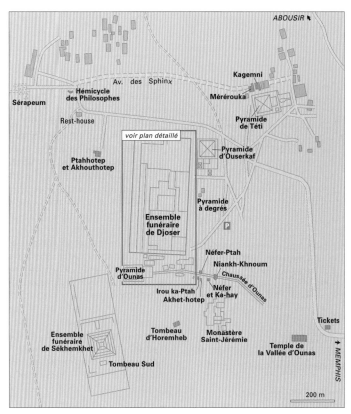

LA NÉCROPOLE DE SAQQARA

Le complexe de Djoser

C'est ici, voici quarante-cinq siècles, pour la première fois en Égypte et sans doute dans l'histoire de l'humanité, que la pierre de taille fut utilisée pour la construction d'un édifice monumental. Cette innovation décisive est attribuée à Imhotep, chancelier du roi, grand prêtre d'Héliopolis, mais aussi constructeur et sculpteur, comme le précise une inscription découverte sur le site et qui « signe » véritablement cette première manifestation architecturale du génie humain.

Le complexe funéraire★★★

> *Prévoyez au moins 1 h de visite, 2 h si vous y ajoutez la découverte des tombeaux au S de l'enceinte. Si vous prévoyez d'effec-tuer l'ensemble de la visite telle que décrite ci-dessous, c'est-à-dire le complexe de la pyramide et les tombes de la chaussée d'Ounas, n'oubliez pas de prendre vos billets pour ces dernières au guichet à l'entrée du complexe de la pyramide.*

● **L'entrée**. L'ensemble a été remonté avec des matériaux d'origine. Un unique accès permettait jadis de franchir l'enceinte. Alors que les 13 autres bastions étaient gardés par un simulacre de porte fermée, se trouve ici un **simulacre de porte ouverte**. Au-delà d'un passage couvert de blocs imitant les rondins de bois ouvre un **long couloir** bordé de 40 colonnes fasciculées disposées en deux rangées. Elles s'appuient chacune sur un muret perpendiculaire au couloir qui rejoint le mur et soutenaient jadis un plafond de calcaire imitant la couver-

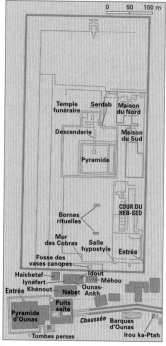

0   50   100 m

Temple funéraire   Serdab   Maison du Nord

Descenderie   Maison du Sud

Pyramide

COUR DU HEB-SED

Bornes rituelles

Mur des Cobras   Salle hypostyle   Entrée

Fosse des vases canopes

Haichetef Iynéfert   Idout   Méhou
Entrée Khénout   Nébet   Ounas-Ankh
Puits saïte
Pyramide d'Ounas   Chaussée   Barques d'Ounas
Tombes perses   Irou ka-Ptah

LE COMPLEXE FUNÉRAIRE DE DJOSER

ture de branchages des maisons du monde des vivants. Au bout d'un couloir ouvre une **salle hypostyle à huit colonnes**. De là, par un second simulacre de porte ouverte, on accède à la cour du complexe dominé par la masse de la pyramide à degrés.

● **La cour**. Elle était bordée d'un ensemble d'édifices nécessaires à l'accomplissement de la fête du jubilé *(heb-sed)*. Au centre de l'esplanade, deux paires de constructions en fer à cheval servaient ainsi de bornes à la course rituelle de la fête du jubilé. En face du couloir d'accès (côté ouest du complexe), un mur a été restitué sur toute sa hauteur, avec, notamment, son **ornementation de cobras**. Du côté dr. de la cour en regardant la pyramide gisent les vestiges d'un ensemble de constructions vers lesquelles vous vous dirigerez.

● **La cour du *heb-sed***. À dr. de l'immense esplanade, trois colonnes

remontées appartiennent à un édifice que l'on a nommé **pavillon du Roi** ; il évoque le type de construction où se tenait le souverain lors de sa fête du jubilé. On peut penser qu'une statue de Djoser y était déposée. En arrière de cet édifice (du côté est) ouvrait une longue cour, la cour du *heb-sed*, bordée de constructions qui figurent les **chapelles de la fête jubilaire**. Au cours de la cérémonie, le roi devait s'arrêter devant chacune d'entre elles pour honorer la divinité dont elle abritait l'image. Elles suivent deux types architecturaux différents, comme on peut en juger grâce à l'anastylose effectuée par les archéologues. Le premier présente un toit plat et une moulure aux angles évoquant les renforts végétaux des édifices en terre que l'on trouvait alors dans le monde des vivants. Le second type présente trois colonnettes en façade (figurant des troncs d'arbre) qui soutiennent une corniche arrondie, comme l'étaient les toitures de branches de roseau, courbées pour offrir plus de résistance.

● **Autour de la pyramide**. Fermant au nord la cour du *heb-sed* s'élevait la **maison du Sud**, à laquelle faisait

La fête du heb-sed

Cette cérémonie, appelée aussi fête du jubilé, était accomplie par le roi au bout de sa trentième année de règne. L'ensemble des rites, qui ne nous sont pas connus dans le détail, était destiné à prouver au peuple que le roi possédait encore la force physique nécessaire à l'exercice du pouvoir. Le pharaon accomplissait alors des courses rituelles et revivifiait son énergie vitale en se présentant revêtu des parures appropriées devant diverses divinités en leur chapelle respective. ●

Le complexe de Djoser n'était accessible que par une seule porte, perpétuellement ouverte.

écho la **maison du Nord**. Dans ces deux sanctuaires, le roi recevait successivement les hommages des peuples de Haute et de Basse Égypte. Contre le flanc nord de la pyramide gisent les restes informes (quelques pans de murs s'élèvent encore à près de 2 m de hauteur) du **temple funéraire** du complexe. C'est dans le temple que prenait la descenderie conduisant aux **appartements** *(f. à la visite)*. Il est précédé vers l'est d'un petit édifice presque aveugle, percé seulement de deux orifices. C'est le *serdab*, où fut retrouvée la statue du roi Djoser qui accueille désormais le visiteur à l'entrée des salles de l'Ancien Empire du Musée archéologique du Caire. Elle a été remplacée *in situ* par un moulage.

Vous quitterez le complexe funéraire en retraversant la cour en direction du mur aux cobras ; un escalier permet de franchir vers l'extérieur le mur sud du complexe. On découvre en contrebas à g. une **fosse** profonde de 28 m où fut découvert un sarcophage identique à celui qui fut déposé sous la pyramide. Jean-Philippe Lauer, qui œuvra sur le site de 1926 (il avait alors 24 ans) à 2001 et à qui l'on doit l'anastylose du complexe de Djoser, a émis l'hypothèse qu'y furent déposés les vases canopes (contenant les viscères) du défunt. En franchissant l'enceinte, on découvre un vaste panorama sur la nécropole de Saqqara Sud tandis que se détachent à l'horizon les silhouettes des pyramides de Dahchour, parmi lesquelles la plus reconnaissable, celle de la pyramide rhomboïdale.

Au sud du complexe

Vous pourrez compléter votre visite en partant à la découverte des tombes – hypogées, mastabas et pyramides – de cette partie de la nécropole de Saqqara Nord. Prévoir au moins 1 h. Si vous êtes pressé par le temps, visitez tout de même la tombe d'Iynéfert et allez jeter un coup d'œil sur la chaussée d'Ounas dégagée par les archéologues.

LA PYRAMIDE D'OUNAS

La pyramide du dernier souverain de la Vᵉ dynastie n'est certes pas la plus impressionnante, ni par ses dimensions, ni par son état de conservation. On peut toutefois encore voir une partie du parement de la face sud. La pyramide présente en revanche un **intérêt historique** de tout premier plan : les parois des chambres funéraires, auxquelles on accède par un long couloir haut de 1,40 m *(f. à la visite)*, sont ornées de textes rituels et de formules magiques, les *Textes des pyramides*, qui apparaissent ici pour la première fois. Lors de leur découverte par Maspero en 1881, les hiéroglyphes profondément creusés portaient encore leur peinture bleue originelle. La **chaussée** qui, comme il est de tradition, reliait la pyramide au temple de la vallée, un kilomètre plus loin (ses vestiges se trouvent non loin du guichet d'entrée), a été en grande partie dégagée et restaurée. Sur les parois on peut découvrir des **séries de reliefs** : procession de courtisans, de porteurs d'offrandes, animaux. À 150 m environ de la pyramide, du côté dr., **deux barques solaires** en pierre furent déposées dans des cavités.

LES MASTABAS D'IYNÉFERT ET D'OUNAS-ANKH

Immédiatement à l'est de la pyramide d'Ounas se trouvent sept mastabas, disposés de part et d'autre d'une sorte de ruelle. Deux d'entre eux sont ouverts à la visite. Celui d'**Iynéfert** (VIᵉ dynastie) est orné d'un **remarquable cycle de décorations** où se remarquent des scènes de chasse et de pêche ainsi que des scènes de la vie domestique. Notez aussi, à l'entrée, un relief montrant Iynéfert âgé sortant du tombeau. Les images de vieillards sont très rares dans l'art funéraire égyptien. Le mastaba d'**Ounas-Ankh** présente un joli cycle de représentations parmi lesquelles un cortège de bouviers rendu avec beaucoup de naturel.

LES TOMBES DE LA CHAUSSÉE D'OUNAS

> *Les tombes suivantes sont situées au long de la chaussée d'Ounas.*

● **La tombe d'Irou ka-Ptah**. Cet hypogée abrite la tombe du chef des abattoirs royaux (Vᵉ dynastie). De part et d'autre du couloir qui fait suite à l'entrée sont creusés en haut relief dix effigies du défunt (côté g.) et quatre personnages (côté dr.), sans doute des membres de la famille (dont une femme) inhumés avec lui. De fait, le tombeau comporte cinq fosses, qui sont aujourd'hui obstruées. Au-dessus des reliefs, des scènes évoquent la fonction du défunt. La salle au bout du couloir porte des scènes de chasse qui ne sont qu'ébauchées au trait.

● **Le mastaba de Néfer-Ptah**. Voisin de la tombe précédente, il présente de jolies scènes très finement dessinées : chasse au filet et, au fond de la salle, cueillette des figues de sycomores par des hommes portant des paniers au cou pour y déposer les fruits. À voir également, une scène pittoresque représentant le foulage du raisin au pied.

● **Le mastaba de Niankh-Khnoum et de Khnoumhotep**. Ce tombeau (Vᵉ dynastie), détruit et recouvert lors de la construction de la chaussée d'Ounas, fut remonté par le Service des Antiquités. Il appartenait à deux frères, représentés, à l'intérieur, face à face. Les parois du tombeau sont décorées de **scènes en relief** qui conservent une bonne partie de leurs couleurs originelles : on peut ainsi voir une belle chasse aux oiseaux, une scène de pêche, un repas accompagné de musique et de danse, des artisans (sculpteurs, ébénistes, orfèvres) occupés à leur tâche. Ce mastaba clôt la série des sites ouverts à la visite autour de la pyramide à degrés.

De là, on peut regagner directement le parking sans repasser par le complexe de Djoser.

Autour de la pyramide de Téti

Cette partie de la nécropole de Saqqara Nord est dominée par la masse écroulée de la pyramide de Téti. La salle funéraire est ouverte à la visite. Dans ce secteur, deux mastabas méritent la visite.

La pyramide

La pyramide du fondateur de la VIᵉ dynastie ne se présente plus que comme un amas informe de pierres écroulées. La descenderie, du côté nord comme il est d'usage, conduit aux salles souterraines où reposait le souverain. Comme pour la pyramide d'Ounas, les parois étaient entièrement recouvertes par les hiéroglyphes des *Textes des pyramides*, sous une voûte figurant un ciel étoilé.

Dès l'Antiquité, la pyramide fut la **proie des pillards**, à la recherche de matériaux de construction: après en avoir terminé avec le parement extérieur ils s'attaquèrent aux salles souterraines, qu'ils dépouillèrent des dalles de calcaire ornées de hiéroglyphes, au risque de compromettre l'équilibre de la construction.

Le mastaba de Mérérouka★★★

C'est le plus vaste des mastabas de la nécropole de Saqqara: pas moins de 31 pièces et couloirs qui abritent les appartements funéraires de Mérérouka, inhumé près de son souverain, Téti, dont il fut le vizir. Le mastaba est en fait divisé en trois parties: l'une, la plus vaste, réservée au chef de famille; une seconde, comprenant cinq pièces (on y accède par un passage à g. sitôt après avoir passé l'entrée); une dernière, enfin, la plus petite, qui est celle du fils.

Plus de la moitié des salles sont ornées de reliefs dont la profusion, impossible à détailler ici, restitue la **vie quotidienne** des Égyptiens d'il

À l'entrée de sa tombe, le défunt regarde le monde des vivants.

y a plus de quarante siècles. De part et d'autre de l'entrée figure une représentation du défunt et de son épouse; dans les appartements de Mérérouka se succèdent scènes de chasse et de pêche qui conduisent à la salle abritant une fausse-porte et par où l'on accédait à la fosse funéraire. Au-delà ouvre une salle dotée de six piliers: c'est la plus vaste du complexe. On peut y voir une statue du défunt qui conserve une bonne partie de sa polychromie. De là, on accède aux quatre pièces des appartements du fils; dans la première, curieuse scène de gavage des oies sur le mur de dr.

Le mastaba de Kagemni

De dimensions plus modestes que son voisin, le mastaba de Kagemni, autre vizir de Téti, le surpasse en revanche par la finesse et la qualité de ses **reliefs**. Voyez notamment, dans la salle aux trois piliers, de curieuses scènes de sport ainsi qu'une remarquable scène de chasse à l'hippopotame. La dernière salle du complexe conserve une grande partie de sa polychromie.

Le Sérapeum et ses environs

> *Après la visite de la pyramide de Téti, reprenez votre voiture pour vous diriger vers le Sérapeum.*

Le Sérapeum étant *(en 2006)* fermé à la visite, c'est le mastaba de Ti qui est la véritable vedette de ce secteur du plateau. Votre voiture vous déposera près de la petite cafétéria qui occupe l'emplacement de la maison d'Auguste Mariette rasée en 1958. De là vous partirez à pied vers le mastaba de Ti, à 300 m environ, à moins que vous ne cédiez aux invitations pressantes des propriétaires de chevaux et de chameaux à vous hisser sur le dos de leurs montures. Au début du chemin vous laisserez un auvent moderne qui protège l' «hémicycle des philosophes », un groupe de 11 statues de facture grecque, présidé par Homère, où figurent Platon et Pindare. Cet ensemble fut érigé en bordure de l'allée processionnelle qui conduisait au Sérapeum par Ptolémée Ier, premier souverain macédonien sur le trône d'Égypte.

Le mastaba de Ti★★★

C'est à l'intérieur de cette tombe que l'on verra les plus séduisants **bas-reliefs** de l'ensemble de la nécropole. On découvre là un des sommets de l'art de l'Ancien Empire, avec ses dizaines de scènes qui se succèdent sur les murs et qui composent un fascinant tableau de la vie égyptienne à l'époque de la Ve dynastie, dont Ti fut l'un des hauts dignitaires.

On pénètre tout d'abord dans une **cour** entourée de 12 piliers déterminant un portique ; ses murs portent une série de reliefs malheureusement très endommagés.

Au fond de la cour, à l'opposé de l'entrée, un couloir conduit vers la **chambre funéraire** ; sur la paroi de g., foisonnant cortège de serviteurs chargés d'offrandes. Après un étranglement, on parvient à la seconde partie du couloir. À dr. ouvre la **chambre des offrandes** aux murs chargés de victuailles. Autour du passage qui y donne accès, jolies scènes de navigation.

Les murs des mastabas évoquent la vie quotidienne des Égyptiens d'il y a quarante siècles.

C'est dans la chapelle funéraire que l'on verra les plus beaux reliefs : représentations du défunt en majesté, mais aussi scènes de la vie quotidienne fourmillant de détails savoureux et pittoresques, comme croqués sur le vif. Sur le mur de g. se déploient des **scènes agricoles** auxquelles assiste Ti, depuis son trône. À dr. de l'entrée, somptueuse **chasse à l'hippopotame** dans les marais, dont les eaux regorgent d'espèces de poissons variées.

Dans les arbres, les oiseaux ont fait leur nid ; deux renards et une belette, alléchés par les oisillons, s'approchent dangereusement.

Le Sérapeum***

Le **taureau Apis** était l'**animal sacré de Ptah**, le dieu tutélaire de Memphis. Un véritable taureau était choisi par les prêtres, en fonction d'un certain nombre de marques distinctives qu'il portait sur son corps. Sa vie durant, le taureau trônait au milieu de son harem de génisses d'où les prêtres l'extirpaient pour participer aux processions solennelles. À sa mort, son corps était momifié puis déposé dans d'**immenses catacombes** que découvrit Auguste Mariette en 1851.

Au long de ces immenses galeries creusées de main d'homme, dont la plus vaste, avec ses 200 m de long, fut utilisée du VIIe s. à l'époque ptolémaïque, 24 monumentaux sarcophages de pierre sont disposés dans des niches de manière à ne pas se faire face. Ces dernières étaient par la suite fermées par un mur constitué de centaines de stèles d'ex-voto.

Une galerie latérale qui, au contraire de la galerie principale, ne fut jamais pillée, a livré un sarcophage isolé, une grande quantité de stèles ainsi qu'une **splendide collection de bijoux** au nom d'un des fils de Ramsès II. De la grande galerie partent les petites catacombes, utilisées depuis la XIXe dynastie.

L'Apis sacré selon Hérodote

L'Apis sacré « est un taureau né d'une vache qui ne peut plus par la suite avoir d'autre veau. Les Égyptiens disent qu'un éclair descend du ciel sur la bête qui, ainsi fécondée, met au monde un Apis. Le taureau qui reçoit le nom d'Apis présente les signes suivants : il est noir avec un triangle blanc sur le front, une marque en forme d'aigle sur le dos, les poils de la queue doubles et une marque en forme de scarabée sous la langue ».

Hérodote, *L'Enquête* III, 28. Trad. A. Barguet. ●

Le mastaba de Ptahhotep et d'Akhouthotep

> *Le dernier site ouvert à la visite de Saqqara Nord se trouve à 300 m env. au S de la rest-house. Accès en voiture.*

Il s'agit d'une double sépulture (pour un père et son fils aîné) dont la **décoration** est restée **en partie inachevée**. On peut voir ainsi, dans le premier couloir au-delà de l'entrée, les **procédés des artistes** qui dessinaient les motifs au trait avant de commencer à tailler la roche. Ce couloir aboutit (à dr.) à une salle à quatre piliers prolongée par la chambre abritant la stèle d'Akhouthotep. Dans la salle aux piliers ouvre un passage qui conduit aux deux pièces réservées à Ptahhotep : une chapelle et la chambre de la stèle. Cette partie, la mieux décorée de l'ensemble, mérite une attention particulière : scènes de lutte, exercices sportifs accomplis par des enfants, scènes de chasse inspirent la décoration des parois aux couleurs exceptionnelles. ●

Memphis★★

L'Égypte éternelle, à deux pas de l'agglomération cairote.

> À 1 km à l'E de Saqqara. Ouv t.l.j. de 7 h à 16 h (17 h en été) ; entrée payante. Visite : 30 mn.

Quelques blocs de pierre dans le sable, disséminés sous les palmiers : voilà les seuls vestiges que la plus grande ville de l'Égypte pharaonique nous ait légués. C'est que, depuis les derniers Ptolémées, le site a servi de carrière aux riverains du Nil.

Het ka-Ptah

C'est **Ménès**, le premier pharaon des légendes antiques (voir p. 37), qui aurait choisi le site, à la pointe du delta du Nil, entre Haute et Basse Égypte. Les rois thinites l'appelèrent « le Mur blanc » ; sous Pépi Ier, la ville prit le qualificatif accordé à la pyramide du souverain, « Stable est la beauté », Men-néfer, dont les Grecs firent Memphis. Comme elle abritait le **sanctuaire principal de Ptah**, la ville fut également connue comme le « Château du ka de Ptah », Het ka-Ptah, qui a donné le mot grec aiguptos. On y vénérait également Sokkaris, divinité prédynastique assimilée plus tard à Osiris, dont le nom est conservé dans celui de la bourgade moderne de Saqqara.

La première ville d'Égypte

Lieu de résidence des pharaons à partir de la IIIe dynastie, Memphis perdit son statut de capitale au XXe s. avant notre ère, lorsque les souverains de la XIIe dynastie lui préférèrent **Licht**, à une trentaine de kilomètres plus au sud. Si les rois du Nouvel Empire règnent ensuite à partir de **Thèbes**, Memphis ne disparaît pas pour autant. Au contraire, à partir de la XVIIIe dynastie, la ville connaît un regain d'activité : restée un centre religieux de première importance avec ses vénérables sanctuaires de Ptah, Hathor et Apis, elle accueille les grandes cérémonies monarchiques au cours desquelles les souverains, des Hyksos à Alexandre, fondent ou renouvellent leur légitimité. Elle devient, à partir de la XVIIIe dynastie, le grand centre d'échange de l'Égypte grâce à son port international où, remontant le bras du Nil, accostent des bateaux venus de toute la Méditerranée.

Dans leurs quartiers respectifs prospèrent des colonies de commerçants étrangers. C'est enfin que réside le prince héritier sous les Ramessides. Même sous les Lagides qui règnent depuis Alexandrie, Memphis conserve son importance religieuse autour de la nécropole des Apis, devenue le Sérapeum (p. 156), avec l'apparition du culte de Sérapis, divinité syncrétique gréco-égyptienne.

La statue de Ramsès

Dans le petit périmètre archéologique, on verra principalement une statue colossale mais couchée de Ramsès : son pendant orne aujourd'hui la place de la gare du Caire. Au centre du jardin se dresse un beau sphinx en albâtre, qui daterait d'environ 1200 avant notre ère. ●

Carnet d'adresses

Indicatif téléphonique : 02

❶ **Office du tourisme** : plateau des Pyramides ☎ 383.88.23.

Hôtels

Lors de son séjour au Caire, on peut choisir de résider à Giza, à l'écart du bruit et de la pollution du centre-ville, que l'on atteint néanmoins aujourd'hui assez rapidement grâce à la construction de nouvelles voies express. Les hôtels s'y multiplient, de grand luxe pour la plupart d'entre eux, mais sans charme particulier ni originalité. Une exception cependant, le célèbre et prestigieux hôtel Mena House, une véritable institution.

▲▲▲▲▲ **Mena House**, route des Pyramides ☎ 383.32.22, fax 383. 77.77, < sales@oberoi.com.eg >. *486 ch.* Un établissement mythique au Proche-Orient, rendez-vous des célébrités et des têtes couronnées depuis plus d'un siècle. Les parties communes sont réellement somptueuses, dans un style qui mêle architectures orientale et indienne : il fut construit pour l'inauguration du canal de Suez et c'est aujourd'hui la célèbre chaîne indienne Oberoi qui en assure la gestion. Si vous n'y résidez pas, la visite vaut la peine : allez prendre un verre au **bar** de la réception d'où l'on a une vue magnifique sur la pyramide de Chéops. Autour de l'ancien édifice, des extensions modernes ont été construites pour augmenter le nombre de chambres. Au plan architectural, ce n'est pas une réussite. Excellent **restaurant** indien.

▲▲▲▲▲ **Le Meridien**, route d'Alexandrie ☎ 383.03.83, fax 383.17.30, < www.lemeridien.com >. *523 ch.* De l'extérieur, une jolie architecture en gradins, grand luxe à l'intérieur. Chambres de tout confort (vues sur les pyramides pour la plupart d'entre elles), plusieurs **restaurants**

et tous les services attachés habituellement à ce type d'établissement.

▲▲▲▲▲ **Mövenpick Resort**, route d'Alexandrie ☎ 385.25.55, fax 383. 50.06, < www.moevenpickhotels. com >. *240 ch.* Très bon confort dans une atmosphère moins anonyme que dans les grands palaces voisins. De nombreux Égyptiens aisés viennent y profiter de la tonalité germanique. À noter, le **restaurant** de spécialités européennes : escalopes à la crème, escargots de Bourgogne... C'est le plus cher des hôtels de sa catégorie.

▲▲▲▲▲ **Sofitel le Sphinx**, route d'Alexandrie ☎ 383.74.44, fax 383. 49.30, < h1789@accor-hotels.com >. *274 ch.* Grand luxe et tout confort. À signaler, une réception particulièrement accueillante et agréable avec sa galerie marchande, ses **restaurants**, dont un excellent italien ouvrant largement sur l'espace central, et son **bar** au bord d'un bassin, en vue des pyramides. Très belle piscine extérieure (petit bassin pour les enfants).

▲▲▲▲ **Oasis**, route d'Alexandrie, ☎ 383.17.77, fax 383.09.16, < www. oasis.com.eg >. *292 ch.* Plus éloigné que les précédents du plateau de Giza. Chambres correctes avec une mention spéciale pour le grand jardin où il fait bon se détendre après une journée de visite. Navettes gratuites vers le centre-ville.

▲▲▲▲ **Siag**, route de Saqqara ☎ 385.60.22, fax 383.14.44. *320 ch.* Plus éloigné du plateau sur lequel les chambres offrent de larges vues d'ensemble, un hôtel d'excellente catégorie. Bon **restaurant** libanais.

Restaurants

En matière de restaurants, Giza n'est pas à la fête ; tous sont de véritables usines à manger qui reçoivent chaque jour au déjeuner plusieurs centaines de touristes. Les Égyp-

La disparition du nez du Sphinx est souvent attribuée aux Mamelouks ou aux canons des soldats de Bonaparte. Pourtant, des textes arabes du xᵉ s. signalent déjà cette dégradation.

tiens, qui en fin de semaine viennent se promener en famille à Giza, ne s'y trompent pas : ils préfèrent pique-niquer en lisière du désert. Si vous ne voulez pas faire comme eux et que l'heure du déjeuner approche, le mieux est d'aller prendre un sandwich ou une salade au coffee-shop de l'hôtel Mena House, au pied de la Grande Pyramide.

♦♦♦ **Mughol Room**, hôtel Mena House ☎ 383.32.22. *Ouv. le soir seulement et le ven. au déjeuner.* Excellentes spécialités d'Inde du Nord dans un cadre raffiné ; discrète ambiance musicale avec musiciens et chanteurs indiens. Il est conseillé de réserver. Tenue correcte exigée (une cravate n'est toutefois pas nécessaire).

♦♦ **Andrea**, route du canal Maryoutiya (à 4 km env. du plateau de Giza, se faire conduire en taxi) ☎ 385.44.41. Bien sûr, l'endroit est envahi de cars de touristes à l'heure du déjeuner et l'accueil s'en ressent. Mais le jardin est tout de même agréable, pour peu que l'on déniche une table à l'écart, et les poulets embrochés qui rôtissent à l'entrée sont bien appétissants.

♦♦ **Saqqara Country Club**, route de Saqqara ☎ 381.27.22. À 4 km env. du site de Saqqara. Déjeuner dans de rafraîchissants jardins : assortiments d'entrées et grillades. Une halte agréable et reposante.

♦ **Felfela**, Alexandria Desert Road ☎ 383.02.34. Un peu moins envahi que les autres ; jolie vue sur les pyramides depuis la terrasse. Préférez la simplicité des grillades aux plats plus « élaborés ». Service désespérément inefficace.

Spectacle son et lumière

Plusieurs représentations chaque soir, dont une en français (pour les horaires exacts, se renseigner auprès de l'office du tourisme ou de votre hôtel). Texte français de Gaston Bonheur et effets visuels récemment renouvelés avec les techniques modernes (laser notamment). On prend place sur les sièges installés au pied du plateau. L'hiver, il est impératif d'être habillé chaudement ; possibilité de louer des couvertures sur place. ●

LOUXOR ET KARNAK

Dans sa demeure de Thèbes, Amon se réjouit. Jadis c'était une fois l'an que le peuple en liesse l'accompagnait dans sa croisière fluviale de Karnak à Louxor. Aujourd'hui, c'est par dizaines que les bateaux sont amarrés, déversant chaque jour leur cortège de pèlerins à la peau blanche, qui viennent lui rendre hommage dans leurs tenues estivales et bariolées. On a même construit des pontons pour les felouques, qui tendent vers le disque solaire leurs hauts mâts colorés des fanions de tous les pays du lointain Occident. Sur la corniche, on a enguirlandé les arbres de serpents lumineux, verts, orange, comme pour un Noël perpétuel. Certes les étals où l'on débitait les quartiers de viande pour le peuple ont disparu, mais du bœuf, on en trouve toujours, haché et serré entre deux tranches de pain, à l'enseigne rouge et or, frappée d'un grand M, que l'on voit briller entre deux colonnes du temple de Louxor.

Oui, la capitale de la Haute Égypte est toujours à la fête. C'est même devenu une des destinations vedettes du pays grâce à son aéroport international qui permet de l'atteindre directement depuis l'Europe. La destination rêvée pour une semaine de détente et de dépaysement, entre découverte d'un patrimoine exceptionnel et rencontre avec un peuple qui malgré l'affluence a su conserver gentillesse et honnêteté.

THÈBES AUX CENT PORTES

« Thèbes aux cent portes, par chacune desquelles sortent deux cents guerriers avec leurs chevaux et leurs chars. » Pour **Homère** (*Iliade*, IX, 382), la grande ville de Haute Égypte, dont la gloire est pourtant éteinte au siècle où vit le poète,

programme

Deux jours complets sont un minimum pour un séjour à Louxor. Encore vous faudra-t-il visiter les temples de Karnak et de Louxor au cours d'une même longue journée à la fin de laquelle vous n'oublierez pas de rendre visite au Musée archéologique local. Le second jour vous permettra tout juste de survoler les principaux sites de la nécropole thébaine *(encadré p. 194)*. Prévoir trois jours est déjà plus raisonnable. Vous pourrez alors effectuer la visite de la nécropole thébaine en deux longues demi-journées, que vous terminerez, l'une par la visite du temple de Louxor, l'autre par celle du Musée archéologique. Le troisième jour sera consacré à la visite de Karnak. Il vous restera encore du temps pour flâner dans les souks ou pour jouir d'un repos bien mérité au bord de la piscine de votre hôtel. Sachez enfin que Louxor peut être un lieu de séjour très agréable, et qu'il est, du reste, de plus en plus prisé : de nombreux voyagistes proposent des forfaits d'une semaine au cours de laquelle vous pouvez conjuguer à votre guise visites, promenades et détente. Un certain nombre d'hôtels se prêtent plus particulièrement à un séjour de longue durée *(voir Carnet d'adresses p. 182)*. ●

reste le symbole de la puissance et de la richesse égyptiennes, une cité « dont chaque maison renferme des trésors sans nombre ». On ignore en revanche pourquoi les anciens Grecs donnèrent le nom de la cité béotienne à celle que les Égyptiens nommaient **Ouaset**, « la ville du Sceptre ». Pour les Romains, ce fut **Diospolis**, « la ville de Zeus », assimilé à Amon. Mais la fière cité impériale n'était plus alors qu'un modeste village, dont la splendeur passée demeurait un vague souvenir : les Romains construisirent un camp militaire dans l'enceinte même du temple de Louxor. Cet ultime toponyme qui, de nos jours, désigne la ville, est une appellation arabe signifiant « **les châteaux** ».

Écologique et bon marché : la calèche est le meilleur moyen de transport à Louxor.

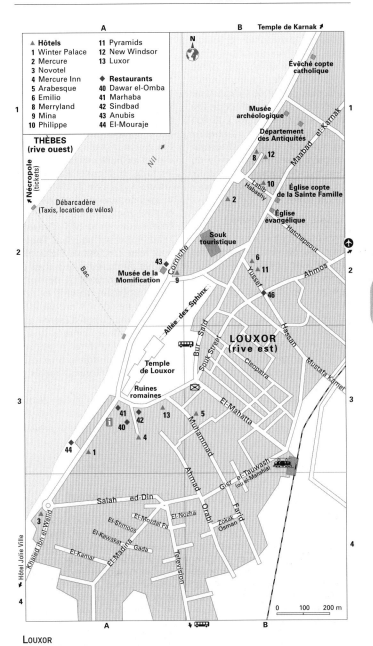

LOUXOR

À L'ORIGINE, UN MODESTE VILLAGE

Rien ne prédisposait ce petit village du quatrième nome d'Égypte à devenir la grande cité dynastique du Nouvel Empire, ni sa situation géographique, ni la renommée de sa divinité locale, Amon. Le grand dieu de la région, c'était **Montou**, célèbre pour ses vertus guerrières. Du reste, c'est de son nom que se parèrent les Montouhotep, pharaons de la XIe dynastie issus d'une lignée de potentats locaux et restaurateurs de la grandeur égyptienne après les affres de la première période intermédiaire (2140-2022). Ils choisirent de se faire inhumer sur la rive gauche de Ouaset, dans les secteurs de l'Assassif et de Dra abou'l Nagha (*voir p. 207*). Ils hissèrent surtout **Amon** au rang de dieu national, et lui construisirent son premier temple, embryon du complexe de **Karnak**. À l'abri de son ombre tutélaire, Thèbes devint capitale royale.

L'APOGÉE DU NOUVEL EMPIRE

Après les troubles qui marquèrent la fin du Moyen Empire, c'est encore à des princes de Haute Égypte qu'il revint de restaurer la puissance de Pharaon. Après avoir chassé les Hyksos de la vallée du Nil, **Ahmosis** se pare du titre royal et fonde la XVIIIe dynastie. Pendant près de trois siècles, sous les règnes des Thoutmosis et des Aménophis, la gloire de Thèbes illumine l'Orient. La ville se couvre de **sanctuaires** et, sur la rive occidentale, de **majestueux temples funéraires** assurent l'immortalité aux pharaons défunts. Dans les replis de la montagne thébaine, artistes et ouvriers s'activent pour creuser et décorer les hypogées où reposeront rois, reines, princes et nobles de l'empire. Des édifices civils, palais ou modestes demeures de cette glorieuse époque, construits en matériaux précaires, rien n'a subsisté, à l'exception, notable, du village de Deir el-Médineh où résidèrent, tout au long du Nouvel Empire, les artistes à qui l'on doit les somptueuses décorations des tombes de la rive ouest (*voir p. 208*). Les Ramessides de la XIXe dynastie abandonneront pourtant Thèbes pour leurs capitales du Delta, plus proches du théâtre d'opérations du Proche-Orient, frontière des ambitions impériales. La ville ne perd pourtant rien de son prestige grâce au **puissant clergé d'Amon**, gardien jaloux de la demeure du dieu dynastique. Un clergé si puissant que le pharaon doit s'en concilier les grâces en déléguant auprès de lui une princesse de sang royal parée du titre de « **Divine Adoratrice d'Amon** ». Au milieu des troubles qui marquent la dispari-

civilisation

Les Divines Adoratrices d'Amon

Pour les Égyptiens, chaque matin était une nouvelle création. À Thèbes, où Amon était considéré comme le démiurge, il fallait, par des rites appropriés, réveiller quotidiennement l'énergie créatrice du dieu, et notamment ses pulsions sexuelles. C'est ce rôle que tenaient les Divines Adoratrices, « épouses et main du dieu », en charmant Amon par leurs chants, leurs danses et leur parfum. Sous le Nouvel Empire, elles étaient recrutées parmi les princesses royales, certaines devenant par la suite épouses et mères de Pharaon. La future reine Hatchepsout passa ainsi une partie de son enfance dans le temple de Karnak. À la XXIe dynastie, les choses changent. Si les « épouses d'Amon » sont toujours filles de roi, elles sont tenues au célibat et à la virginité. Leur succession étant assurée par voie d'adoption, de véritables dynasties de Divines Adoratrices se constituèrent, assurant, à la tête d'une fastueuse maison, les fonctions royales auprès d'Amon, au moment où les pharaons régnaient depuis leurs capitales du Delta. Cette institution dura jusqu'au VIIe s. avant notre ère, où elle fut abolie par les Perses. ●

pillages

Les caches de la montagne thébaine

Depuis la fin de la XIXe dynastie (XIe s. avant notre ère), les momies des plus grands pharaons reposaient à 11 m sous terre, à proximité du temple d'Hatchepsout, au fond d'un puits où les avait dissimulées le grand prêtre d'Amon afin de les soustraire à la convoitise des pillards. Dans les années 1870, les antiquaires de Louxor proposaient aux riches touristes étrangers de superbes pièces qui attirèrent bientôt l'attention de Gaston Maspero, directeur des Antiquités égyptiennes. Celui-ci lança une enquête qui aboutit à une famille de pilleurs de tombes de Gourna, les Abd el-Rassoul. Arrêtés, emprisonnés et interrogés énergiquement par le gouverneur de la province, ils ne firent aucun aveu et on dut les relâcher.

Quelque temps plus tard, coup de théâtre : une violente dispute familiale décida l'un des frères Rassoul à révéler toute l'affaire. Il conduisit les enquêteurs près du temple d'Hatchepsout : là, dans une anfractuosité, on découvrit les momies des plus célèbres pharaons des XVIIIe et XIXe dynasties : des trois premiers Thoutmosis, de Ramsès Ier, de Séthi Ier, de Ramsès II, ainsi que celles des prêtres d'Amon et de leur famille à l'origine de ce transfert. Le puits fut vidé en 1881 sous la direction de Maspero, et les momies embarquées sur un bateau à destination du Caire.

Tout au long du parcours, « les femmes fellahs échevelées suivirent le bateau en poussant des hurlements et les hommes tirèrent des coups de fusil comme ils le font aux funérailles », rapporte Gaston Maspero. Ainsi le peuple égyptien rendait-il un dernier hommage à ses lointains souverains. ●

tion de la XIXe dynastie, c'est le clergé d'Amon qui réussit à préserver l'essentiel des traditions pharaoniques. Sous la conduite du grand prêtre qui revendique le titre royal, il dérobe aux pillards les dépouilles des grands monarques défunts en les dissimulant dans des caches de la montagne thébaine.

LE SAC DE THÈBES

Pourtant, c'en est fini de la puissance de Thèbes, même si la ville conserve tout son prestige religieux et ses fabuleuses richesses. Désormais, l'histoire se déroule ailleurs : en Basse Égypte, où des roitelets se partagent les dépouilles de la puissance égyptienne. Ou encore en Nubie, pays dont les princes parviennent un temps à réunir l'Égypte sous leur sceptre. C'est parmi ces Africains à la peau sombre que fut recruté le dernier des grands hommes d'État à régner sur Thèbes : **Montouemhat**, qui tenta, au milieu de troubles incessants, de préserver encore ce qui pouvait l'être (*voir p. 53*) ; mais il devait assister, impuissant, à l'humiliation suprême : le sac de la ville par des troupes étrangères, celles des Assyriens, qui ravagèrent Thèbes à deux reprises au cours du VIIe s. avant notre ère. Dès lors, la ville déclina irrémédiablement, même si les derniers souverains indigènes, les Ptolémées, ainsi que quelques empereurs romains, tentèrent de revivifier le souvenir de sa grandeur passée en restaurant les antiques lieux de culte. Bientôt les grands sanctuaires étaient livrés au sable. Ce n'est que vers le XVIIIe s. de notre ère qu'ils furent tirés de l'oubli par les premiers explorateurs européens. ●

Le temple de Karnak★★★

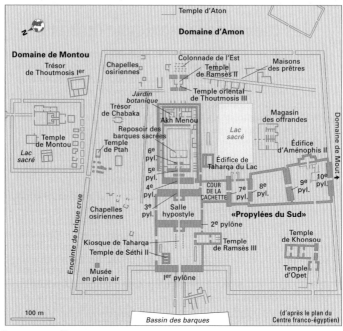

LE TEMPLE DE KARNAK

> À 3 km au N du centre-ville en longeant la corniche. Le plus agréable est de s'y rendre en calèche. Inutile de demander au conducteur de vous attendre après la visite, vous en trouverez sans problème un autre pour rentrer. Visite de 6 h à 17 h 30 (18 h 30 en été) ; entrée payante ; un second ticket est nécessaire pour la visite du musée en plein air. Le site connaît la plus grande affluence le matin, puis l'après-midi jusqu'au début de la première séance du spectacle son et lumière. En revanche il n'y a plus personne entre 12 h et 14 h, même au plus fort de la saison touristique. Comptez un minimum de 2 h de visite.

Pauvre Montou. Dieu tutélaire du quatrième nome d'Égypte, redoutable guerrier brandissant l'arc et la hache, célébré par les puissants souverains de la XIᵉ dynastie, les Montouhotep, qui s'honorèrent en portant son nom, le voilà désormais relégué à l'extérieur du sanctuaire d'Amon. Amon, cet usurpateur, ce parvenu, tout juste mentionné dans les textes anciens au détour d'une formule, et hissé au rang de dieu national par la seule volonté d'Amé-

nemhat Iᵉʳ. Divinité suprême, il le restera pendant deux mille ans : assimilé à Zeus par les Grecs, il recevra même en son temple de Siwa le grand Alexandre venu lui demander la confirmation de son ascendance divine (voir p. 64). Pauvre Montou, oublié dans son temple au sud de Karnak qui, ultime défi, tourne le dos à la ville sacrée d'Amon.

UN CHANTIER DE DEUX MILLE ANS

Le temple égyptien n'a pas l'accomplissement d'un temple grec, dont chaque partie se rapporte harmonieusement au tout. C'est un organisme vivant en mutation perpétuelle auquel chaque souverain se doit d'apporter son hommage de pierre, n'hésitant pas au passage à mettre à bas les constructions de ses prédécesseurs pour en remployer les matériaux. Nul autre temple que celui de Karnak n'en offre une illustration plus parfaite. Jusqu'aux rois macédoniens d'Alexandrie, les Ptolémées, le temple d'Amon fut pendant près de deux mille ans un chantier permanent, un gigantesque entassement de constructions où l'on serait bien en peine de relever un projet d'ensemble.

LES ARCHÉOLOGUES AU TRAVAIL

Identifié au XVIIIᵉ s., le temple d'Amon fit l'objet d'une première étude scientifique au moment de l'expédition d'Égypte *(voir p. 76)*. Pourtant, il faudra attendre la création du **Service des Antiquités** par Auguste Mariette pour que commence le dégagement systématique du temple. Il était temps : dans les décennies précédentes, et malgré le décret royal de 1835 protégeant les monuments antiques, Karnak avait déjà beaucoup donné à la construction des sucreries de la région. Plus de cent cinquante ans plus tard, les travaux d'exploration et de restauration se poursuivent. Un long chantier qu'il serait fastidieux de relater en détail mais dont on se contentera de signaler qu'il doit beaucoup à l'archéologie française : restauration de la salle hypostyle par G. Legrain entre 1895 et 1917 ; vidage par M. Pillet du 3ᵉ pylône (1921-1926) construit par Aménophis III avec, comme matériaux de blocage, des pierres provenant de 13 monuments antérieurs ; reconstitution de ces monuments (exposés dans le musée en plein air) par son successeur, H. Chevrier, à l'œuvre entre 1926 et 1954. Enfin, depuis 1967, le **Centre franco-égyptien de Karnak** poursuit l'exploitation scientifique du site.

L'entrée et le premier pylône

Pénétrant dans l'enceinte du temple par le 1ᵉʳ pylône, puis poursuivant votre progression vers le sanctuaire des barques sacrées, au cœur de l'ensemble, vous remonterez le temps : chaque époque ayant en effet rajouté sa pierre à l'édifice en partant du sanctuaire central, les constructions les plus périphériques sont aussi les moins anciennes.

Plus qu'un temple, une ville

Loin d'être rendu au silence des pierres, le temple d'Amon bruissait jadis d'une activité fébrile. Tout un peuple habitait son enceinte : son collège de prêtres bien sûr, avec à sa tête le Premier Serviteur d'Amon : derrière ce titre modeste se cachait en réalité l'un des plus importants personnages de l'État. Mais aussi ses artisans, ses fonctionnaires et même sa police qui disposait d'une prison à l'intérieur de l'enceinte. On sait ainsi que l'on y jeta les pilleurs de tombes qui dévastaient la nécropole royale sous Ramsès III et qu'ils y furent soumis à la question. Ajoutons-y le harem d'Amon, danseuses et chanteuses vouées au dieu, dirigées par la Divine Adoratrice, une princesse de sang royal, ambassadrice du pharaon auprès du clergé thébain. Il faut imaginer également le prodigieux entassement des richesses, offrandes accumulées pendant deux millénaires, des pyramidions des obélisques revêtus de plaques d'or aux meubles en bois rares venus des confins de la terre et incrustés de pierres précieuses ou aux statues, si nombreuses qu'elles en gênaient la circulation : sous les Ptolémées, il fallut enfouir dans une fosse devant le 7ᵉ pylône ce trop-plein devenu gênant et inutile. Mise au jour en 1901, cette cachette a révélé 17 000 objets de bronze et quelque 800 statues ; bon nombre d'entre elles, considérées comme des chefs-d'œuvre, ornent aujourd'hui les salles des grandes collections égyptologiques. ●

L'allée des béliers, dans la première cour du temple de Karnak.

On aborde l'ensemble de Karnak par une sorte d'estrade qui conserve à dr. un des deux obélisques dont l'avait ornée Séthi II. C'est de là que les prêtres assistaient au **spectacle de la fête d'Amon** lorsque la statue du dieu, hissée sur sa barque sacrée, rejoignait par un canal un vaste bassin (sous le parking actuel) lui-même relié au Nil par un second canal. On suit ensuite une **allée bordée de sphinx** à tête de bélier (l'animal sacré d'Amon) portant le cartouche de Ramsès II. Ils flanquaient auparavant la voie axiale conduisant au sanctuaire et furent replacés à cet endroit lors de l'érection du 1er pylône. Large de 113 m pour une hauteur maximale de 30 m, le plus grand pylône de Karnak fut le dernier construit : par les souverains de la XXXe dynastie et, pense-t-on, par les premiers Ptolémées qui en poursuivirent les travaux. Il resta pourtant inachevé : manquent en effet les décorations des massifs en façade (ils ne portent que les rainurages destinés à recevoir les mâts de cérémonie). Du côté intérieur, sur la face du massif sud (à dr. en entrant), subsiste un échafaudage de briques crues, qui fournit une illustration saisissante des **procédés de construction**.

La première cour

Cette immense cour, bordée à dr. et à g. par un portique, renferme des édifices de diverses époques englobés dans l'enceinte du temple lors des aménagements consécutifs à la construction du 1er pylône. Dans le coin g. en entrant, le **temple de Séthi II** (1204-1198) est constitué de trois petites chapelles accolées, celle du centre consacrée à Amon, les deux autres à son épouse Mout (à g.) et à son fils Khonsou (à dr.). Du côté dr. de la cour s'élève un **temple construit par Ramsès III**. Il suit le plan caractéristique des temples ramessides, avec son pylône orné des scènes traditionnelles du massacre des prisonniers, suivi d'une cour à portique ornée de piliers osiriaques, d'une double salle hypostyle puis d'une chapelle destinée à recevoir la barque d'Amon. Les murs de celle-ci sont ornés de **magnifiques hauts-reliefs***: on y voit le roi à bord de la barque d'Amon, ornée à la poupe et à la proue de têtes de béliers. Remarquez également les hiéroglyphes profondément creusés, qui prennent ici toute leur valeur plastique. Dans l'axe de la cour, des restes de colonnes (l'une a été remontée dans toute sa hauteur) marquent l'emplacement d'un **kiosque édifié par Taharqa**, roi d'origine éthiopienne (690-664) dont le musée de la Nubie à Assouan conserve un beau portrait.

Le deuxième pylône

Il était encadré d'une paire de **statues colossales de Ramsès II** (seule celle de dr. subsiste) en avant desquelles, du côté g., une **haute statue** représente également Ramsès II en compagnie de sa fille se tenant devant lui. La statue fut usurpée par la suite par Pinedjem, le grand prêtre d'Amon qui recueillit le pouvoir à Thèbes après la disparition du dernier Ramesside (1070-1032) et dissimula les momies royales du Nouvel Empire dans la célèbre cache de Deir el-Bahari. Précédé d'un **vestibule** dont les murs portent des restes de décoration aux noms de Horemheb, Séthi Ier et Ramsès II, le pylône date dans son état actuel de l'époque ptolémaïque ; il fut pourtant élevé sous le règne d'Horemheb, qui ordonna également le début des travaux de la salle hypostyle qui lui fait suite. Les sondages effectués par H. Chevrier ont permis de dégager des matériaux appartenant à des édifices précédents, parmi lesquels de petits blocs de grès au nom d'Akhénaton, le pharaon hérétique dont les constructions furent systématiquement détruites après sa disparition.

La salle hypostyle

Tout commença à la fin du règne d'Horemheb : le général qui restaura l'ordre séculaire fit élever une **allée triomphale** dans l'axe du sanctuaire d'Amon, entre le 3e pylône, celui d'Aménophis III, et le 2e, dont il ordonna lui-même la construction : 12 hautes colonnes réparties sur deux rangées, qui constituèrent l'épine dorsale de la salle hypostyle achevée par ses successeurs, Ramsès Ier et surtout Séthi Ier et Ramsès II, initiateurs de la XIXe dynastie. Au total, une forêt serrée de **134 colonnes**, constituées de papyrus, dont seules les 12 de l'axe central s'ouvrent à la lumière. Car c'est de là que, par les claustras ménagés dans le dénivelé de 6 m entre la colonnade centrale et les ailes, tombait jadis une lumière oblique sur la pénombre où glissaient en silence les pas des prêtres et de leurs serviteurs. Au-dessus d'eux, le lourd plafond de pierre, soutenu par des dés cubiques invisibles au-dessus des chapiteaux, semblait flotter dans les airs. Les **fûts des colonnes** sont décorés de scènes d'hommage des rois aux dieux de Thèbes : la partie g. fut décorée en haut relief sous le règne de Séthi Ier ; du côté dr., les scènes furent au contraire creusées dans la pierre, un procédé plus rapide. Les parties hautes (chapiteaux, architraves) conservent des restes significatifs de leur polychromie originelle.

Restitution de la salle hypostyle du temple de Karnak.

La salle hypostyle : une forêt de 134 colonnes qui ménage des ombres mystérieuses.

● **Les murs extérieurs de la salle hypostyle**. L'extérieur de la salle hypostyle est décoré de **scènes guerrières** : à g. (mur nord), Séthi Ier combattant les Asiatiques en Palestine et les Libyens ; à dr. (mur sud), représentation de la bataille de Qadesh ; à g. de cette scène, en direction du 2e pylône, relief plus tardif montrant la victoire de Chéchonq Ier (945-924) sur Roboam, fils aîné de Salomon et roi de Juda.

De l'hypostyle au reposoir des barques

> *Revenez à l'intérieur de la salle hypostyle pour continuer la visite du temple principal en laissant pour plus tard les édifices au S, au-delà de la cour de la cachette, et au N, le temple de Ptah.*

Une succession de quatre pylônes, assez confuse en raison du mauvais état de conservation, conduit au reposoir des barques.

● **Le 3e pylône**, qui clôt la salle hypostyle et servait d'entrée au temple avant la construction de celle-ci, fut édifié sous le règne d'Aménophis III. On utilisa alors les matériaux provenant de 13 constructions antérieures, comme ont pu le constater les archéologues lors de son vidage au début du xxe s.

● **La cour d'Aménophis III**, au-delà, conserve un des quatre obélisques qui la décoraient primitivement.

● **La cour de Thoutmosis Ier**. Dans cette cour, qui fait suite au 4e pylône, la reine Hatchepsout réussit à faire élever deux obélisques de granit dont un, haut de près de 30 m, est encore debout. C'est dans cette salle, dit-on, qu'Amon désigna lui-même Thoutmosis III comme roi en s'inclinant vers le jeune homme lors d'une procession.

● **Le 5e pylône**, très ruiné, fut élevé sous le règne de Thoutmosis Ier.

● **Le 6e pylône** (Thoutmosis III) donne accès au reposoir des barques.

Le reposoir des barques sacrées

La chapelle des barques des divinités fut reconstruite au tout début de l'ère macédonienne par **Philippe Arrhidée**, le demi-frère et successeur d'Alexandre le Grand. Elle est composée de deux salles dont les murs intérieurs et extérieurs sont décorés de reliefs portant des traces de polychromie et illustrant le thème du transport des barques, ainsi que diverses scènes de purification. La chapelle des barques était entourée d'un étroit couloir, œuvre de la reine Hatchepsout, tout comme les deux annexes de part et d'autre du reposoir ; l'annexe de g. conserve, à l'intérieur, un **beau cycle de reliefs** représentant Amon tendant la croix de vie au couple royal (la figure de la reine fut martelée par ses successeurs) encadré par le faucon et l'ibis.

Au-delà du reposoir ouvre un vaste espace vide : c'est là que s'élevait la partie la plus sacrée du temple, le sanctuaire du dieu. Le **saint des saints** abritait la statue de la divinité à laquelle le grand prêtre, par son rituel, rendait vie chaque jour. Cet ensemble monumental qui datait du Moyen Empire a entièrement disparu : construit en calcaire, il a fini dans les fours à chaux du XIXᵉ s.

L'Akh Menou

L'ensemble de bâtiments qui clôt à l'est le périmètre du sanctuaire d'Amon est l'**Akh Menou**, la « salle des fêtes » érigée par Thoutmosis III pour servir de cadre à la **célébration de la fête du** *heb-sed (encadré p. 152)*. Dans la longue salle hypostyle, les colonnes imitent les piliers de bois qui supportaient les tentures et sont flanquées de piliers d'une hauteur moindre, le dénivelé permettant de ménager des ouvertures pour diffuser la lumière. Le plafond est demeuré intact. Dans les annexes du nord, une petite salle mérite l'attention *(accès par un petit escalier de bois)* : construite également par Thoutmosis III, elle est désignée par les archéologues sous le nom de « **jardin botanique** », ses murs portant en relief des représentations de plantes exotiques, souvenir des campagnes lointaines de ce grand homme de guerre que fut le pharaon.

Le lac sacré

> *De l'Akh Menou, revenir vers l'O en longeant la rive du lac sacré, au N duquel sont aménagées les tribunes servant pour le spectacle son et lumière.*

Restaurée dans sa disposition originelle, cette vaste étendue d'eau, reliée au Nil par un canal souterrain, évoquait l'**océan primordial** duquel émergea la première butte de terre. Elle servait à la représentation de **drames liturgiques**, au cours desquels évoluaient des barques. Les prêtres y entretenaient un **troupeau d'oies sacrées**.

Au bord du lac, une petite **cafétéria** a été aménagée pour le plus grand bonheur des touristes et des guides assoiffés. À côté, statue monumentale d'un scarabée, symbole de l'aube, et restes d'un obélisque

---

La campagne de Chéchonq en Judée

« La cinquième année du règne de Roboam, le roi d'Égypte, Chéchonq, marcha contre Jérusalem. Avec 1 200 chars, 60 000 chevaux et une innombrable armée de Libyens, de Sukkiens et d'Éthiopiens qui vint avec lui d'Égypte, il prit les villes fortifiées de Juda et atteignit Jérusalem [...]. Il se fit livrer les trésors du Temple de Yahvé, ceux du palais royal, absolument tout, jusqu'aux boucliers d'or qu'avait faits Salomon. »

II Chroniques, 12, 2-9. ●

élevé par la reine Hatchepsout. Au sud du lac, une petite éminence à l'écart de la foule permet d'avoir une vue générale du site.

Au sud du temple d'Amon

Poursuivant votre chemin vers l'ouest, vous atteindrez la **cour de la cachette** d'où furent extraits entre 1903 et 1909 des milliers d'objets ensevelis à l'époque des Ptolémées. Du côté sud (vers la g.) s'élèvent les « **Propylées du Sud** », une série de quatre pylônes (du 7ᵉ au 10ᵉ) qui ponctuent avec grandeur le chemin reliant le temple d'Amon à celui de Mout, son épouse. Le 7ᵉ pylône est une réalisation du règne de Thoutmosis III. *Accès interdit au-delà du 8ᵉ pylône (Thoutmosis II et Hatchepsout).*

Le temple de Ptah

> *Au N du sanctuaire d'Amon s'élève le petit temple dédié au dieu créateur du monde. On y accède par un chemin qui part de la salle hypostyle.*

L'origine de ce sanctuaire remonte au Moyen Empire ; il fut restauré à plusieurs reprises, notamment par Thoutmosis III et à l'époque ptolé-

La statue d'Amon reçoit les hommages d'un prêtre ; en arrière, sa barque sacrée sur un reposoir.

maïque. Dans le saint des saints se dresse encore la **statue du dieu** et, dans la chapelle de dr., on voit une représentation de la déesse **Sekhmet**.

Le musée en plein air

> *Revenir par le même chemin, d'où l'on découvre de belles vues sur la salle hypostyle.*

Sur le flanc nord du temple principal d'Amon, au niveau de la première cour, ont été déposés les blocs extraits lors du **vidage du 3e pylône**. Ils ont permis de reconstituer deux chapelles en forme de kiosque qui servaient probablement de reposoir pour les barques sacrées lors des grandes cérémonies. La première, la chapelle de calcaire (ou chapelle blanche), fut construite au nom de Sésostris Ier. Les parois sont délicatement sculptées de scènes représentant le roi face au dieu Min, divinité de la fertilité, représenté en perpétuelle érection. Sur les bases extérieures, évocation des villes d'Égypte avec les distances qui les séparent : un véritable **manuel de géographie** riche d'enseignement pour les spécialistes. La **chapelle d'albâtre** fut consacrée par Aménophis Ier et conserve quelques reliefs d'une grande sobriété représentant de la même façon le roi devant le dieu Min.

Le 3e pylône révéla également des blocs appartenant à une chapelle en quartzite rouge élevée par Hatchepsout. Même en nombre incomplet, les blocs ont permis la reconstitution récente de l'édifice dont les reliefs évoquent les grandes fêtes d'Amon, notamment la célèbre procession d'Opet *(encadré p. 177)*. ●

♥ Le temple de Louxor★★★

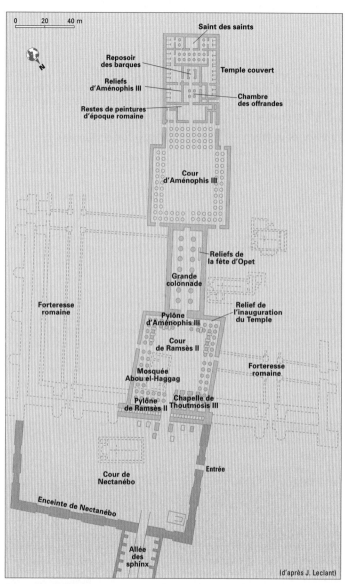

LE TEMPLE DE LOUXOR

> *Ouv. t.l.j. de 6h à 21h (22h en été); entrée payante.*

Voici l'un des plus majestueux temples pharaoniques, et l'un des plus pittoresques avec sa mosquée suspendue au-dessus de la cour de Ramsès II. C'était le harem méridional d'Amon, où le dieu de Karnak se rendait chaque année au cours de la belle fête d'Opet *(encadré p. 177)*. Les travaux de dégagement de l'ensemble, enlisé jusqu'au milieu des pylônes, furent entrepris par Gaston Maspero à partir de 1883. Pourtant, le temple est loin d'avoir livré tous ses secrets. Le 22 janvier 1989, alors qu'ils s'employaient à dégager la cour d'Aménophis III, des ouvriers heurtèrent de leurs pioches une énorme dalle de pierre polie. Une fois soulevée, elle dévoila une cachette où avaient été entassées 24 statues monumentales de rois et de divinités. La plupart d'entre elles sont exposées dans le Musée archéologique de la ville.

La demeure de Mout

Tel qu'il apparaît dans ses grandes lignes, le temple de Louxor est l'œuvre de deux grands rois bâtisseurs. Du plan d'ensemble conçu sous **Aménophis III** subsistent la salle hypostyle et la cour à portique qui la précède. **Ramsès II** y ajouta, curieusement selon un axe différent, une cour et un pylône monumental qui sert depuis ce moment-là d'entrée au sanctuaire. D'autres souverains y imprimèrent leur marque, jusqu'à Alexandre le Grand qui restaura la chapelle des barques et s'y fit représenter devant Amon, son père. Dans le vestibule précédant le sanctuaire, les Romains aménagèrent une chapelle dédiée au culte impérial et, au XIᵉ s., les musulmans construisirent une mosquée qui domine la cour de Ramsès II et sert toujours de lieu de prière. Le temple connaissait sa plus grande activité lors de la fête d'Opet, lorsqu'il recevait la visite d'Amon qui, après avoir quitté son sanctuaire à bord de sa barque d'apparat, venait revivifier son énergie créatrice.

Le pylône de Ramsès II★

Un obélisque manque à l'appel. Offert à la France par Mohammed Ali en 1830, il orne désormais la **place de la Concorde** à Paris. Le second flanque toujours l'entrée monumentale voulue par Ramsès, véritable hymne à sa gloire. Six statues monumentales se dressaient en avant des môles : deux nous sont parvenues, qui le représentent assis, et quatre, debout, dont une seule s'élève encore, très mutilée. Sur les môles, des reliefs retracent la **bataille de Qadesh** *(encadré p. 49)*. En avant de l'esplanade précédant le pylône et filant vers le nord, une allée processionnelle bordée de sphinx reliait le temple de Louxor et celui de Karnak, à 3 km de là.

Le temple de Louxor : colonnes, obélisque et minarets lancent un même appel millénaire vers le ciel.

embouteillages

L'obélisque de la Concorde

La dépose de l'obélisque de Louxor : le début d'un long voyage vers Paris.

En avril 1830, Mohammed Ali offre les deux obélisques du temple de Louxor à Charles X. Reste aux Français à acheminer le premier des deux colosses de 230 tonnes jusqu'à Paris (le second restera *in situ*). Une commission est réunie pour décider du type d'embarcation : ce sera un bateau à fond plat, seul type de navire capable de remonter le Nil et la Seine. Le 14 août 1831, il aborde devant le temple de Louxor. Les équipes françaises (150 hommes) se mettent au travail. Il faut tout d'abord déposer l'aiguille monumentale, puis lui faire franchir les 300 m qui la séparent de la rive, non sans avoir fait au préalable démolir les maisons qui se trouvaient sur le chemin. Enfin, le 25 août de l'année suivante, à la faveur de la nouvelle crue, l'obélisque quitte définitivement son temple, redescend le Nil et entreprend la traversée de la Méditerranée, tiré par un des premiers vapeurs de la marine française. Après une première étape à Toulon le 10 mai 1833, il contourne la péninsule Ibérique pour remonter la Seine et atteindre Paris le 23 décembre de la même année. Reste à dresser l'obélisque sur la place de la Concorde, l'emplacement finalement choisi après de longues polémiques. Il faudra trois longues années pour venir à bout de cette tâche délicate. Enfin, le 25 octobre 1836, devant la foule parisienne et aux accents d'un orchestre qui joue *Les Mystères d'Isis* de Mozart, l'obélisque est dressé en présence du roi Louis-Philippe. 400 artilleurs sont requis pour tourner les cabestans, et au bout d'une longue et périlleuse manœuvre, l'obélisque s'élance enfin dans le ciel gris de Paris, sur un socle de granit de Bretagne. Seuls les quatre cynocéphales nus, qui accueillaient à la base de l'obélisque l'apparition de l'astre du jour, ne sont pas conviés à la fête. Ils firent pourtant partie du voyage mais, jugés trop indécents pour les yeux parisiens, ils furent relégués dans les réserves du musée du Louvre. ●

L'allée bordée de sphinx reliait le temple de Louxor à celui de Karnak.

La cour de Ramsès II

En entrant, à dr., une **triple cha-pelle** porte les cartouches de Thout-mosis III et fut plus tard intégrée à l'œuvre de Ramsès : elle servait de reposoir aux barques de la triade thébaine. Cette cour était bordée à l'origine d'un double portique ; dans l'entrecolonnement se dressent encore des statues monumentales du roi. Le mur intérieur présente une série de reliefs, assez endommagés, figurant des scènes religieuses. Au fond de la cour, à dr. du passage qui conduit vers la salle suivante, une scène retiendra l'attention : elle montre l'inauguration des **constructions de Ramsès***, où l'on voit, de manière tout à fait inhabituelle, une représentation réaliste du pylône de Louxor décoré de ses étendards. De part et d'autre du passage conduisant plus avant dans le temple se dressent deux statues en granit de Ramsès II, accompagné de son épouse Néfertari.

La grande colonnade

La partie la plus ancienne du temple, qui appartient au projet initial d'Aménophis III, s'ouvre par un pylône et se prolonge par une allée étroite bordée de colonnes à chapiteaux ouverts. Contre les murs, tout autour de la salle, court une longue série de **reliefs**** réalisés sous Toutankhamon et Horemheb et décrivant la **fête d'Opet**. On peut voir, partant du coin dr. en entrant, la sortie des barques sacrées portées par les prêtres au crâne rasé. Les fidèles se pressent pour tirer l'embarcation divine. Notez les mouvements de la foule : quelques hommes se retournent pour encourager leurs compagnons de la voix. Pour l'artiste, une manière élégante de rompre la monotonie qu'aurait pu engendrer pour l'œil cette longue procession. Dans la dernière partie de ce mur, on peut enfin voir les groupes de danseuses sacrées, le corps rejeté en arrière, ainsi que des bouchers occupés à dépecer les bœufs promis au sacrifice, puis à la gourmandise des spectateurs.

Vers le sanctuaire

Au-delà ouvre une **seconde cour**, presque carrée et bordée d'un portique, puis une **salle hypostyle**, deux réalisations qui datent du règne d'Aménophis III. Le **vestibule** qui leur fait suite fut transformé à l'époque romaine en chapelle vouée au culte impérial. Sur le mur du fond, on peut encore voir des vestiges significatifs de la décoration peinte de cette dernière époque montrant des représentations d'empereurs. De là, on pénètre dans un ensemble de pièces qui conservent leur toiture et au centre desquelles se trouve le sanctuaire.

Le sanctuaire

On pénètre tout d'abord dans une première salle à quatre colonnes, la **chambre des offrandes**, dont les murs portent des représentations

La fête d'Opet

La grande solennité de Karnak était la fête d'Opet, présidée par le roi en personne : Amon quittait son temple pour s'en aller durant dix jours séjourner dans son temple de Louxor. Après les offrandes rituelles, l'effigie d'Amon était extraite de son naos et hissée sur une barque rituelle qu'accompagnaient celles des divinités qui lui étaient associées. Portée par 30 prêtres, l'embarcation sacrée était conduite jusqu'au Nil, où elle prenait place à bord d'un bateau de cérémonie ; de même pour les barques des autres divinités accompagnant Amon son voyage. Tiré par des remorqueurs, le roi ayant pris place en personne dans le premier d'entre eux, halé depuis la berge afin de seconder les rameurs à la peine pour remonter le courant, le

La présence d'une mosquée au-dessus des constructions antiques de Louxor n'a pas permis de mener à leur terme les fouilles archéologiques.

convoi parvenait devant le temple de Louxor, où les idoles étaient conduites dans le même appareil de brancards et de porteurs. Sur le chemin, une foule immense, contenue à grand-peine par un cordon de policiers armés de bâtons, tout à la joie d'apercevoir le dieu suprême de l'Égypte, et salivant à la perspective de déguster les pièces des bœufs de sacrifice que des bouchers découpaient habilement sur le passage du cortège. Puis la procession entrait dans le silence et les ténèbres du temple de Louxor. Longtemps après, lorsque Thèbes sera devenue chrétienne, c'est saint Georges que l'on promènera en barque sur les eaux du fleuve au jour de sa fête. Quant aux musulmans, ils feront de même avec les reliques d'Abou el-Haggag, le saint patron de la ville qui a donné son nom à la mosquée surplombant le temple de Louxor. ●

d'Aménophis devant Amon et Min. Au-delà, le **reposoir des barques** fut entièrement remanié par Alexandre le Grand pour en faire une chapelle à sa gloire où on le voit figurer en compagnie des grands dieux du panthéon égyptien. Dans une pièce à g. de la chambre des offrandes *(accès par la g. du reposoir)*, d'intéressants reliefs montrent sur trois registres la **filiation divine d'Aménophis** : en haut, Khnoum, le potier divin, façonne sur son tour l'enfant et son double ; au centre, Isis et Khnoum présentent le signe de vie à la reine enceinte ; en bas, on voit le nouveau-né allaité par Hathor. À l'extrémité sud de l'ensemble se trouve le **saint des saints** dont la toiture a disparu en grande partie.

Les musées

Le Musée archéologique★★★

> **B1** *Ouv. t.l.j. de 9 h à 13 h et de 16 h à 21 h (de 17 h à 22 h en été) ; entrée payante.*

Le petit musée de la ville est une étape à ne pas manquer : il présente de façon remarquable – l'éclairage des objets est particulièrement réussi – une sélection de trouvailles de toute première importance effectuées sur les sites de Louxor et de Karnak. En outre, ses horaires d'ouverture très commodes permettent de le visiter en fin de journée. Voici une sélection des œuvres essentielles.

Entrée

Statue d'Amon★★★ sous les traits reconnaissables de Toutankhamon (découverte en 1904 dans la cour de la cachette du temple de Karnak) : elle date de l'époque où le jeune souverain ramena à Thèbes la cour de Tell el-Amarna, la capitale hérétique d'Akhénaton, restaurant le clergé d'Amon dans ses prérogatives. Le dieu tient à la main le « nœud d'Isis », une amulette accordant la protection divine. À dr., un **buste d'Aménophis III★★★** en granit rouge : l'expression de ce grand monarque de la XVIIIe dynastie conserve une élégance et une autorité remarquables, malgré des traits extrêmement stylisés. Cette œuvre, découverte sur le site du temple funéraire du roi, est le témoin d'une école d'artistes originale dont le roi avait favorisé le développement près de son palais de Malqata, sur la rive gauche du Nil. À dr. du précédent, **tête de la déesse vache Hathor★★★** provenant du tombeau de Toutankhamon.

Salle C

Une vingtaine d'œuvres de tout premier ordre sont présentées dans cette longue salle. La série s'ouvre (mur de g.) par un remarquable **buste★★★ de Sésostris III** : ce n'est pas l'effigie d'un roi-dieu idéal mais le visage d'un homme âgé où les ans ont imprimé leur marque ; seule la bouche encore sensuelle semble l'écho d'une lointaine jeunesse. Une œuvre exceptionnelle rehaussée par un bel éclairage.

Sur le long mur, environ au premier tiers en partant de la g., un **relief sur calcaire peint★** représente Thoutmosis III ; il provient de son temple funéraire de Deir el-Bahari.

On y voit un souverain aux traits volontaires coiffé de la couronne *atef*, couronne osiriaque constituée d'un faisceau de papyrus. À dr., un chef-d'œuvre découvert dans la cour de la cachette de Karnak, la **statue en schiste★★★** du même roi : majesté et perfection physique servies par une admirable maîtrise technique qui a permis d'adoucir la dureté d'aspect de la pierre. Plus avant et au centre de la salle, **groupe monumental★★** représentant le dieu Sobek en compagnie d'Aménophis III, figuré sous les traits d'un jeune homme d'une extraordinaire beauté. Cette statue fut usurpée par Ramsès II qui fit graver son cartouche en place de celui de son lointain prédécesseur. On la découvrit fortuitement au fond d'un puits du temple de Sobek, à Dahamcha, en 1967. Sur le côté dr. de la salle, **statue monumentale d'Amenhotep★★★**, fils de Hapou. Ce haut dignitaire de la XVIIIe dynastie fut un des hommes les plus puissants de son temps, fidèle serviteur de son maître Aménophis III. Plus de dix siècles plus tard, à l'époque ptolémaïque, sa mémoire était toujours vénérée par les Égyptiens qui l'avaient assimilé à une divinité. Il est représenté ici en scribe accroupi, la tête penchée sur le papyrus qu'il tient déroulé sur ses genoux.

De gauche à droite et de haut en bas : la déesse Hathor, reconnaissable à ses oreilles de vache ; tête colossale d'Aménophis III, chef-d'œuvre de granit rouge issu des ateliers royaux ; Amon assimilé à Min, le dieu de la fertilité à la peau noire comme le limon nourricier du Nil ; sphinx attribué au règne de Toutankhamon ; Thoutmosis III coiffé de la couronne atef.

Les vitrines D

> *De l'extrémité de la salle C, une rampe monte vers les vitrines D.*

Elles présentent une collection de statuettes et de reliefs de petites dimensions. On remarquera plus particulièrement un **plat*** datant de l'Antiquité tardive (IVᵉ-Vᵉ s. de notre ère, découvert en 1974 dans une cour du temple de Karnak) : la pièce fut façonnée sur un tour, puis revêtue d'un engobe brun et décorée en noir et blanc d'une fleur de lotus encadrée de deux boutons.

Salle E

Collection d'objets de petites dimensions : voir, notamment, un rare petit **buste d'Osiris** (XXVᵉ dynastie) où le dieu des morts est représenté sous les traits d'un homme âgé, tout comme la civilisation qui l'avait vu naître à l'époque où cette œuvre fut réalisée, au VIIᵉ s. avant notre ère ; deux **modèles de barques funéraires**** provenant de la tombe de Toutankhamon ; trois *talatat** extraits du 9ᵉ pylône de Karnak : on y voit le roi Akhénaton représenté avec les traits difformes qu'on lui connaît, la reine Néfertiti, ainsi qu'une scène d'offrande.

Salle F

Deux beaux **reliefs** éclairent la fascinante période du règne d'**Hatchepsout** ; sur le premier la reine est représentée en femme, face à Amon à qui elle tend ses offrandes. On sait qu'une fois parvenue sur le trône, elle se fit représenter en homme, quitte à remodeler ses images antérieures comme dans le relief d'à côté : elle y figure en épouse royale aux côtés de Thoutmosis II, mais ses attributs féminins furent effacés par la suite.

Salle H

> *Partie g. d'une longue salle dont la partie dr. constitue la section G.*

On admirera tout d'abord un **buste monumental d'Akhénaton***** : ses traits déformés jusqu'à la caricature n'ôtent en rien la douceur d'expression du visage, remarquablement souligné par l'éclairage. Vient ensuite l'une des pièces les plus importantes du musée : la reconstitution d'un **mur d'un temple construit par Akhénaton****. Un gigantesque puzzle de 238 blocs, qui servirent ultérieurement de blocage au 9ᵉ pylône, que les archéologues ont réussi à reconstituer, trente-quatre siècles après le démontage de l'édi-

Détail du mur du temple d'Akhénaton : deux ouvriers au travail.

fice originel. Le mur se divise en plusieurs compositions distinctes ; à g. le roi, figuré à plusieurs reprises, parfois en compagnie de son épouse Néfertiti, rend hommage au dieu solaire. Vers lui converge une foule de serviteurs porteurs d'offrandes. Plus à dr. au-delà d'une partie manquante, c'est le monde des ouvriers et des artisans, description pleine de vie et de saveur où l'on s'amusera à reconnaître les bouviers aux prises avec leur bête, les boulangers rangeant leur pain sous le regard du comptable, ou les serviteurs remisant leurs jarres. Plus à dr. encore, on pénètre dans l'intimité des demeures particulières, dont l'architecture est évoquée avec ses salles à colonnes, ses portes et ses terrasses. Vers le bas du tableau, des domestiques nettoient le sol d'une salle à colonnes : ils jettent de l'eau sur le sol pour fixer la poussière comme on le fait toujours aujourd'hui.

Au-delà à dr., un second mur de *talatat* a été installé en 2004 ; plus fragmentaire, on peut y reconnaître, grâce à un dessin reconstituant l'ensemble de la composition, une procession royale où le souverain trône sur un palanquin porté par ses serviteurs. La scène se lit en partant du bas, de g. à dr., puis en haut de dr. à g. À l'autre extrémité du mur est exposé un second **buste★★★** du souverain, tout aussi admirable que la statue monumentale.

Salle G

Dans les vitrines, **six flèches en roseau** provenant de la tombe de Toutankhamon ; également, **pièces de mobilier funéraire**, sièges, corbeilles, découvertes dans des tombes des XVIIIe et XIXe dynasties.

La salle de la cachette du temple de Louxor

> *Revenir vers le hall d'entrée sur lequel ouvre cette dernière salle.*

La plupart des 24 statues découvertes en 1989 dans le temple de Louxor sous la cour d'Aménophis

Statue d'Aménophis III, aux beaux yeux en amande.

(*voir p. 173*) sont exposées ici. Divers souverains figurent dans cette étonnante galerie de portraits dissimulée durant quelque époque de troubles : dans l'entrée, sphinx aux traits de Toutankhamon ; à g. de la salle, **Horemheb** à genoux devant Atoum ; au fond, remarquable représentation d'**Aménophis III★★★**.

Le musée de la Momification★

> **A2** *Ouv. t.l.j. de 9 h à 13 h et de 16 h à 21 h (de 17 h à 22 h en été) ; entrée payante. Photos interdites.*

Inauguré en 1997, ce petit musée expose une collection archéologique très bien présentée, avec des notices en français et en anglais, entièrement consacrée aux **pratiques funéraires de l'ancienne Égypte** (*voir p. 194*). Vous y découvrirez les **instruments chirurgicaux** servant à éviscérer les défunts, les **matériaux utilisés** pour le remplissage de la dépouille – natron, onguents, résine et lin –, ainsi que le résultat final que l'on peut apprécier dans la coupe verticale d'un crâne. Plusieurs **momies** sont également présentées, des hommes mais aussi des animaux, chat, babouin, poisson, crocodile… •

Carnet d'adresses

Indicatif téléphonique : 095
Plan p. 163.

❶ **Office du tourisme A3** ☎ 37. 22.15. *Ouv. t.l.j. de 8 h à 21 h.* Brochures et plans (sommaires) de la ville. Les informations que l'on y trouve ne brillent pas par leur excès de précision ou d'exactitude. Sur les panneaux muraux vous trouverez, en revanche, un grand nombre d'informations pratiques sur les horaires et les prix des transports (bus et trains) au départ de Louxor, vers Assouan, Le Caire, les oasis ou la mer Rouge et sur les horaires des séances du spectacle son et lumière du temple de Karnak.

Accès

● **En avion.** L'aéroport se trouve à env. 7 km à l'E de la ville. Il accueille des vols internationaux (services de police auprès desquels on peut obtenir son visa, bureau de change, boutique hors taxes). Il n'existe pas de navette pour se rendre au centre-ville, mais de nombreux taxis attendent les passagers. Comptez env. 30 £EG.

● **En train.** La gare de chemin de fer se trouve à la lisière orientale de la ville **B3**, à env. 15 mn à pied de la corniche. Nombreux taxis à la sortie de la gare.

Circuler

À Louxor, les distances ne sont pas grandes et il est parfaitement possible de se déplacer à pied. Seul le temple de Karnak, à 3 km au N de la ville, nécessite l'utilisation d'un moyen de transport. Encore qu'il est bien agréable, à l'issue de la visite, de regagner le centre-ville en suivant la corniche au bord du Nil, pour peu que la chaleur soit supportable.

● **En calèche.** C'est la solution la plus plaisante. On en trouve partout. Veillez à bien négocier le prix au départ, les conducteurs ayant chaque année de plus en plus d'appétit. Sachez qu'une course en ville (temple de Karnak compris) ne devrait pas excéder 10 £EG. Pour la visite de Karnak ou le spectacle son et lumière, inutile de demander au conducteur de vous attendre : vous trouverez sans peine une autre calèche pour rentrer.

● **En taxi.** Ils sont très nombreux (ce sont le plus souvent des Peugeot break), mais relativement chers. Vous n'en aurez pas besoin pour les déplacements en ville. Un taxi est indispensable en revanche pour la visite de la nécropole thébaine. Pour cette dernière excursion, vous en trouverez également sur la rive gauche, à la sortie du débarcadère du ferry **A2** *(voir p. 219)*. Selon vos capacités de négociation, comptez un minimum de 80 £EG pour 6 h.

● **En vélo.** Un mode de transport très prisé des jeunes – et moins jeunes – voyageurs étrangers. Pratique pour le centre-ville (env. 10 £EG/jour), l'utilisation d'un deux-roues doit être envisagée avec plus de circonspection pour la visite de la rive gauche : au final, les distances y sont assez importantes et, si les routes sont excellentes, il ne faut pas oublier qu'elles sont dépourvues de toute ombre. Il serait tout de même dommage de se priver de la visite d'un site pour cause de mollet défaillant.

Quitter Louxor

● **En train**. Deux trains par jour pour Assouan ou Le Caire. Pour les horaires, se renseigner auprès de l'office du tourisme ; réservations à la gare.

● **En bus**. Louxor possède deux gares routières : une pour les bus à destination d'Assouan, située rue de la Télévision **A4**, la seconde, pour toutes les autres destinations, derrière le Musée archéologique **B1**.

● **En taxi**. C'est le meilleur moyen de transport pour se rendre à Assouan, en visitant en chemin les temples d'Edfou et de Kom Ombo.

Hôtels

Les numéros en gris *renvoient aux adresses localisées sur le plan p. 163.*

▲▲▲▲▲ **Le Meridien**, rue Khaled ibn el-Walid **hors pl. par A4** ☎ 36. 69.99, fax 36.56.66, < www.lemeri dien.com >. *302 ch.* Ses deux bras tendus vers le Nil, entre lesquels s'étale une vaste piscine, c'est un des derniers-nés de l'hôtellerie de Louxor. L'ensemble est clair et agréable autour d'un vaste espace intérieur où chaises de fer forgé et lampadaires sont un clin d'œil hollywoodien à Paris. Chambres spacieuses et de tout confort, équipées d'un accès direct à Internet.

▲▲▲▲▲ **Mövenpick Jolie Ville**, Crocodile Island **hors pl. par A4** ☎ 37.48.55, fax 37.49.36. *332 ch.* Occupant une île à 8 km au S du centre-ville, cet hôtel de luxe propose des bungalows disséminés à travers de verdoyants jardins soigneusement entretenus. Au centre du périmètre se trouvent les parties communes, avec une superbe piscine, un **snack** et un **restaurant** (de grande qualité). Un lieu de séjour idéal pour qui entend combiner calme, détente et visites culturelles. Navette gratuite vers le centre-ville.

▲▲▲▲▲ **Sofitel Karnak**, 4 km N du temple de Karnak **hors pl. par B1** ☎ 37.80.20, < rso_egypt@accor-hotels.com >. *351 ch.* Un hôtel de grand luxe qui joue la carte du loisir et de la détente ; les parties communes sont immenses, à l'intérieur comme à l'extérieur, avec son vaste jardin fleuri autour de la non moins vaste piscine. Nombreuses installations sportives, tennis, squash, centre de remise en forme, sauna, jacuzzi. Club pour les enfants. Équipe d'animation en grande partie francophone. On regrettera cependant la relative exiguïté des chambres. Navette gratuite, en bus et en bateau, vers le centre-ville.

▲▲▲▲▲ **Winter Palace** 1, corniche El-Nil **A3** ☎ 38.04.22, fax 37.40.87. *363 ch.* Cette institution de l'hôtellerie égyptienne pose un dilemme : d'un côté la partie ancienne construite à la fin du XIXe s. conserve un charme fou, avec les lourds tapis et le mobilier anglo-oriental de ses parties communes, ses salons de lecture, son bar à l'anglaise où l'on s'attend à tout instant à entendre un gentleman en smoking commander un sherry ou à croiser Hercule Poirot lui-même, et son restaurant gastronomique dirigé par un chef français (*Brasserie 1882, p. 185*) ; de l'autre la partie moderne, haute construction de béton sans grâce mais dont les chambres – de tout confort – ouvrent sur de somptueuses vues sur le Nil et la montagne thébaine, tandis que la partie ancienne n'offre que quelques chambres donnant sur le fleuve, les autres ouvrant sur les magnifiques jardins de l'arrière. Chacun sera

ainsi placé devant ce choix corné-
lien : nostalgie rétro ou coucher du
soleil inoubliable sur le Nil. À
savoir : les prix dans la partie
moderne sont un peu moins élevés.

▲▲▲▲ **Mercure 2**, corniche El-Nil **B2**
☎ 38.09.44, fax 37.49.12. *306 ch.*
Excellent confort pour cet hôtel en
bordure du Nil qui est sans doute
le plus animé de Louxor. Nom-
breux **restaurants** et **bars**, buffets à
thème, animation musicale en
divers endroits de l'établissement :
un effort particulier a été consenti
pour faire de l'endroit un lieu de
séjour distrayant. Très jolie terrasse
à l'extérieur pour prendre un verre
en soirée. Jardins et piscine com-
plètent l'ensemble.

▲▲▲▲ **Mercure Inn 4**, 10, rue Maabad Louxor **A3** ☎ 37.35.21, fax 37.
00.51. *89 ch.* À un jet de pierre du
temple de Louxor, mais à l'écart de
la rue principale, cet établissement
offre le double avantage d'une
situation centrale et d'une grande
tranquillité. Le groupe Accor, qui en
assure la gestion, l'a entièrement
rénové : parties communes et chambres équipées de tout le confort, très
moderne (clim., télévision par satellite) ; les parties extérieures ont fait
l'objet d'un soin particulier : belle
piscine, au bord de laquelle on peut
grignoter salades et pizzas. On
trouve même une petite aire de jeux
pour les enfants. Une bonne adresse
à prix abordable.

▲▲▲▲ **Novotel 3**, corniche El-Nil **A4**
☎ 38.09.25, fax 38.09.72. *185 ch.*
Un cube de béton planté au bord
du Nil : une belle situation pour
une architecture discutable. Très
bon confort. Belle galerie marchande et excellente **pizzeria**.

▲▲▲ **Arabesque 5**, rue Muhammad
Farid **B3** ☎ 37.12.99, fax 37.21.93.
36 ch. Petit établissement moderne
du centre-ville, à deux pas du temple
de Louxor. Chambres propres et
bien équipées. Un bon point pour la
terrasse sur le toit, avec piscine et
vue sur le temple. Pas d'alcool.

▲▲▲ **Flobater**, rue Khaled ibn
el-Walid **hors pl. par A4** ☎ 37.42.23,
fax 37.06.18. *40 ch.* En arrière de
l'hôtel Saint-Joseph, hôtel moderne
de bon confort et bon marché.

▲▲▲ **Luxor 13**, rue Louxor **A3**
☎/fax 38.00.18. *Pas de cartes de paiement.* Une survivance de l'époque
coloniale dans une architecture
orientalo-victorienne typique du
début du xxe s. Sauf peut-être la climatisation qui s'époumone dans les
chambres, rien ne semble avoir
changé depuis cette glorieuse
époque ; l'ascenseur, coincé entre
deux étages, rêve des jours anciens,
et la pénombre qui règne dans les
longs couloirs s'emploie à masquer
les outrages du temps. À l'arrière,
dans le jardin à l'abandon, l'eau
verte d'une piscine ferait la joie
d'une colonie de grenouilles. Restent que les chambres, d'un confort
sommaire, offrent, au 1er étage, d'immenses terrasses face au temple. Les
prix, relativement élevés pour les
services offerts (env. 60 $ la double),
peuvent être négociés.

▲▲▲ **Merryland 8**, rue Néfertiti **B1**
☎ 37.69.03. *32 ch.* Petit hôtel bien
sympathique, au fond d'une impasse
calme, tout près du musée et de la
corniche. Tout le confort moderne
(télévision, clim.) et intéressante terrasse avec piscine et vue sur le Nil.
Bon rapport qualité/prix.

▲▲▲ **New Windsor 12**, rue Néfertiti
B1 ☎ 37.28.47, fax 37.34.47. *112 ch.*
Face au Merryland, dont il partage
la situation à la fois tranquille et
centrale, c'est un hôtel de conception moderne, rénové en 1999. On
y trouve même une modeste piscine (petit bain pour les enfants),
au rez-de-chaussée, encastrée entre
divers corps de bâtiments. Accueil
sympathique.

▲▲▲ **Philippe 10**, rue Labib Habashy
B2 ☎ 37.22.84, fax 38.00.50. *70 ch.*
Excellent rapport qualité/prix :
propre, moderne, peu cher, accueil
très sympathique et terrasse avec piscine face au Nil. On est là à deux pas

du musée et de la corniche. Le propriétaire est l'un des plus grands bijoutiers de la ville; peut-être vous consentira-t-il des prix?

▲▲▲ **Saint-Joseph**, rue Khaled ibn el-Walid **hors pl. par A4** ☎ 38.17.07, fax 38.17.27. *75 ch.* Dans la partie moderne de la ville, au sud du temple de Louxor, voici un établissement récent à l'excellent rapport qualité/prix: chambres de tout confort, réception agréable et accueil sympathique. Et même une petite piscine sur la terrasse. Le tout pour env. 30 $ pour une chambre double.

▲▲ **Emilio** 6, rue Yussef Hassan **B2** ☎ 37.48.84, fax 37.00.00. *48 ch.* Dans le centre-ville, à côté du bazar touristique, un hôtel moderne et de bon confort. Superbe vue sur le Nil depuis la terrasse (piscine), où il est conseillé de venir boire un verre au coucher du soleil.

▲▲ **Mina** 9, corniche El-Nil **A2** ☎ 37.20.74, fax 38.21.94. *40 ch. Pas de cartes de paiement.* Si vous tenez absolument à ouvrir la fenêtre de votre chambre sur le Nil sans écorner votre budget, voici l'endroit. Bien sûr, les chambres sont simplissimes et les parties communes ne pèchent pas par leur originalité. L'ensemble est même assez déprimant. Un bon point cependant: une terrasse très sympathique face à la rue et au Nil.

▲ **Pyramids** 11, rue Yussef Hassan **B2** ☎ 37.32.43. *18 ch. Pas de cartes de paiement.* Tout simple et assez propre. Pour petit budget.

Restaurants

Les numéros en gris *renvoient aux adresses localisées sur le plan p. 163.*

♦♦♦ **Brasserie 1882** 1, dans l'hôtel Winter Palace, corniche El-Nil **A3** ☎ 38.04.22. Et si un soir vous vous offriez une petite fête, loin des *kebab* et des purées d'aubergine? Elle aura pour cadre le décor prestigieux du Winter Palace. Après un cocktail au bar, vous traverserez le large couloir

pour vous rendre au restaurant gastronomique de l'endroit. Au menu, une carte inventive et fréquemment renouvelée de spécialités de cuisine française, à peine teintées d'un soupçon d'Orient. Goûtez ainsi la salade de cailles aux figues confites. Vaisselle fine et service attentionné pour un délicieux dîner aux chandelles. Prix élevés justifiés. En haute saison touristique, la réservation est impérative. Pour les messieurs, cravate obligatoire.

♦♦♦ **Miyako**, hôtel Sonesta, rue Khaled ibn el-Walid **hors pl. par A4** ☎ 38.25.75. Exotisme pour exotisme, pourquoi ne pas essayer le restaurant japonais de l'hôtel Sonesta? En plus des tables classiques, deux bars à *tapanyaki* où, juché sur de hauts tabourets, vous pourrez déguster un menu (de viandes ou de fruits de mer, ce dernier étant particulièrement recommandable!) préparé devant vous sur la plaque chauffante. Aux commandes, un chef… égyptien, mais pour qui la gastronomie nippone n'a plus de secret. Une soirée amusante et conviviale.

♦ **Anubis** 43, Visitors Center **A2**. Une très jolie terrasse face au Nil devant laquelle les bateaux de croisière ne viennent pas s'amarrer et boucher la vue. L'établissement est très fréquenté par les groupes de touristes au déjeuner; de grandes tables et un buffet les attendent. La clientèle individuelle dispose d'une terrasse plus petite en contrebas, à l'écart de l'animation. Si l'endroit est très agréable, la nourriture en revanche est assez quelconque.

♦ **Chez Omar** 46, place Yussef Hassan **B2** ☎ 36.76.78. Quelques tables dans un beau jardin, le tout… au milieu d'un carrefour: sympathique petit restaurant (*kebab*, tajines…) dont le personnel se met en quatre pour satisfaire ses clients étrangers.

♦ **Dawar el-Omba** 40, hôtel Mercure Inn, 10, rue Maabad Louxor

A3 ☎ 37.33.21. Sympathique restaurant en plein air, annexe de l'hôtel Mercure Inn, dont la décoration puise dans les traditions de la société paysanne de la vallée du Nil. Bonnes spécialités locales, grande variété de ragoûts servis en cassolette qui tranchent agréablement avec l'ordinaire des grillades. On peut toutefois regretter une certaine désinvolture des serveurs. Nombreuse clientèle française.

♦ **El-Mouraje** 44, corniche El-Nil, face à l'Old Winter Palace **A3**. Une petite terrasse d'où l'on aperçoit le Nil entre deux bateaux. L'endroit est assez passant, c'est la promenade moderne le long du quai bordée de boutiques, mais la cuisine est excellente : salades goûteuses et *kebab* bien marinés et grillés à la perfection. Les Égyptiens ne s'y sont pas trompés, qui composent une bonne partie de la clientèle.

♦ **Marhaba** 41, corniche El-Nil **A3**. Restaurant de spécialités orientales aménagé sur une terrasse face au Nil ; rien de bien folichon : on y vient surtout pour jouir de la vue.

♦ **Pink Panda**, hôtel Isis, rue Khaled ibn el-Walid **hors pl. par A4**. Un restaurant chinois installé dans une jolie salle, vaste et aérée.

♦ **Ritz**, rue Khaled ibn el-Walid **hors pl. par A4**. Une gentille petite salle intérieure où l'on propose la carte habituelle de salades et de grillades. Correct pour un dîner en hiver lorsque le froid interdit de dîner en terrasse.

♦ **Sindbad** 42, rue El-Karnak **A3**. Restaurant en plein air en avant de l'hôtel Luxor et face au temple de Louxor. Salades, grillades et pizzas. Clientèle en grande partie égyptienne.

Adresses utiles

● **Change**. Tous les grands **hôtels** possèdent leur bureau de change. Vous trouverez des **distributeurs automatiques de billets** dans le jardin face à l'office du tourisme, à l'entrée du New Winter Palace, à l'entrée du souk touristique, ainsi qu'à l'extérieur de la banque Misr, au sud du Winter Palace.

● **Compagnie aérienne**. Egyptair, corniche El-Nil, au pied de l'hôtel Winter Palace **A3** ☎ 38.05.80. À l'aéroport ☎ 38.05.86.

● **Culte**. Église de la Sainte-Famille (catholique romain), rue Maaba-del-Karnak **B2**, le dim. à 9 h et à 18 h, messes en italien avec lectures en plusieurs langues.

● **Police touristique**. À côté de l'office du tourisme **A3** ☎ 37.66.20.

● **Poste et téléphone**. Poste centrale : rue El-Mahatta **B3**. On trouve partout en ville des **cabines téléphoniques** où il est possible d'appeler l'étranger avec une carte de téléphone. Pour un peu plus d'intimité, il existe un **centre de téléphone** (à cartes également) au pied de l'Old Winter Palace.

● **Shopping**. En matière de **souvenirs**, vous pourrez trouver votre bonheur dans le nouveau souk touristique **B2** : un alignement de boutiques qui proposent statuettes, papyrus, cartes postales… Mais il y a aussi le **souk populaire B3** (Souk Street) ; c'est dans cette rue parallèle à la corniche que les habitants de la ville viennent faire leurs emplettes : fruits, légumes, épices. Vous y trouverez également des tissus, nappes et services de table ainsi que des tailleurs qui pourront vous confectionner des vêtements sur mesure (chemises, galabiyas) dans la journée. Le souk connaît sa plus grande animation en fin d'après-midi. **Librairie Gaddis**, au pied de l'hôtel Winter Palace **A3** : grand choix d'ouvrages, guides, albums, littérature… **Aboudi**, sous la terrasse du restaurant Marhaba **A3** : grand choix d'ouvrages égyptologiques. Cybercafé.

● **Urgences**. Hôpital international, rue de la Télévision **hors pl. par A4** ☎ 37.20.25. **Police** ☎ 122. ●

LA NÉCROPOLE THÉBAINE

C'est bercé par le « tap tap » du bac qui traverse le Nil que l'on part de bon matin à la découverte de la rive occidentale de Thèbes. C'est là, sous l'ombre tutélaire d'El-Gourna, « la Corne », le point culminant de la montagne thébaine, dont la forme évoque étrangement celle d'une pyramide, que les souverains du Nouvel Empire ont choisi de creuser leur demeure d'éternité. À leur suite, épouses royales, princes et princesses, dignitaires de l'empire ou encore artisans du village de Deir el-Médineh se firent inhumer dans le flanc des montagnes alentour : une véritable société d'outre-tombe y repose.

AU PIED DE LA PYRAMIDE

La vallée des Rois sert de lieu d'inhumation pour les souverains d'Égypte, de Thoutmosis Ier (1493-1481) jusqu'à Ramsès XI (1099-1069) qui clôt la XXe dynastie. Soixante-deux tombes y ont été localisées à ce jour.

Le **culte du roi défunt**, depuis l'aube de la civilisation égyptienne, réclamait l'existence d'un temple funéraire (*voir p. 274*) : ainsi, à chacune des tombes royales correspond un « **temple de millions d'années** », élevé à la limite des terres cultivées : ceux de Ramsès II (Ramesseum), Ramsès III (Médinet-Habou), Séthi Ier et Hatchepsout (Deir el-

LA NÉCROPOLE THÉBAINE

Bahari) sont les mieux conservés. À la différence d'aujourd'hui, la rive ouest n'était pas un désert humain : les champs y étaient cultivés et, dans un repli de la montagne, se trouvait également le **village des artisans** préposés à la décoration des tombes, Deir el-Médineh (*voir p. 208*) ; les pharaons eux-mêmes y vivaient dans de **somptueux palais**, comme celui de Malqata d'où régna Aménophis III et dont les restes informes ne peuvent témoigner de la splendeur originale.

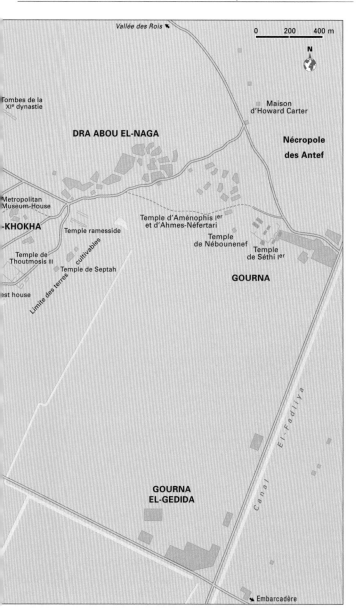

LES TOMBES ROYALES

Si les hypogées de la vallée des Rois suivent tous le même principe, un long couloir descendant jusqu'à la chambre funéraire, on peut néanmoins en distinguer **deux types**. Dans le premier, le plus ancien, un couloir oblique à 90° pour se diriger vers la chambre funéraire; dans le second, après le règne d'Akhénaton, le couloir suit un axe unique jusqu'à la salle du sarcophage.

Dans la plupart des cas, on trouve à un point du parcours un **puits** pillages

Le pillage des tombes royales sous Ramsès IX

Sous le règne de Ramsès IX (1126-1108), une bande de pillards s'attaque aux tombes de la nécropole thébaine : une équipe de spécialistes soigneusement constituée en fonction de leurs compétences – deux tailleurs de pierre, deux charpentiers, un décorateur de tombes ainsi que le batelier du gouverneur de Thèbes Ouest. Au terme d'une première enquête, l'un des pillards est arrêté, interrogé puis relâché faute de preuve. Au grand scandale des habitants de Deir el-Médineh, qui craignent sans doute que les soupçons ne se portent sur eux en raison de leur connaissance des lieux. Le pillage reprend de plus belle. C'est finalement en l'an XVI que la bande sera arrêtée et incarcérée dans les prisons du temple d'Amon à Karnak. Après un interrogatoire que l'on imagine musclé, les voleurs se livrent à des aveux circonstanciés dont plusieurs papyrus nous ont conservé le détail : « Avec nos barres à mine, nous avons creusé un tunnel ; armés de torches allumées, nous sommes ensuite descendus et nous avons découvert le Roi au fond de son caveau. Nous avons ouvert le sarcophage et avons trouvé la momie, ornée d'un faucon, d'amulettes et de bijoux en or. » Le récit se poursuit avec la description du pillage du sarcophage de la Reine, auquel les voleurs mirent le feu pour récupérer or et pierres précieuses dans les cendres fumantes du cercueil et de la momie. « Nous avons fait huit parts de l'or que nous avons trouvé : vingt *deben* (1,82 kg) nous sont revenus à chacun. Puis nous sommes rentrés à Thèbes en bateau. » Le procès se déroule enfin dans la chapelle de Maat à Karnak. Déclarés coupables, les malfaiteurs seront mis à mort.

Citations de Pierre Grandet, « Le pillage des tombes royales », *L'Histoire* n° 142, repris *in L'Égypte ancienne*, Le Seuil, coll. Points, 1996. ●

rituel, symbole du monde inférieur mais aussi moyen de décourager d'éventuels pillards. La **décoration**, limitée à la chambre funéraire pour les tombes les plus anciennes, puis couvrant l'ensemble des parois à partir de la XIXᵉ dynastie (1293-1192), est empruntée à divers livres magiques, longues suites de formules ésotériques. Ces textes permettaient au roi défunt de surmonter les épreuves jalonnant son chemin vers l'immortalité. Assimilé au soleil dans sa course nocturne, dont la descente au fond de la montagne est un symbole, le pharaon doit traverser les 12 régions infernales correspondant aux 12 heures de la nuit. C'est dire que cette décoration, réservée au roi jusqu'à la XXᵉ dynastie, exclut tout portrait, toute scène de la vie quotidienne. En revanche, les grands moments du règne sont présentés sur les murs des temples funéraires.

LES TOMBES CIVILES

Épouses royales et princes, nobles et hauts dignitaires de l'État, artisans et ouvriers de la nécropole thébaine même, tous tenaient à être inhumés non loin de leur souverain. Leurs hypogées, constitués généralement d'une chapelle funéraire précédée d'un vestibule, présentent eux aussi une **abondante décoration peinte ou sculptée en relief**. Outre l'évocation du monde infernal et de son souverain Osiris, on voit représentées des scènes de

À la lisière des terres cultivées, quelques villages regroupent les habitants de la rive ouest. Pour beaucoup, les habitations sont construites au-dessus de sépultures qui leur servent de cellier.

la vie quotidienne dans des compositions pleines d'un charme et d'une vie qui font défaut dans les tombes royales.

LE DÉCLIN
DE LA NÉCROPOLE THÉBAINE

Ramsès XI fut le dernier souverain à être inhumé dans la vallée des Rois. Durant les trente années de son interminable règne, l'Égypte sombra peu à peu dans le chaos. Il était bien loin le temps de la XVIIIᵉ dynastie, lorsque Pharaon, maître du monde, régnait depuis ses palais de Thèbes. Déjà, en transférant leurs capitales dans le nord du pays, les Ramessides avaient fait de Thèbes une métropole provinciale, où les grands prêtres d'Amon peinaient à faire respecter l'ordre. Ainsi, sous le règne de Ramsès IX, une affaire de pillage de tombes, dont nous conservons sur papyrus les minutes du procès, secoua la société thébaine *(encadré ci-contre)*. Un pillage qui se généralisa à la chute de la dynastie ramesside et qui contraignit les grands prêtres d'Amon, véritables maîtres de la Haute Égypte, à soustraire de leurs tombeaux les momies des rois du Nouvel Empire pour les dissimuler dans des caches secrètes. Dès lors, la nécropole thébaine fut définitivement abandonnée par les souverains égyptiens.

LA REDÉCOUVERTE
DE LA VALLÉE DES ROIS

D'innombrables graffitis dans quelques tombes de la vallée des Rois témoignent qu'à l'époque ptolémaïque déjà, les sépultures des pharaons, dont l'existence était connue des géographes anciens, suscitaient l'intérêt des **voyageurs grecs et romains**. Puis, hormis la présence de quelques moines dans les vestiges des temples funéraires, la nécropole thébaine sombra dans l'oubli. C'est un jésuite français, le **père Claude Sicard**, voyageant en Haute Égypte entre 1708 et 1712, qui le premier la reconnut. C'est lui également qui identifia le premier le site de Thèbes sur l'autre rive. Vingt ans plus tard, un deuxième Français, **Michel Pococke**, visita 18 tombes royales. La première exploration scientifique remonte à l'**expédition d'Égypte**, de 1798 à 1801 *(voir p. 76)*, au cours de

La rive ouest autrement

On peut bien sûr visiter la nécropole thébaine en louant les services d'un taxi à la journée et en se déplaçant de site en site. D'autres façons moins classiques s'offrent à qui souhaite s'extraire de la foule. Plusieurs **chemins de randonnée** permettent de rejoindre différents sites à travers la montagne thébaine : vues somptueuses garanties sur la vallée. Depuis le temple d'Hatchepsout, on peut ainsi rejoindre la vallée des Rois : prévoir 1 h 30 de marche. Un autre chemin plus long (2 h) et moins fréquenté relie Deir el-Médineh et la vallée des Rois ; on peut même débuter la promenade dans la vallée des Reines. Reste la question du retour : il vous faudra convenir avec un chauffeur de taxi d'une heure de rendez-vous au lieu d'arrivée. À travers la montagne, il n'y a pas de cafétéria : il est impératif de se munir d'eau en quantité suffisante. Une promenade plus courte (30 mn env.) relie le temple d'Hatchepsout et la vallée des Nobles en passant par l'Assassif. Elle traverse les hameaux accrochés à la colline.

Les adeptes du **vélo** pourront en louer au débarcadère du ferry ; un mode de déplacement qui vous assure la plus totale liberté : sachez néanmoins que si les côtes sont rares, l'ombre l'est tout autant.

La **rive ouest** est très prisée des voyageurs épris d'authentique et qui en font leur lieu de séjour de préférence à l'animation citadine de Louxor. Les vedettes internationales y ont même leur pied-à-terre avec un petit palais oriental qu'ils préfèrent au luxe du Winter Palace. Plusieurs possibilités de logement, de toutes catégories *(p. 219)*. ●

laquelle les savants découvrirent le tombeau d'Aménophis III. La recherche archéologique était lancée ; elle dura tout le XIXe s. pour se terminer au siècle suivant en apothéose : la découverte, en 1922, de la sépulture inviolée de Toutankhamon *(encadré p. 196)*. La dernière trouvaille date de 1995 : dans la tombe n° 5 (explorée depuis le XIXe s.), un passage inconnu jusqu'alors a conduit une équipe d'archéologues américains vers 95 chambres funéraires (toujours en cours de dégagement) placées sous la protection d'un Osiris en relief taillé dans la paroi de pierre. Il pourrait s'agir de la tombe des fils de Ramsès II ; c'est en tout cas l'hypogée le plus vaste jamais découvert en Égypte. Est-ce à dire que la vallée des Rois a livré tous ses mystères ? À l'exception de celle de Pinedjem II, les momies des rois-prêtres de la XXIe dynastie n'ont pas encore été

découvertes. On peut imaginer qu'elles reposent dans quelques hypogées inviolés de la montagne thébaine. De quoi faire encore rêver des générations d'archéologues.

●●● *Pour les sites les plus célèbres, les* **billets** *sont en vente à l'entrée de chacun d'entre eux ; il s'agit de la vallée des Rois, avec Toutankhamon et la tombe d'Ay ; le temple d'Hatchepsout, la vallée des Reines, la nécropole de l'Assassif, le tombeau de Pabasa (billets délivrés à l'entrée du temple d'Hatchepsout), et la vallée des Reines. Les billets pour les autres sites sont délivrés au* **guichet du Service des Antiquités** *près des colosses de Memnon (de 6 h à 16 h) : Médinet-Habou, Ramesseum, les tombes de Nakht et Menna, les tombes de Rekhmirê et Sennéfer, les tombes de Ramose, Userhat et Khaemhet, Deir el-Médineh, la tombe de Pashedu, le temple de Séthi, les tombes de Khonsou, Userhat et Benia, la nécropole de la Khokha (Néferronpet, Néfersékhérou et Dhoutmosis), le temple de Mérenptah. La tombe de Néfertari enfin, dont le prix d'entrée est fixé à 100 £EG, et le nombre de visiteurs limité à 100 par jour.*

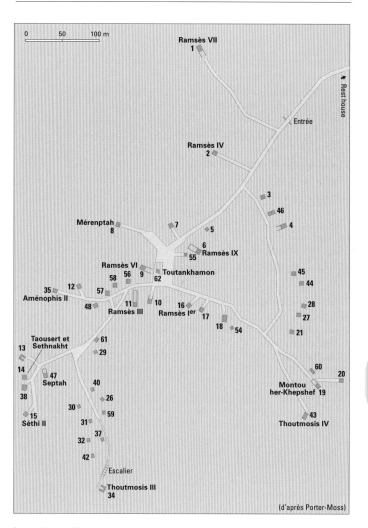

LA VALLÉE DES ROIS

La vallée
des Rois★★★

Sites ouv. t.l.j. de 7 h (6 h en été) à 16 h (17 h en été). Photos interdites à l'intérieur des tombes, mais libres dans les temples.

●●● Découvrir l'ensemble des sites ouverts à la visite demanderait un minimum de **trois jours**. Un temps dont peu de voyageurs disposent aujourd'hui. Il faut opérer un choix. Une **journée est un minimum** qui semble incompressible ; le mieux est de la répartir en **deux demi-journées**, pour éviter la fatigue et la lassitude. Cela vous permettra de disposer du reste de la journée pour visiter, sur l'autre rive, les temples de Karnak et de Louxor, ou le Musée archéologique.

La vallée des Rois★★★

> La route s'arrête au niveau d'un vaste parc de stationnement qui précède la cafétéria du site. De là, on peut prendre un petit train (payant) pour atteindre l'entrée de la vallée, 800 m plus loin. **Les numéros affectés à chaque tombeau correspondent à la classification opérée par les archéologues et utilisée sur place.** Un billet donne accès à trois tombes seulement (pour en voir six, il faut donc acheter deux billets).

à ne pas manquer

● **La vallée des Rois**, où vous visiterez trois tombes (2 h, un seul billet).
● **La vallée des Nobles**, avec la tombe de Ramose (45 mn).
● **La tombe de Néfertari** dans la vallée des Reines (30 mn), pour ceux que le sujet passionne (le prix du billet pour ce site exceptionnel est de 100 £EG).
● **La vallée des Artistes**, avec les tombes de Senedjem et d'Inher-khau (45 mn).
● **Le temple de Deir el-Bahari** (1 h).
● **Le Ramesseum** (1 h).
● **Médinet-Habou** (1 h).

Au fil de vos visites, vous trouverez divers petits restaurants et café-térias pour vous rafraîchir ou vous restaurer, ainsi les petits restau-rants face au Ramesseum et au temple de Médinet-Habou, aux agréables terrasses. ●

Soixante-deux tombes ont été déga-gées dans la vallée des Rois, trois d'entre elles se trouvant dans la par-tie occidentale de la nécropole royale, appelée **vallée des Singes**. Une douzaine de tombes sont ouvertes à la visite dans la vallée des Rois, et une, celle d'Ay, dans la vallée des Singes. La **tombe de Toutankha-mon** s'ajoute à cette série : ce n'est pas, et de loin, la plus spectaculaire, puisque les décorations se limitent à la chambre funéraire. Seul un succès de curiosité lui vaut une longue file de visiteurs qui attendent d'y entrer *(photos interdites)*. Voici les trois hypogées à ne pas manquer.

La tombe de Ramsès VI***

N° 9. Violée dès l'Antiquité (sans doute sous le règne de Ramsès IX), la tombe était bien connue des visi-teurs romains qui y laissèrent, en grec et en latin, un bon millier de **graffitis**. Il s'agit d'une tombe à axe unique, qui s'enfonce sur plus de 100 m au cœur de la montagne : préparée pour Ramsès, la tombe fut agrandie pour recevoir la dépouille de son successeur. Les deux momies furent découvertes en 1898 par Victor Loret dans la tombe d'Aménophis II (n° 35) où

elles avaient été déposées en com-pagnie de 25 autres momies royales par les grands prêtres d'Amon. Les murs sont entièrement décorés d'un **ensemble exceptionnel de peintures***. On découvre tout d'abord, dans les trois premières salles du couloir et sur les deux côtés, le cycle complet du *Livre des portes* : dans son voyage, le défunt doit franchir, aidé par des formules magiques, 10 pylônes gardés par des serpents, qui ouvrent sur autant de provinces infernales. Passé le puits rituel et la salle aux piliers qui lui fait suite, le couloir descend en suivant une pente plus accentuée jusqu'à la chambre funéraire. C'est là, après la longue course nocturne, que va s'accomplir la renaissance, un mystère qu'explicitent les repré-sentations figurées aux murs : au plafond, une double figure de Nout, personnification de la voûte céleste *(voir p. 269)*, avale le disque solaire qu'elle restituera au matin. Au moment de cette renaissance (mur de g.), les forces du mal, représentées à l'envers, seront anéanties par les bourreaux célestes à la peau noire, tandis que les momies des défunts seront rendues à la vie par la divinité solaire (même côté). Voyez enfin la résur-

Même au fond de leur sépulture souterraine, les pharaons reposent sous la forme pyramidale que dessine le point le plus haut de la montagne.

rection du disque solaire, porté par les bras tendus de la déesse Nout (détail mur de dr.).

La tombe de Thoutmosis III★★★

N° 34. Voilà certainement la tombe la plus **spectaculaire** de la nécropole royale. Tout au bout de la vallée, dissimulée dans une anfractuosité de la montagne – ce qui ne l'empêcha pas d'être pillée dès l'Antiquité –, ouvre la tombe de l'un des plus grands rois de l'Égypte ancienne. On accède à l'entrée, à une dizaine de mètres au-dessus du sol, par une échelle de fer moderne. Puis c'est la plongée au fond du tombeau en suivant deux couloirs entrecoupés d'escaliers qui descendent à 45° au cœur de la montagne. Passé le puits rituel (dont égyptologie

La merveilleuse découverte

Dans les années 1910, la conviction des archéologues était faite : il n'y avait plus rien à découvrir dans la vallée des Rois. Ce n'était pas l'avis d'Howard Carter, familier de l'Égypte depuis 1892. Entre deux expéditions archéologiques – il avait déjà à son actif les découvertes des tombeaux d'Hatchepsout et de Thoutmosis IV –, il vivotait en vendant ses aquarelles aux touristes étrangers. En 1903, il s'associe à lord Carnarvon, qui finance ses recherches. En 1912, les deux hommes obtiennent la concession des fouilles dans la vallée des Rois. Il faudra dix longues années de recherches infructueuses pour aboutir à ce 4 novembre 1922 où, sous les pioches des ouvriers égyptiens, apparaît une marche taillée dans la roche. Le dégagement se poursuit rapidement et, le lendemain soir, Carter découvre une porte encore revêtue de ses sceaux : on y lit le nom de **Toutankhamon**. Ainsi donc l'intuition de Carter s'était révélée exacte : la vallée des Rois était loin d'avoir livré tous ses secrets et recelait encore au moins une tombe, inviolée de surcroît. Aussitôt, Carter télégraphie à son mécène : « Merveilleuse découverte dans la Vallée. Tombe superbe avec sceaux intacts. Attends votre arrivée pour ouvrir. » Le 23 novembre, Carnarvon est sur les lieux. Le 26, les deux hommes s'attaquent à la porte de l'antichambre. Ils déplacent quelques pierres et Carter, armé d'une bougie, se glisse à l'intérieur. Carnarvon l'interroge : « Vous voyez quelque chose ? » Après un long silence, une voix s'élève du fond du tombeau : « Oui, des merveilles. » ●

c'est le premier exemple dans la vallée des Rois ; plafond astronomique), on aboutit à une première salle à deux piliers : au mur, les représentations des 741 divinités qui président à la renaissance quotidienne de l'astre solaire. Dans un angle de cette salle, un escalier descend à la chambre funéraire, dotée de deux piliers et sur laquelle ouvrent quatre petites salles annexes. Sa forme évoque un cartouche royal. Le **sarcophage de quartzite rouge**, lui aussi en forme de cartouche, se trouve au fond de la salle : lors de la découverte de la tombe par Victor Loret en 1898, le couvercle gisait à terre, brisé. Aux murs sont dessinées au trait et en écriture cursive pour les hiéroglyphes, à la manière d'un papyrus déroulé, des scènes du *Livre de l'Amdouat*. Les piliers portent des scènes des *Litanies de Rê* sur toutes leurs faces sauf une, qui montre le roi allaité par la déesse Isis au sycomore, représentée sous la forme d'un arbre.

La tombe de Ramsès III***

N° 10. Bien que s'enfonçant loin sous la montagne, cette tombe est d'un accès facile en raison de la faiblesse de sa pente. Au premier tiers de son parcours, elle accuse un décrochement à dr. : en creusant, les ouvriers avaient atteint une tombe voisine. Cet hypogée, le « **tombeau des Harpistes** », conserve un cycle de décorations murales d'une remarquable diversité notamment dans les huit petites pièces annexes qui ouvrent sur la première partie du couloir : on y voit boulangers et bouchers, barques sur le Nil, collection de vases qui, par leur style, semblent provenir de l'Égée, ainsi qu'un couple de harpistes aveugles (dernière chapelle à g. avant le décrochement), scène qui a donné son surnom à la sépulture. Après le décrochement, le couloir conduit à une première salle à piliers ; au-delà, sur les murs, est représentée une scène de l'ouverture de la bouche. Le **sarcophage**, aujourd'hui au Louvre, se trouvait dans une salle à huit piliers dont la décoration murale est assez dégradée. Au-delà de la chambre funéraire ouvrent dans l'axe du tombeau trois salles annexes en enfilade *(accès interdit)*.

Les autres tombeaux

●●● *Voir plan p. 193.*

● **Aménophis II**** (n° 35). Au terme d'une longue descente entrecoupée par plusieurs escaliers et une première pièce à deux piliers, on parvient à la chambre funéraire : les parois sont entièrement revêtues de textes du *Livre de l'Amdouat*, simples dessins au trait sur fond jaune.

● **Ramsès VII**** (n° 1). Ouverte dès l'Antiquité, cette tombe à axe unique est décorée d'un **cycle de reliefs** où l'on voit, entre autres scènes, le dieu solaire sur sa barque, trônant dans son naos protégé par des serpents. Dans la chambre funéraire au beau plafond astronomique, la momie reposait dans un **sarcophage creusé dans le roc** (dégagé en 1983) et recouvert d'un couvercle de pierre, en fait un sarcophage renversé.

● **Ramsès IV**** (n° 2). Cycle bien conservé et assez complet de **textes funéraires**. On conserve un **papyrus** portant le **plan exact** de la tombe (musée de Turin) : il fut exécuté, semble-t-il, après la réalisation de la tombe et sans doute aux fins de décoration. De nombreux graffitis grecs et romains attestent que la sépulture fut ouverte dès l'Antiquité.

● **Ramsès IX**** (n° 6). Ensemble de scènes empruntées aux différents livres funéraires et réalisées avec un souci du détail particulièrement remarquable dans l'exécution des hiéroglyphes. Dans la chambre funéraire, la momie, qui fut retrouvée dans la cache de Deir el-Bahari, reposait dans une fosse creusée dans le sol, comme pour la tombe de Ramsès VII.

● **Thoutmosis IV*** (n° 43). Découverte par Howard Carter en 1903 (des pillards l'y avaient cependant précédé dès l'Antiquité), cette sépulture intéressera par sa **rare complexité architecturale** (l'accès en est rendu assez pénible) et la **perfection**

Sur les parois du couloir descendant à la chambre funéraire, les textes sacrés font office de véritables guides du voyage d'outre-tombe.

Des corps pour l'éternité

Explorant en 1932 la chambre funéraire de la pyramide de Saqqara, l'archéologue Jean-Philippe Lauer découvrit, abandonnés sur le sol, un pied, quelques fragments de côtes et un sternum. C'était là tout ce qu'il restait de la momie du roi Djoser, mise à mal dès l'Antiquité par les pilleurs de tombes. C'est surtout le plus ancien témoignage de momification découvert à ce jour.

Conserver les corps

L'idée de préserver l'intégrité des corps est probablement aussi vieille que la civilisation égyptienne elle-même. Les anciens Égyptiens se figuraient en effet l'individu comme un agrégat de différents éléments, le *ba*, le *ka* et l'*akh (voir p. 58)*, auxquels le corps physique servait de support. La mort se traduisant par la dissociation de ces éléments, il fallait, pour assurer l'immortalité de l'individu, leur permettre d'être réunis à nouveau. D'où la nécessité d'un corps pour l'éternité. Partant de la simple observation de la nature – un corps abandonné dans les sables du désert se conserve longtemps du fait de la quasi-absence d'humidité – les Égyptiens imaginèrent des procédés de déshydratation propres à empêcher la putréfaction des corps.

Les techniques d'embaumement

La minutieuse description que nous en a laissée Hérodote, ainsi que l'étude scientifique de centaines de momies depuis les débuts de l'égyptologie moderne, ont permis de brosser un tableau très précis des techniques d'embaumement. On commençait tout d'abord par extraire le cerveau par les narines, morceau par morceau, grâce à un crochet de fer. Les embaumeurs pratiquaient ensuite une incision sur le flanc du défunt à l'aide d'une pierre tranchante, de manière à en extraire les viscères qui eux-mêmes, une fois embaumés, prendraient place à côté du défunt dans des récipients particuliers, les vases canopes. On bourrait alors les cavités abdominale et thoracique de natron (carbonate de sodium cristallisé) et de tissus, afin d'absorber le maximum d'humidité avant de plonger le corps dans un bain de natron, pendant 70 jours, précise Hérodote, afin de procéder à une dessiccation complète. Celle-ci terminée, on vidait les cavités de leur bourrage de natron pour le remplacer par un second, définitif celui-là, afin de prévenir l'affaissement du corps. De même, on remodelait les traits du visage de manière à lui rendre l'aspect de la vie.

La pratique de la momification s'est prolongée fort tard en Égypte, jusqu'au IVe s. de notre ère, à l'époque romaine. Le visage du défunt était recouvert d'un portrait plus ou moins idéalisé : on a donné traditionnellement à ce type de représentations le nom de « portraits du Fayoum », l'oasis proche du Caire où ils furent découverts.

La momie veillée par Horus, sous sa forme de faucon.

Les derniers préparatifs

Le travail d'embaumement terminé, il restait à emmailloter le corps de bandelettes, en lin exclusivement, la laine étant proscrite pour cet usage rituel comme elle l'était pour les vêtements cérémoniels des prêtres. Plusieurs centaines de mètres de tissu étaient nécessaires, dont l'origine était diverse : on y trouvait en effet du linge « de famille » utilisé par le défunt de son vivant, des linges sacrés provenant des temples où ils avaient servi à recouvrir les statues, enfin d'autres, spécialement confectionnés pour cet usage et qui portaient des textes de divers livres funéraires. De nombreuses amulettes étaient placées entre les bandes pour assurer la protection du défunt lors du long voyage qu'il allait entreprendre. La momie était enfin recouverte d'un linceul, décorée de bouquets de fleurs et placée dans son sarcophage, non sans avoir reçu les sacrements liturgiques – comme le rite de l'ouverture de la bouche qu'elle partageait avec les statues des divinités *(encadré p. 60).*

Au départ, un privilège royal

Réservée tout d'abord au seul pharaon, la momification s'étendit progressivement aux membres de la famille royale et aux hauts dignitaires, puis au peuple tout entier. On a pu ainsi estimer à plus de 500 millions le nombre de corps momifiés tout au long de l'histoire de l'Égypte ancienne jusqu'à la christianisation du pays, et enfouis dans les sables du désert. Tous bien entendu ne bénéficiaient pas des soins dont on entourait la dépouille du pharaon et des grands personnages de la cour. Pour les défunts de moindre importance, on se contentait de dissoudre les viscères en injectant de l'huile de cèdre par les voies naturelles. Les Égyptiens momifiaient aussi les animaux symboles de différentes divinités : taureaux, chats, babouins, ibis, crocodiles. Ainsi, dans la nécropole de Tounah el-Gebel, en Moyenne Égypte, furent déposés plus de 4 millions d'ibis momifiés en l'honneur du dieu Thot. ●

Devant le corps momifié du défunt, accueilli par Anubis et pleuré par son épouse, les prêtres revêtus de la peau de panthère encensent les offrandes.

apportée à la taille de la pierre plutôt que par ses décorations pariétales, limitées au puits rituel (18 m de profondeur) et à l'antichambre qui précède la chambre funéraire. Une suite de couloirs entrecoupés d'escaliers conduit au-delà du puits (plafond astronomique, le roi devant diverses divinités) à une première salle à piliers. De là, un passage formant un angle à 90° avec les couloirs précédents conduit à l'antichambre (plafond astronomique et scènes représentant le roi) qui donne accès à la chambre funéraire après un nouvel angle à 90°. Le sarcophage en calcaire peint en rouge est encore en place. Le dégagement de cette salle a révélé un grand nombre d'objets funéraires qui jonchaient le sol dans le plus grand désordre.

● **Ramsès Ier*** (n° 16). D'un accès assez pénible en raison de la forte pente du couloir, cette tombe conserve de **remarquables peintures** dans la chambre funéraire. Le sarcophage en granit rose est toujours en place : sa décoration sculptée est restée inachevée ; on n'en voit que les esquisses à la peinture jaune.

● **Septah*** (n° 47). Un couloir de plus de 80 m, entrecoupé d'escaliers et décoré des scènes habituelles dont la réalisation est particulièrement soignée, conduit à la chambre funéraire, précédée, fait unique, d'un passage à g., resté inachevé. Peut-être était-il destiné à se prolonger vers une seconde chambre funéraire qui aurait reçu la momie de la mère du roi. La tombe a été usurpée à une époque ultérieure et la momie de Septah découverte dans la tombe d'Aménophis II en 1898.

● **Mérenptah** (n° 8). Un long couloir droit (115 m) conduit en pente assez raide vers la chambre funéraire où reposait le fils de Ramsès II. À mi-parcours, au-delà du puits rituel, une salle à piliers fut ménagée à dr. (*f. au public*), sans doute pour servir de chapelle à la mémoire

de Ramsès II. Les **peintures**, bien que dégradées avec le temps par les infiltrations d'eau, conservent néanmoins de **beaux vestiges**. Dans la salle funéraire, le couvercle du sarcophage, un monolithe de granit sculpté à l'image du roi, est toujours en place. De nombreux graffitis attestent que le lieu était visité à l'époque gréco-romaine.

● **Montou her-Khepshef** (n° 19). Cette tombe d'un prince héritier, fils de Ramsès IX, présente un ensemble de peintures limité mais remarquable : il s'agit de deux groupes de sept panneaux, en vis-à-vis dans le couloir d'entrée, d'une grande fraîcheur de tons. On y voit le défunt sacrifiant devant diverses divinités. Le reste de la sépulture est demeuré inachevé.

● **Taousert et Sethnakht** (n° 14). Cette sépulture avait été creusée pour la reine Taousert qui, entre 1192 et 1190, coiffa la Double Couronne et se proclama pharaon à part entière. Son tombeau fut par la suite usurpé par Sethnakht, premier roi de la XXe dynastie (1190-1187). Dans la première partie du couloir, les scènes représentant la reine ont

histoire

Taousert, reine d'Égypte

Cette princesse de souche royale fut l'épouse principale de Séthi II (1204-1198). À la mort de celui-ci, elle exerça la régence au nom de Septah, un fils que Séthi avait eu d'une épouse secondaire, avant de se proclamer elle-même pharaon en 1192 en adoptant une titulature royale. Son règne, qui clôt la XIXe dynastie, ne dura que deux ans. C'est son nom qu'utilisa Théophile Gautier pour désigner la momie de son roman. ●

archéologie

Les secrets de la vallée des Reines

C'est au début du XXe s. que la vallée des Reines fit pour la première fois l'objet d'une exploration archéologique systématique. Sous la direction d'une mission italienne, les diverses campagnes permirent notamment la découverte du tombeau de Néfertari en 1904. Depuis le début des années 1970, l'exploration scientifique a repris, cette fois sous la direction d'archéologues français, conduits par Christiane Desroches-Noblecourt puis aujourd'hui par Christian Leblanc. Une centaine de tombeaux ont été dégagés, plusieurs centaines de momies mises au jour. Aucune cependant antérieure à la XXIe dynastie. On peut ainsi penser que les dépouilles des reines et de princes de l'époque ramesside (XIXe et XXe dynasties) furent dissimulées par les prêtres d'Amon pour être soustraites aux convoitises des pillards, à l'instar des momies des pharaons découvertes dans la fameuse cache de Deir el-Bahari par Gaston Maspero en 1881. La dernière demeure des grandes reines d'Égypte resterait donc à découvrir. •

été surchargées par son successeur. Au-delà d'une première salle soutenue par huit piliers commencent les «appartements» de Sethnakht à l'extrémité desquels ouvre la chambre funéraire du roi. Son sarcophage a été reconstitué avec son lourd couvercle en granit. Les couloirs à peine dégrossis donnent une idée des techniques d'excavation de l'époque.

● **Séthi II** (n° 15). Belles représentations peintes où l'on peut découvrir, à mesure de sa progression vers la chambre funéraire, des chapitres des différents textes funéraires et les divinités de l'au-delà représentées dans le premier vestibule ainsi que sur les piliers de la chambre au sarcophage.

● **Ay★** (n° 23). *Un billet supplémentaire.* Cette unique tombe ouverte dans la vallée occidentale (vallée des Singes) mérite une visite. Ne serait-ce que pour suivre le chemin qui y conduit, un sillon entre deux montagnes dont la solitude rappelle les temps où la nécropole était inaccessible au commun des mortels (*accès à dr. peu avant la cafétéria ; 2 km env.*). Ay fut le restaurateur de l'orthodoxie thébaine après

le règne d'Akhénaton. Au bout d'un long et large couloir assez sommairement dégrossi, on aboutit à la chambre funéraire, seule partie de la tombe à être pourvue d'une **décoration** dont les spécialistes ont relevé les **similitudes avec celle de Toutankhamon** : il est possible que la même équipe d'artistes ait travaillé sur les deux sites. Voir notamment, sur le mur de dr., la scène du *Livre de l'Amdouat* montrant la barque solaire tirée par cinq divinités au-dessus de 12 babouins symbolisant les 12 heures de la nuit. Le sarcophage, en morceaux lors de la découverte du tombeau par Belzoni en 1816, a été remonté à son emplacement originel.

La vallée des Reines★★

De la XVIIIe à la XXe dynastie, cette vallée tout au sud de la nécropole thébaine a servi de lieu d'inhumation pour les princes puis, à partir de la XIXe dynastie, pour les épouses royales. On peut distinguer ainsi deux types de sépultures : puits funéraires – une soixantaine –

pour les princes de la XVIIIe dynastie puis tombeaux à l'architecture plus élaborée pour les reines. Au total, plus de 80 tombes ont été explorées, parmi lesquelles deux seulement sont ouvertes à la visite *(accès avec le même billet d'entrée)*. Elles appartiennent toutes deux à des fils de Ramsès III et conservent des peintures d'une fraîcheur de tons remarquable. S'y ajoute celle de Néfertari, sans doute la plus belle sépulture de toute l'Égypte *(billet d'entrée particulier)*. La nécropole a continué d'être utilisée pendant la troisième période intermédiaire pour des dignitaires de l'État, puis sous l'Empire romain et jusqu'à l'époque copte, où un monastère a été construit.

● **La tombe d'Amoun her-Khepshef**** (n° 55). Bien que pillée sans doute dès la fin de la XIXe dynastie, cette tombe a révélé lors de sa découverte en 1903 une **décoration peinte** d'une qualité admirable, tant par son état de conservation que par l'élégance de sa réalisation. Le couloir d'entrée conduit à un premier vestibule où le pharaon est représenté à plusieurs reprises et notamment vêtu d'un splendide habit d'apparat (mur de face, côté g.).

On passe ensuite dans la chambre funéraire, où sont représentés deux chapitres du *Livre des morts* (mur de g.) : le roi y figure en compagnie de son fils. C'est là que se trouvait le sarcophage, déplacé ultérieurement par les archéologues dans l'annexe qui lui fait suite. Cette dernière pièce abrite le squelette d'un fœtus découvert au début du siècle dans une autre tombe de la vallée.

● **La tombe de Khaemouaset*** (n° 44). Lorsqu'elle fut explorée, la même année 1903, la tombe était encombrée de sarcophages, signe qu'elle servit ultérieurement de **sépulture collective**. Cet usage secondaire n'a pas endommagé sa **splendide décoration peinte**. Parmi d'autres, vous verrez ainsi

dans la chambre funéraire une belle scène où le roi figure en compagnie de son fils, le crâne rasé à l'exception d'une mèche unique, comme il était d'usage de représenter les enfants.

● ♥ **La tombe de Néfertari***** (n° 66). Depuis sa réouverture au public en 1995, la tombe de Néfertari (l'épouse de Ramsès II) émerveille la centaine de visiteurs autorisée à y pénétrer chaque jour. Il a fallu plus de quatre ans de travaux de restauration, au cours desquels furent mises en œuvre les techniques les plus sophistiquées pour rendre aux peintures leur éclat et leur velouté originels.

Un ensemble de scènes qu'il est impossible de détailler ici et qui mérite un examen attentif panneau après panneau, pour peu que le gardien, pressé de faire entrer le groupe de visiteurs suivant, vous en laisse le temps (là aussi, un sourire peut arranger bien des choses). S'il fallait ne choisir que quelques scènes, voici celles à ne pas manquer : dans la première salle, bordée d'une banquette de pierre pour recevoir les offrandes, au mur immédiatement à g. de l'entrée, panneau représentant **la reine occupée à jouer au jeu de senet** *(encadré p. 46)*, l'échiquier égyptien, une réminiscence des occupations profanes en vigueur à la cour. Dans l'annexe ouvrant à dr., **Néfertari face au dieu Thot** à qui elle demande de lui octroyer des pouvoirs magiques à l'aide des formules secrètes du *Livre des morts*. En haut de l'escalier descendant vers la chambre funéraire (côté dr.), **scènes d'offrande** où la reine tend des vases vers Hathor et Sekhmet, que la déesse Maat protège de ses ailes *(voir p. 269)*.

De l'autre côté, **superbe représentation d'Anubis**. Dans la **chambre funéraire**, dont les piliers portent des représentations d'Osiris, les murs sont entièrement décorés de scènes empruntées au *Livre des morts*.

La vallée des Nobles★★

(nécropole de Cheikh abd el-Gourna)

Au flanc de la montagne thébaine s'étire le **village de Gourna** qui fournit au XIXe s. un sérieux contingent de pilleurs de tombes, parmi lesquels les « célèbres » frères Abd el-Rassoul, à l'origine de la découverte de la cache de Deir el-Bahari. Il faut dire que l'occasion était trop belle : les maisons, hier comme aujourd'hui, y sont le plus souvent construites au-dessus de tombeaux qui leur servent de caves. Ce sont les **sépultures des dignitaires de l'Ancien Empire** : plus de 500 ont été repérées à ce jour, autour du village et plus au nord, sur les sites appelés **Khokha** et **Assassif**. Elles suivent toutes à peu près la même disposition d'ensemble : une cour à ciel ouvert, puis un vestibule ou un couloir qui donnent accès à la chapelle ou au puits funéraire, dépourvus généralement de décorations. L'entrée de l'hypogée était souvent surmontée d'un pyramidion. Contrairement aux tombes royales, les peintures ou les reliefs qui ornent vestibules et couloirs puisent largement leur inspiration dans la vie quotidienne des milieux aristocratiques. Une quinzaine de tombes sont ouvertes à la visite, réparties sur l'ensemble des sites de la vallée des Nobles. Certaines d'entre elles peuvent être considérées comme les plus belles de l'ensemble de la nécropole thébaine. Opérer une sélection devient dès lors une entreprise délicate ; voyez au moins quatre tombes : celles de Ramose, Sennéfer, Rekhmirê et Nakht. Les 10 sépultures ouvertes de Cheikh abd el-Gourna sont regroupées ici par billets d'entrée. Localement, on distingue trois zones dans la nécropole : le village, le petit enclos et le grand enclos.

Les tombes du village

> *1er groupe ; un billet.*

● **Ramose★★★** (n° 55). Ramose était un haut dignitaire qui servit Aménophis III puis Aménophis IV. Il suivit probablement son dernier maître à Amarna, abandonnant sa tombe thébaine qu'il laissait inachevée et s'en faisant aménager une autre près de la nouvelle capitale royale. Ce qui

Le cortège funéraire antique était, comme aujourd'hui, accompagné d'un chœur de pleureuses. Tombe de Ramose.

art

L'exception amarnienne

Avec son culte exclusif pour le disque solaire, Akhénaton révolutionna la théologie traditionnelle. Durant cette période amarnienne (de Tell el-Amarna, nom moderne de la capitale fondée par le souverain hérétique), l'art officiel subit également de profonds bouleversements. Si certains éléments traditionnels restent en vigueur, comme la représentation du pharaon en Osiris, les portraits du souverain et de la famille royale frappent par leur singularité : crânes démesurément allongés, ventres proéminents, cuisses exagérément lourdes sur des chevilles graciles... Des traits à la limite de la caricature, dont on suppose qu'ils correspondaient à une particularité physique du roi et qui s'appliquèrent à l'ensemble de la famille royale. Singularité des scènes également qui dépeignent le couple royal et ses enfants, saisis dans l'intimité de leur vie familiale, et tranchent avec l'hiératisme en vigueur aux époques précédentes. Ce souci naturaliste transparaît également dans les

Étrangeté des formes, délicatesse des traits, la statuaire d'Amarna est immédiatement reconnaissable.

scènes profanes comme sur les *talatat*, ces blocs décorés qui proviennent des temples thébains détruits après la mort du souverain et dont un panneau a été reconstitué au musée de Louxor : l'exécution est plus rapide, estompant gestes et attitudes pour privilégier des lignes plus souples, dans des perspectives moins rigoureuses. Dans la sculpture, le tracé se fait fluide, invitant le regard à suivre les courbes asymétriques de lignes en perpétuelle tension, qui suscitent sur les visages de saisissants jeux d'ombre et de lumière. Mais que l'on ne s'y trompe pas : les représentations de l'intimité du couple royal ne visent pas à rapprocher celui-ci du commun des mortels. Par ses caractéristiques physiques volontairement accentuées, le roi reste intrinsèquement différent des hommes, à l'instar d'un dieu. ●

frappe d'abord, ce sont les dimensions ambitieuses de l'ensemble, qui font du vestibule une véritable salle hypostyle soutenue par 32 piliers. La décoration quant à elle témoigne du goût délicat en vigueur sous le règne d'Aménophis IV-Akhénaton. De part et d'autre de l'entrée, des **reliefs d'une finesse extraordinaire**, tout particulièrement dans l'exécution de la chevelure des personnages ou de leurs parures, traitent le thème du banquet funéraire présidé par le

défunt et son épouse et auquel assistent des invités. Sur le mur de g., une scène représente les funérailles avec le cortège de pleureuses professionnelles rendues de manière très expressive. C'est sur le mur du fond, à dr., que l'on a qualifiée d'**amarnienne** la **nouvelle esthétique** que l'on a qualifiée d'**amarnienne** est la plus manifeste. On y voit en effet le pharaon lui-même, représenté sous les traits difformes qu'on lui connaît – tête démesurément allongée, ventre proéminent –, qui reçoit la bénédiction du disque solaire tandis que, devant lui, Ramose lui présente des ambassadeurs étrangers. Dans l'axe de la porte d'entrée, la tombe se poursuit par la chapelle funéraire *(accès interdit)* au fond de laquelle une niche était destinée à abriter la statue du défunt.

● **Khaemet*** (n° 57). La tombe de Khaemet, un haut dignitaire sous Aménophis III, présente la particularité d'une **chapelle à toiture voûtée**, prolongée par une niche où est déposé, non pas une unique statue du défunt, mais un groupe de six statues représentant Khaemet et les membres de sa famille. La décoration du vestibule est remarquable : hauts-reliefs montrant le défunt tendant des offrandes à Renehout, déesse des moissons (mur de g. en entrant), et un beau chariot tiré par quatre chevaux (côté dr.). La décoration de la chapelle est très endommagée.

● **Ouserhat** (n° 56). Cycle de peintures en bon état de conservation.

Les tombes du petit enclos

> *Un billet.*

● ♥ **Nakht*** (n° 52). Seule la chapelle de cette tombe, bâtie pour l'astronome d'Amon sous le règne de Thoutmosis IV, porte une décoration peinte. On peut y voir de **pittoresques scènes de la vie rurale** : semailles, labourage et battage du grain (mur à g. de l'entrée) ; vendanges et foulage du raisin au pied (mur en face, côté dr.) ; ainsi qu'un **banquet funéraire**, où figure le célèbre **groupe de trois musiciennes*** dont une est représentée nue (mur en face, côté g.).

● **Menna*** (n° 69). Voisine de la précédente, par l'emplacement comme par le style, la tombe de ce dignitaire de la XVIIIe dynastie conserve un **cycle de peintures d'une étonnante fraîcheur**. Dans le vestibule, travaux des champs, banquet funéraire et scènes d'offrande. Dans la chapelle, belle scène de chasse et de pêche dans les marais.

Les tombes du grand enclos

> *Un billet.*

● **Rekhmirê*** (n° 100). La tombe de ce vizir du Nouvel Empire – en fait le second personnage de l'État – est remarquable à un double point de vue. Par ses dimensions d'abord, un long et étroit vestibule transversal suivi d'une chapelle, étroite elle aussi, qui s'enfonce profondément dans la montagne et s'achève par une stèle fausse-porte. Le plafond s'élève à mesure que l'on avance pour offrir une plus grande superficie pour la décoration peinte, second intérêt du tombeau (qui ne servit peut-être pas comme tel puisqu'on n'y trouve pas de puits funéraire).

La **qualité des peintures** est également **exceptionnelle** ; son abondance (près de 300 m² de décoration pour la seule chapelle) interdit de la détailler ici. Mentionnons néanmoins une procession de peuples étrangers apportant leurs tributs au pharaon : girafe, œufs d'autruche, défenses d'éléphant, singes venus du pays de Pount, céramiques de Crète, armes et éléphants de Syrie, etc. (bras g. du vestibule, mur en face). Dans la chapelle, la pesée de l'or sous l'autorité d'un scribe (mur de g.), un bateau remontant le Nil, des scènes de jardins et un banquet funéraire (mur de dr.).

● **Sennéfer*** (n° 96). Au point le plus haut de la nécropole de Gourna (belle vue sur la vallée) ouvre cette tombe d'un dignitaire qui vécut sous le règne d'Aménophis II. Là encore, un grand moment dans la visite de la nécropole thébaine. Il faut d'abord descendre un long escalier de 44 marches pour parvenir jusqu'à l'antichambre : au plafond voûté en berceau, **surprenant décor de vigne et de grappes de raisin** ; sur les murs, **scènes d'offrande** et **cortège funéraire**. Vient ensuite la chapelle, soutenue par quatre piliers massifs sur lesquels apparaît, pas

Sennéfer et son épouse Mérit.

moins de 14 fois, le défunt Sennéfer en compagnie de sa bien-aimée Mérit, qui lui tend diverses offrandes : coupes, collier de pétales d'or… Les scènes représentées sur les murs, qu'il faut lire dans le sens des aiguilles d'une montre, évoquent le **voyage nocturne du défunt** vers la résurrection.

Les tombes du village

> *2ᵉ groupe ; un billet.*

Trois autres tombes d'un moindre intérêt sont ouvertes dans le village, à proximité (nord-ouest) de la tombe de Ramose.

● **Khonsou** (n° 31). XVIIIᵉ dynastie. La chapelle n'est pas décorée, à l'exception du plafond. Dans le vestibule, ensemble de **scènes navales** relatives à la fête en l'honneur du dieu Montou, l'ancienne divinité tutélaire de Thèbes *(voir p. 163)*.

● **Ouserhat** (n° 51, à ne pas confondre avec la tombe homonyme n° 56). XIXᵉ dynastie. Dans le vestibule, le défunt est représenté plusieurs fois en famille dans d'élégantes compositions bien conservées. La chapelle n'est pas décorée.

● **Benia** (n° 343). XVIIIᵉ dynastie. Voir, notamment, une **pesée de l'or** en présence du défunt (mur de g. en entrant) et un **banquet funéraire** auquel participe un groupe de musiciens (mur en face, côté g.).

L'Assassif et la Khokha

> *Ces deux nécropoles au N-E de Cheikh abd el-Gourna offrent trois sites dont la visite n'intéressera que ceux qui veulent avoir une vue exhaustive de la nécropole thébaine (3 billets).*

● **Khérouef*** (Assassif, n° 192). Très endommagé, ce tombeau présente néanmoins quelques belles scènes finement gravées sur le mur de son vestibule : voir notamment la fête de l'érection du pilier *djed* en présence du roi et de musiciens (côté dr.).

● **Pabasa** (Assassif, n° 279). Principalement décorée de **textes gravés**.

● **Nécropole de la Khokha**. Trois tombes : **Néferronpet** (n° 178), aux scènes évoquant les métiers d'art (orfèvres et sculpteurs) ; **Néfersékhérou** (n° 296), ornée d'un très beau plafond ; et **Thoutmosis** (n° 295).

Dra abou'l Nagha

Ce secteur servit de nécropole aux souverains de la XVIIᵉ dynastie, puis de lieu de sépulture aux dignitaires des XVIIIᵉ et XIXᵉ dynasties. C'est à cette dernière période qu'appartiennent les deux tombes récemment ouvertes à la visite.

● **Tombe de Roy** (n° 255). Cette tombe d'un scribe royal sous le règne d'Horemheb est l'une des plus anciennes connues de la nécropole thébaine. Champollion la visita lors de son séjour en Égypte. On peut y voir un **ensemble de peintures remarquables**, aux riches couleurs : le défunt est représenté en compagnie de son épouse, offrant des sacrifices à diverses divinités. Sur le mur de g., au registre inférieur, intéressante scène représentant le cortège funèbre : derrière le sarcophage suivent les familiers du défunt, certains, dans une scène très réaliste, se bouchant le nez, sans doute en raison de la corruption de la dépouille. Plus loin, la momie est hissée dans sa barque funéraire en présence d'un chœur de pleureuses. On assiste enfin à la mise au tombeau : la momie est alors accueillie par le dieu Anubis à tête de chacal.

● **Tombe de Shuroy** (n° 166). La décoration murale de cette tombe d'un dignitaire de la XXᵉ dynastie est restée en grande partie inachevée. On peut encore y voir les ébauches au trait des scènes qu'auraient dû compléter les peintres. Un intéressant témoignage des méthodes mises en œuvre dans la préparation des tombes de la nécropole.

société

La première grève de l'histoire

En l'an XXIX du règne de Ramsès III, la grogne monte dans le village de Deir el-Médineh : depuis deux mois, salaires et rations ne sont plus distribués. Excédés, les ouvriers décident de franchir les cinq postes de contrôle qui barrent l'accès de leur village, et s'en vont occuper le temple funéraire de Thoutmosis III : « Nous en sommes arrivés là de faim et de soif ; nous n'avons pas d'huile ; nous n'avons pas de poisson ; nous n'avons pas de légumes verts. Envoyez-le dire à Pharaon, notre Seigneur parfait. »

Le vizir, alerté, leur fait parvenir une distribution partielle d'orge. Les ouvriers ne s'en contentent pas et la protestation se poursuit de plus belle. Le vizir, dont les fonctionnaires ont sans doute détourné une partie de l'approvisionnement du village en ces temps difficiles, tente de se justifier : « Si je ne suis pas venu à vous, est-ce que ce n'est pas parce qu'il n'y avait rien à vous apporter ? Il est arrivé qu'il n'y avait rien dans le grenier lui-même ; je vous donnerai ce que j'ai trouvé. » Les textes égyptiens restent muets sur l'issue de ce premier conflit social de l'histoire. ●

♥ Deir el-Médineh★★★ : la vallée des Artistes

Pendant quatre siècles, sans interruption, cet étroit vallon dissimulé aux regards entre la montagne thébaine à l'ouest et la colline de Gournet Mouraï à l'est abrita un village peuplé exclusivement d'artisans, ceux-là mêmes qui creusèrent et décorèrent les sépultures royales. Le village fut abandonné à la fin de la XXᵉ dynastie et ses occupants réinstallés dans le temple de Médinet-Habou. À l'époque copte, des moines s'installèrent dans le temple ptolémaïque d'Hathor, ce qui a valu à la vallée le nom moderne de « monastère de la ville », *Deir el-Médineh*. L'exploration systématique du site, conduite depuis 1922 par l'Institut français d'archéologie orientale, a permis de restituer la vie quotidienne du petit peuple de l'Égypte antique, masquée jusque-là par les réalisations monumentales de ses rois. Au-dessus du village, les artisans avaient aménagé leur nécropole. Trois tombes sont ouvertes à la visite.

LES SERVITEURS DE LA « PLACE DE VÉRITÉ »

C'est sous le règne de Thoutmosis Iᵉʳ que fut fondé le village, pour y regrouper les artisans et ouvriers occupés au chantier de la tombe royale, la « place de Vérité ». Regrouper mais aussi enfermer : interdiction leur était faite, en effet, d'en sortir, afin de préserver le secret de l'emplacement des tombes royales. Près de 400 personnes y vivaient ainsi en famille dans de petites maisons de brique crue à terrasse, encloses derrière un mur. Par des sentiers (ils existent toujours) qui conduisaient vers la vallée des Rois ou celle des Reines, les ouvriers gagnaient leur lieu de travail. Ils y restaient une semaine, c'est-à-dire neuf jours, le dixième étant consacré au repos, tout comme les jours de fêtes religieuses – une cinquantaine par an.

UN VILLAGE D'ARTISANS

Les fouilles, et notamment le dégagement d'une grande fosse qui servait de décharge au nord du village, ont révélé **quantité de documents, papyrus ou** *ostraca*, qui jettent un éclairage passionnant sur la vie de

Senedjem et son épouse adorant les dieux des Enfers, sous une double représentation du chacal Anubis.

ces hommes et de leurs familles. On a notamment découvert des plans de tombeaux dessinés sur des fragments de calcaire, riches d'enseignement sur les méthodes de travail utilisées. On sait aussi que les ouvriers étaient payés en nourriture, sous la responsabilité directe du vizir.

● **La tombe de Senedjem★★★** (n° 1). Découverte en 1886, cette chambre funéraire appartenait à un artisan de la nécropole de la XIXᵉ dynastie. Elle présente un **cycle complet de peintures** dans un remarquable état de conservation.

Le panneau le plus célèbre se trouve sur le mur de dr. en entrant : sur quatre registres, le défunt et sa femme se livrent à des travaux agricoles ; ces scènes sont inspirées d'un chapitre du *Livre des morts* qui dépeint les champs de l'Autre Monde, qu'arrose une rivière bordée d'arbres fruitiers.

Sur le mur en face, Anubis conduit le défunt et préside à sa momification. Sur le mur de g., Senedjem et son épouse honorent différentes divinités. Sur le mur de g. de l'entrée, la momie de Senedjem est veillée par Isis et Nephtys représentées sous la forme de faucons, tandis qu'au registre inférieur les fils de Senedjem présentent des offrandes à leurs parents.

● **La tombe d'Inherkhau★★★** (n° 359). XXᵉ dynastie. La chambre funéraire est décorée d'un **grand nombre de scènes** (31 au total) où Inherkhau est représenté en compagnie de différentes divinités : voyez, sur le mur de g., le défunt en prêtre, le crâne rasé et revêtu de la peau de léopard : Inherkhau occupait une place éminente dans la hiérarchie du village et devait accomplir les rites dans le temple de la communauté. Plus loin sur le même mur, un harpiste joue devant le défunt et son épouse. En face, scène intimiste où Inherkhau est représenté en compagnie de sa femme et de ses quatre enfants.

● **La tombe de Pashedu★★** (n° 3) ; *billet supplémentaire*. Cette tombe qui domine la petite vallée (belle vue) est celle d'un artisan de la XIXᵉ dynastie. Voyez notamment, sur le mur à dr. de l'entrée, une **scène pittoresque** où le défunt s'abreuve à un petit cours d'eau sous un palmier chargé de dattes.

Présidant un ensemble de peintures remarquablement conservées, Pashedu en prière devant Osiris, sous l'œil d'Horus brandissant une torche.

● **Le temple d'Hathor** *(entrée libre)*. Le fond de la vallée est occupé par les **ruines du village** où l'on distingue encore bien le tracé de la rue principale, bordée de maisons dont on reconnaît les fondations. À l'extrémité nord du vallon s'élève un **temple d'époque ptolémaïque** dédié à Hathor qui conserve l'ensemble de ses bâtiments, y compris son mur d'enceinte en brique. À l'intérieur du naos, les bas-reliefs (endommagés à l'époque chrétienne) conservent quelques traces de polychromie. À une centaine de mètres au-delà du temple ouvre un large cratère : c'est là que l'on a retrouvé plusieurs milliers de documents, textes et dessins, datant tous de la XIXe dynastie et dont l'étude – qui se poursuit – a permis d'éclairer la vie quotidienne de ces artisans d'il y a trente-trois siècles.

Deir el-Bahari★★★

On ne peut échapper à un certain malaise en approchant le temple funéraire de la reine Hatchepsout. Trop neuf, trop hollywoodien pour être tout à fait honnête. Un sentiment dû à l'anastylose radicale conduite par les équipes d'archéologues polonais qui œuvrent sur le site depuis 1961. Pourtant, les Égyptiens du temps durent être saisis avant nous par la grandeur et la majesté de ce monument qu'ils nommèrent « Sublime des Sublimes ». Cette construction a un plan unique en son genre, avec sa succession de trois terrasses adossées à la montagne. Et, comble de stupéfaction, l'édifice servit de temple funéraire à une femme qui osa se parer du titre de pharaon.

Hatchepsout reine d'Égypte

Thoutmosis Ier, le père d'Hatchepsout, n'était pas de sang royal. Il dut son accession au trône à son mariage avec une princesse royale, sans doute la propre sœur de son prédécesseur Aménophis Ier. À sa mort, il laissa quatre enfants légitimes, qui moururent rapidement, à l'exception de la future Hatchepsout et d'un fils né d'une épouse secondaire. C'est lui qui fut désigné comme son successeur ; pour se légitimer, il épousa sa demi-sœur. Lorsqu'il mourut à son tour, c'est le fils qu'il avait eu d'une obscure concubine qui fut appelé à lui succéder. L'enfant n'avait que 5 ans. Hatchepsout fut proclamée régente. Mue sans doute par l'orgueil dynastique – elle était après tout la seule héritière de sang royal – autant que par l'ambition, Hatchepsout s'appropria peu à peu les insignes royaux jusqu'à se faire proclamer pharaon vers l'an VII du règne de Thoutmosis III (vers 1471). Et voilà que la « **belle jeune fille en pleine fleur** », comme elle-même tenait à se faire appeler sur les murs de son temple, s'astreignit à **dissimuler les attributs de sa féminité** derrière les lourds insignes du pouvoir : elle arborait la barbe postiche, se coiffait de la lourde couronne du Double Pays. Pour célébrer la fête d'Opet *(encadré p. 177)*, elle courut même en personne auprès de la barque d'Amon, vêtue comme un pharaon d'un simple pagne d'apparat et tenant à la main rame et gouvernail. Pourtant, dans les inscriptions officielles elle restait désignée comme une femme, que le dieu Amon appelle sa fille.

Un règne de gloire

Usurpatrice pour les générations suivantes, qui s'employèrent à marteler consciencieusement son nom sur les édifices publics, comme pour certains égyptologues modernes qui ne voient en elle qu'un jouet entre les mains de son intendant Senmout, Hatchepsout se montra pourtant digne de ses glorieux ancêtres. Durant son règne, d'une quinzaine d'années, elle s'employa à restaurer les temples endommagés par les longues guerres contre les Hyksos, elle favorisa dans sa **capitale de Thèbes** l'émergence d'écoles de

La « restauration totale » du temple d'Hatchepsout a rendu à l'édifice sa monumentalité originelle. Des travaux contestés.

sculpteurs, et lança des **expéditions commerciales** vers les pays voisins, qui ne disputaient plus la prééminence au royaume d'Égypte. La plus célèbre d'entre elles, que la reine tint à faire représenter sur les murs de son temple funéraire, conduisit cinq vaisseaux royaux vers le **pays de Pount**, une région que l'on identifie généralement avec l'Érythrée ou l'Éthiopie et où l'Égypte s'approvisionnait traditionnellement en encens. Il apparaît même que, loin d'éliminer Thoutmosis III, elle l'associa au pouvoir. De fait, il monta sur le trône à la mort de la reine, pour un règne qui allait durer trente ans et s'avérer l'un des plus glorieux de la XVIIIᵉ dynastie.

Le temple de Deir el-Bahari

C'est vers l'an VII de son règne que la reine entreprit la construction de son temple funéraire. La conception et la réalisation en furent confiées à **Senmout** qui se révéla, autant qu'un administrateur précieux, un architecte de génie. Le plan est unique dans toute l'histoire égyptienne : une succession de trois terrasses, ornées de portiques dont les colonnes étaient taillées dans le calcaire le plus fin, qui s'intègrent à merveille dans une échancrure de la montagne thébaine. Sur la troisième terrasse, la chapelle funéraire dédiée à Amon s'enfonce dans la montagne. Fidèle entre les fidèles, Senmout fit creuser à proximité son propre tombeau (n° 30) dont le profond hypogée se trouve sous la première terrasse du temple.

LA PREMIÈRE TERRASSE

De plain-pied, elle était jadis reliée au fleuve par un canal, prolongé par une allée bordée de sphinx à l'effigie de la reine. La première terrasse était enclose d'un mur sur trois côtés et flanquée d'une colonnade sur le quatrième qui précède la seconde terrasse. Cet espace vaste et nu aujourd'hui était autrefois orné de **bassins** et planté d'**essences rares** parmi lesquelles les fameux arbres à encens ramenés du pays de Pount. Une rampe conduit à la terrasse suivante.

LA DEUXIÈME TERRASSE

C'est sous le portique qui soutient la dernière terrasse que l'on peut voir les célèbres bas-reliefs qui constituent, avec le plan d'ensemble du monument, l'intérêt majeur du site. Le portique est divisé en deux parties par la rampe qui conduit à la terrasse supérieure.

● **La chapelle d'Hathor**. À l'extrémité g. du portique s'élèvent les vestiges d'une chapelle dédiée à la déesse Hathor. Elle présente un vestibule soutenu par des **colonnes** et **piliers hathoriques** – dont les chapiteaux montrent le visage de la déesse aux oreilles de vache –, suivi d'une salle hypostyle également à colonnes hathoriques. Aux murs de cette salle figurent d'**intéressants reliefs** : l'un d'entre eux montre la reine face à la déesse, représentée sous sa forme bovine. Le sanctuaire creusé dans le roc est inaccessible. En contrebas, au sud (à g.), gisent sur une terrasse carrée les vestiges du temple funéraire de Montouhotep II qui avait déjà choisi ce site cinq siècles auparavant. Entre ce

Chapiteaux hathoriques du temple d'Hatchepsout.

temple et la chapelle d'Hathor, au plus près de la montagne, subsistent les restes du temple funéraire de Thoutmosis III mis au jour en 1962.

● **La partie sud du portique**. C'est là qu'est décrite en bas-reliefs peints la **célèbre expédition au pays de Pount***** : un ensemble de scènes admirables accompagnées de textes qu'il faut suivre de g. à dr. (ces panneaux sont des moulages, les originaux se trouvant au musée du Caire). On voit d'abord les cinq navires de l'expédition, l'arrivée à Pount et l'échange des présents avec les souverains du pays. La reine de Pount est représentée sous des traits difformes, qui trahissent de manière réaliste quelque infirmité dont devait souffrir la souveraine. Puis vient le chargement des bateaux : arbres précieux transportés dans des paniers, aromates, or, peaux de bêtes, animaux également, singes, félins et même une girafe… C'est enfin le retour à Thèbes où la reine rend hommage à Amon en lui offrant des présents ; après une scène représentant la pesée de l'encens, la dernière grande composition montre l'annonce officielle du succès de l'expédition au dieu Amon, assis sur son trône à dr. Devant lui se tiennent la reine Hatchepsout et en arrière de celle-ci, Thoutmosis III lui-même, ainsi associé au triomphe.

● **La partie nord du portique**. De ce côté, les **reliefs*** évoquent l'origine divine de la souveraine, manière de justifier son accession au trône. Les scènes décrivent comment le dieu Amon lui-même prit l'apparence du roi, se rendit nuitamment dans la chambre de la reine et s'unit à elle. De cette étreinte naquit Hatchepsout, dont Khnoum, le divin potier, façonne sur son tour le corps de nouveau-né accompagné de son *ka*.

LA TROISIÈME TERRASSE

En façade, un portique présentait un alignement de piliers osiriaques détruits après la mort de la reine ;

document

L'union d'Amon et de la reine Ahmosé

Sur les murs du temple de Deir el-Bahari, les textes rappellent l'origine divine de la reine Hatchepsout en termes non équivoques :

« Amon, le dieu magnifique, se transforma et prit l'apparence de Sa Majesté l'époux de la Reine. Il la trouva comme elle dormait dans son palais. L'odeur du dieu la réveilla. Sitôt il s'approcha d'elle et pour elle brûla d'ardeur. Il fit en sorte qu'elle pût le voir sous sa forme divine. Après qu'il l'eut approchée étroitement et qu'elle s'extasiait à contempler sa virilité, l'amour d'Amon pénétra son corps. La majesté de ce dieu fit tout ce qu'il désirait et la reine lui donna toute jouissance et l'embrassa. »

Trad. Christiane Desroches-Noblecourt. •

certains ont pu être remontés par les archéologues polonais. Par un portail encadré de granit, on accède à ce qui apparaît aujourd'hui comme une cour mais qui était sans doute une salle hypostyle. Au fond ouvre le spéos de la reine, chapelle funéraire taillée dans la roche et surmontée d'un voûte en pierres appareillées (*accès interdit au public*). De part et d'autre de la cour ouvrent deux chapelles ; celle de g. est consacrée aux offrandes funéraires destinées à la reine, celle de dr. à ciel ouvert est dédiée au culte solaire.

LE TEMPLE DE MÉRENPTAH

Le temple funéraire du fils et successeur de Ramsès II a été ouvert à la visite en 2002, après une trentaine d'années de fouilles et d'études conduites par des archéologues suisses. Rien ici des splendeurs grandioses des temples voisins de Médinet-Habou et du Ramesseum. L'édifice a servi de carrière pour des générations de villageois, et il n'en reste aujourd'hui que les soubassements. On y reconnaît les bases de pylônes, celles de deux cours à portique et de deux salles hypostyles. À g. de la première cour s'élevait un palais royal. L'intérêt de cette visite réside dans les trouvailles effectuées lors de

leurs travaux par les archéologues. Des blocs ornés, pris dans la construction, et qui proviennent d'édifices antérieurs. Ils sont présentés dans des galeries souterraines ouvrant l'entrée de la deuxième cour. On peut y voir notamment des blocs ornés dans le beau style d'Aménophis III. Un petit musée complète la visite : il abrite une série de sphinx à l'effigie d'Aménophis III ainsi que des fragments provenant d'une construction de l'époque d'Akhénaton.

Le Ramesseum★★

Une statue colossale qui gît à terre foudroyée, des colonnes isolées, vestiges d'une salle hypostyle ruinée, quelques beaux arbres qui se dressent dans la première cour du complexe, voilà qui compose le plus **romantique tableau** de la rive occidentale de Thèbes. C'est peu après son accession au trône du pharaon Ramsès II (1279-1213) entreprit la construction de son temple funéraire. Elle s'acheva vers la 22ᵉ année de son règne. Ce n'est pas, et de loin, le mieux conservé des temples funéraires égyptiens : presque entièrement debout peu avant l'ère chrétienne, il a depuis largement servi de carrière pour les

Un buste écroulé de Ramsès dans son temple funéraire.

ment, le temple ouvre par un **pylône monumental** dont on découvre d'abord la face interne. Les deux massifs sont décorés de reliefs qui évoquent les **campagnes du roi en Asie** contre les Syriens et les Hittites et au cours desquelles se déroula la bataille de Qadesh. Sur le massif nord (à g.) sont représentées 16 villes ennemies, conquises, comme le montre un groupe de trois prisonniers devant chacune d'entre elles. Au centre du massif est représenté un camp de l'armée de Ramsès, et un examen attentif permet de distinguer les occupations quotidiennes des soldats en campagne. Sur le massif sud, c'est la **bataille de Qadesh** proprement dite : du haut de son char, le roi poursuit ses ennemis qui s'enfuient dans le plus grand désordre, quand leurs cadavres ne roulent pas avec ceux de leurs chevaux dans les eaux de l'Oronte, le fleuve qui baigne la cité de Qadesh. C'est de l'autre côté de cette cour que gît une statue brisée de Ramsès, haute à l'origine de 17 m pour un poids de plus de 1 000 tonnes. En arrière de celle-ci, le **second pylône**, dont seul le massif nord subsiste en partie, donne accès à la seconde cour.

● **La seconde cour**. Contre la face intérieure du massif nord, d'autres scènes gravées reprennent le thème de la **bataille de Qadesh** où le roi sur son char poursuit les Hittites, tandis qu'au registre supérieur figure une **scène de fête agricole**. La cour est bordée de **huit piliers osiriaques**, vestiges d'un portique qui courait sur ses quatre côtés. Du côté ouest, un vestibule précède la salle hypostyle.

habitants des alentours. Un juste retour des choses puisque les investigations scientifiques qui y ont été conduites ont montré que Ramsès II lui-même n'avait pas hésité à piller les constructions de ses prédécesseurs pour mener à bien sa colossale entreprise. Plus que son architecture d'ensemble, ce sont les reliefs du Ramesseum qui retiendront en tout premier lieu l'attention : un véritable **livre d'heures** à la gloire des grands moments du règne, avec en tout premier lieu une relation de la célèbre bataille de Qadesh *(encadré p. 49)*. Le temple était entouré de bâtiments annexes en brique crue dont l'exploration est en cours, ainsi que d'un palais royal dont les ruines sont visibles au sud de la première cour, le tout étant entouré d'un haut mur d'enceinte également en brique.

● **La première cour**. *On pénètre sur le site par un chemin qui aborde l'édifice par son flanc nord au niveau de la seconde cour.* Comme traditionnelle-

● **La salle hypostyle**. En grande partie ruinée, elle était composée d'une nef centrale flanquée d'un **triple bas-côté**. Les colonnes subsistantes portent encore des traces de polychromie, de même que les fragments de plafond épargnés par les siècles, décorés d'un ciel étoilé. Sur le mur du fond court à la base une intéressante procession de personnages : il s'agit des enfants de Ramsès II (la tradition lui en prête une centaine), parmi lesquels Mérenptah, son successeur, occupe le 18e rang. Au-delà ouvrait un double vestibule dont la première partie a conservé son plafond à décor astronomique. Le sanctuaire a complètement disparu.

♥ Médinet-Habou★★★

Nommé d'après un petit village copte qui occupa ses ruines, le complexe de Médinet-Habou réunit un ensemble de constructions remontant à des époques très diverses, de la XVIIIe dynastie à l'époque romaine. La partie la plus impressionnante est le temple funéraire de Ramsès III : presque entièrement conservé, il est l'exemple le plus parfait des temples funéraires de la dynastie ramesside.

L'entrée du complexe : le Migdol

Comme à l'accoutumée, l'ensemble funéraire est circonscrit à l'intérieur d'une enceinte de brique crue. Mais on la franchit ici par une **porte monumentale** qui n'a son pendant dans aucune autre construction pharaonique. Il s'agit en réalité de l'imitation d'une entrée fortifiée telle qu'on pouvait en voir dans les villes d'Asie – un aspect militaire que confirment deux salles de garde en avant de la porte, l'étroit passage à redans pris sous la menace d'ouvertures, en même temps que les représentations guerrières qui figurent sur les façades des tours. Dans la tour de g., un escalier permet de grimper jusqu'à l'étage (belle vue sur le pylône du temple). Au-delà de la porte ouvre un vaste espace au fond duquel s'élève le premier pylône du temple (vous laisserez pour plus tard la visite de l'édifice sur la dr. qui enjambe le mur d'enceinte).

La chapelle des Divines Adoratrices

Ce petit édifice fut élevé aux XXVe et XXVIe dynasties (VIIIe-VIIe s.) pour servir de **chapelle funéraire** aux Adoratrices d'Amon, des princesses royales chargées de représenter le pharaon auprès du clergé thébain (*encadré p. 164*). Sur les murs, divers reliefs montrent des scènes d'offrande. Dans la cour se trouve toujours un autel pour les sacrifices. Ces princesses étaient inhumées dans le périmètre de Médinet-Habou.

Le temple de Ramsès III

Pour construire son temple funéraire, Ramsès III s'inspira de celui qu'avait édifié, un siècle plus tôt, Ramsès II, le grand ancêtre pour lequel il était pétri d'admiration. Même majesté, même souci de graver sur les murs de sa demeure de millions d'années les hauts faits de son règne. En l'occurrence, la gloire d'avoir écarté de l'Égypte la menace des Peuples de la Mer.

● **Le premier pylône.** Les deux imposants massifs portent les **représentations rituelles du massacre des prisonniers**, Asiatiques à dr., Nubiens et Libyens à g. Les murs extérieurs du temple sont également abondamment décorés de reliefs qui méritent d'être vus. Sur le grand mur nord (à dr.), on peut ainsi remarquer, parmi d'autres scènes, une représentation du **combat naval** que Ramsès III livra contre les Peuples de la Mer. Du côté sud (à g.), sur la face postérieure du pylône, **remarquable scène de chasse★★★** où l'on voit le roi (registre inférieur) traquant sur son char un taureau sauvage dans les marais. C'est un chef-d'œuvre du genre : parmi les roseaux, poissons et oiseaux aquatiques prennent la fuite devant la violence du combat. Le reste du mur est décoré de scènes plus conventionnelles. C'est contre ce côté du temple que s'appuyait le **palais royal**, dont on peut voir les vestiges à terre.

Le temple funéraire de Ramsès III, à Médinet-Habou, est le mieux conservé des temples de la nécropole.

● **La première cour**. Elle est bordée à dr. et à g. d'un portique à **puissants piliers osiriaques**; sous le portique de g., une ouverture dans le mur permettait un accès direct au palais royal : c'est la « **fenêtre de l'apparition** », où le roi se tenait pour assister aux cérémonies qui se déroulaient dans la cour. Les faces intérieures des massifs du pylône sont décorées de **scènes guerrières** – massacre des Libyens à g., triomphe du roi à dr., qui assiste au défilé des captifs. Dans cette cour tout entière dédiée aux qualités militaires du souverain, les murs des portiques sont également décorés de scènes guerrières : voir notamment sur le mur de g., de part et d'autre de la fenêtre de l'apparition, un **groupe de lutteurs** au combat dont les prises évoquent celles du judo. Côté ouest, la cour est fermée par le second pylône, également décoré de scènes de guerre. La rampe qui conduit au portail était jadis flanquée de deux statues monumentales. C'est par là que l'on accède à la seconde cour.

● **La seconde cour**. Elle est entourée d'un portique sur les quatre côtés, soutenu par des piliers osiriaques à l'est et à l'ouest et par des colonnes massives sur les autres côtés. Sur les murs des portiques latéraux sont représentées des scènes religieuses dépeignant les fêtes en l'honneur de **Sokar-Osiris** (à g.) où l'on voit portée en procession la barque du dieu ; et celles en l'honneur de **Min** (à dr.), dieu de la fertilité reconnaissable à son énorme phallus martelé sur la plupart des tableaux, sans doute par les chrétiens qui, à l'époque copte, installèrent une église dans cette cour. Sous le portique du fond, dont les piliers sont doublés vers l'intérieur d'une rangée de massives colonnes papyriformes, les **scènes gravées** (importants vestiges de polychromie) exaltent le pouvoir royal : Ramsès III, accompagné de la procession de ses enfants (comme on peut aussi le voir au Ramesseum) reçoit la bénédiction de Thot et d'Horus.

● **La salle hypostyle**. Au-delà de la seconde cour, les constructions n'ont pas franchi l'épreuve du temps. De la salle hypostyle ne restent que les bases des 24 colonnes qui soutenaient le plafond. À g., une série de cinq chambres (*accès interdit*) était destinée à abriter le trésor du temple. Plus loin ouvraient deux autres salles hypostyles, réduites elles aussi à la base de leurs colonnes. Elles précédaient le naos du temple, également ruiné.

Le temple des Thoutmosis

Avant de quitter le complexe de Médinet-Habou, visitez le petit temple de la XVIIIe dynastie dont le périmètre enjambe le mur d'enceinte. Il était à l'origine dédié à Amon par Thoutmosis III et la reine Hatchepsout et fut augmenté de cours et de salles annexes au fil des siècles. La cella et son péristyle datent de cette première époque ainsi que cinq des six salles obscures qui lui font suite (la dernière, en granit rose, fut ajoutée sous la XXXe dynastie, la dernière dynastie indigène à avoir occupé le trône d'Égypte). Les cours successives furent elles aussi aménagées sous la XXXe dynastie ainsi qu'à l'époque ptolémaïque, dont date également le pylône. La cour en avant de celui-ci remonte à l'époque de l'occupation romaine.

Le temple de Séthi Ier ★

À déambuler seul entre les hautes colonnes de la salle hypostyle, on se demande quelle curieuse malédiction a détourné la masse des touristes de ce temple, à l'extrémité nord-est des nécropoles thébaines. Construit par le père de Ramsès II et achevé sous le règne de celui-ci, il conserve une grandeur et une élégance certaines malgré les destructions qui l'ont réduit à sa salle hypostyle et à ses annexes.

Prototype des temples ramessides, la demeure de millions d'années de Séthi Ier était précédée de deux cours, rythmées par deux pylônes. Cet ensemble a aujourd'hui disparu et c'est par la belle colonnade du vestibule que l'on aborde le temple. En arrière ouvre la salle hypostyle, soutenue par six puissantes colonnes et dont le plafond conserve sa **décoration** de vautours aux ailes éployées.

L'ensemble de l'édifice présente des vestiges significatifs de sa polychro-

---

histoire

Les Peuples de la Mer

Les « habitants des îles qui sont au milieu de la mer » étaient connus depuis longtemps des Égyptiens. Certains d'entre eux, vaincus par Ramsès II, combattirent même à ses côtés lors de la bataille de Qadesh. Mais, en cette fin du XIIIe s. avant notre ère, il ne s'agit plus de raids sans lendemain lancés par des pirates contre les riches côtes de la Méditerranée orientale. Ce sont des vagues successives de populations qui cherchent à s'établir en Orient. Vers 1200, ils s'emparent de la cité d'Ougarit (sur la côte de la Syrie actuelle), une des plus florissantes cités de l'Orient, puis étendent leur domination sur une grande partie de l'Asie Mineure, menaçant les frontières d'Égypte en Syrie-Palestine. C'est alors, en l'an VIII de son règne (vers 1179), que Ramsès III se décide à réagir. Il porte ses armées au-devant de l'envahisseur, tout en fortifiant les côtes égyptiennes pour prévenir toute attaque maritime de l'ennemi. C'est une victoire totale dont Ramsès III a tenu à faire représenter la chronique sur les murs de son temple funéraire de Médinet-Habou. Une partie de ces Peuples de la Mer fera souche sur la côte de la Méditerranée orientale : nommés « Poulasti » par les textes égyptiens, ils sont les ancêtres des Philistins de la Bible, qui ont donné leur nom à la Palestine. ●

légende

Les colosses de Memnon

Face au guichet qui délivre les billets d'entrée se dressent deux énormes colosses à l'effigie d'Aménophis III. Ils flanquaient l'entrée du temple funéraire du roi, aujourd'hui disparu. Suite au séisme de l'an 27 de notre ère, qui mit à bas le temple, un des colosses se fissura et s'écroula à demi. Il s'ensuivit un curieux phénomène : chaque matin, la statue « chantait ». Explication prosaïque : l'eau accumulée pendant la nuit faisait vibrer l'air en s'évaporant. Pour les Romains, c'était un prodige devant lequel se pressaient les visiteurs étrangers parmi lesquels Strabon et l'empereur Hadrien. Le premier, en bon géographe, se montra néanmoins assez circonspect : « J'ai moi aussi entendu ce bruit à la première heure. Mais ce bruit provenait-il de la base ou du colosse, ou avait-il été fait intentionnellement par une des personnes qui se tenaient alors tout autour de la base ; je suis incapable de l'affirmer, car, dans l'incertitude sur la cause, il vaut mieux croire à tout plutôt qu'au fait qu'un son soit rendu par des pierres » (trad. Pascal Charvet). Toujours est-il que le lieu fit l'objet d'un pèlerinage et que les statues furent appelées colosses de Memnon, en référence au fils de l'Aurore qui, tué par Achille, reprenait vie chaque matin sous les caresses de sa mère. Au IIIe s., Septime Sévère fit restaurer la statue. Depuis, elle est muette. ●

mie originelle. Sur le mur du fond, des reliefs montrent Ramsès II allaité par Mout (côté g. du passage) et Séthi allaité par Hathor (côté dr.). De part et d'autre de la salle hypostyle ouvrent des pièces secondaires décorées de reliefs ; celles de dr. sont les plus intéressantes : il s'agit d'un ensemble cultuel dédié par Séthi Ier à son père Ramsès Ier. Au-delà de la grande salle hypostyle, un vestibule conduit au naos ; cette partie du temple est très ruinée. Le temple était entouré de constructions annexes, des magasins où l'on entreposait les offrandes, ainsi que d'un palais, jouxtant la première cour au sud. Ce dispositif qui apparaît pour la première fois sera repris dans les temples ramessides postérieurs. ●

Carnet d'adresses

Indicatif téléphonique : 095

Accès

Depuis Louxor, un **bac** (piétons et vélos) permet de gagner la rive gauche. Départ du pied de l'hôtel Winter Palace, toutes les 30 mn (de 6 h à 23 h ; 1 £EG). Au même endroit, on trouve des **barques à moteur** dont on peut louer les services pour son propre usage (convenir d'une heure de rendez-vous pour le retour). Un **pont routier** permet de franchir le fleuve à env. 10 km en amont de la ville, ce qui permet de se rendre en voiture de son hôtel de Louxor jusqu'à la nécropole.

Circuler

Les distances entre les sites imposent, en l'absence de transports publics, d'être véhiculé.

● **En taxi particulier**. Vous en trouverez au débarcadère, ou vous pouvez choisir la veille un taxi à Louxor et convenir d'un rendez-vous pour le lendemain matin. Cette dernière solution est préférable : on a plus de temps pour discuter les prix la veille au soir qu'au petit matin, avant d'entreprendre la visite des sites. Vous fixerez avec le chauffeur un prix pour un temps déterminé.

● **En vélo**. Location à Louxor (traversée par le bac) ou au débarcadère sur la rive ouest. C'est une bonne solution pour avancer à son rythme et en toute liberté. Il n'y presque pas de côte sur l'ensemble du parcours. Se munir d'un chapeau et d'eau minérale (on en trouve à l'entrée de presque tous les sites).

● **À dos d'âne**. Pittoresque garanti, mais déplacement très lent : passé le premier kilomètre, on s'ennuie vite.

Hôtels

À Thèbes comme à Paris, choisir la rive gauche, c'est privilégier un mode de vie. Ici, c'est préférer le calme et l'authenticité à l'animation de la ville, avec sa foule et ses commerces, le silence de la nuit à peine troublé par le braiement de quelques ânes aux pétarades et aux klaxons des automobiles. Dans un cadre champêtre, au contact des villageois des alentours, les voyageurs sont de plus en plus nombreux à séjourner dans l'un des hôtels du lieu, certains tout à fait remarquables dans leur catégorie.

▲▲▲▲▲ **Al Moudira** ☎ (12) 392.83.32 et (12) 325.13.07, fax (12) 322.05.28, < www.moudira.com >. *54 ch*. Des chambres d'hôtes de grand luxe plutôt qu'un hôtel : c'est ainsi que l'animatrice du lieu définirait son établissement : une affable Libanaise qui se veut maîtresse de maison au service de ses hôtes. Sur près de 8 ha de jardins au bout desquels s'étire une immense piscine, sont disséminés des pavillons abritant les chambres, de véritables suites décorées avec recherche, chacune dans un esprit particulier. En quelques années, le lieu s'est affirmé comme le rendez-vous de la jet-set à Louxor.

▲▲ **Nour el Balad**, près du site de Malqata, au sud du guichet des billets ☎ 42.61.11. *Pas de cartes de paiement. 14 ch. dont 3 suites idéales pour des familles.* Charmant et chaleureux, un petit hôtel tout neuf, qui pourtant a privilégié dans sa construction les matériaux traditionnels – brique crue et palme –, au grand étonnement des paysans voisins, pour qui le béton et le parpaing sont le summum du luxe et de la modernité. L'établissement est tenu par une Française, qui dirige également le Nour el Gourna *(voir ci-dessous)*, tombée amoureuse de la région. On y sera aux petits soins pour vous tout au long de la journée, qui commence par un plantureux petit déjeuner dont le pain, le fromage et les confitures sont des fabrications maison. On peut également y prendre ses repas.

▲▲ **Nour el Gourna**, près du guichet des billets ☎ 31.14.30. *7 ch. Pas de cartes de paiement.* L'esprit est le même qu'au Nour el Balad, dans la décoration et l'accueil, avec cependant des chambres plus petites. Restaurant.

▲ **Aménophis**, Médinet-Habou ☎ 31.11.28, <khaledhabo@maktoob. com>. *22 ch.* Moderne et agréable, à deux pas du temple de Médinet-Habou.

▲ **Pharaohs**, près du guichet des billets ☎ 31.07.02, < pharaohs hotel@hotmail.com>. *25 ch., dont 19 avec s.d.b. Pas de cartes de paiement.* Simple et pas follement gai.

Mohamed Snake, Gourna, tombes des Nobles ☎ 31.03.95. *10 ch. Pas de cartes de paiement.* C'est l'une des maisons du village de Gourna, accrochée à flanc de colline, tout près de la tombe de Sennéfer, où le propriétaire, Mohamed «Snake», a ouvert quelques chambres aux touristes de passage. Confort très simple mais convenable; une sympathique occasion de côtoyer les habitants du coin.

Restaurants

Plusieurs petits restaurants permettent de reprendre des forces au cours d'une journée de visite: rest-house du Ramesseum (grillades et salades dans un jardin agréable), Cafétéria Mohammed, près de l'hôtel Pharaohs (grillades et plats mijotés, accueil sympathique, jardin). Autre agréable possibilité de déjeuner, le petit restaurant de Mohamed Snake *(voir Hôtels, plus haut)*, à proximité de la tombe de Sennéfer: la terrasse domine une vue magnifique sur Gourna et la vallée; on trouvera également deux petits restaurants côte à côte face au temple de Médinet-Habou. À éviter, la rest-house de la vallée des Rois, lugubre et envahie de touristes.

Shopping

Du débarcadère à l'entrée de chaque site, d'innombrables marchands vous proposeront des copies d'antiques, statuettes et objets divers. Le pire y côtoie le passable; si vous êtes tenté, une négociation serrée s'impose: il n'est pas rare que les vendeurs proposent d'abord leurs articles à 10 fois le prix qu'ils consentiraient à les vendre. Dans le village de Gourna, de petits ateliers proposent également des objets en albâtre. ●

MER MÉDITERRANÉE   ISRAËL
   JORD.
Alexandrie
   Giza   Le Caire
   ARABIE
   SAOUDITE
LIBYE
   Nil   Louxor
   MER ROUGE
   Edfou
   Assouan
   SOUDAN

LA VALLÉE DU NIL

D e part et d'autre du Nil s'étirent deux rives verdoyantes : on est ici dans l'Égypte profonde, celle des villages et des fellahs. L'Égypte des champs où l'on vit au rythme des saisons et des travaux agricoles, si ce n'est plus aujourd'hui à celui des crues du Nil, domptées par la construction des barrages d'Assouan. Que l'on voyage par la route ou en bateau, c'est un monde qui se révèle, kilomètre après kilomètre, ici falaise de grès ocre en surplomb du fleuve, là étendues de cannes à sucre sur lesquelles les palmiers projettent leur ombre, comme de noires araignées.

Et partout, le peuple d'Égypte, enfants s'ébrouant dans le fleuve, paysans tirant des ânes ployant sous la charge ou poussant l'antique araire, héritage éreintant de l'Antiquité. L'Égypte pharaonique y a également laissé quelques-uns de ses plus beaux temples : Abydos, Dendera, Esna ou Kom Ombo. Autant d'étapes essentielles au cours d'un voyage archéologique. Plus au nord vers Le Caire, au cœur de la Moyenne Égypte, d'autres temples et nécropoles attendent, solitaires, visiteurs et archéologues : la région, fief des extrémistes musulmans, est à l'heure actuelle inaccessible aux étrangers.

Esna★

> À 61 km au S de Louxor, sur la rive gauche du Nil. À cet endroit, un pont-barrage construit au début du XXᵉ s. par les Britanniques, et doublé depuis d'un pont moderne, permet de franchir le fleuve. Site ouv. t.l.j. de 7 h à 16 h (17 h en été) ; entrée payante. Comptez 1 h de visite avec la promenade dans le souk ; les billets sont délivrés sur le quai, à l'entrée de la rue principale du souk qui conduit au temple.

Cette petite bourgade provinciale conserve une magnifique salle hypostyle qui appartint à un temple d'époque gréco-romaine. La ville d'Esna ne présente pas d'attrait particulier, sauf peut-être le souk occupant la rue principale qui conduit au temple (belles cotonnades locales).

● **Le dernier temple païen.** Pour les Grecs, Esna, c'était **Latopolis**, la ville de Latès, la grande perche du Nil, poisson sacré associé au **culte de Neith.** Cette déesse guerrière originaire du Delta fut assimilée à Athéna à l'époque ptolémaïque en même temps que se développait son culte en Haute Égypte. Elle était ici associée à Khnoum, le potier, l'ancien occupant des lieux. La construction du temple d'Esna fut entreprise sous les Ptolémées. Quant à sa décoration, elle se poursuivit fort longtemps à l'époque romaine, jusqu'au milieu du IIIᵉ s. Un mur de la salle hypostyle porte en effet le cartouche de l'empereur Dèce, qui régna de 249 à 251. Les textes gravés sur les murs sont ainsi les derniers que nous ait livrés la civilisation égyptienne.

● **Une décoration riche d'enseignements.** Seule subsiste aujourd'hui la salle hypostyle du temple dont le sanctuaire devrait être recherché sous le niveau des maisons à l'ouest du site. Comme habituellement pour un temple de cette époque, la façade est décorée de murs d'entrecolonnement. La salle elle-même est soutenue par 24 colonnes, aux chapiteaux d'une grande variété et toutes décorées de scènes liturgiques. Plus que les reliefs sculptés (qui pour les spécialistes ont néanmoins livré le détail des liturgies locales), c'est plutôt l'harmonie architecturale de l'ensemble que retiendront les visiteurs. Au plafond, soutenu par d'énormes architraves, calendrier des fêtes religieuses et scènes astronomiques.

Le passage vers la salle suivante, qui n'existe plus, a la forme d'une façade de temple ; au-dessus de la porte, notez le disque solaire ailé et au-dessus encore le dieu Khnoum debout à l'intérieur d'un second disque solaire, et paré d'une coiffe à double plume. Du côté dr. de la salle hypostyle, quelques colonnes ont été décapées, révélant la polychromie originale. Sur le mur latéral dr., belle scène de chasse aux filets où le roi poursuit des oiseaux aquatiques. ●

Edfou★★★

Horus, fils d'Osiris, dut combattre son oncle Seth pour rentrer en possession du royaume de son père. Les murs du temple d'Edfou relatent cette épopée.

> *À 108 km au S de Louxor, 115 km au N d'Assouan, sur la rive gauche du Nil. Le temple se trouve à la lisière occidentale de la petite localité du même nom. Du débarcadère des bateaux de croisière, des calèches attendent les touristes pour les conduire jusqu'au site, à 3 km env. Ouv t.l.j. de 7h à 16h (17h en été) ; entrée payante. Prévoyez 1h30 de visite.*

Le temple d'Edfou, qui nous est parvenu dans un état de conservation exceptionnel, fut le plus grand sanctuaire construit à l'époque ptolémaïque. Bien que datant d'une période tardive de l'histoire égyptienne, à l'heure où les maîtres du pays sont des étrangers, Edfou ne témoigne en rien d'une quelconque décadence ou d'un appauvrissement artistique ou spirituel. Il apparaît bien au contraire comme l'aboutissement de traditions plusieurs fois millénaires et l'on peut, comme dans nul autre sanctuaire sans doute, restituer par l'imagination le rituel quotidien des prêtres à travers ce dédale de pièces aux murs et à la décoration encore intacts.

LA DEMEURE NOCTURNE D'HORUS

Depuis l'aube de la civilisation égyptienne, Edfou est connue comme la capitale du deuxième nome de Haute Égypte, avec Horus pour divinité tutélaire. La construction du présent temple dura un peu moins de deux siècles. Une série de textes commémoratifs gravés sur les parois nous en donne une **chronologie précise**. Comme toujours dans les temples égyptiens, c'est par le naos que l'on commença : la première pierre en fut posée le 23 août 237 et ce n'est que quatre générations plus tard que le sanctuaire fut consacré, le 10 septembre 142. Les travaux se poursuivirent par le pronaos et le pylône dont les portes monumentales en bois de cèdre du Liban furent posées en l'an 70 de notre ère, alors que Rome s'était emparée du pays. Le temple d'Edfou était dédié à **Horus**, le faucon, fils d'Osiris, assimilé au dieu solaire qui, dans sa course diurne, garantissait la bonne marche du monde. Chaque soir, il regagnait sa demeure nocturne d'Edfou, au fond de son sanctuaire que scellaient alors solennellement les prêtres jusqu'au matin. À l'intérieur du temple, les prêtres conservaient un faucon, animal sacré que l'on montrait au peuple les jours de grande fête.

À travers le temple

Vous aborderez le temple par l'arrière en passant devant une agréable cafétéria où vous pourrez vous rafraîchir après votre visite. Longez le long mur occidental du temple de manière à gagner la façade principale. Tout au fond de l'esplanade qui précède le pylône s'élèvent les vestiges d'un *mammisi* dont la décoration fut terminée dans les premières décennies de notre ère.

LE PYLÔNE

C'est par cette entrée monumentale que s'acheva la construction du temple. Sa décoration – scène traditionnelle de massacre des prisonniers – apparaît comme la moins soignée de l'ensemble : sans doute l'exécution des reliefs, rudes et sans grâce, fut-elle confiée à des artistes subalternes, tandis que les meilleurs d'entre eux avaient rejoint le chantier du temple de Dendera alors en pleine activité. Par sa **masse architecturale**, l'ensemble reste néanmoins impressionnant, avec ses deux massifs de 36 m de haut qui portent en façade les encoches destinées à recevoir les quatre oriflammes de fête. Entre les deux massifs figure Horus sous sa forme de disque solaire, comme apparaissant au matin entre deux montagnes. Deux escaliers permettaient de gagner les terrasses *(interdites au public)*.

LA COUR

On pénètre ensuite dans la cour bordée d'un péristyle sur trois côtés. Comme par la suite dans tout le reste du temple, la décoration est parfaitement symétrique d'un côté à l'autre. Sur les soubassements des murs immédiatement à dr. et à g. de l'entrée figurent des représentations de la fête du mariage sacré ou de la « **Bonne Réunion** ». C'est ce voyage d'Hathor qui est figuré ici ; vous remarquerez que du côté dr. (représen-

tant le nord), l'embarcation de la déesse, bien que tirée par des radeaux, a hissé sa voile : c'est que pour se rendre à Edfou, elle doit remonter le courant. En revanche, sur le chemin du retour qui suit le courant (à g.), la voile est amenée. Sur les parois latérales, une même scène de procession se répète : on y voit le roi, coiffé, à g., de la couronne rouge de Basse Égypte, à dr., de la couronne blanche de Haute Égypte, conduire vers le sanctuaire les 20 nomes du Nord et les 22 nomes du Sud, chacun représenté par un groupe de quatre personnages. Des scènes liturgiques occupent les registres supérieurs de chacune de ces deux parois.

LE PRONAOS

Le plafond de la première salle couverte qui précède le sanctuaire est soutenu par deux groupes de six colonnes, chacune d'entre elles ornée de représentations de divinités et des grands temples égyptiens. De part et d'autre de l'entrée furent aménagées deux petites pièces : dans celle de g., le grand prêtre, qui allait accomplir le rite au nom du pharaon, se purifiait. Puis il passait dans celle de dr., la **bibliothèque**, où il choisissait le rouleau de papyrus contenant le rituel du jour. Sur les murs de cette dernière sont gravés les titres des ouvrages déposés jadis dans de petites niches. Le mur à g. de l'entrée porte d'intéressantes scènes, qui se poursuivent sur tout le côté g. Elles rappellent la **fondation du temple** : sorti de son palais, Pharaon choisit d'abord l'emplacement de la future demeure d'Horus. Il en délimite le périmètre à l'aide d'une corde d'arpenteur, puis creuse les fondations et, enfin, préside à l'inauguration solennelle du sanctuaire.

LA SALLE HYPOSTYLE

Les parois de cette salle, dont le plafond est soutenu par 12 colonnes (vous remarquerez la diversité des chapiteaux), présentent, en

civilisation

La fête de la Bonne Réunion

Hathor aux cornes de vache, déesse de l'amour et de la danse.

Chaque année, la divine Hathor retrouvait son époux Horus pour un hymen mystique. Le rituel de cette fête, l'une des plus populaires de la vallée, nous est bien connu par les inscriptions et reliefs des temples de Dendera et d'Edfou. Deux temples d'époque ptolémaïque, certes, mais qui se font l'écho d'une tradition remontant aux premiers temps de la civilisation égyptienne. Il s'agit en effet d'une fête d'origine agraire où l'on célébrait avec le retour de la déesse celui de la crue, gage de fertilité. Cinq jours donc avant sa rencontre avec son époux, Hathor était extraite du naos de son temple de Dendera, portée jusqu'au fleuve, et hissée sur une embarcation d'apparat. Derrière elle, une foule de barques chargées de prêtres et de pèlerins composait un cortège fluvial salué sur sa route par la foule des paysans massée sur les rives. Au bout de cinq jours de navigation, et plusieurs arrêts en chemin dont un dans le temple de Karnak, la belle arrivait enfin au débarcadère d'Edfou où l'attendait déjà Horus. Après les sacrifices rituels, c'était en un joyeux cortège, escorté de danseuses et de musiciens, que le couple divin gagnait Edfou, pour y connaître sa première nuit dans le secret du *mammisi* du temple. Treize jours de fête suivaient, parmi lesquels on voyait encore les dieux parcourir les terres cultivées jusqu'aux limites du désert, puis c'était le départ de la déesse par le même chemin. ●

plus de scènes liturgiques, des images des divinités et de leurs plus célèbres sanctuaires. Sur la paroi nord (face à l'entrée), belles scènes de **procession des barques sacrées**, l'une d'Hathor, l'autre d'Horus que l'on distingue par la tête de la divinité qui orne la proue de chacun des vaisseaux. Sur les côtés ouvrent trois pièces : à g., la première était destinée à recevoir les récipients d'eau lustrale, tandis que la seconde servait de **laboratoire** où se préparaient onguents et parfums nécessaires au rituel – au mur sont gravées les différentes recettes de ces préparations ; la troisième salle, à dr., abritait le **trésor du temple** et notamment les amulettes sacrées. De part et d'autre, un passage permettait d'accéder au long couloir extérieur qui enserre le sanctuaire *(voir ci-dessous)*. À la suite de la salle hypostyle, une autre salle servait à déposer les offrandes alimentaires destinées au dieu, qui se nourrissait de leur parfum (voyez les plafonds noircis par la fumée des huiles). De chaque côté de cette pièce, des escaliers conduisent vers les parties hautes du temple. Il est possible de gravir les escaliers qui contiennent des scènes de processions rituelles, jusqu'à l'accès à la terrasse qui, elle, reste fermée au public.

LE SANCTUAIRE

En progressant plus avant vers le cœur du temple, alors que les plafonds s'abaissent et que s'élève le sol, on parvient au saint des saints, précédé d'un vestibule. Du côté dr. ouvre la chapelle *ouabit*, précédée d'une cour à ciel ouvert. Elle était utilisée lors de certaines grandes cérémonies. Au plafond de la chapelle, belle représentation de la déesse Nout. Dans le saint des saints, le **naos de granit** est toujours en place : c'est là qu'était déposée la statue investie chaque nuit par l'âme d'Horus. Tous les matins, après s'être purifié, le grand prêtre, agissant au nom de Pharaon, se présentait seul devant le naos et ouvrait solennellement la porte à deux battants afin qu'Horus sous sa forme de disque solaire puisse parcourir son chemin diurne et dispenser ses bienfaits sur la terre. Pendant ce temps, les acolytes, demeurés dans le vestibule, psalmodiaient les hymnes sacrées : « Éveille-toi, sois en paix, éveille-toi en paix. » Sur les **murs intérieurs du sanctuaire**, des reliefs illustrent les différents moments de cette cérémonie quotidienne : on y voit le roi s'avancer vers le naos, en briser les sceaux et s'abîmer dans une contemplation mystique de la divinité. Autour du sanctuaire court un couloir sur lequel ouvrent **huit chapelles**, chacune consacrée à une divinité. L'une d'entre elles, la première en s'engageant dans le côté g. du couloir, conserve en partie sa polychromie originelle. C'est là que, sous le patronage d'Horus, étaient déposés les vêtements sacerdotaux. Sur le mur intérieur du couloir, près du sol, court une frise riche d'enseignements sur l'Égypte ptolémaïque : il s'agit en effet d'un véritable **précis géographique** où sont figurés les 42 nomes d'Égypte, avec leurs divinités respectives et leurs temples ; les reliefs indiquent également leur capitale administrative et précisent l'étendue de leur territoire cultivable.

LE COULOIR EXTÉRIEUR

> *Accès par les côtés de la salle hypostyle.*

Tout autour du sanctuaire, entre celui-ci et le mur d'enceinte, court un long corridor entièrement décoré de **scènes liturgiques et mythologiques**. En commençant votre promenade par le côté est (à dr.), vous rencontrez un escalier qui descend jusqu'à un étroit couloir souterrain : il passe sous le mur d'enceinte et permettait d'atteindre le puits sacré d'où était tirée l'eau lustrale servant aux cérémonies. Les prêtres la transportaient tout au long du corridor pour entrer du côté ouest du temple où se trouvait la salle des offrandes liquides ouvrant sur la salle hypostyle. Parmi les scènes qui ornent les parois du couloir, une pittoresque suite de tableaux montre le combat d'Horus contre son oncle Seth figuré sous sa forme d'hippopotame (mur extérieur, côté ouest). Sur les parties hautes du mur du sanctuaire, les gargouilles à forme monstrueuse servaient, plus qu'à l'écoulement des eaux, à l'évacuation des miasmes risquant d'entacher la pureté du saint des saints. •

Kom Ombo★★

Entouré de champs et de vergers, le temple de Kom Ombo domine une courbe du Nil.

> *À 167 km au S de Louxor, 45 km au N d'Assouan, sur la rive droite du Nil. Depuis la grande route Louxor/Assouan, une petite route conduit vers l'O jusqu'au temple (3 km env.). Ouv. t.l.j. de 7 h à 16 h (17 h en été); entrée payante. Comptez 1 h de visite.*

Si l'on arrive par le fleuve, c'est au détour d'une courbe du Nil, soulignée d'une bande verte de jardins hérissés de palmiers, que surgit, dressé sur son éminence, l'un des temples les plus romantiques d'Égypte. Plus de deux mille ans de soleil ne sont pas parvenus à venir à bout de la décoration peinte sur ses colonnes et ses chapiteaux, au long de ses lourdes architraves, dont les tons encore vivaces permettent de restituer par l'esprit leur chatoiement originel. Une visite à ne pas manquer et qui peut constituer un agréable but d'excursion depuis Assouan, distante d'à peine une heure de voiture.

UN SANCTUAIRE POUR DEUX

Kom Ombo présente cette particularité de se dresser au sommet d'une manière d'acropole, un cas unique en Égypte. Autre singularité : il s'agit d'un temple double. Il fut en effet dédié à deux divinités : **Sobek**, le dieu crocodile, et **Horus** sous sa forme locale. Une double porte ouvre ainsi en façade et cette gémellité se poursuit jusqu'au sanctuaire, formé de deux naos côte à côte. Succédant à un édifice plus ancien – quelques vestiges portent la marque de la XVIIIe dynastie –, il fut élevé à l'époque ptolémaïque. À l'époque de sa construction, au IIe s. avant notre ère, Ombo était une ville importante, capitale de nome, étape sur les voies caravanières ; rien n'en a subsisté, hormis son temple.

À travers le temple

Un escalier moderne donne accès au site. On aboutit ainsi sur une esplanade où se dressent tout d'abord les vestiges du pylône, décoré au nom de Domitien (81-96). Vient ensuite la cour bordée d'un portique dont quelques bases de colonnes sont encore en place. Conformément à la double vocation du temple, c'est par

Chadouf et saqia

Même si les systèmes modernes les ont largement supplantées, les techniques traditionnelles de pompage se rencontrent encore dans les campagnes de la vallée. La silhouette du *chadouf* appartient depuis des siècles au paysage rural du pays. Il s'agit d'une longue perche au sommet de laquelle est fixé un bras pouvant pivoter sur 360°. À une extrémité de celui-ci, un contrepoids, à l'autre un récipient que l'on plonge dans l'eau et que l'on remontera aisément grâce à la pierre ou au sac de terre fixé de l'autre côté. La *saqia* est une noria, roue munie de godets, que l'on tourne grâce à la force animale. La vis d'Archimède est placée à l'intérieur d'un cyclindre que l'on tourne à bras d'homme pour remonter l'eau. ●

une double porte que l'on accède ensuite aux deux **salles hypostyles** successives qui conservent de beaux reliefs, ainsi qu'une partie de leur plafond. Dans ces deux espaces que rien ne divise devaient se pratiquer des rites communs aux deux divinités. Au fond apparaissent les soubassements du **double naos** : entre les deux sanctuaires, un étroit passage souterrain devait sans doute servir à quelque mystérieuse cérémonie. En arrière des naos, une série de petites salles, des remises, conservent leur décoration de reliefs en partie inachevée. Le saint des saints était entouré d'un double couloir, qu'il faut imaginer plongé dans l'obscurité. Le mur du couloir extérieur, en arrière des naos, porte d'intéressantes scènes empruntées à l'**art de la médecine** : on y voit une série d'instruments chirurgicaux ainsi qu'une parturiente sur sa chaise d'accouchement.

Sur l'esplanade au nord du temple (à g.) ouvre un vaste **puits** circulaire auquel on accédait par un passage souterrain suivi d'un escalier *(entrée interdite)*. En quittant le temple vous jetterez un coup d'œil à la **chapelle d'Hathor** (à g. de la sortie) où vous attendent des crocodiles momifiés.

Eaux et jardin

En contrebas du temple a été aménagé un vaste jardin, **Rural House**, où l'on peut découvrir la reconstitution des divers modes traditionnels d'irrigation, *chadouf, saqia*, vis d'Archimède *(encadré ci-contre)* ; on peut également y voir une évocation de la vie agricole, avec son pigeonnier, ses maisons, sa basse-cour et même quelques chameaux. Un petit café et une boutique s'ajoutent à l'ensemble. Pour les photographes, le lieu offre de beaux angles sur le temple. ●

Dendera★★★

> À 75 km au N de Louxor, sur la rive gauche du Nil ; 6 km à l'O de la ville de Qena. Ouv. t.l.j. de 7 h à 16 h (17 h en été) ; entrée payante.

Voici le temple de la joie, de la musique et de l'amour, le **sanctuaire d'Hathor**, que les Gréco-Romains assimilèrent à Aphrodite. La belle déesse aux oreilles de vache est omniprésente en son temple : elle occupe plus de la moitié des tableaux figurés sur les murs. Parvenu jusqu'à nous dans un excellent état de conservation, jusqu'à son enceinte en brique crue, le temple de Dendera est une étape majeure au cours d'un voyage dans la vallée du Nil, pour peu que les conditions politiques autorisent le voyage (*voir avertissement p. 222*).

L'HOMMAGE DES GRECS À LA BELLE DÉESSE

Le temple de Dendera appartient à la série de grands sanctuaires laissés par les **Ptolémées** tout au long des rives du Nil. Chacun des rois macédoniens ou presque apporta sa contribution à l'édifice. Jusqu'à la célèbre Cléopâtre qui se fit représenter sur la face arrière du temple en compagnie de Césarion, le fils qu'elle avait eu de Jules César. La construction se poursuivit à l'époque romaine : Marc Aurèle (161-180) fut ainsi le dernier des Césars dont le cartouche orne les murs du temple.

Pourtant, les fouilles entreprises dès la fin du XIXe s. ont montré l'ancienneté du lieu de culte, puisqu'il remonte aux premiers siècles de la civilisation pharaonique. Le temple de Dendera entretenait des rapports étroits avec celui d'Edfou. Chaque année, Hathor sous sa forme de faucon femelle était conduite à Edfou pour s'unir au faucon Horus au cours de la fête de la Bonne Réunion (*encadré p. 225*) qui donnait lieu à de grandes manifestations de liesse populaire.

L'enceinte

Le périmètre sacré ouvre au nord par une porte monumentale de pierre ménagée dans le mur d'enceinte en brique, qui est conservé sur une belle hauteur. Sur le chemin du temple principal vous laisserez à dr. une série de bâtiments secondaires : deux *mammisi*, le premier d'époque romaine, le second portant le cartouche de Nectanébo Ier (380-362, un des derniers pharaons indigènes) : c'est la plus ancienne construction visible sur le site. Entre ces deux édifices, les chrétiens d'Égypte, réutilisant les matériaux trouvés sur place, édifièrent au Ve s. une **église** à trois nefs et un baptistère, aujourd'hui réduits aux fondations. Contrairement aux autres temples égyptiens, celui de Dendera n'était pas précédé d'une cour et d'un pylône. C'est donc directement par la salle hypostyle que l'on aborde l'édifice.

La salle hypostyle

La façade monumentale est soutenue par deux paires de trois colonnes hathoriques, à l'effigie de la «dame aux quatre visages», maîtresse des points cardinaux et de l'univers. Sur les murs d'entrecolonnement, de chaque côté de l'entrée, figure Hathor en compagnie de son époux Horus. Dans la salle hypostyle aux deux groupes de neuf colonnes, le plafond mérite un examen particulier. Il résume toutes les **connaissances astronomiques de la science égyptienne** : on y voit la représentation de la course du Soleil et de la Lune, les signes du zodiaque, les décans, les planètes... Du côté g., on reconnaît la déesse Nout dont le corps s'étire sur toute la longueur du mur, en une représentation de la voûte céleste. Sur les parois, **scènes d'offrande rituelle** où le roi, ici l'empereur Néron, fait face à la divinité.

civilisation

Le calendrier égyptien

Les Égyptiens furent sans doute les premiers à concevoir un calendrier solaire fondé sur un cycle de 365 jours. L'année égyptienne était divisée en 3 saisons, l'inondation, la germination et la chaleur, chacune d'entre elles comprenant 4 mois de 30 jours. Pour compléter le cycle, le calendrier ajoutait 5 jours supplémentaires en fin d'année. L'année commençait le 19 juillet de notre calendrier, avec l'apparition à l'horizon de l'étoile Sirius, la Sothis des Égyptiens. Une date qui correspondait également à l'arrivée de la crue. Or il n'avait pas échappé aux Égyptiens qu'un cycle solaire complet comprenait exactement 365 jours et un quart. Ainsi le calendrier officiel était-il en constant décalage avec les saisons, si bien que les paysans utilisaient un second calendrier respectant le rythme des travaux des champs. La coïncidence entre le calendrier officiel et l'apparition de Sirius ne se produisant que tous les 1 460 ans – une période sothiaque –, et sachant que le phénomène advint en 139 de notre ère, un simple calcul a permis aux historiens de poser l'hypothèse de l'année de fondation du calendrier solaire : 2781, c'est-à-dire le début de la IIe dynastie de la période thinite. Pour d'autres, il faudrait remonter plus haut dans le temps, et attribuer l'invention du calendrier au clergé héliopolitain en l'année 4241, qui deviendrait ainsi la première date attestée de l'histoire de l'humanité. ●

Le sanctuaire

Avant d'atteindre le saint des saints, il faut traverser **trois salles successives**. La première, au plafond soutenu par six colonnes hathoriques, était le lieu d'apparition de la déesse lors des processions solennelles. De part et d'autre ouvrent deux groupes de trois chambres servant de remises, de laboratoire (à g.) et de salle du trésor (à dr.). La dernière pièce à dr. donne accès à l'escalier coudé qui conduit à la terrasse. On passe ensuite à la salle des offrandes (un passage à g. donne accès au second escalier, droit cette fois, qui conduit à la terrasse), puis, précédant immédiatement le saint des saints, le vestibule sur la g. duquel ouvre une chambre où étaient déposés les vêtements sacerdotaux. À dr., un passage conduit à l'*ouabit*, chapelle précédée d'un espace à ciel ouvert ; l'ensemble servait lors des cérémonies marquant le Nouvel An : on entassait dans la cour les offrandes à Hathor, dont les statues trônaient dans la chapelle. Au plafond de celle-ci, belle **représentation de la déesse Nout**, avalant le soleil à l'ouest pour le faire renaître à l'est.

Le saint des saints

C'est là, au cœur du temple, qu'Hathor reposait dans son **naos** ; devant elle étaient disposées ses barques sacrées. Chaque matin, les prêtres venaient l'éveiller en lui chantant des hymnes dont les textes sont gravés sur les parois de l'édifice. Autour du sanctuaire court un couloir éclairé par des ouvertures ménagées dans les parties supérieures ; sur ce couloir ouvrent **11 chapelles divines**, dédiées pour sept d'entre elles à Hathor elle-même. Du côté g., la chapelle dédiée à Osiris a fait l'objet d'un nettoyage récent à base d'une solution d'ammoniac : ces travaux ont permis de restituer de manière étonnante l'éclat de la polychromie originale. La chapelle la plus importante se trouve en arrière du sanctuaire, dans l'axe de celui-ci ; elle est décorée en façade à la manière d'un temple avec frise et corniche. À l'intérieur se dressait une statue revêtue d'or de la déesse, effigie que l'on peut voir représentée sur les murs.

Dans la chapelle du fond à dr., une échelle permet d'accéder à une **crypte** longue de 25 m qui court sous le mur du naos. Les murs portent de **magnifiques reliefs** consacrés principalement à Hathor et à Isis : voyez notamment de belles représentations de sistres ainsi qu'un relief de faucon au plumage soigneusement travaillé. On a dénombré un total de 11 cryptes à Dendera, chambres secrètes ménagées dans l'épaisseur des murs ou dans les fondations de l'édifice. L'accès, obstrué par des pierres gravées, en restait dissimulé.

Les escaliers vers la terrasse

On accède à la terrasse par les escaliers qui partent de la salle des offrandes. Pour suivre les pas des prêtres anciens, vous emprunterez celui, coudé, de l'ouest (du côté dr. du temple en regardant le sanctuaire), traditionnellement réservé à la montée, pour redescendre par celui de l'est, en ligne droite.

Les parois de chacun d'eux montrent une **double procession de prêtres et de servants** conduits par le pharaon, l'une montant vers la terrasse, l'autre en descendant. La terrasse du temple servait chaque année lors des fêtes du Nouvel An : on y hissait alors la statue de la déesse afin qu'elle soit revivifiée par les rayons du soleil. À mi-parcours de l'escalier de l'ouest, une petite salle servait à la **consécration des statues** : c'est là que les prêtres pratiquaient les rituels magiques permettant à la divinité de prendre possession de son effigie.

La terrasse

Au débouché de l'escalier coudé, à l'extrémité sud du temple, se dresse un **petit kiosque à colonnes hathoriques**. C'est là que la statue de la déesse était exposée au rayonnement de l'astre solaire.

Du côté nord de la terrasse sont aménagées **six chapelles** (trois sur le rebord est, trois à l'ouest), toutes consacrées à Osiris. Elles sont entièrement décorées de reliefs évoquant les mystères osiriaques (*voir p. 234*). Le plus célèbre est celui qui orne le plafond de la deuxième chapelle à dr. en se dirigeant vers l'extrémité du temple : il s'agit d'un moulage (l'original se trouve au musée du Louvre) qui représente un **zodiaque circulaire** où l'on peut reconnaître sans trop de peine, dans la partie centrale, les 12 signes traditionnels.

Vous pourrez, pour terminer votre visite, grimper par une échelle de fer sur le rebord du temple, d'où l'on découvre une belle vue sur les campagnes environnantes. •

♥ Abydos★★★

Les reliefs du temple d'Abydos comptent parmi les plus beaux que nous ait légués l'Égypte ancienne.

> *À 154 km au N de Louxor, sur la rive gauche du Nil. Ouv. t.l.j. de 7 h à 16 h (17 h en été) ; entrée payante.*

Plus encore que pour Dendera, l'excursion à Abydos ne doit être entreprise qu'après s'être assuré auprès des autorités locales que les conditions de sécurité permettent de s'y rendre *(voir Avertissement p. 222)*. C'est pourtant l'un des sites majeurs de l'Égypte ancienne : il abritait le tombeau même d'Osiris, le dieu des morts, auprès duquel se firent inhumer les pharaons de l'Ancien Empire. Le temple principal du complexe, celui de Séthi Ier, conserve d'admirables reliefs qui comptent parmi les plus beaux que nous ait laissé le Nouvel Empire.

Le tombeau d'Osiris

Dès la période thinite, les souverains d'Égypte avaient choisi Abydos pour y aménager leur sépul-ture. On y vénérait alors un dieu funéraire local, «Celui qui est à la tête du monde occidental», à qui fut associé Osiris, sans doute depuis les temps les plus reculés de la civilisation égyptienne. Abydos devint un des lieux les plus saints de toute l'Égypte. C'est que la tradition avait fait d'Abydos le **lieu de sépulture de la tête d'Osiris**. Chacun, avant de mourir, se devait d'accomplir le pèlerinage afin d'accéder au royaume d'Osiris. À défaut, on le faisait représenter sur les parois de son tombeau. À partir de la XIe dynastie (Moyen Empire), des cérémonies à mystères furent représentées au cours desquelles les officiants mimaient la mort du dieu et sa résurrection. Les visiteurs y laissèrent de nombreux ex-voto, et les pharaons y construisirent leurs monuments funéraires. Ceux de Séthi Ier et de Ramsès II sont parvenus jusqu'à nous en excellent état de conservation. Le grand temple d'Osiris, en revanche, a entièrement disparu.

Le temple de Séthi Ier

Le projet du grand roi de la XVIIIe dynastie était ambitieux : associer dans un même périmètre son propre temple funéraire et le tombeau d'Osiris, l'Osireion, qu'il fit creuser à la manière d'un hypogée, sans doute à l'emplacement où la tradition plaçait la sépulture du dieu. Le temple lui-même affecte une disposition unique, un plan en L où, dans sept chapelles, sont vénérées les principales divinités d'Égypte, parmi lesquelles le souverain lui-même.

LES DEUX SALLES HYPOSTYLES

Le pylône monumental ayant disparu, c'est par les salles hypostyles que l'on aborde directement l'édifice après avoir traversé les deux cours successives en avant du temple. Les reliefs qui décorent la façade sont l'œuvre du fils de Séthi, Ramsès II, que l'on voit présenter des offrandes aux divinités et à son père. C'est à Ramsès également que l'on doit l'aménagement des deux cours, la construction du pylône et l'achèvement de la décoration intérieure. Les deux salles hypostyles, l'une à deux rangées de colonnes, l'autre à trois, offrent la même disposition : elles présentent sept travées dans l'axe des sept chapelles qui occupent le fond de la seconde salle hypostyle. Sept portes permettent le passage entre les deux salles, toujours dans l'axe des chapelles.

Les ♥ reliefs*** des hypostyles (dans le creux pour la première, en haut relief pour la seconde), véritables chefs-d'œuvre de l'art égyptien, méritent un examen attentif ; voyez notamment dans la seconde hypostyle, sur le mur de dr., un ensemble de scènes représentant le pharaon devant Osiris, Isis et Nephthys : le souverain tend au maître des Enfers une statuette de la déesse Maat, signifiant ainsi qu'il a gouverné en respectant l'ordre instauré par le démiurge. La finesse des traits, le velouté du grain de la pierre, la lumière rasante qui vient souligner le relief, tout concourt à rendre inoubliable cette série de tableaux où se résume la grandeur des souverains de l'ancienne Égypte.

LES CHAPELLES DIVINES

Chacune d'elles mérite un examen attentif en raison de la qualité des reliefs qui en ornent les parois. Toutes à l'exception d'une seule, la troisième à partir de la dr., dédiée à Osiris, sont fermées du côté opposé à l'entrée par une stèle fausse-porte. La décoration reprend à chaque fois le même thème : le cérémonial, précisément décrit en 36 tableaux, accompli par le roi devant chacune des divinités. Finement taillés dans le calcaire, ces reliefs peuvent être considérés comme des **chefs-d'œuvre de l'art du Nouvel Empire**. Vous remarquerez les voûtes, réalisées en encorbellement à l'image

---

document

Mariette à Abydos

En 1864, Auguste Mariette est occupé à déblayer le site d'Abydos. Théodore Dévéria, collaborateur de l'égyptologue, raconte la suite : « Avec sa perspicacité habituelle en matière de fouilles, Mariette a désigné devant moi à ses fellahs l'endroit où devait se trouver le mur d'enceinte. Au grand étonnement des hommes qui travaillaient depuis trois mois pour lui, quelques coups de pioche ont découvert la muraille en question, décorée de bas-reliefs et d'inscriptions du plus haut intérêt. Un vieil Arabe vint alors lui dire :

– Je n'ai jamais quitté ce village, jamais je n'avais entendu dire qu'il y eut un mur là. Quel âge as-tu donc pour te rappeler sa place ?

– J'ai trois mille ans, répondit imperturbablement Mariette.

– Alors, répliqua le vieil homme, pour atteindre un si grand âge et paraître si jeune il faut que tu sois un grand saint ; laisse-moi te regarder.

Et pendant trois jours, il est venu contempler le saint qui parfois, avec une prodigalité sans égale, distribuait des coups de canne aux ouvriers qui ne travaillaient pas à sa guise. »

Journal de voyage de Th. Dévéria, cité *in* Jean-Marie Carré, *Voyageurs et écrivains français en Égypte*, 1933. ●

Le mythe d'Osiris

Dieu de la renaissance et souverain du royaume des morts, Osiris apparaît comme la figure la plus vénérée du panthéon égyptien. En compagnie de son épouse Isis et de leur fils Horus, ils forment la première triade divine.

Un roi juste et bon

Fils de Geb, dieu de la Terre, et de Nout, déesse du Ciel, Osiris succéda à son père sur le trône de l'Égypte. Époux de sa sœur Isis et souverain modèle, il apporta aux hommes l'art de l'agriculture et des pratiques religieuses. Sous son règne bienfaisant, les hommes vivaient un véritable âge d'or. Son frère, Seth le roux, seigneur des déserts stériles, en conçut une vive jalousie. Flanqué de 72 acolytes, il convia Osiris à un grand banquet ; au cours des festivités, il présenta à l'assemblée un magnifique coffre de bois ouvragé et le promit à celui qui s'y coucherait et le trouverait à sa taille. À peine Osiris s'y fut-il allongé que Seth et ses complices se précipitèrent sur le coffre, y clouèrent un couvercle, l'entourèrent d'un cordage et jetèrent le tout dans le Nil. Le cadavre d'Osiris noyé dériva au fil du courant et finit par s'échouer sur la côte de la Méditerranée orientale, à Byblos, en pays phénicien.

La longue quête d'une veuve

Folle de douleur, Isis parcourt le monde à la recherche de son époux. Elle parvient à Byblos et réussit à convaincre le roi du pays de lui rendre le coffre, sur lequel un bel arbre a poussé. Isis ramène alors le corps tant aimé en terre d'Égypte et le dissimule dans les fourrés du delta du Nil. L'ayant appris, Seth réussit à dérober le corps de son frère ; cette fois, il le découpe en quatorze morceaux qu'il dissémine en autant de points du territoire égyptien. Isis doit partir pour sa seconde quête. Patiemment, elle réussit à retrouver chaque partie du corps de son

Le roi défunt est assimilé à Osiris, sous la forme duquel il est fréquemment représenté dans ses temples funéraires. Même Akhénaton, qui croyait en un dieu unique, se conforma à cette tradition. Ci-contre, statue d'Aménophis III sous sa forme osiriaque.

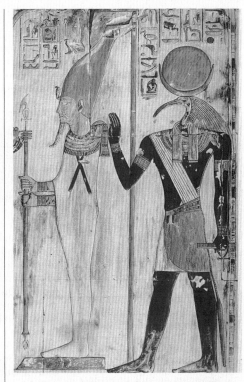

Osiris, dieu des morts, reçoit les offrandes en compagnie du dieu Thot.

époux, à l'exception de son membre viril, qui a été avalé par l'oxyrhynque, le poisson emblème du dix-neuvième nome, vénéré par les habitants de la région comme une représentation de Seth. Grâce à ses talents de magicienne et aidée par Anubis, qui pratiqua la première momification en enveloppant le corps d'Osiris de sa propre peau, Isis parvient à rendre la vie à son époux. Prenant l'apparence d'un oiseau, elle s'unit à lui et conçoit leur fils Horus. Ressuscité, Osiris ne retrouvera pourtant pas son trône terrestre : c'est Horus qui devra recueillir l'héritage que lui disputera son oncle Seth. Osiris règne désormais sur le royaume des morts.

Le premier des Occidentaux

Osiris est le maître du monde occidental, celui des Enfers égyptiens ; il préside le tribunal devant lequel doit comparaître chaque âme avant d'être admise à l'immortalité. À partir du Moyen Empire, à mesure que l'espoir de l'immortalité, jadis réservé au seul souverain, s'étend progressivement à l'ensemble de la population, le culte d'Osiris sauveur connaît une ferveur croissante. En chacune des quatorze cachettes où Seth dissimula les morceaux de son frère s'élèvent désormais des temples, autant de buts de pèlerinage. Le plus célèbre est celui d'Abydos où fut enterrée sa tête. Chaque année s'y déroulent des mystères, réservés aux seuls initiés, où les prêtres miment la mort et la résurrection du dieu. À la Basse Époque, le culte d'Osiris se répand dans tout le bassin méditerranéen. Alors qu'il était, à l'origine, également vénéré comme une divinité de la nature qui, comme elle, meurt et renaît, il n'est plus désormais considéré que dans sa dimension de sauveur. Quant à Isis, la mère divine d'Horus, dont le culte connaît une faveur exceptionnelle dans tout l'Empire romain, elle inspirera aux chrétiens les premières représentations de la Vierge. ●

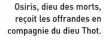

Osiris et Isis, représentés sur les parois d'une tombe de la nécropole thébaine (Nouvel Empire).

des voûtes des hypogées ou de la chambre funéraire de la Grande Pyramide de Giza. La chapelle d'Osiris donne accès à un appartement de deux salles à colonnes qui précède, du côté dr., trois chapelles dédiées à la triade osiriaque : le dieu lui-même, Isis et leur fils Horus.

LA PARTIE SUD DU TEMPLE

À g. de la seconde salle hypostyle, un passage donne accès au célèbre « couloir des Rois ». Contre la paroi de dr., on peut voir en effet Séthi et son fils rendre hommage aux cartouches de 76 pharaons qui l'ont précédé sur le trône : y manquent ceux d'Hatchepsout, du roi hérétique Akhénaton et de ses successeurs immédiats, Ay et Toutankhamon ; la liste reprend avec le roi Horemheb. En poursuivant tout droit, on aboutit à une série de pièces inachevées destinées à servir de remises et de salle de préparation pour les offrandes. Elles furent ultérieurement occupées par les premiers chrétiens d'Égypte, comme l'atteste une croix profondément creusée dans le mur de l'une d'entre elles. Sur le flanc dr. du couloir, un passage ouvre sur l'escalier conduisant vers la terrasse du temple. Les parois sont ornées de reliefs gravés sous Ramsès II. Voyez ainsi sur le côté dr. une magnifique scène de chasse au taureau sauvage à travers les marais du Delta mettant en scène Ramsès et son fils. Plus que d'un tableau pittoresque, il s'agit plutôt d'un véritable programme dynastique : « Moi, représentant des dieux sur terre, j'ai vaincu les forces du chaos qui menaçait l'équilibre du monde », proclame ainsi Pharaon. Une scène de chasse aux canards, avec les mêmes protagonistes mais secondés cette fois par des divinités,

occupe l'autre côté du mur, avec la même valeur symbolique. De la terrasse, vous découvrirez une vue plongeante sur l'Osireion.

L'Osireion

> *Au bout du passage orné des scènes de chasse, une porte – que les gardiens se feront un plaisir d'ouvrir – donne sur l'extérieur du temple au pied duquel s'ouvrent les vestiges de l'Osireion.*

Voulant associer son propre culte funéraire à celui d'Osiris, Séthi ordonna la construction, en arrière de son temple, d'un **tombeau pour le dieu des morts**. Un long couloir souterrain, dont les parois portaient des représentations de divers textes funéraires, conduisait à une vaste salle rectangulaire au plafond soutenu par d'énormes piliers et de colossales architraves. Cette salle était bordée d'un canal délimitant ainsi une sorte d'île où reposait le dieu : il faudrait y voir une image de la butte primordiale à partir de laquelle le monde fut créé.

Le temple de Ramsès II

> *À 300 m env. au N-O du temple de Séthi. Accès par l'Osireion ; un gardien vous accompagnera jusqu'à l'entrée.*

De proportions moindres que le temple de Séthi, et beaucoup moins bien conservé, le temple funéraire de Ramsès II présente quelques beaux reliefs, certains gardant la trace d'une partie de leur polychromie. Le second pylône – le premier a disparu – donne accès à une cour entourée d'un portique à colonnes osiriaques (aux murs, scènes de procession). Viennent ensuite deux salles hypostyles qui précèdent les trois chapelles principales du temple. Sur les flancs des deux salles hypostyles ouvrent des salles secondaires dont les reliefs présentent encore des traces de peinture. ●

ASSOUAN ET SES ENVIRONS

Avec Assouan et ses populations nubiennes à la peau noire, longues silhouettes flottant dans leurs galabiyas blanches et bleues, l'Égypte s'ouvre à un autre monde, celui de l'Afrique. Depuis un siècle, la Première Cataracte, limite méridionale de l'Égypte ancienne, ne gronde plus de ses eaux fracassées contre les rochers. Les travaux des hommes l'ont pacifiée et sur le Nil devenu lac claquent en un ballet incessant les hautes voiles triangulaires des felouques, virant au plus près entre les îles qu'embrasse le fleuve. Un des plus beaux spectacles au monde.

LA FRONTIÈRE DE L'ÉGYPTE

Depuis l'aube de l'histoire égyptienne, un siècle même avant l'émergence de la Ire dynastie, une ville s'était établie sur l'île Éléphantine. Au-delà, plus au sud, commençaient les terres sauvages de Kouch, ensemble d'ethnies et de paysages disparates. Une forteresse veillait sur l'île : la garnison y assurait la garde des routes commerciales du sud qui apportaient à l'Égypte les produits précieux de l'Afrique : ivoire, ébène, peaux d'animaux ou encore encens. Face à l'île, sur la rive orientale du fleuve, un comptoir commercial se développa au point d'arrivée des caravanes, **Souana** des Égyptiens,

Syène des Grecs : c'est la moderne Assouan, dont le nom dérive directement du toponyme pharaonique. C'est là également que l'on chargeait statues et obélisques de **granit rose et gris**, extraits des carrières aux flancs des collines orientales, qui firent la célébrité d'Assouan, de la haute Antiquité égyptienne à l'époque romaine.

LES PRINCES D'ÉLÉPHANTINE

Issus de rang princier, les gouverneurs d'Éléphantine apparaissent de fait comme les ambassadeurs du pharaon. Ils veillent au respect des traités conclus avec la Nubie vers laquelle les ambitions égyptiennes se sont tournées dès la Ire dynastie. Ils lancent vers le sud, vers le **pays de Kouch**, des expéditions commerciales et militaires au nom du roi. Sur les parois des somptueux tombeaux (ces derniers sont très ruinés) qu'ils se font aménager sur la rive gauche, les princes rappellent leurs hauts faits. **Irkouf** fit ainsi graver la relation d'une expédition qu'il conduisit vers Kouch. Il en ramena, outre de nombreuses richesses, un nain qui amusa fort son maître Pépi II, un jeune enfant hissé sur le trône. Considéré par la postérité comme le modèle du serviteur, Irkouf fit l'objet d'un culte qui se perpétua jusqu'au Moyen Empire dans son temple d'Éléphantine.

DE SYÈNE À ASSOUAN

Ce rôle de poste-frontière, Assouan le conserva bien longtemps après la disparition du dernier pharaon. Les **Romains** y entretenaient une garnison, pour contenir notamment les raids des **Blemmyes**, derniers fidèles du culte pharaonique pour qui le culte d'Isis continua d'être rendu en son temple de Philae, sans doute jusqu'au VIe s. Et bien longtemps après, une armée française conduite par **Desaix**, en chassant les Mamelouks au-delà de la Première Cataracte, parachevait la conquête de l'Égypte en s'assurant

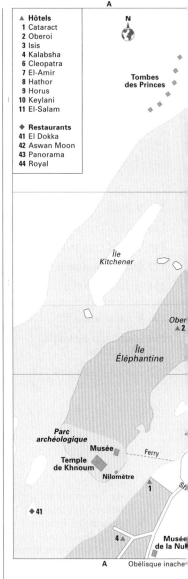

A

▲ **Hôtels**
1 Cataract
2 Oberoi
3 Isis
4 Kalabsha
6 Cleopatra
7 El-Amir
8 Hathor
9 Horus
10 Keylani
11 El-Salam

◆ **Restaurants**
41 El Dokka
42 Aswan Moon
43 Panorama
44 Royal

N

Tombes
des Princes

Île
Kitchener

Ober
▲2

Île
Éléphantine

Parc
archéologique
Musée
Temple
de Khnoum
Nilomètre
Ferry

1

◆41

4▲

Musée
de la Nu

A   Obélisque inache

ASSOUAN

du contrôle de sa ville la plus méridionale. Entre-temps, guerres, famines et épidémies avaient eu raison de l'antique Syène, dont il ne reste de nos jours aucun vestige. Depuis la construction du Haut Barrage (1960-1972, *voir p. 252*), Assouan a retrouvé son animation, grâce notamment à une importante population nubienne. ●

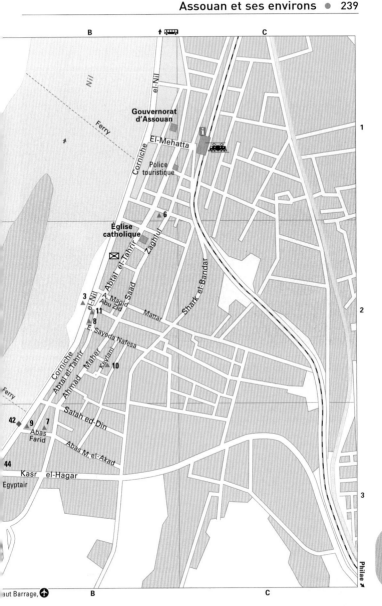

ASSOUAN

Programme. Il faut consacrer au moins deux jours complets à Assouan, le temps minimum d'une découverte satisfaisante ménageant des instants de détente.

Jour 1 : le matin, visite de Philae et de l'obélisque inachevé. Retour à Assouan pour le déjeuner *(d'agréables restaurants sont aménagés en terrasse au bord du Nil, voir Carnet d'adresses p. 265)*. Dans l'après-midi, visite du musée de la Nubie.

Jour 2 : promenade en felouque avec en chemin, selon vos intérêts, découverte des îles ou de la rive gauche. Dans l'après-midi, promenade dans le souk coloré de la ville. L'excursion d'Abou Simbel s'effectue en avion depuis Assouan : si vous poursuivez votre voyage vers Le Caire ou Louxor, vous pourrez trouver à Abou Simbel des vols directs vers ces deux villes. Sur la route de l'aéroport, ne manquez pas le détour par le Haut Barrage.

♥ Philae★★★

Le temple de Philae, sauvé des eaux par la volonté des hommes, n'est aujourd'hui accessible qu'en bateau. Le lac de retenue du barrage britannique offre aussi une excellente réserve de poisson pour les pêcheurs nubiens.

> *À 5 km au S d'Assouan. Pas de transport collectif: il faut donc avoir recours aux services d'un taxi auquel vous demanderez de vous attendre pour le retour (comptez au minimum 3 h de visite). Le taxi vous déposera près du ponton (qui est précédé d'un souk touristique), où se trouvent les embarcations qui vous conduiront sur l'île en 10 mn. Entrée du site payante (le guichet se trouve juste avant le ponton); il vous faudra de plus payer la course en bateau: env. 20 £EG pour une barque particulière (le tarif officiel est en réalité fixé à 14 £EG; en cas de négociation difficile, les bateliers étant assez gourmands, demander l'aide d'un fonctionnaire de la police touristique, toujours présente sur place). Ouv. t.l.j. de 7 h à 16 h (17 h en été).*

Un spectacle son et lumière est donné tous les soirs (texte français d'André Castelot): deux ou trois représentations par jour dont une en français.

LA RÉSURRECTION D'UN SITE

Avec la mise en eau du premier barrage d'Assouan en 1902, le temple de Philae était promis à une mort lente. Les eaux du lac de retenue submergeaient colonnes et pylônes et ce n'était plus que durant les deux mois de l'année où l'on ouvrait les vannes du lac que réapparaissait en partie l'ancien sanctuaire d'Isis. On s'y promenait alors en barque, glissant sur l'eau au ras des colonnes. Bien après vint la construction du Haut Barrage, et le formidable succès que représenta la sauvegarde des temples de Nubie (*voir p. 258*). Forts de cette expérience, des **scientifiques du monde entier**, au premier rang desquels Christiane Desroches-Noblecourt, se penchèrent sur le cas de Philae. Des crédits furent dégagés, pour un tiers par l'État égyptien, afin de sauver le dernier des grands temples menacés par les eaux. Les travaux, lancés en 1972, s'achevèrent huit ans plus tard; l'inauguration officielle du temple remonté sur son nouvel emplacement eut lieu le 10 mars 1980. Le sanctuaire d'Isis, théâtre mystique de la renaissance perpétuelle d'Osiris, était définitivement sauvé.

LE TOMBEAU D'OSIRIS

Le temple de Philae date pour l'essentiel des époques ptolémaïque et romaine. Ce n'est en effet qu'à la Basse Époque que l'on trouve en Égypte des sanctuaires dédiés à **Isis**, au moment où le culte de la Grande Magicienne se répand et se popularise à travers tout le bassin méditerranéen. D'innombrables graffitis laissés par les visiteurs sur les parois du temple attestent que l'on y venait en pèlerinage de tout l'Empire romain. À l'origine de la sainteté du lieu, une légende : l'île de Biggeh (au sud du temple reconstruit, à l'ouest du temple originel) passait en effet pour abriter le corps d'Osiris, reconstitué par son épouse Isis *(sur la légende d'Osiris, voir p. 234)*. C'est là qu'elle lui rendit la vie et s'unit à lui pour enfanter Horus. Dès lors, le lieu fut dédié aux mystères de la vie et de la mort. Dans l'île de Biggeh, nul autre humain que les prêtres n'était autorisé à pénétrer. Les desservants du temple y célébraient chaque jour un culte, sur chacun des 365 autels disséminés dans l'île. Chanter, jouer de la musique, et même parler à voix haute étaient proscrits dans ce lieu occidental de la mort. À l'est, en revanche, l'île qui portait le temple était un lieu de joie, résonnant jour après jour de cortèges dont les officiants rivalisaient de danses et de chants. Une véritable « usine divine » (concept de Christiane Desroches-Noblecourt) où s'accomplissait le mystère de l'éternelle renaissance sous les auspices de la Grande Magicienne Isis.

LE DERNIER REFUGE DU PAGANISME

En amont de la Première Cataracte, Philae n'est déjà plus en Égypte. Du reste, par son orientation, le temple est tout entier tourné vers l'Afrique, comme pour accueillir la venue du Nil et saluer le retour du voyage mystique d'Isis, assimilée à Hathor, vers les hautes terres éthiopiennes. C'est par le côté méridional que l'on abordait l'île, comme le font encore les visiteurs d'aujourd'hui.

patrimoine

Le sauvetage des temples de Philae

Pour sortir des eaux les temples de Philae, les scientifiques s'inspirèrent de l'exemple d'Abou Simbel : les édifices seraient découpés en blocs puis remontés sur un îlot voisin plus élevé. On commença par entourer l'île d'un batardeau de manière à l'isoler des eaux du lac. Cette cloison étanche était en fait composée d'une double rangée de plaques d'acier de 17 m de hauteur ; entre les deux, un espace de 12 m comblé par un blocage de sable afin de soulager la construction de la formidable pression exercée par les eaux du lac. De puissantes pompes furent mises en route afin d'assécher le périmètre. Puis il fallut dégager les constructions de la gangue de limon qui s'était accumulée pendant des décennies et que l'on rejeta dans l'espace compris entre les deux cloisons. Une aubaine pour les ouvriers du chantier qui transformèrent bien vite l'endroit en florissant potager. Découpés en blocs, soigneusement numérotés, les édifices de l'île sacrée d'Isis furent ensuite entreposés sur d'immenses aires de stockage. L'île choisie pour reconstruire le complexe, plus à l'ouest, dut préalablement être arasée de plus de 30 m et ses contours être redessinés pour ressembler au plus près à l'île originelle : 270 000 m³ de rochers permirent ainsi d'en augmenter la superficie. Vint enfin le patient travail de remontage de ce puzzle titanesque. ●

Le scarabée

On ne sait pourquoi cet insecte très répandu en Égypte est devenu l'une des amulettes les plus populaires de la civilisation pharaonique. La raison tient peut-être à l'assonance entre son nom égyptien, *kheperer*, et le mot *kheper* qui signifie «venir à l'existence». Toujours est-il qu'il fut assimilé, dès l'époque thinite, au démiurge, créateur du Soleil; de fait, le scarabée pousse devant lui une petite boule de terre où il pond ses œufs. ●

C'est également au sud que se recrutèrent les **derniers fidèles d'Isis**. Au début de l'ère chrétienne, alors que la civilisation pharaonique était moribonde dans la vallée du Nil, les Blemmyes, féroces guerriers venus du Soudan, en restaient les derniers défenseurs. Ils avaient obtenu des autorités romaines le droit d'emporter chaque année la statue de la déesse vers leurs lointaines contrées et de la ramener en un cortège triomphal dans son sanctuaire. Ainsi, les mystères de l'Égypte ancienne se perpétuaient dans un monde déjà acquis au christianisme, sous la conduite d'une poignée de prêtres dont l'un des derniers, **Esmet Akhom**, a laissé sur les murs de Philae une inscription précisément datée du 24 août 394, soit deux ans après l'édit de Théodose proscrivant les cultes païens. Il semble pourtant que, sous la conduite d'une famille sacerdotale, une activité religieuse se soit poursuivie jusqu'au règne de Justinien (VIe s.), dans un temple où coexistaient désormais païens et chrétiens, ces derniers ayant établi leur chapelle dans l'ancienne salle hypostyle. Les traces de ces rivalités sont encore gravées sur les parois du temple, dans les nombreuses croix coptes et le martelage systématique des figures de l'ancien panthéon. C'est Justinien qui ordonna la fermeture définitive du temple : les statues d'Isis, d'Osiris et d'Horus furent transférées à Byzance, où l'Histoire perd leur trace.

À travers l'île

> *Après env. 10 mn de traversée, on aborde l'île de Philae par sa rive S où est aménagé le débarcadère des touristes. Laissant à votre dr. les rangées de sièges du son et lumière, vous vous dirigerez vers le flanc O de l'île.*

L'accès au temple principal

Sur la rive sud de l'île, un portique aux gracieux chapiteaux hathoriques constitue sans doute l'élément le plus ancien du complexe : appelé **pavillon de Nectanébo Ier**, il fut construit par l'un des derniers pharaons indigènes d'Égypte. La voie processionnelle conduisant au temple est bordée de chaque côté d'une colonnade : celle de dr., dont la décoration est restée inachevée, remplaça à l'époque romaine une allée de sphinx. Curieusement, elle fut construite selon un axe différent de celui du pylône, masquant ainsi le massif oriental de celui-ci. Du côté g., 32 colonnes (une est manquante) bordent un portique dont le plafond est en partie conservé.

Le premier pylône

L'entrée monumentale du temple est classiquement décorée de **scènes de massacre des prisonniers** par le roi, ici Ptolémée XII, Néos Dionysos, le père de Cléopâtre. Le portail, lui, est orné de cartouches au nom de Nectanébo. Sous le porche, du côté dr., une **inscription** très bien conservée retient l'attention des visiteurs français : elle rappelle que le 13 ventôse de l'an VII de la République, une division française conduite par Desaix atteignait la Première Cataracte après avoir mis en fuite les dernières troupes mameloukes.

art

La musique au temps des pharaons

Le chanteur du temple d'Amon dédie une stèle à Horus (Paris, musée du Louvre).

Art sacré ou plaisir profane, la musique est omniprésente dans la vie des anciens Égyptiens. Elle accompagne les processions religieuses, rythme les travaux des champs, enchante les soirées lorsque le maître de maison écoute la plainte du harpiste – un thème fréquemment représenté dans les peintures funéraires – qui se lamente sur la brièveté de la vie. Peintures et sculptures ont dressé un inventaire quasi complet des instruments de l'époque : flûte, hautbois, tambourin ou sistre, cette sorte de hochet pourvu de baguettes métalliques que l'on fait tinter. Le luth et la lyre, originaire d'Asie, apparaissent au Nouvel Empire. Seul nous reste inconnu le système de notation musicale. Les musiciens jouissaient alors d'un grand prestige, certains d'entre eux occupant des fonctions officielles à la cour. Cette passion pour la musique ne s'est pas éteinte dans l'Égypte contemporaine et ce chant de travail, composé par Sayyid Darwich (mort en 1923) et repris par Fairouz, la célèbre chanteuse libanaise, aurait tout aussi bien pu être entonné par les fellahs de l'Ancien Empire : « Le soleil s'est levé, ô jolie lumière. En avant ! Apportons l'eau et trayons le lait de la bufflesse. » ●

La cour

On entre ensuite dans la cour du sanctuaire, bordée du côté dr. par un portique qui précédait la **bibliothèque** du temple. Du côté g., des colonnes hathoriques signalent le *mammisi* (époques ptolémaïque et romaine), lieu où s'accomplissait le mystère de la naissance divine d'Horus. On y pénètre par un étroit passage le long du massif occidental du premier pylône (remarquez au mur de celui-ci les nombreux graffitis en grec laissés par les visiteurs de l'époque romaine). L'édifice se compose de trois pièces en enfilade décorées de scènes évoquant la naissance de l'enfant solaire ; dans la dernière, un relief montre **Isis allaitant Horus** qu'elle tient tendrement sur son genou : un type de représentation qui servira de modèle à l'iconographie mariale des chrétiens. L'étroit passage conduit à l'extérieur du temple, vers un **nilomètre** auquel on accède par une volée de marches. Revenu dans la cour du

Le kiosque élevé par Trajan servait de reposoir à la barque sacrée de la déesse Hathor.

sanctuaire, et avant de pénétrer dans la salle hypostyle, vous remarquerez au bas du massif dr. du second pylône un **bloc de granit monolithe** qui fut taillé à la manière d'une stèle : il porte une inscription rappelant les dons de Ptolémée IV (221-203) au clergé local. Les scènes traditionnelles qui figurent sur les faces des deux massifs sont, comme sur le 1er pylône, au nom de Ptolémée Néos Dionysos.

Le sanctuaire

Au VIe s., le vestibule fut transformé en église par les chrétiens. Sur les murs, de nombreuses croix soulignent la nouvelle orientation du lieu de culte, vers l'est cette fois, où fut dressé un autel de pierre toujours en place. Une inscription sur le montant de la porte conduisant au saint des saints rappelle que cette transformation fut ordonnée par l'évêque Théodore. Les reliefs pharaoniques (scènes rituelles d'offrande) sont assez bien conservés, de même que la décoration sculptée du plafond

(vautours aux ailes déployées et scarabées ailés). En poursuivant plus avant vers le saint des saints, on laisse à dr. une **chapelle à ciel ouvert** (sur le mur est, un autre graffiti laissé par les soldats de la République). Le sanctuaire, qui conserve son reposoir de granit, est orné de beaux reliefs illustrant des scènes rituelles d'offrande. Sur le mur de dr., on peut voir, en deux tableaux, Isis allaitant Horus. Le temple est doté d'une terrasse *(accès interdit)*.

La rive orientale de l'île

> *Gagner l'extérieur du temple par un passage ménagé dans la cour, du côté g. lorsqu'on se dirige vers le pylône.*

Face à vous, un peu à g. en contrebas, subsistent les vestiges d'un petit temple dédié à Hathor. Sur la base des murs, d'intéressants reliefs évoquent les fêtes joyeuses célébrant le retour de la déesse en Égypte. Elle était accueillie par des musiciens représentés ici avec leurs instruments : double flûte, harpe et luth. On y voit aussi une représentation du dieu Bès, divinité difforme, génie populaire qui protégeait les maisons des mauvais esprits. Il présidait également aux festivités : c'est le sens de sa présence ici. À une vingtaine de mètres plus au sud s'élèvent les colonnes du kiosque de Trajan, un élégant édifice construit sous le règne de cet empereur : il servait de reposoir à la barque sacrée de la déesse lors des cérémonies marquant le retour de celle-ci de son voyage mystique vers les contrées du Sud. La toiture originelle en bois a disparu.

Sur le reste de l'île, d'autres vestiges furent identifiés par les archéologues, dont ceux de sanctuaires secondaires et d'une petite église copte. Ils sont réduits à présent à des soubassements informes à l'exception, à l'extrémité nord de l'île, d'un arc monumental d'époque romaine qui servait d'accès à une chapelle érigée au nom d'Auguste, dont ne subsiste que le podium.

L'obélisque inachevé

> *À 1 km au S d'Assouan. Ouv. t.l.j. de 7 h à 16 h (17 h en été) ; entrée payante.*

Dans l'une des carrières de granit qui rendit Assouan célèbre dans l'Antiquité, un obélisque, long de 42 m, fut dégagé de la masse rocheuse, mais abandonné en raison d'une fissure dans la pierre. Cet état d'inachèvement permet de mieux comprendre les **procédés d'extraction** qu'utilisaient les Égyptiens dans les temps anciens. On ménageait tout d'abord une série d'encoches tout autour du bloc que l'on voulait détacher, puis on y fichait des coins de bois. Une fois mouillés, ceux-ci gonflaient en faisant éclater la pierre. Le bloc était ensuite décoré sur place, puis tiré jusqu'aux rives du Nil et hissé sur des barges à sec. L'arrivée de la crue les remettait à flot ; dès lors, le transport devenait possible. ●

Le musée de la Nubie★★★

> À la sortie S d'Assouan, en direction du barrage, à 200 m env. à g. au-delà de l'entrée de l'hôtel Cataract. Ouv. t.l.j. de 9 h à 13 h et de 17 h à 21 h ; entrée payante.

Ce vaste complexe inauguré en novembre 1997 abrite une exposition permanente, dont la présentation est tout à fait remarquable, entièrement consacrée à la **Nubie depuis l'époque préhistorique** et dont les quelque 2 000 pièces proviennent des divers musées égyptiens. Autour du bâtiment principal s'étendent près de 15 000 m² de **jardins** agrémentés de cascades et de ruisseaux. L'évocation de la Nubie s'y poursuit avec la reconstitution d'habitations traditionnelles et de grottes préhistoriques. Sont également exposés des monuments funéraires gréco-romains et fatimides.

La salle des gouverneurs de Nubie

> *Immédiatement à dr. en entrant.*

Joliment éclairée, une collection de statues de **gouverneurs d'Assouan** au Moyen Empire témoigne de l'importance grandissante de ces dignitaires à cette époque. Constitués en véritables dynasties, ils s'émancipèrent peu à peu du pouvoir central, plongeant l'Égypte dans la deuxième période intermédiaire. Avec eux naît véritablement l'**art du portrait** : leurs traits tirés par les responsabilités, leurs chairs alourdies par les ans sont bien éloignés des traditionnelles représentations idéales.

Cette même galerie expose également leurs **sarcophages** ainsi que la momie d'un bélier, avec son masque d'or, découverte dans le sanctuaire de Khnoum (période ptolémaïque). Dans la salle adjacente, les sites antiques engloutis par la mise

en eau du barrage sont évoqués à travers une intéressante collection de **photographies**.

Revenez dans le hall et descendez l'escalier qui conduit à l'exposition principale.

La collection permanente

> *En descendant l'escalier principal, on aboutit aux salles d'exposition (visite dans le sens des aiguilles d'une montre).*

● **La section préhistorique** présente des objets témoignant des premiers balbutiements de la civilisation égyptienne : œufs d'autruche de la période néolithique (5000-3100), pièces de céramique de la période appelée Nagada I (4500-4000) ; à Nagada II (4000-3300) apparaissent les premières palettes. De cette même période datent des céramiques portant en décoration des motifs de bateaux.

● **L'Ancien Empire**. Il est magistralement introduit par une statue sans tête de **Chéphren**, découverte dans l'enceinte de son complexe funéraire à Giza. La diorite dans laquelle elle fut taillée provient en revanche de Nubie, du gisement de Toshka, où les pharaons envoyaient des expéditions pour chercher la précieuse pierre réservée à la statuaire royale. La Nubie fournissait également au pharaon ses redoutables archers, ainsi cette compagnie d'hommes à la peau noire, dont l'original se trouve au musée du Caire ; les vitrines rendent compte de la culture locale : plats de céramique ornés de scènes de chasse aux animaux sauvages.

● **Le royaume de Kouch**. Cette région de Nubie au sud de la Deuxième Cataracte abrita un puissant royaume indépendant durant la deuxième période intermédiaire (1784-1539). Il fut définitivement détruit par les souverains de la XVIIIe dynastie (1539-1293) et la région administrée par des gouverneurs aux ordres du pharaon. Les objets exposés témoignent d'un art assez rudimentaire, marqué cependant par l'influence égyptienne à travers amulettes et scarabées. Remarquez diverses pièces de céramique imitant la vannerie.

● **Le royaume de Napata.** Cette région en aval de la Quatrième Cataracte, sous domination égyptienne depuis la XVIIIe dynastie (un sanctuaire à Amon y fut alors construit), s'émancipa progressivement de la tutelle égyptienne pour se constituer en royaume à la fin du IXe s. En 747, le roi de Napata se proclama même pharaon, fondant la XXVe dynastie de Manéthon, qui régna en Haute Égypte jusqu'en 654. Les rois de cette dynastie éthiopienne se montrèrent des défenseurs scrupuleux des traditions antiques. De cette époque, on peut voir une très belle **statuette***** de Horemakhet, fils du roi Chabaka (716-706) et grand prêtre d'Amon à Thèbes.

● **L'espace central.** Il est dominé par une statue colossale de Ramsès II, puissant symbole de la domination égyptienne sur la Haute Nubie ; elle provient du temple de Gerf Hussein, englouti sous les eaux du barrage. Dans cette même section, on peut admirer un remarquable **buste du roi Taharqa*****, le plus illustre représentant de la XXVe dynastie, qui étendit son pouvoir de Napata aux rives de la Méditerranée. Également, **stèle du rêve de Tanoutamon**, dernier représentant de la XXVe dynastie, à qui les dieux ordonnèrent durant son sommeil de réunifier l'Égypte. Il fut pourtant refoulé par les Assyriens en 656 et

dut se réfugier dans son royaume de Napata, où l'Histoire perd sa trace.

Les vitrines du côté g. de la salle exposent une collection de petits objets (statuettes, bijoux, amulettes) du Moyen Empire jusqu'à la période méroïtique (300 av. J.-C. – 300 apr. J.-C.), dont les rois nubiens étaient restés fidèles à l'antique religion égyptienne, alors que le christianisme avait déjà largement gagné les populations des rives du Nil.

● **Les derniers païens** (IVe-VIe s.). Cette section est précisément consacrée aux derniers adeptes de la civilisation pharaonique, des princes qui régnèrent depuis leurs villes de Ballana et de Qustul après la disparition du royaume de Méroé. Ils se faisaient enterrer avec leurs chevaux (magnifiques **caparaçons**** reconstitués) et leurs bijoux d'apparat comme ces **trois couronnes d'argent***** dont la réalisation emprunte aux techniques byzantines, mais dont la décoration (œil d'Horus, vautour aux ailes déployées) conserve la mémoire de l'iconographie pharaonique.

● **La Nubie chrétienne.** Série de huit panneaux de fresques provenant d'une église à Abdalla Nirqi (Xe s.) où l'on reconnaît notamment le Christ entouré des symboles des quatre évangélistes, ainsi que saint Jean Chrysostome.

Les collections se terminent, après une maquette des temples d'Abou Simbel, par une évocation très vivante du monde nubien d'avant le barrage, avec ses maisons de village, son école et ses travaux des champs. On peut enfin voir une maquette du *Post Boat*, qui, jusqu'à la construction du Haut Barrage, reliait Assouan à Wadi Alfa et qui constituait pour les Nubiens le seul lien avec le reste du monde. ●

Les îles et la rive gauche

La pointe sud de l'île Éléphantine avec les ruines du temple de Khnoum : c'est en ce point que les eaux du Nil, pacifiées par la Première Cataracte, entraient en Égypte.

Glisser sur le Nil en attendant que se gonfle la grande voile blanche de la felouque, voilà l'un des grands plaisirs d'un séjour à Assouan. Vous pourrez emprunter ces embarcations traditionnelles pour vous rendre sur la rive gauche ou pour explorer les îles qui émergent entre les deux rives. La balade la plus classique vous conduira dans les îles Éléphantine et Kitchener. Moins courues sont les îles situées en amont de l'hôtel Cataract, qui permettent de prolonger agréablement la promenade au fil de l'eau.

L'île Éléphantine

> **A3** *Ouv. t.l.j. de 8h30 à 18h (17h en hiver) ; entrée payante. Même billet pour le parc et le musée. Le départ du bac se trouve au début de la Corniche, face aux bureaux d'Egyptair. Prévoir 2h de visite.*

Le berceau historique d'Assouan tire son nom de ses rochers en forme de pachydermes à la pointe sud de l'île.

Dès l'Ancien Empire, un temple y fut consacré à **Khnoum**, le dieu potier qui façonne l'humanité sur son tour, qui est aussi le protecteur de la crue. Jusqu'à l'époque byzantine, on continua d'y ériger des sanctuaires, face au Nil nourricier définitivement pacifié par la Cataracte. Des équipes d'archéologues allemands sont à l'œuvre sur le site. Ils ont reconstitué plusieurs sanctuaires présentés au long d'un itinéraire archéologique qui couvre plus de trente siècles d'histoire.

Du débarcadère, un escalier conduit au musée ; le parc archéologique se trouve sur la g. Passé l'entrée, vous commencerez votre visite par la dr. en suivant l'itinéraire proposé.

Le parc archéologique

Le chemin aménagé pour les visiteurs passe tout d'abord par plusieurs sanctuaires dédiés à **Satet**, épouse de Khnoum, depuis le Moyen Empire jusqu'à l'époque ptolémaïque. Le temple construit sous le règne de Thoutmosis III présente à l'intérieur un relief figurant le roi embrassé par la déesse. Au bout de cette première allée, qui longe une série de chapelles reconstituées, apparaissent les soubassements d'une **basilique byzantine** du vi[e] s.

Le chemin se poursuit jusqu'au **sanctuaire d'Heqaib**, au pied de la butte qui supporte le temple principal. Il s'agit de ce haut dignitaire de l'Ancien Empire, dont une statue orne la salle du rez-de-chaussée du musée de la Nubie et dont la tombe fut creusée dans la falaise de la rive occidentale *(voir Tombes des princes, p. 251)*. Après sa mort, il fut divinisé et vénéré dans le temple découvert par les archéologues ; l'accès en est interdit mais on peut le découvrir à travers la grille ; un espace ouvert bordé de niches protégeant des statues du maître des lieux. Un escalier conduit ensuite à la butte qui supporte le temple principal. En suivant tout droit on parvient à une plate-forme d'observation qui offre une belle vue d'ensemble du site. Pour découvrir le temple, prendre à g.

● **Le temple de Khnoum.** Dans son dernier état, le sanctuaire date de l'époque ptolémaïque ; abordant le temple par le chevet, vous découvrirez tout d'abord l'énorme **naos** de granit, aujourd'hui renversé, offert à Khnoum par Nectanébo. Du reste du temple, il ne reste que les soubassements. Dans la cour, des sondages effectués par les archéologues ont révélé de manière spectaculaire des empilages de dallages, témoins des constructions successives. Au-delà du rebord nord, on peut découvrir les **sarcophages des béliers sacrés**. Du côté sud, un chemin descend jusqu'à la pointe de l'île où ont été reconstitués d'autres pavillons. L'endroit offre une jolie vue sur le Nil et les îles en amont.

Revenu au temple, vous continuerez l'itinéraire de la visite qui vous conduira jusqu'au **nilomètre**, construit à l'époque des Ptolémées. En sortant du périmètre archéologique, vous reviendrez sur vos pas jusqu'au musée.

Le musée

Il est aménagé dans l'ancien pavillon construit à l'époque britannique pour abriter la résidence de l'ingénieur du barrage. Poussiéreux et laissé à l'abandon, le musée ne mérite qu'une visite rapide : on y verra notamment des palettes du Ve millénaire en forme d'animaux. Une **annexe** moderne, 100 m plus loin, présente une collection plus intéressante, notamment d'objets touchant à la vie quotidienne des anciens Égyptiens : outils, chaussures, amulettes…

L'île Kitchener

> **A2** *Site ouv. t.l.j. de 8h à 18h ; entrée payante.*

L'«**île aux Fleurs**» est aménagée en un agréable jardin botanique, où l'on peut flâner quelques instants au milieu d'une exubérante végétation… et d'une foule de touristes parfois assez dense, surtout en fin de

techniques

Les nilomètres

Bon nombre de temples étaient pourvus de puits profonds, en relation avec la nappe souterraine des eaux du Nil. Les parois en étaient graduées, ce qui permettait de mesurer chaque année le niveau de la crue et de prévoir ainsi le volume de la récolte. C'est au géographe romain Strabon que l'on doit le terme «nilomètre». Il précise également que cet instrument de mesure servait aux gouverneurs pour estimer les revenus publics, ceux-ci étant d'autant plus élevés que la crue était abondante. ●

journée. De petits étals permettent de découvrir et d'acheter épices et herbes locales, dont le *carcadeh*, des fleurs d'hibiscus séchées dont on fait une excellente tisane servie le plus souvent glacée. Vous pourrez goûter cette boisson très désaltérante dans le petit café installé au sud de l'île.

Au sud d'Éléphantine

Vous pourrez prolonger la promenade en felouque en visitant deux autres îles situées en amont de la ville *(comptez env. 3 h pour l'ensemble de la promenade)*. La première, l'île de **Saluga**, inhabitée, abrite une réserve ornithologique (une soixantaine d'espèces) au milieu d'une végétation protégée. Un ponton permet de débarquer et de suivre les chemins balisés à la découverte des occupants du lieu. La seconde, **Sehel** (Suhayl) abrite un village peuplé de Nubiens. À la pointe sud de l'île s'élève un cône de rochers, face à la Première Cataracte, comp-

Une des innombrables stèles gravées sur l'île de Sehel.

tant une multitude de stèles gravées dans le rocher par les anciens Égyptiens de toutes les époques. Du sommet, larges vues sur le Nil avec, à l'arrière-plan, la silhouette des deux barrages *(ouv. t.l.j. de 7 h à 17 h, 18 h en été; entrée payante)*.

De l'autre côté du Nil

Le monastère Saint-Simon et les tombes des princes, situés sur la rive occidentale d'Assouan, offrent la possibilité d'une belle promenade à travers le désert *(3 km env.; aucune difficulté particulière)*.

●●● *Programme*: une felouque vous déposera au pied du mausolée de l'Aga Khan, où vous trouverez chameaux et chameliers; de là, vous partirez à pied ou à dos de chameau vers le monastère Saint-Siméon puis rejoindrez les tombes des princes; retour par le bac.

Le mausolée de l'Aga Khan

> F. à la visite.

Cette sépulture aux allures de forteresse, plantée sur une éminence, domine tout le paysage d'Assouan. Elle abrite la dépouille du troisième Aga Khan (mort en 1957), grand-père de l'Aga Khan actuel *(encadré ci-contre)*. Séduit par la beauté d'Assouan, il y avait fait construire une propriété que l'on aperçoit à mi-pente, en dessous du mausolée. Sa veuve, la bégum, revenait chaque année y passer quelques semaines en hiver jusqu'à son décès en juillet 2000. L'accès au mausolée est désormais interdit, car l'afflux de visiteurs troublait la sérénité du lieu.

Le monastère Saint-Siméon

> Ouv. t.l.j. de 7h à 16h (17h en été); entrée libre; un gardien vous conduira à travers le site.

L'Égypte fut l'un des berceaux du monachisme chrétien. Quand ils ne s'installaient pas dans les temples, les premiers moines coptes aménageaient des retraites à la lisière des

religion

Le chef des ismaéliens

L'Aga Khan est le chef spirituel de la secte musulmane des ismaéliens, une branche du chiisme qui reconnaît une succession de sept imams à la suite d'Ali *(encadré p. 70)*. La secte connut son heure de gloire aux XIIe et XIIIe s. Appelés par les chroniques franques «Assassins» (déformation de «Haschichins», fumeurs de haschich), ses membres étaient dirigés d'une main de fer par leur chef, le «Vieux de la montagne», reclus dans sa forteresse d'Alamout au nord de l'Iran actuel. Ils s'illustrèrent notamment par une série d'assassinats politiques perpétrés aussi bien contre les croisés de Terre sainte que contre leurs ennemis musulmans. Après la prise d'Alamout par les Mongols au milieu du XIIIe s., la secte disparut de la scène de l'Histoire mais survécut secrètement en Perse et en Inde. C'est à l'occasion d'un procès qui opposa, au XIXe s., deux tendances rivales devant la cour de Bombay, que la secte, désormais appelée ismaélienne, réapparut au grand jour. Son chef spirituel porte le titre d'Aga Khan. ●

terres cultivées, comme ce fut le cas pour le monastère Saint-Siméon, **Deir Amba Sama'an**, fondé vers le Ve s. Il resta en fonction, semble-t-il, jusqu'au XIIIe s. Les hautes murailles, parfaitement conservées, dissimulent un ensemble de constructions assez ruinées, disposées autour de cours intérieures. On reconnaît au passage cuisines et installations sanitaires. À l'étage, les cellules des moines sont en meilleur état.

Les tombes des princes

> **A1** *Depuis le débarcadère du bac d'Assouan, un escalier conduit rapidement à la colline que l'on atteint par le N. Ouv. t.l.j. de 7 h à 16 h (17 h en été); entrée payante. La visite s'effectue sous la conduite du gardien des lieux qui en détient les clés.*

Sous l'**Ancien Empire**, les princes d'Assouan firent creuser leur sépulture au flanc de cette colline, face à l'extrémité nord de l'île Éléphantine. Si l'état de conservation de ces hypogées – une quarantaine au total – n'est en rien comparable aux tombes de la nécropole thébaine, certains présentent des restes significatifs de leur décoration originelle. Mais on découvre surtout, de cette terrasse, de **superbes vues** sur le Nil et Assouan qui justifient à

elles seules l'ascension. À l'origine, chaque tombeau était relié à la rive par un long *dromos* : un escalier doublé d'une rampe servant à hisser le sarcophage. L'emplacement de quelques-uns d'entre eux, envahis par le sable, est encore visible. Trois tombeaux sont ouverts à la visite. Celui de **Sirenpout** présente un vestibule à quatre piliers précédant une chambre funéraire à deux piliers (les reliefs sont dans un très mauvais état de conservation). Dans la tombe de **Sirenpout II**, au-delà d'un couloir flanqué de deux séries de trois niches abritant des effigies sculptées du défunt et de sa famille, on parvient à la chambre funéraire à quatre piliers carrés; les artistes de l'époque décorèrent cette dernière pièce de couleurs soulignant les veines naturelles de la roche. La tombe suivante est celle de **Mekhou**, un haut dignitaire de Pépi II. Elle se compose principalement d'une grande salle soutenue par deux rangées de piliers qui communique avec une seconde sépulture, celle de **Sabni**, fils du précédent, qui conserve les plus beaux reliefs de la nécropole, de pittoresques scènes de chasse au boomerang et de pêche en barque. ●

Grands travaux sur le Nil

L'objectif majeur du Haut Barrage d'Assouan était la maîtrise du plus long fleuve du monde. Il fallait en finir avec l'alternance de crues et de sécheresse qui précarisait l'agriculture égyptienne au moment où le pays devait faire face à une poussée démographique de plus en plus pressante. Il fallait, en somme, ramener les sources du Nil à l'intérieur des frontières de l'Égypte.

La construction

La dimension pharaonique du projet n'échappa pas à ses promoteurs, Gamal abd el-Nasser en tête. Et le symbole était éloquent : là où jadis on édifiait de colossales pyramides pour le salut d'un seul, les nouveaux dirigeants de l'Égypte entreprenaient des travaux plus colossaux encore, mais pour le bénéfice de tous. Les Européens, à la suite des Américains, tout à leur solidarité israélienne, ayant refusé de financer le projet, Nasser fut contraint de solliciter l'aide de l'URSS. Après des études préliminaires qui décidèrent du choix d'un barrage-poids, les travaux débutèrent en 1960. En 1964, les eaux du Nil, définitivement barrées, entraient dans un canal de dérivation. En 1972, l'ouvrage fut inauguré par les présidents Sadate et Podgornyï.

Des résultats positifs

L'objectif principal a été atteint : la crue de 1964 fut maîtrisée, alors que la mise en eau de l'ouvrage n'était pas même encore achevée, et la terrible sécheresse qui frappa les pays de l'Afrique orientale entre 1984 et 1988 fut sans effet sur l'Égypte. De plus, pour la première fois depuis l'apparition de la civilisation sur les rives du Nil, l'agriculture n'y était plus dépendante des caprices de la crue : grâce à l'irrigation, il est même aujourd'hui possible de pratiquer

Le barrage en quelques chiffres

Volume : 47 millions de m³ (2,6 millions pour la pyramide de Chéops). Longueur : 3 600 m. Hauteur : 111 m. Largeur : 980 m à la base, 40 m au sommet. Lac Nasser : 500 km de long (150 en territoire soudanais) sur une largeur variant entre 10 et 30 km. Capacité de retenue : 157 milliards de m³. C'est le deuxième lac de retenue au monde après celui du Zambèze. ●

Les eaux du N ne déposent plus leur limo sur les terres cultivée depuis la constructio du Haut Barrage Les paysans ont désormai recours aux engrai chimique deux récoltes par an, ce qui revient en fait à doubler la surface agricole du pays, à quoi s'est ajoutée la bonification de terres conquises sur le désert. Par ailleurs, la production d'électricité, même si elle ne représente plus aujourd'hui qu'environ 20 % du total de la production égyptienne, n'est pas négligeable. Elle a permis l'électrification des campagnes ainsi que le développement d'une industrie lourde : chimie et sidérurgie. Enfin, la pacification du fleuve l'a rendu navigable tout au long de l'année, pour le plus grand profit des bateaux de croisière et des touristes.

La Nubie engloutie

La mise en eau du barrage eut une conséquence immédiate : le déplacement d'une population estimée à 60 000 personnes qui vivaient jusque-là en amont d'Assouan, et qui virent leur pays, la Nubie, leurs terres et leurs villages définitivement sous les flots. Ils furent relogés dans de nouveaux villages, à Assouan mais aussi dans les environs du temple de Kom Ombo ; d'autres se sont résolus à partir en Basse Égypte et au Caire pour y construire une nouvelle vie. Les temples pharaoniques eurent plus de chance : grâce aux immenses efforts de la communauté internationale, ils ont été sauvés des eaux et, pour beaucoup, reconstruits plus haut sur la rive. En ce domaine, la réalisation la plus spectaculaire fut le sauvetage des temples d'Abou Simbel.

Des conséquences imprévues

L'édification d'un ouvrage d'une telle importance n'a pas manqué d'entraîner d'importantes modifications dans l'écologie régionale. Une telle masse d'eau suscite une évaporation importante : il y a désormais des nuages dans le ciel d'Assouan, où l'on a même vu quelques gouttes de pluie, à la plus grande stupéfaction des habitants. Conséquence plus grave, tout le limon, fertilisant naturel des terres égyptiennes pendant des millénaires, est désormais retenu en amont du barrage. Pour assurer leurs deux récoltes annuelles, les paysans sont donc contraints de recourir largement aux engrais chimiques. De plus, l'irrigation massive et incontrôlée a rapidement entraîné des remontées catastrophiques de sels, rendant de nombreuses terres impropres à la culture (10 à 15 % des terres de l'oasis du Fayoum, par exemple). Un bilan mitigé, donc, pour ce qui reste néanmoins le plus formidable ouvrage de l'Égypte contemporaine. ●

Moscou assura une partie du coût de la construction (l'autre partie provenant des revenus du canal de Suez nationalisé) et dépêcha ses ingénieurs sur les rives du Nil.

Le Haut Barrage
et ses environs

Le Haut Barrage

> À 15 km au S d'Assouan sur la route de l'aéroport. Pas de transport collectif depuis Assouan. Si votre voyage à Assouan passe par l'aéroport, à l'aller comme au retour, le mieux est de visiter le barrage à l'occasion de votre transfert entre l'aéroport et la ville. Ouv. t.l.j. de 7 h à 16 h (17 h en été) ; entrée payante.

Pour l'atteindre, en venant d'Assouan, vous franchirez tout d'abord l'**ancien barrage** construit par les Britanniques entre 1898 et 1902. Avec près de 2 000 m de long, ce fut, à l'époque, le plus grand ouvrage de ce type au monde. Afin d'augmenter ses capacités, il fut surélevé à deux reprises, la dernière en 1934. Il était destiné à réguler le cours du Nil, retenant l'eau à la fin de la crue pour la libérer au printemps, lorsque la sécheresse se faisait sentir. Il conserve cette fonction, le Haut Barrage étant réservé à

la production d'électricité. En aval, on découvre une belle vue sur la Première Cataracte, désormais pacifiée, au bord de laquelle un village a été aménagé pour les populations nubiennes déplacées.

En arrivant sur le site du **Haut Barrage (Saad el-Aali)**, on est accueilli par une construction monumentale à la gloire de l'amitié égypto-soviétique. Passé le poste de contrôle où vous prendrez votre billet, vous gagnerez le milieu de l'ouvrage où est aménagée une plate-forme d'observation.

Kalabsha★

> Par le nouveau port sur le lac Nasser, en amont du Haut Barrage, sur la rive dr. du Nil. Vous trouverez là des embarcations qui vous conduiront sur le site en 15 mn env. Un marchandage ferme s'impose : les bateliers, qui ne voient guère de monde, prétendent à des tarifs astronomiques ; vous ne devriez pas pouvoir vous en tirer pour moins de 30 £EG. Ouv. t.l.j. de 7 h à 16 h (17 h en été) ; entrée payante. Comptez 2 h de visite au total. Lampe de poche conseillée.

Le temple de Kalabsha, dédié à Mandoulis, ainsi que les deux petits sanctuaires qui le jouxtent sont eux aussi des rescapés du Haut Barrage. Ils proviennent de trois sites différents à environ 40 km plus au sud ; après démontage bloc par bloc, ils ont été reconstruits sur cet îlot.

Le kiosque de Kertassi

En suivant le chemin qui conduit au temple principal, celui de Mandoulis, vous apercevrez sur une petite éminence à votre g. l'élégant petit **kiosque gréco-romain de Kertassi**. Il n'en reste plus que quatre colonnes composites, où palmiers, lotus et papyrus se mêlent en une délicate broderie et, en avant, deux piliers hathoriques qui encadraient l'entrée.

Exploits sur le Nil au Ier s. de notre ère

« Un peu en amont d'Éléphantine se trouve la petite cataracte, sur laquelle les bateliers donnent une sorte de spectacle pour les préfets. La cataracte, en effet, est au milieu du fleuve ; elle est formée par une chaîne de rochers, plate à son sommet, de sorte qu'elle laisse passer le fleuve, mais s'achève sur un précipice, au pied duquel l'eau se brise à grand fracas, tandis que de part et d'autre, près des rives, il y a un chenal qu'on peut même parfaitement remonter. Ainsi les bateliers, après avoir remonté par là, au-delà de la cataracte, se laissent-ils dériver ensuite vers elle, puis sont poussés avec leur barque jusqu'au précipice et en réchappent sans dommage pour eux et leur embarcation. »

Strabon, *Livre XVII*, chap. 49 (trad. Pascal Charvet, éd. Nil, 1997). ●

Le temple de Mandoulis

Ce sanctuaire d'époque romaine était dédié à **Mandoulis**, divinité locale assimilée à Horus. Les travaux de démontage et de reconstruction, entre 1961 et 1962, furent financés par la République fédérale d'Allemagne.

● **L'entrée.** Un escalier ménagé dans le pylône permet de grimper au sommet, pour une belle vue sur le lac et surtout sur les structures du temple. Dans la cour, bordée d'un péristyle, les archéologues ont relevé de nombreux **graffitis en grec** ; ils furent laissés tour à tour par différentes tribus nubiennes qui se disputaient le sanctuaire, les unes fidèles à l'antique religion des Égyptiens, les autres déjà gagnées au christianisme.

● **Le sanctuaire.** Il se compose d'un pronaos et d'un naos dont la toiture disparue a été remplacée par une couverture en béton. La **décoration sculptée** est très endommagée, à l'exception du passage à l'arrière du naos où Mandoulis figure en compagnie d'Osiris, d'Isis et d'Horus. Dans l'angle droit de la cour, un escalier conduit à la terrasse.

À dr. du temple de Mandoulis part le chemin conduisant au sanctuaire de Beit el-Ouali.

Le temple de Beit el-Ouali*

Ce sanctuaire rupestre appartient à une série de petits oratoires laissés par **Ramsès II** en Nubie, sur le chemin de ses conquêtes de jeune souverain. Bien que de taille modeste, sa visite ne doit pas être négligée, notamment pour les reliefs qui en ornent la cour. Il fut consacré par le souverain à Amon et aux divinités de la cataracte.

● **Les reliefs de la cour.** Les thèmes traités évoquent essentiellement les **succès militaires** du jeune conquérant. Sur le mur de g., une scène représente avec beaucoup de pittoresque une ville nubienne assiégée par le roi.

Un peu plus loin, on voit une très élégante représentation du roi monté sur son char de combat.

● **L'intérieur du sanctuaire.** Il fut creusé dans la montagne à l'image d'un **Abou Simbel en miniature** et se compose d'un vestibule et d'un naos. Il s'orne d'une **remarquable série de reliefs** qui conservent une grande partie de leur polychromie. Le roi y est représenté rendant hommage à diverses divinités. Dans le naos, une très belle scène montre le roi allaité par la déesse-mère. ●

♥ Abou Simbel★★★

Dans leur nouvel emplacement, les colosses du temple d'Abou Simbel s'adossent à une colline artificielle, immense voûte de béton recouverte de rochers et de sable.

> 290 km S d'Assouan ; 60 km de la frontière avec le Soudan. Le site est ouv. de 5 h 30 à 17 h 30 (18 h en été). Si vous arrivez par avion (Accès p. 262), une **navette** vous attendra à la sortie de l'aérogare pour vous conduire jusqu'au site. Vous la retrouverez pour vous ramener à l'aérogare en temps voulu. Les **billets** s'obtiennent à l'entrée du site. **Spectacle son et lumière** tous les soirs en plusieurs langues grâce à un système d'écouteurs ; seuls ont la possibilité matérielle d'y assister les voyageurs qui auront choisi de passer la nuit à Abou Simbel. À 3 km de l'aéroport se trouve le centre de la localité, que les habitants appellent le **souk**. C'est là que vous trouverez les commerces, les cafés où les Nubiens viennent le soir fumer la chicha, ainsi que les banques. Les temples se trouvent 1 km plus à l'E.

Une grand-rue assez large pour absorber une circulation d'heure de pointe ; de chaque côté, des cafés où le soir venu les hommes viennent tirer sur la chicha : c'est le souk, le centre de la bourgade d'Abou Simbel. Tout autour vivent quelque 10 000 habitants, dans des villages modernes qui ont cependant conservé le moutonnement traditionnel de leurs coupoles blanches. Au bout de la rue, plusieurs agences bancaires flambant neuves témoignent des retombées du tourisme. Une manne pas si abondante pourtant, si l'on en juge par le nombre de boutiques, pimpantes, ouvertes mais vides, dont le seul but semble être de dispenser au voisinage leur musique hurlée à plein volume. C'est que la vie est ailleurs, dans les petites oasis créées au bord du rivage, que relient à la ville les gabares que l'on voit amarrées dans les bras du lac pointés jusque dans la ville. Demain, elles partiront là-bas vers le Soudan ravitailler en provisions et en nouvelles les *fellahim* qui s'accrochent à leur lopin de terre.

La promesse de développement c'est aussi **Toshka**, à une cinquantaine de kilomètres plus à l'ouest, autour d'un projet pharaonique qui ne vise rien moins qu'à créer une seconde vallée du Nil grâce à une dérivation du lac Nasser. Cette réalité est cependant éclipsée par la célébrité des temples de Ramsès, chef-d'œuvre de l'humanité que la coopération internationale a réussi à sauver de l'engloutissement. Une merveille que visitent en moins de 2 h la plupart des voyageurs venus en avion pour la demi-journée. Abou Simbel offre pourtant d'excellentes possibilités de logement (voir p. 262) ; y rester pour la nuit permet de découvrir les temples à son rythme, d'y revenir le matin pour assister à l'illumination progressive de la façade par le soleil levant, et d'assister au spectacle son et lumière. Sans oublier la magie des nuits transparentes du désert.

L'intrusion bisannuelle du soleil au plus profond du sanctuaire d'Abou Simbel apparaît comme un événement à ne pas manquer (encadré ci-dessous) et pourra même décider de la date d'un voyage. C'est ce que se disent deux fois l'an les quelque 2 000 visiteurs qui viennent assister au phénomène. Quelques-uns ont choisi de passer la nuit sur place – la réservation alors s'impose –, la plupart ont quitté Assouan à 1 h du matin par la route. C'est alors un convoi d'une cinquantaine de bus et de taxis qui file à travers le désert. Arrivés sur place il leur faudra attendre leur tour pour espérer entrer à l'heure dite dans le temple. Pour satisfaire tout le monde, les autorités ont même tenté d'instaurer une circulation à l'intérieur du sanctuaire de manière à permettre à un maximum de visiteurs d'assister au prodige – on a même vu des écrans vidéo installés à l'extérieur.

L'EMPREINTE DE RAMSÈS II

Les temples d'Abou Simbel sont les réalisations les plus extraordinaires de la série de sanctuaires qu'a laissée le grand pharaon en amont de la Première Cataracte pour marquer la mainmise égyptienne sur le Sud. Il ne s'agit pas ici, comme dans le temple de Beit el-Ouali reconstruit près du temple de Kalabsha, d'une grotte précédée d'une avant-cour, mais d'une façade entière taillée à l'image de celles des temples construits et qui semble émerger de la montagne. À la place des pylônes, des statues gigantesques du roi sous ses diverses manifestations divines. À l'intérieur du grand temple, sculptures et reliefs rappellent la fonction divine du souverain en même temps que son génie militaire et sa bravoure au combat : c'est là que l'on verra ce qui est sans doute la plus belle des évocations de la bataille de Qadesh.

soleil

Une orientation savamment calculée

Au fond du naos trônent quatre statues côte à côte : de g. à dr., Ptah, Amon, Ramsès et Rê. L'orientation du temple fut calculée de sorte que, à deux époques de l'année, entre le 10 janvier et le 30 mars et entre le 10 septembre et le 30 novembre, les rayons du soleil pénètrent profondément à l'intérieur du sanctuaire. Deux fois par an, le 20 février et le 20 octobre, ils viennent même caresser les effigies de grès. En février, la lumière touche d'abord Amon puis se déplace sur la statue de Ramsès. En octobre, c'est le contraire : les rayons du soleil irradient Rê, puis le roi. C'est ainsi que les dieux transmettent au roi leur puissance divine. Quant à Ptah, le vieux dieu memphite dont Ramsès II avait ranimé le culte, seule son épaule gauche est touchée quelques instants par les rayons du soleil.

Lors de la reconstruction du temple à son nouvel emplacement, l'orientation du temple fut strictement respectée afin que l'effigie de Ramsès II puisse toujours être revivifiée par l'irradiation divine. ●

Le sauvetage des temples d'Abou Simbel

La construction du Haut Barrage d'Assouan mettait définitivement l'Égypte à l'abri des caprices des crues du Nil. Mais le remplissage du lac de retenue, le lac Nasser, condamnait 24 temples antiques à être engloutis. La célèbre égyptologue française Christiane Desroches-Noblecourt parvint à mobiliser la communauté internationale pour une entreprise titanesque : le sauvetage des temples de Nubie et, en premier lieu, de ceux d'Abou Simbel.

L'appel international

Convaincre la communauté internationale de se mobiliser pour sauver des temples d'Égypte ne fut pas une tâche aisée. Il fallut cinq années, au cours desquelles l'affaire de Suez ne contribua pas à accélérer le processus pour qu'enfin, le 8 mars 1960, soit lancé, sous l'égide de l'Unesco, un appel international pour la sauvegarde des monuments de Nubie. À cette époque, les relations diplomatiques étaient encore rompues entre l'Égypte, la France et l'Angleterre. Christiane Desroches-Noblecourt rappelle avec émotion qu'une des premières réponses fut celle d'une petite fille de Tournus, âgée de 12 ans, qui envoyait à l'organisation internationale le contenu de sa tirelire. Finalement, une trentaine de pays répondirent à l'appel, ainsi qu'un grand nombre de particuliers.

Un gigantesque puzzle

Après l'étude de divers projets, le choix du procédé de remontage fut définitivement arrêté le 16 novembre 1963. Les deux temples seraient sciés en blocs, certains de taille gigantesque afin de préserver l'intégrité du visage des statues, puis remontés 100 m

Le découpage des blocs des temples fit l'objet de soins minutieux afin de ne pas endommager le grès.

Spectaculaire dépose
des colosses.

plus haut, à l'abri des eaux du lac. Pour conserver au site son
aspect originel, une immense voûte de béton, parée des pierres
prélevées *in situ*, devait recouvrir l'ensemble. Et surtout, il fallait
respecter scrupuleusement l'orientation d'origine, afin de laisser
deux fois l'an le soleil pénétrer jusqu'au fond du temple.

Trois années de travaux

En août 1965, les travaux commencèrent. On procéda tout d'abord à
l'arasement des collines jusqu'à 80 cm environ des plafonds des
temples. L'eau du lac montant dangereusement, il fallut protéger le
site par un batardeau long de 370 m et haut de 37 m ; l'infiltration des
eaux nécessita de plus l'installation de pompes. Avant de procéder à
la découpe des blocs supérieurs, on prit soin de recouvrir les façades
de sable (380 000 m³) afin de les protéger de tout choc éventuel. Puis
vint le découpage proprement dit : pas moins de 1 042 blocs, certains
pesant 20 tonnes. Une fois numérotés, ils étaient transportés par des
camions, au fond desquels on avait disposé un lit de sable, sur le
nouveau site. En juillet 1966, les deux temples étaient entièrement
démontés. Ne restait plus qu'à assembler ce puzzle de géant que
vint coiffer une immense voûte de béton, la plus grande voûte por-
teuse du monde à cette époque. Par sécurité, le béton fut coulé au
plus chaud de l'été par une température de 58° C. L'inauguration
officielle eut lieu le 22 septembre 1968, 146 ans exactement après la
lettre de Champollion à M. Dacier *(voir p. 36)*.

Le patrimoine de l'humanité

« Le 8 mars 1960, pour la première fois, toutes les nations sont
appelées à sauver ensemble les œuvres d'une civilisation qui n'appartient à aucune d'elles. » Ainsi débutait la réponse d'André Malraux, alors ministre de la Culture du général de Gaulle, à l'appel
lancé par l'Unesco en faveur d'Abou Simbel. C'est en effet à la suite
du sauvetage des temples de Nubie qu'est née parmi les nations
l'idée d'un patrimoine mondial. Aujourd'hui, plusieurs centaines de
sites du monde entier, historiques ou naturels, figurent sur une
liste établie par l'Unesco et sont placés ainsi sous la protection de
la communauté internationale. Une réalisation que n'eût pas désa-
vouée André Malraux, qui concluait ainsi son adresse à l'Unesco :
« Il n'est qu'un acte sur lequel ne prévalent ni l'indifférence des
constellations ni le murmure éternel des fleuves : c'est l'acte par
lequel l'homme arrache quelque chose à la mort. » ●

La tête d'un des colosses
du grand temple en route
pour sa nouvelle demeure.
Par précaution, le fond
des remorques était
recouvert d'une épaisse
couche de sable.

La façade du temple d'Abou Simbel, entièrement taillée dans la falaise.

Le grand temple

> *Ouv. t.l.j. de 5h30 à 18h (17h30 en hiver); à g. de l'ensemble.*

L'étroite porte qui donne accès à l'intérieur, surmontée d'une niche abritant le dieu solaire Rê, est flanquée de **quatre colossales statues** (20 m de hauteur) du roi assis en majesté. À ses pieds figurent à une échelle réduite Néfertari et la reine-mère, ainsi que des princes et des princesses, enfants de Ramsès II. Au sommet du quadrilatère où s'encadrent les colosses court une **frise de 22 cynocéphales**, adorateurs du Soleil levant. Malgré la démesure des proportions des quatre colosses (ils sont plus grands que ceux de Memnon, sur la rive gauche de Louxor), un soin particulier fut apporté à l'exécution des visages, dont les traits d'une grande finesse reflètent tout à la fois la force juvénile et la majesté. Un des quatre colosses fut endommagé par un tremblement de terre, sans doute dès l'Antiquité. Notez aussi le grand nombre de graffitis laissés par les voyageurs au fil des siècles. L'un d'eux, sur la jambe du colosse de g., fut gravé au VIe s. avant notre ère par un général grec au service de Psammétique II. Il s'agit de la plus ancienne inscription monumentale en grec connue à ce jour.

La première salle

La porte ouvre sur une vaste salle, pendant souterrain de la cour d'un temple. Elle est soutenue par huit piliers osiriaques à l'effigie du roi. Les parois sont ornées de reliefs qui presque tous célèbrent les vertus guerrières et pacificatrices du roi.

● **La bataille de Qadesh*****. Cette vaste composition qui occupe la quasi-totalité de la paroi nord (à dr.) rappelle le plus haut fait d'armes du règne de Ramsès II, la bataille qui opposa le jeune roi aux armées hittites près de la ville syrienne de Qadesh *(encadré p. 49)*. On y voit sur deux grands registres les différents moments de l'engagement, des préparatifs à la victoire finale. Au **registre inférieur**, le roi assis tient son conseil de guerre devant ses officiers ; pour leur arracher des aveux, les espions hittites capturés sont bastonnés. Plus loin, on voit le camp égyptien, entouré d'une palissade, où les soldats vaquent aux occupations ordinaires d'une armée en campagne. Sur le **registre supérieur**, lui-même divisé en plusieurs tableaux superposés, s'engage la bataille : le roi sur son char décoche ses flèches contre l'ennemi au moment où il est bien près d'être capturé par les Hittites ; la ville de Qadesh, au pied de laquelle coule l'Oronte, est enfin encerclée, les ennemis mis en déroute. Vainqueur, le roi contemple depuis son char le cortège des prisonniers tandis que des Égyptiens dénombrent les mains et les sexes des ennemis tués au combat.

● **La paroi sud de la salle** (côté g.). Une autre série de reliefs relate les victoires de Ramsès contre le pays de Kouch, en amont de la Deuxième Cataracte.

Le sanctuaire

On passe ensuite dans une salle de moindres dimensions soutenue par quatre piliers massifs décorés, comme les parois, de scènes liturgiques. En poursuivant vers le cœur de la montagne, il faut ensuite traverser une troisième salle, aussi large que les précédentes mais peu profonde, avant d'atteindre le sanctuaire. Contre le mur du fond trônent les **quatre statues dégagées de la roche** que les rayons du soleil atteignent deux fois l'an *(encadré p. 257)*. Devant elle, un autel servait de reposoir à la barque sacrée.

Le temple de Néfertari

Dans le temple dédié à l'épouse préférée de Ramsès ainsi qu'à la déesse Hathor, divinité de la danse et de l'amour, ce sont cette fois **six statues monumentales** qui se dressent en façade, six colosses debout, d'une hauteur de 8 m, deux représentant la reine, les autres le souverain. À leurs pieds, à une moindre échelle, les enfants royaux. Et une audace que seul pouvait se permettre le puissant Ramsès : la reine et le roi sont représentés côte à côte à taille égale, une innovation dans la statuaire royale. Pour parachever cet hymne à l'amour excavé de la montagne, Ramsès II fit graver sur la façade du temple l'inscription : « Néfertari par amour de laquelle se lève le Soleil. » De quoi combler l'orgueil d'une épouse et d'une reine.

● **L'intérieur.** On pénètre d'abord dans un vestibule soutenu par six piliers à chapiteaux hathoriques. De là, après avoir traversé une seconde salle, on accède au sanctuaire. Sur le mur du fond figure l'**effigie de la déesse Hathor**, sculptée à même la roche, sous sa forme de vache. Elle est vue de face, comme sortant de la montagne, protégeant devant elle une statue du roi. Les **reliefs** qui ornent l'ensemble des parois du temple sont d'un grand intérêt : ils présentent des scènes traditionnelles d'offrande aux divinités où figurent alternativement le roi et la reine. Dans leur style soigné et d'une grande fraîcheur peut se lire la joie d'un règne commençant, où le couple royal, dans la fleur de sa jeunesse, célèbre à l'envi sa beauté et sa puissance. ●

Carnet d'adresses

Dans le film Mort sur le Nil, *c'est de l'hôtel Cataract que partait le bateau emmenant Hercule Poirot et ses compagnons dans leur tragique croisière.*

Abou Simbel

Indicatif téléphonique : 097

Accès

● **En avion**. Plusieurs vols quotidiens relient Assouan et Louxor à Abou Simbel. Le nombre de rotations permet d'effectuer la visite dans la journée, solution privilégiée par la majorité des visiteurs.

● **Par la route**. 2 liaisons en bus sont organisées pour les visiteurs étrangers ; les départs sont assurés à 4 h et 11 h (se faire confirmer les horaires à l'office du tourisme) et prévoient le retour dans la journée. Départ depuis la nouvelle gare routière à 4 km au N du centre-ville. On peut également choisir de louer les services d'un taxi ; dans ce cas également, vous devrez vous joindre aux deux convois quotidiens (4 h et 11 h). Cette solution vous permettra en revanche plus de liberté sur place, en vous joignant au premier convoi et en revenant par le dernier.

● **Par le lac**. La navigation sur le lac est réservée à quelques bateaux de croisière (leur nombre étant limité à 9 en 2006). Le séjour s'inscrit dans des forfaits proposés par les voyagistes et ne peut en principe être souscrit sur place.

Hôtels

Tous les hôtels se trouvent dans la petite ville moderne qui s'est développée en lisière du site. On y trouve également plusieurs restaurants, des boutiques et des banques.

▲▲▲▲ **Nefertari** ☎ 40.05.08, fax 40. 05.10. *123 ch.* Moderne et de bon confort, un peu moins bien tenu que le Seti Abu Simbel.

▲▲▲▲ **Seti Abu Simbel** ☎ 40.07.20, fax 40.08.29. *138 ch.* Un très bel ensemble en lisière du village et à moins de 2 km du site : des bungalows, certains ouvrant sur le lac, disposés dans d'agréables jardins. Une belle piscine complète l'ensemble.

▲▲▲ **Nobaleh Ramsis** ☎ 40.01.06. *23 ch. Pas de cartes de paiement.* Seule l'indulgence ou la négligence coupable des services concernés vaut à l'établissement d'arborer ses trois étoiles. Les bâtiments sont véritablement à l'abandon et le service est inexistant. Les chambres ont cependant échappé au naufrage : sans être luxueuses, elles sont relativement propres avec leur carrelage et leurs peintures claires. Elles n'ouvrent sur l'extérieur que par une petite lucarne, seule concession à l'habitat traditionnel. L'endroit se trouve au centre du souk.

Abu Simbil Tourist Village ☎ 40.01.70. *23 ch.* À l'entrée du souk quand on arrive de l'aéroport. Extrêmement sommaire. Pas de restaurant.

Adresses utiles

● **Banques**. Plusieurs compagnies bancaires ont ouvert des succursales dans le souk. Elles ne sont pas dotées de distributeur automatique, mais on peut y retirer des espèces au guichet avec une carte VISA. Distributeur automatique à l'aéroport.

Assouan

Indicatif téléphonique: 097

Plan p. 239.

❶ **Office du tourisme**: à côté de la gare ferroviaire **C1** ☎ 31.28.11. *Ouv. t.l.j. de 8 h à 15 h et de 18 h à 20 h (en été, de 9 h à 15 h et de 19 h à 21 h).* Le personnel est particulièrement aimable et compétent.

Accès

● **En avion**. L'aéroport d'Assouan se trouve à env. 15 km au S de la ville, au-delà du Haut Barrage **hors pl. par A3**. Il accueille, dans son aérogare inaugurée en 1998, des vols internationaux (bureau de change). Pas de navette vers le centre-ville, mais vous trouverez de nombreux taxis à la sortie de l'aérogare (env. 25 £EG). Plusieurs vols quotidiens depuis Le Caire et Louxor.

● **En train**. La gare se trouve au N de la ville **C1** ☎ 31.47.54. De nombreux taxis ainsi que quelques calèches attendent à la sortie. L'office du tourisme est tout près.

● **En bus**. Gare routière à 4 km N du centre **hors pl. par B1**.

Circuler

Assouan est une ville tout en longueur (2 km environ du N au S de la corniche qui s'étire au bord du Nil). Les distances que l'on y parcourt ne nécessitent pas vraiment de moyen de transport. On trouve cependant quelques calèches sur place ainsi que de nombreux taxis.

● **En taxi**. Indispensable pour visiter les sites archéologiques – le temple de Philae, l'obélisque inachevé, le temple de Kalabsha. Il s'agit essentiellement de breaks Peugeot. Bien préciser au chauffeur le détail de la course avant d'entamer les marchandages. Le plus commode est de conserver votre taxi pour une demi-journée, le temps de visiter le temple de Philae et l'obélisque inachevé. Le Haut Barrage peut être visité sur le chemin de l'aéroport.

● **En felouque**. Circuler en felouque est un plaisir dont il ne faut pas se priver lors d'un séjour à Assouan. Vous pourrez au choix négocier une simple promenade sur le Nil ou utiliser ce moyen de transport pour gagner les îles face à la ville (Éléphantine, Kitchener) ainsi que la rive gauche où se trouvent le monastère Saint-Siméon et les tombeaux des princes d'Éléphantine. On peut également gagner ainsi les îles de Séhel et Saluga au S de la ville; toutefois, la distance étant plus grande, mieux vaut utiliser les services d'une barque à moteur en cas de faible vent. Vous trouverez des felouques et des barques à moteur tout au long de la corniche. Comptez env. 15 £EG par heure de promenade.

● **En ferry**. Plusieurs bateaux de transport public assurent la traversée depuis la corniche. **Vers le sud de l'île Éléphantine** (temple de Khnoum et Musée archéologique): au S de la corniche, au niveau du bureau d'Egyptair **A3**. **Vers le village nubien d'Éléphantine B3**. **Vers les tombeaux des princes d'Éléphantine**: face à la rue conduisant à la gare **B1**.

Quitter Assouan

● **En avion**. Plusieurs vols quotidiens vers Louxor, Le Caire et Abou Simbel.

● **En train**. Trains pour Louxor et Le Caire ainsi que pour toutes les villes de la vallée du Nil.

● **En bus**. Début 2006, le transport des touristes étrangers par la route vers Louxor ne pouvait s'effectuer qu'au sein de convois sous protection policière. Se renseigner auprès de l'office du tourisme. *Voir Avertissement p. 222.*

Hôtels

Les numéros en gris renvoient aux adresses localisées sur le plan p. 239.

▲▲▲▲▲ Cataract **1 A3** ☎ 31.60.00, fax 31.60.11, <h1666@accor-hotels.com>. *131 ch. pour le Old Cataract, 144 ch. pour la partie moderne.* Centenaire en 2002, ce fleuron de l'hôtellerie britannique est toujours là, planté sur sa colline qui domine l'un des plus beaux paysages d'Égypte. Beaucoup d'atmosphère dans les parties communes, et des chambres meublées et décorées avec goût. Le must d'un séjour à Assouan ? Venez prendre un verre, même si vous n'êtes pas résident, sur la terrasse qui domine le Nil : chic et cher. L'ancien bâtiment est flanqué d'un appendice moderne, le New Cataract. Chambres de grand confort, même si l'atmosphère générale de cette partie est d'une affligeante banalité. En revanche, on jouit depuis les chambres de la partie moderne (moins chère que le Old Cataract) d'une vue incomparable sur le Nil : sans aucun doute la plus belle d'Assouan.

▲▲▲▲▲ Isis, Isis Island **hors pl. par A3** ☎ 31.74.00, fax 31.74.05, < isis island@aswanet.com.eg >. *447 ch.* À 5 mn en bateau d'Assouan (navette privée gratuite depuis le S de la corniche, au niveau des bureaux d'Egyptair **B3**), cet hôtel occupe une île sur laquelle sont disséminés, au milieu de jardins, parties communes, piscine et bâtiments abritant les chambres. Grand luxe et calme assuré.

▲▲▲▲▲ Oberoi **2**, île Éléphantine **A2** ☎ 31.46.67, fax 31.35.38, < aswan-res@oberoi.com.eg >. *244 ch.* Repérable de loin par sa haute tour qui domine l'île Éléphantine, cet établissement est un havre de calme et de luxe à l'écart des bruits de la ville. Plusieurs **restaurants**, piscine, jardins. Navette privée et gratuite, depuis la corniche, au niveau de la police touristique **B1**.

▲▲▲▲ Basma, rue El-Fanadek **hors pl. par A3** ☎ 31.09.01, fax 31.09.07, <basma@rockelmal.com>. *183 ch.* Le dernier-né des hôtels modernes et de grand confort de la ville. Il occupe une éminence au-dessus du musée de la Nubie et domine un vaste panorama sur le fleuve et Assouan.

▲▲▲▲ Isis (en ville) **3**, corniche El-Nil **B2** ☎ 31.52.00, fax 31.55.00. *102 ch.* Un ensemble de bungalows de bon confort aménagés en terrasse entre la corniche et le Nil : au centre, les parties communes, et, au bord du fleuve, une grande et belle piscine. Agréable et central. Évitez de choisir les chambres trop près de la corniche en raison du bruit de la circulation, qui se prolonge tard dans la nuit et commence très tôt le matin. À noter : un bon **restaurant** italien décoré dans le style d'une *trattoria* (salle intérieure uniquement).

▲▲▲▲ Kalabsha **4 A3** ☎ 30.26.66, fax 30.59.74. *120 ch.* Moderne, de bon confort, sur une colline dominant le New Cataract. Sans grande originalité.

▲▲▲ Cleopatra **6**, rue Saad Zaghlul **B1** ☎ 32.40.01, fax 31.40.02. *130 ch.* Moderne et de bon confort au cœur du souk populaire. Chambres impeccables et accueil sympathique. Piscine sur la terrasse ; on peut y prendre un verre face au Nil. Bon rapport qualité/prix.

▲▲ El-Amir **7**, rue Abas Farid **B3** ☎ 31.47.35, fax 30.44.11. *36 ch.* Petit hôtel moderne en arrière de la corniche. Pas franchement gai.

▲▲ Horus **9**, corniche El-Nil **B2** ☎ 30.33.23, fax 31.33.13. *41 ch.* La réception se trouve à l'étage. À n'utiliser que si les autres établissements à petit budget de la corniche sont complets.

▲ El-Salam **11**, corniche El-Nil **B2** ☎ 30.26.51, fax 30.36.51. *70 ch.* À côté de l'hôtel Hathor. Réception au 2e étage. Agréable salle de restaurant face au Nil pour prendre son petit déjeuner. Ambiance jeune et sympathique. Chambres et parties communes bien tenues. Demander néanmoins à en voir plusieurs ; celles donnant sur le Nil, pourvues de petits balcons, ont notre préférence.

▲ **Hathor 8**, corniche El-Nil **B2** ☎ 31.45.80, fax 30.34.62. *65 ch.* La réception, assez sinistre tout comme l'entrée de l'hôtel, se trouve au 1er étage. Chambres propres sans plus, avec sanitaires et air conditionné. En voir plusieurs avant de choisir. Sur le toit est aménagée une agréable terrasse.

▲ **Keylani 10**, 25, rue Keylani **B2** ☎ 31.73.32. *25 ch.* Au fond d'une ruelle donnant sur le souk, il offre le double avantage de se trouver au cœur de la ville populaire, tout en étant à l'écart du bruit. Propre, très sympathique : une adresse très courue des routards du monde entier. L'hôtel abrite aussi un cybercafé équipé du haut-débit.

Restaurants

Les numéros en gris *renvoient aux adresses localisées sur le plan p. 239.*

♦♦ **El Dokka 41 A3**. Sympathique restaurant, décoré dans la couleur locale, installé sur un îlot à 5 mn de navigation de la corniche. Navette privée et gratuite depuis l'embarcadère du ferry pour le temple de Khnoum.

♦ **Aswan Moon 42**, corniche El-Nil **B2**. Spécialités orientales (salades, grillades, ragoûts de viande ou de poisson) dans un cadre agréable face au Nil. Bon service. Ouvert assez tard en soirée.

♦ **Panorama 43**, corniche El-Nil **A3**. Excellentes spécialités orientales servies dans un cadre agréable et

fleuri sur un ponton face au Nil. Un des restaurants préférés des Français séjournant à Assouan ; le maître d'hôtel parle parfaitement leur langue et s'emploie à expliquer en détail les préparations de sa carte. Fermeture en soirée vers 21 h.

♦ **Royal 44**, corniche El-Nil **AB3**. Au 1er étage d'un immeuble moderne (escalier peu engageant), une agréable salle à manger propre et claire donnant sur le Nil. Carte orientale sans grande originalité.

Adresses utiles

● **Change**. Bureaux de change dans les **grands hôtels** et distributeur automatique de billets devant la banque **Misr**, sur la corniche.

● **Compagnie aérienne**. Egyptair, corniche El-Nil **A3** ☎ 31.50.00 ; à l'aéroport ☎ 48.03.07.

● **Culte**. Église catholique près de la gare routière **B1**. Messes en anglais les sam. et dim. soir.

● **Police touristique B1** ☎ 31.64.36.

● **Poste**. Corniche El-Nil, près du bureau d'Egyptair **A3**.

● **Santé**. Hôpital général **hors pl. par A3** ☎ 30.38.55.

● **Shopping**. À visiter impérativement lors d'un séjour à Louxor, la longue **rue du souk** (Saad Zaghlul **BC1-2**) qui s'étire sur plus de 1 km parallèlement à la corniche et aboutit au N sur la place qui précède la gare. C'est là que s'approvisionnent les habitants de la ville : parfums et couleurs garantis. Vous y trouverez les épices de Haute Égypte artistiquement disposées en pyramides dans de grands couffins.

● **Urgences**. Police ☎ 122. ●

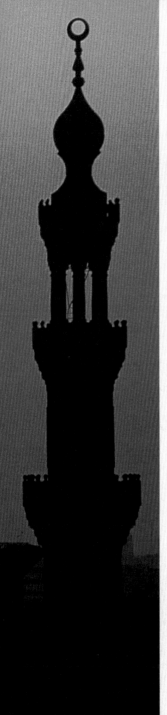

EN SAVOIR PLUS

*À l'aube du troisième millénaire,
invitation au voyage
au plus profond du temps.*

Les principales divinités

● **Amon**. Il n'est jusqu'au début du Moyen Empire qu'une obscure divinité de Thèbes. C'est avec l'accession au trône d'une dynastie locale (la XIe) qu'il acquiert une dimension nationale. Au cours des siècles et jusqu'à la période ptolémaïque, son sanctuaire principal de Karnak ne cesse de s'embellir et de s'enrichir. Divinité dynastique, il est associé à Rê et à Ptah qui en deviennent des manifestations. Il est représenté assis en majesté, tenant le sceptre et le signe de vie *ankh*, ou debout coiffé d'une couronne rehaussée de deux plumes. Les théologiens lui donnèrent pour épouse Mout, et pour fils Khonsou. Son animal emblématique est le bélier. Sous sa forme d'Amon-Min, il est le dieu de la fertilité, représenté, comme dans le reposoir de Sésostris (musée en plein air de Karnak), le sexe dressé et un bras levé. Tout naturellement, les Grecs l'associèrent à Zeus : le célèbre oracle de Zeus-Amon dans l'oasis de Siwa acquit une telle renommée qu'Alexandre le Grand lui rendit visite en personne pour se voir confirmer sa filiation divine.

● **Anubis**. La mythologie a fait de lui l'inventeur de la momification, qu'il aurait pratiquée pour la première fois sur le corps d'Osiris. Depuis, ce dieu, représenté comme un homme à tête de chacal ou comme un chacal couché, veille sur les défunts. Il assiste les morts lors de leur comparution devant le tribunal d'Osiris et se charge de vanter leurs mérites devant le seigneur des Occidentaux.

● **Hathor**. La belle femme aux cornes de bovin, représentée aussi sous la forme d'une vache paisible et nourricière, était la déesse de l'amour et de la joie. Le sistre, son instrument de prédilection, fournit un thème décoratif aux temples qui lui sont consacrés, le plus connu étant celui de Dendera.

● **Horus**. C'est l'une des divinités les plus complexes de l'Égypte ancienne : il n'y a en effet pas un, mais plusieurs Horus à travers l'Égypte, dont les mythologies ont fini par se confondre de manière assez confuse. Le plus ancien semble être le fils de Rê, le dieu faucon associé au Soleil. C'est à

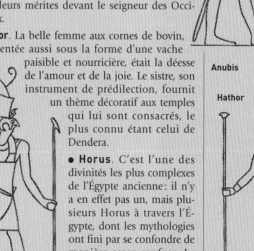

Amon

Anubis

Hathor

Horus

du panthéon égyptien

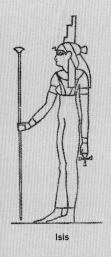

Isis

une de ces formes d'Horus qu'est consacré le temple d'Edfou. L'autre Horus est le fils d'Osiris, qui dut combattre son oncle Seth pour reconquérir le trône de son père. C'est à cette forme qu'est assimilé le pharaon, devenu lui-même, de son vivant, un Horus. L'œil d'Horus, l'*oudjat*, est l'œil lunaire, symbole de santé : c'est une des amulettes les plus populaires de l'ancienne Égypte.

● **Isis**. Épouse d'Osiris et mère d'Horus, Isis est vénérée comme la Grande Magicienne : grâce à ses pouvoirs, elle réussit en effet à ranimer le corps sans vie de son époux et à en être fécondée pour donner naissance à Horus. Mère exemplaire qui éleva son fils dans le souvenir de son père (elle est souvent représentée assise tenant l'enfant divin sur ses genoux), elle fut considérée à la Basse Époque comme la maîtresse de l'univers. Ses rites à mystères se répandirent dans tout l'Empire romain. On la représente généralement portant une coiffure en forme de siège : c'est ce que signifie le mot Isis.

Khnoum

● **Khnoum**. Dieu à tête de bélier, il est considéré comme le potier universel, qui façonne sur son tour les êtres vivants – un thème souvent représenté dans les reliefs des temples funéraires. Protecteur des sources et maître de la crue, il avait son sanctuaire sur l'île Éléphantine, au débouché de la Première Cataracte. Le temple d'Esna lui est consacré.

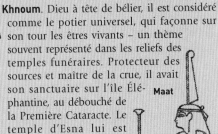

Maat

● **Maat**. Belle femme coiffée d'une plume d'autruche, Maat est surtout vénérée pour le principe qu'elle symbolise : l'ordre et l'équilibre, maîtres mots de la pensée religieuse égyptienne, sans lesquels le monde est voué au chaos. Elle préside à la pesée des âmes des morts devant le tribunal d'Osiris.

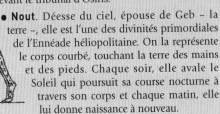

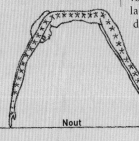

Nout

● **Nout**. Déesse du ciel, épouse de Geb – la terre –, elle est l'une des divinités primordiales de l'Ennéade héliopolitaine. On la représente le corps courbé, touchant la terre des mains et des pieds. Chaque soir, elle avale le Soleil qui poursuit sa course nocturne à travers son corps et chaque matin, elle lui donne naissance à nouveau.

● **Osiris**. Il fut le premier être vivant à triompher de la mort. C'est sur lui que fut pratiquée pour la première fois la momification. Depuis, il règne sur les Occidentaux – les morts –, et préside au jugement des âmes. Défunt, le roi est assimilé à un nouvel Osiris : le pharaon sous sa forme osiriaque est l'un des thèmes majeurs de l'art égyptien. Même Akhénaton, le pharaon hérétique défenseur d'un strict monothéisme, se fit représenter sous la forme d'un Osiris. Le dieu des morts est toujours montré sous la forme d'un homme enveloppé dans un linceul et coiffé d'un haut bonnet paré de deux plumes.

● **Ptah**. Le dieu tutélaire de Memphis est représenté sous la forme d'un homme momifié, un sceptre à la main et coiffé d'un bonnet. Il fut, sous l'Ancien Empire, le protecteur de la monarchie ; avec la prépondérance d'Amon, il fut associé à celui-ci dont il devint la substance, Rê en étant l'apparence. Dieu créateur, il est le patron des artisans. Le taureau Apis lui est consacré en son sanctuaire de Saqqara.

Osiris

Seth

● **Rê**. Divinité principale du clergé d'Héliopolis, le dieu solaire fut considéré sous l'Ancien Empire comme le grand démiurge. Œil solaire, il fut assimilé à Horus, dont il revêt l'apparence : un faucon ou un homme à tête de faucon. Par la suite, il fut assimilé à Amon par le clergé thébain.

● **Seth**. Représenté sous la forme d'un homme à tête d'animal fantastique, mi-lévrier, mi-âne, le frère maudit d'Osiris, dieu du chaos et du désert stérile, fut pourtant considéré comme divinité nationale à l'époque thinite (3150-2635), puis, bien plus tard, par les Hyksos (1650-1539) qui l'assimilèrent au dieu sémitique Baal, maître de la foudre et de l'orage.

Rê

● **Thot**. Pour le clergé d'Hermopolis, il était le grand démiurge sous sa forme de babouin. Plus tard, représenté sous la forme d'un homme à tête d'ibis ou comme un ibis, il devint le patron des scribes en tant qu'inventeur de l'écriture et maître du langage. « Secrétaire perpétuel » de l'assemblée des dieux, c'est lui en effet qui consigne les annales royales, et tient le compte des péchés des hommes. ●

Thot

Glossaire

Anastylose : reconstitution architecturale d'un monument ancien.

Ankh : croix ansée symbole de vie ; elle sera adoptée plus tard par les coptes.

Beit : « maison » en arabe.

Bêma : dans une église, estrade surélevée à l'est de la nef. On y trouve la chaire et l'autel.

Bey : titre honorifique porté par les hauts fonctionnaires et officiers supérieurs ottomans. Ce titre fut également en vigueur à la cour d'Égypte sous les khédives.

Calife : le Commandeur des croyants pour la communauté musulmane.

Chrisme : monogramme du Christ formé d'un *chi* et d'un *rhô* grecs liés.

Couronnes : nom que l'on donne aux différentes coiffes que portaient les pharaons. La couronne blanche de Haute Égypte est un haut bonnet. La couronne rouge de Basse Égypte est une sorte de casque aplati qui remonte vers l'arrière. La double couronne est une combinaison des deux précédentes. Le *némès* est une sorte de linge retombant de chaque côté de la tête. Toutes ces coiffes s'ornaient au front d'un cobra, l'*uræus*, symbole de l'œil d'Horus et amulette protectrice.

Dromos : allée cérémonielle conduisant à un temple ou un tombeau.

Émir : chef militaire chez les musulmans.

Fausse-porte : stèle ménagée dans un temple funéraire qui permettait le passage entre le monde des morts et celui des vivants.

Fellah : « paysan » en arabe.

Haramlik : partie d'une demeure musulmane qui abrite la vie familiale.

Heb-sed ou fête du Jubilé : *encadré p. 151.*

Hypogée : tombeau souterrain.

Iftar : chez les musulmans, rupture quotidienne du jeûne diurne à l'époque du Ramadan.

Khan (caravansérail) : bâtiment servant d'étape aux caravanes ; dans les villes, les *khan* servent de lieu d'échange des marchandises. Ils s'organisent autour d'une cour centrale sur laquelle donnent les réserves où sont entreposées les marchandises. À l'étage sont aménagées des chambres pour les marchands.

Khédive : « roi » en persan. Ce titre fut accordé pour la première fois à Ismaïl Pacha (1863-1879) par le sultan de Constantinople.

Kiosque : sanctuaire de petite taille, dans lequel on faisait halte lors des processions.

Liwan (ou *iwan*) : niche monumentale fermée sur trois côtés et ouvrant par le quatrième soit sur une cour, soit sur une salle intérieure. Originaire de Perse, le *liwan* est caractéristique de l'architecture musulmane.

Madrassa : école coranique.

Mamelouks : esclaves constitués en troupes d'élite qui servaient les émirs et les souverains musulmans. En Égypte, ils fondèrent leur propre dynastie entre 1250 et 1517.

Mammisi : petit temple à l'écart du temple principal où l'on célébrait le mystère de la naissance divine du souverain ; l'institution du *mammisi* est d'époque tardive.

Mastaba : désigne en arabe un banc de pierre ; du fait de leurs formes ressemblantes, les archéologues ont nommé ainsi les chapelles funéraires de l'Ancien Empire.

Midan : « place », « esplanade » en arabe.

Mihrab : dans les mosquées, niche qui montre la direction de La Mecque et devant laquelle se tient l'imam qui dirige la prière.

Minbar : dans les mosquées, chaire du haut de laquelle l'imam prononce le prêche du vendredi.

Moucharabieh : grillage de bois (ou de pierre) placé devant les fenêtres et permettant de filtrer la lumière tout en laissant passer l'air. Il permet également de voir sans être vu.

Muqarna : motif décoratif en forme de stalactite.

Naos : dans un temple, édicule où repose la statue de la divinité. Également employé pour désigner la chapelle où se trouve cet édicule et où seul le grand prêtre est autorisé à pénétrer.

Quelques mots d'arabe égyptien

Bonjour : *Sabah el-kheir*

Bonsoir : *Masal kheir*

Bonjour (familier « salut ») : *Marhaba*

Bonjour (formule usuelle de politesse) : *As-salam aleïkoum* (réponse : *Aleïkoum as-salam*)

Comment allez-vous ? : *Ezzayak* (*ezzayek* à une femme)

Bien : *Kwayyes*

Grâce à Dieu : *Al-hamdou lillah*

S'il vous plaît : *Min fadlak* (*min fadlik* à une femme)

Merci : *Choukran*

Oui : *Aywa* (ou) *nam*

Non : *Laa*

Demain : *Boukra* ; exprime surtout l'accomplissement éventuel d'une action que l'on pourrait entreprendre le jour même, s'accompagne alors de *Inch Allah* (si Dieu le veut).

Ça ne fait rien : *maalech* ; un mot clé du vocabulaire égyptien qui permet de garder sa bonne humeur en toute circonstance. ●

Nilomètre : *encadré p. 249.*

Nomarque : à l'époque pharaonique, gouverneur de province (du grec *nomos*).

Ostraca : fragment de poterie inscrit ou décoré.

Ouabit : dans les temples pharaoniques, chapelle précédée d'une cour à ciel ouvert (située généralement à dr. des vestibules qui précèdent le sanctuaire) servant lors des cérémonies marquant le Nouvel An.

Pacha : titre honorifique porté par les hauts dignitaires ottomans ayant rang de gouverneur.

Pilier djed : colonne rituelle associée au culte d'Osiris et que dressait le pharaon lors de la fête du *heb-sed*. Il symbolise la force et la durée.

Pronaos : dans un temple, salle en avant de la chapelle abritant la statue divine.

Pylône : entrée monumentale d'un temple, formée de deux massifs (môles) de forme trapézoïdale. Ils sont décorés en façade, généralement de la scène rituelle du massacre des prisonniers par le pharaon et entaillés d'encoches où prennent place des mâts.

Salle hypostyle : dans un temple, salle soutenue par des colonnes, qui fait suite à la cour à ciel ouvert.

Sébil : fontaine publique.

Senet : *encadré p. 46.*

Serdab : pièce ménagée dans une tombe où était déposée la statue du défunt. Elle ne communiquait avec le reste de la construction que par une fente étroite.

Sultan : chez les musulmans, détenteur des pouvoirs politiques et militaires, le calife exerçant le pouvoir spirituel.

Talatat : blocs de petite taille en grès, généralement décorés de reliefs, utilisés pour les constructions ordonnées par Akhénaton. Après la mort de celui-ci et le démantèlement de ses temples, les *talatat* servirent notamment au remplissage des pylônes du temple de Karnak où les ont retrouvés les archéologues.

Temenos : enclos sacré qui entoure un temple.

Titulature : ensemble des titres portés par le pharaon, nouvel Horus incarné, ils sont au nombre de cinq. Ainsi Ramsès II était appelé : « le Taureau puissant aimé de Maat », « Celui qui protège l'Égypte et assujettit les pays étrangers », « riche d'années et grand en victoire », « Élu de Rê » et « Aimé d'Amon ».

Vase canope : dans les tombes, vases – au nombre de quatre, comme les fils d'Horus – où étaient placés les viscères momifiés du défunt.

Vizir : chez les musulmans, premier ministre du souverain ; par extension, ce terme s'applique à l'époque pharaonique pour désigner les mêmes fonctions.

Wakala : au Caire, ce terme désigne les *khan*. ●

Bibliographie

Civilisation

Daumas François, *La Civilisation de l'Égypte ancienne*, Arthaud, 1988. Une excellente approche de l'Égypte ancienne, d'un accès facile, richement illustrée.

Desroches-Noblecourt Christiane, *La Femme au temps des pharaons*, Stock, 1986. Un tableau brillamment brossé de la seconde moitié de l'humanité, des reines aux humbles femmes du peuple.

Donadoni Sergio, *L'Art égyptien*, La Pochothèque, 1993. Une somme sur l'expression artistique égyptienne, des origines aux portraits du Fayoum. Nombreuses illustrations.

Franco Isabelle, *Mythes et dieux. Le souffle du soleil*, Pygmalion, 1996. Pour se repérer dans le panthéon égyptien.

Grandet Pierre (dir.), *L'Égypte ancienne*, Le Seuil, 1996. Recueil d'articles parus dans la revue *L'Histoire* et signés des meilleurs spécialistes français.

Meeks Dimitri et Favard-Meeks Christine, *Les Dieux égyptiens*, Hachette, 1993. Une évocation assez savante de la pensée religieuse égyptienne.

Montet Pierre, *La Vie quotidienne en Égypte du temps des Ramsès*, Hachette, 1974. Pour tout savoir sur les travaux et les jours des Égyptiens anciens.

Vernus Pascal et Yoyotte Jean, *Dictionnaire des pharaons*, Noésis, 1996. De « Adoratrices » à « (dynastie) zéro », un excellent manuel sur l'Égypte ancienne. Avec cartes et tableaux chronologiques.

Histoire

Desroches-Noblecourt Christiane, *Toutankhamon, vie et mort d'un pharaon*, Hachette, 1966. La vie, le milieu et l'époque de ce petit roi rendu célèbre par la découverte de sa tombe en 1922.

Desroches-Noblecourt Christiane, *Ramsès II, la véritable histoire*, Pygmalion, 1996. La biographie du plus connu des pharaons.

Desroches-Noblecourt Christiane, *La Reine mystérieuse Hatshepsout*, Pygmalion, 2002. La biographie de la plus célèbre reine d'Égypte par la plus célèbre des égyptologues.

Grandet Pierre, *Ramsès III*, Pygmalion, 1993. Biographie de celui qui détourna de l'Égypte les Peuples de la Mer.

Grimal Nicolas, *Histoire de l'Égypte ancienne*, Livre de poche, 1996. Vaste fresque fort bien documentée retraçant plus de 3 000 ans d'histoire égyptienne. Nombreuses illustrations, liste des pharaons avec leurs cartouches.

Manley Bill, *Atlas historique de l'Égypte ancienne*, Autrement, 1998.

La découverte de l'Égypte

Carter Howard, *La Tombe de Toutankhamon*, Marabout, 1980. L'histoire de la plus célèbre découverte égyptologique du XXe s. par son propre inventeur.

David Élisabeth, *Mariette Pacha* et *Gaston Maspero*, Pygmalion, 1994 et 1999. Biographies documentées des deux grands égyptologues français.

Description de l'Égypte, Taschen, 1994. Rééd. en poche du bulletin scientifique et culturel rédigé par les membres de l'expédition conduite par Bonaparte.

Desroches-Noblecourt Christiane, *La Grande Nubiade*, Stock/Pèrnoud, 1992. Une vie passée au service de l'Égypte.

Hérodote, *L'Enquête* II, Folio, 1985. Le « reportage » du premier géographe moderne dans l'Égypte du Ve s. avant notre ère.

Lacarrière Jacques, *En cheminant avec Hérodote*, Pluriel, 1998. L'écrivain voyageur et poète met ses pas dans ceux du géographe grec. Une rencontre passionnante.

Lacouture Jean, *Champollion*, Grasset, 1988. Biographie du déchiffreur des hiéroglyphes par un maître du genre.

Le Tourneur d'Ison Claudine, *Une passion égyptienne*, Plon, 1996. Bio-

Le temple au cœur du mystère

On ne peut que faire des conjectures sur l'apparence des temples égyptiens primitifs, aux temps où chaque localité vénérait sa propre divinité protectrice. Il s'agissait probablement d'un espace à ciel ouvert, entouré d'un mur et au centre duquel s'élevait un mât visible de l'extérieur. De cette disposition originelle les temples pharaoniques ont conservé les mâts de fête qui se dressent en avant des pylônes. Quant aux sanctuaires à ciel ouvert, ils étaient réservés aux divinités solaires.

Un espace mystérieux

Dans l'Égypte antique, le service divin n'engage pas la multitude des croyants. Bien au contraire : le temple est un espace clos, inscrit dans un périmètre lui-même isolé du monde par une enceinte généralement de brique crue, où le profane n'est pas admis. Dans le temple proprement dit, on procède vers le saint des saints par zones de pureté rituelle croissante à mesure que décroît la lumière, jusqu'à l'obscurité totale dans laquelle baigne le naos du dieu, le sanctuaire qui abrite la statue de culte. On avance ainsi de la première cour, où quelques notables

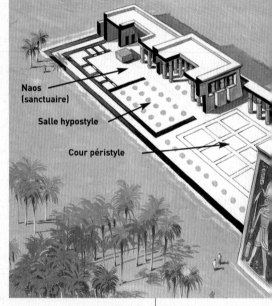

Naos
(sanctuaire)

Salle hypostyle

Cour péristyle

sont admis lors des grandes fêtes solennelles, jusqu'au sanctuaire de la divinité, où seul le grand prêtre est autorisé à pénétrer. Le temple égyptien présente toujours le même dispositif : l'entrée est marquée par le pylône, ensemble des deux massifs monumentaux qui encadrent la porte. Souvent, ils s'ornent en façade de la scène rituelle du massacre des ennemis par le pharaon armé de sa masse. On pénètre ensuite dans une cour à ciel ouvert, bordée d'un portique, utilisée lors des grandes cérémonies. Sur cette cour ouvre une succession de salles couvertes, pronaos, salles hypostyles, vestibules, jusqu'au naos. À mesure que l'on avance vers ce saint des saints, le plafond s'abaisse tandis que le sol s'élève imperceptiblement comme pour plonger au plus profond du mystère.

Une image du monde

Si le temple égyptien est la demeure du dieu, il est aussi une figuration du monde, une image du tertre primordial d'où jaillit la création. Les massifs du pylône symbolisent les montagnes entre lesquelles se lève chaque matin le soleil ; les textes égyptiens les assimilent également à Isis et à Nephtys, épouses d'Osiris et de Seth. Les plafonds, qui représentent le Ciel, sont constellés d'étoiles et résument souvent l'ensemble des connaissances astronomiques et astrologiques de la science antique. Le sol, c'est la Terre d'où émergent les bouquets de roseau et de papyrus – qui ornent, de fait, les bases des murs du temple. Les colonnes sont palmiers, lotus ou papyrus, épanouis dans l'axe des salles lorsqu'elles sont baignées de la lumière diffusée par les ouvertures ménagées dans les superstructures, fermés et encore en gestation dans les parties plus obscures.

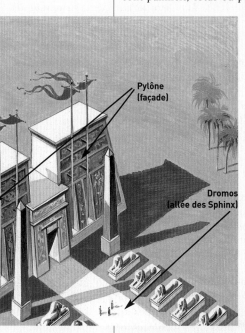

Pylône
(façade)

Dromos
(allée des Sphinx)

Une ville sacrée

Tout un petit monde peuple l'enceinte du temple : d'abord le corps des prêtres, divisé en quatre « tribus » qui se partagent mois après mois le service du temple. On y trouve également l'ensemble des corps de métiers nécessaires à l'entretien des lieux et des statues et au bon déroulement du culte : menuisiers et charpentiers, mais aussi boulangers et cuisiniers chargés de préparer les offrandes déposées quotidiennement devant la statue divine. Sans oublier les danseuses sacrées. On y rencontre même des forces de police – le sanctuaire d'Amon possède ainsi sa propre prison.

Du temple dépend aussi la Maison de Vie : c'est là que les prêtres élaborent leurs complexes théologies, consignent les rituels, définissent les canons précis de l'art religieux, pratiquent la médecine et la magie, ces deux sciences n'étant du reste guère distinctes ; elle sert enfin de centre de transmission du savoir aux nouvelles générations de religieux. ●

graphie de Jean-Philippe Lauer, qui a consacré plus de soixante-dix ans de sa vie au site de Saqqara.

VALBELLE Dominique, *L'Égyptologie*, Que sais-je ?, 1991. Un aperçu de la recherche scientifique en Égypte.

VIVANT-DENON Dominique, *Voyage dans la Basse et la Haute Égypte*, Pygmalion, 1990. Carnets de voyage du fondateur du Louvre, membre de l'expédition d'Égypte.

YOYOTTE Jean, CHARVET Pascal et GOMPERTZ Stéphane, *Strabon. Le Voyage en Égypte*, Nil, 1997. L'édition critique du texte du géographe romain qui visita les rives du Nil au Ier s. avant notre ère. Belle postface de Gompertz. Nombreuses illustrations.

D'Alexandre à nos jours

HASSOUN Jacques (dir.), *Histoire des juifs du Nil*, Minerve, 1990. Fresque monumentale de l'Antiquité à nos jours.

KEPEL Gilles, *Le Prophète et Pharaon*, Le Seuil, 1993. Enquête sur les mouvements fondamentalistes musulmans.

LACOUTURE Jean et Simonne, *L'Égypte en mouvement*, Le Seuil, 1956. Chronique de la révolution des Officiers libres par deux témoins directs.

RAVEREAU André et ROCHE Manuelle, *Le Caire, esthétique et tradition*, Actes Sud, 1997. L'architecture traditionnelle du Caire. Nombreuses et belles illustrations.

RAYMOND André, *Le Caire*, Fayard, 1993. Le Caire, de la conquête musulmane à nos jours.

SINOUÉ Gilbert, *Le Dernier Pharaon*, Pygmalion, 1997. Préface de Christiane Desroches-Noblecourt. Biographie de Mohammed Ali, le fondateur de l'Égypte moderne.

SOLÉ Robert, *Une passion française*, Le Seuil, 1997. L'histoire parallèle de l'engouement des Français pour l'Égypte et de l'influence de la culture française sur ce pays.

Le monde copte

ABDEL-SAYED Edris, *Les Coptes d'Égypte ; les premiers chrétiens du Nil*, Publisud, 1995. Pour mieux connaître cette communauté dynamique.

Les Cahiers de l'Orient, n° 45 (1er trimestre 1997) : dossier consacré à l'Égypte contemporaine ; n° 48 (4e trimestre 1997) : chrétiens en terre d'islam.

Égypte des coptes, Citadelles/Mazenod, 1999.

Le Monde copte, revue semestrielle de culture égyptienne (11 bis, rue Champollion, 87000 Limoges). Tous les domaines de la vie et de l'histoire de la communauté : archéologie, linguistique, histoire de l'art, liturgie, sociologie…

VALOGNE Jean-Pierre, *Vie et mort des chrétiens d'Orient*, Fayard, 1994. Une somme monumentale, avec deux chapitres sur les chrétiens d'Égypte.

VIAUD Gérard, *Magie et coutumes populaires chez les coptes d'Égypte*, Présence, 1978. Une étude fouillée sur les pratiques magiques des coptes.

Art et culture

COSSERY Albert, *Mendiants et Orgueilleux* et *Les Fainéants dans la vallée fertile*, rééd. Joëlle Losfeld, 1993 et 1996. Deux des meilleurs romans de cet étonnant écrivain égyptien *(p. 91)*.

FOURNEL Paul, *Poils de Cairote*, Le Seuil, 2004. La chronique drolatique, tendre et poétique d'un séjour au Caire. Une splendide introduction à cette ville complexe et attachante.

HUSSEIN Taha, *Le Livre des jours*, Gallimard, 1974. Les souvenirs de jeunesse du père de la littérature égyptienne moderne.

MAHFOUZ Naguib, Prix Nobel de littérature 1988 *(p. 91)*. Mentionnons surtout la trilogie romanesque mettant en scène une famille cairote de 1917 à 1944, *Passage des miracles*, Sindbad, 1989.

RONFARD Bruno et HUSSEIN Taha, *La Culture en dialogue*, Desclée de Brouwer, 1995. Brillant essai sur le célèbre écrivain.

THORAVAL Yves, *Regards sur le cinéma égyptien*, L'Harmattan, 1996. ●

Index

GUIDE

HACHETTE
Tourisme

Imprimé en France par I.M.E. 25110 Baume les Dames
Dépôt légal : 68408 – Février 2006 – Collection 25 – Édition : 02
ISBN : 201-240029-9
24/0029/9

À nos Lecteurs...

Ces pages vous appartiennent. Notez-y vos remarques, vos impressions de voyage, vos découvertes personnelles, vos bonnes adresses. Et ne manquez pas de nous en informer à votre retour. Nous accordons la plus grande attention au courrier de nos lecteurs.

HACHETTE
Tourisme

Guides Évasion – Courrier des lecteurs
43, quai de Grenelle – 75905 PARIS Cedex 15
evasion@hachette-livre.fr

Carnet de voyage